NOUVEAUX
VOYAGES EN ZIGZAG

A LA GRANDE CHARTREUSE, AUTOUR DU MONT-BLANC,

DANS LES VALLÉES D'HERENZ, DE ZERMATT, AU GRIMSEL, A GÊNES ET A LA CORNICHE,

PAR R. TÖPFFER,

ILLUSTRÉS D'APRÈS LES DESSINS ORIGINAUX DE TÖPFFER

PAR MM.

CALAME, KARL GIRARDET, D'AUBIGNY, DE BAR, STOPP, GAGNET, FOREST, ETC.,

ET GRAVÉS PAR NOS MEILLEURS ARTISTES.

PROSPECTUS.

Le livre que nous annonçons aujourd'hui est l'œuvre de prédilection de R. Töpffer. Ce livre, il l'a écrit dans toute la maturité de l'âge et du talent : aussi, jamais le style de l'illustre Génevois n'a été plus souple, plus varié, plus prime-sautier, comme aurait dit Montaigne; jamais ses descriptions n'ont été plus attachantes ni plus instructives.

Des peintres d'un grand talent ont bien voulu se charger d'interpréter les dessins dus à la plume de Töpffer. M. Calame, son émule et son ami, MM. Girardet, Forest, De Bar, D'Aubigny, Stopp, Gagnet, ont reproduit, avec l'habileté qui les caractérise, les uns les paysages si variés, les autres les situations si franchement, si naïvement comiques de ce livre original. Aussi espérons-nous offrir au public des illustrations dignes de l'ancien *Voyage en zigzag*, édité avec tant de luxe par nos prédécesseurs, MM. Dubochet et Cie.

Les *Nouveaux Voyages en zigzag*, entièrement indépendants du volume précédemment publié, peuvent cependant en être regardés comme la suite et le complément.

La papeterie d'Essonne, sous la direction de M. Amédée Gratiot, a fabriqué pour cette édition un papier d'une qualité remarquable. L'impression a été confiée aux presses de MM. Plon frères, qui ont fondu pour ce livre un caractère spécial. Ces noms indiquent assez que la partie matérielle de l'exécution ne laissera rien à désirer.

CONDITIONS DE LA SOUSCRIPTION.

L'ouvrage, formant un splendide volume grand in-8° jésus illustré de 48 gravures sur bois tirées à part et de 316 sujets dans le texte, sera publié en 64 livraisons à 25 centimes.

Il paraît une livraison par semaine.

On souscrit à **Paris**
CHEZ VICTOR LECOU, ÉDITEUR,
RUE DU BOULOI, 10.

Paris. — Typographie de Plon frères, imprimeurs de l'Empereur, 36, rue de Vaugirard.

NOUVEAUX
VOYAGES EN ZIGZAG.

L'éditeur de cet ouvrage se réserve le droit de le traduire ou de le faire traduire en toutes les langues. Il poursuivra, en vertu des lois, décrets et traités internationaux, toutes contrefaçons ou toutes traductions faites au mépris de ses droits.

Le dépôt légal de ce volume a été fait à Paris, au Ministère de l'intérieur, le 28 septembre 1853; et toutes les formalités prescrites par les traités seront remplies dans les divers États avec lesquels la France a conclu ou conclura des conventions littéraires.

PARIS, IMPRIMÉ PAR PLON FRÈRES,
IMPRIMEURS DE L'EMPEREUR,
36, RUE DE VAUGIRARD.

NOUVEAUX
VOYAGES EN ZIGZAG

A LA GRANDE CHARTREUSE, AUTOUR DU MONT BLANC,

DANS LES VALLÉES D'HERENZ, DE ZERMATT, AU GRIMSEL, A GÊNES ET A LA CORNICHE,

PAR R. TÖPFFER,

PRÉCÉDÉS D'UNE NOTICE PAR SAINTE-BEUVE.

ILLUSTRÉS D'APRÈS LES DESSINS ORIGINAUX DE TÖPFFER

PAR MM.

CALAME, KARL GIRARDET, FRANÇAIS, D'AUBIGNY, DE BAR, GAGNET, FOREST

PARIS
VICTOR LECOU, LIBRAIRE-ÉDITEUR
10, RUE DU BOULOI

MDCCCLIV

1853

NOTICE
SUR TÖPFFER,

CONSIDÉRÉ COMME PAYSAGISTE [1].

C'est l'heure des vacances, c'est le moment de faire son tour de Suisse, sa visite aux Alpes; pour ceux qui sont libres comme pour ceux qui sont retenus, il n'est pas de moyen plus agréable ou d'éclairer sa route si l'on part, ou de se figurer le voyage si l'on reste, que de prendre les livres de Töpffer. Cet écrivain si regrettable, enlevé en 1846 à l'âge de quarante-sept ans, au moment où la renommée venait le couronner et où une sympathie universelle le récompensait de son long effort, avait laissé d'autres récits d'excursions encore que ceux que M. Dubochet a publiés magnifiquement en 1844. Ce sont ces nouveaux voyages qu'on publie aujourd'hui, et pour lesquels les mêmes artistes ou d'autres également distingués ont prêté le concours de leur crayon ou de leur burin. Le présent volume, digne du précédent, contient trois excursions pédestres, l'une ancienne, de 1833, à la Grande-Chartreuse, l'autre à Gênes et à la Corniche; mais surtout on y voit la

---

[1] Cette notice, qui a été insérée dans le *Moniteur* du 16 août 1853 à l'occasion des *Nouveaux Voyages en zigzag*, fera partie du tome VIIIe des *Causeries du Lundi*, publiées par les frères Garnier.

dernière grande excursion que Töpffer a conduite au cœur de la Suisse, la plus importante, celle du moins où, comme en prévision de sa fin prochaine, il a rassemblé le plus de souvenirs, de résultats d'observation ou d'expérience, son voyage de 1842 autour du mont Blanc et au Grimsel. Maintenant qu'on a sous les yeux l'ensemble des vues, des écrits et des croquis de Töpffer, c'est le cas de bien expliquer la nature de son talent comme peintre des Alpes, et de bien fixer le genre de son invention, le caractère à la fois naïf et réfléchi de son originalité. Je tâcherai de le faire ici, non pas en *zigzag,* mais avec suite et méthode, de manière à montrer à tous en quoi consistent l'innovation et l'espèce de découverte réelle du charmant artiste genevois.

Töpffer était né peintre, paysagiste, et son père l'était; mais forcé par les circonstances et surtout par le mauvais état de sa vue de se détourner de l'expression directe que réclamait son talent et où le conviait l'exemple paternel, il n'y revint que moyennant détour, à travers la littérature et plume en main : cette plume lui servit à deux fins, à écrire des pages vives, et à tracer, dans les intervalles, des dessins pleins d'expression et de physionomie.

Le paysage, considéré comme genre à part et comme objet distinct de l'art, n'est pas chose très-ancienne. M. de Humboldt, dans un des volumes du *Cosmos,* a traité du sentiment de la nature physique et du genre descriptif, en les suivant aux diverses époques et dans les différentes races ; il a aussi traité de la peinture du paysage dans ses rapports avec l'étude de la nature. Il établit que, dans l'antiquité classique proprement dite, « les dispositions d'esprit particulières aux Grecs et aux Romains ne permettaient pas que la peinture de paysage fût pour l'art un objet distinct, non plus que la poésie descriptive : toutes deux ne furent traitées que comme des accessoires. » Le sentiment du charme particulier qui s'attache à la reproduction des scènes de la nature par le pinceau est une jouissance toute moderne. A la renaissance de la peinture au quinzième siècle, les paysages, comme fond, étaient traités avec beaucoup de soin dans quelques tableaux historiques; mais ils ne devinrent des sujets mêmes de tableaux qu'au dix-septième siècle : ce fut la conquête des Lorrain, des Poussin, des Ruysdaal, des Karl du Jardin et de ces admirables Flamands que Töpffer saluait les premiers paysagistes du monde. Ils découvrirent ce que les anciens n'avaient qu'à peine soupçonné par le pinceau; ils réalisèrent aux yeux ce charme que les grands poëtes, Homère, Théocrite ou Virgile, avaient su mettre aux choses simples. Töpffer est un disciple des Flamands. Et ne venez pas lui dire que ces merveilleux peintres des choses naturelles ne font que *copier* minutieusement la nature. Pour Töpffer, il y a une vie cachée dans tout paysage, un sens, quelque chose qui parle à l'homme; c'est ce sentiment qu'il s'agit d'extraire, de faire saillir, de rendre par une expression naïve et fidèle qui n'est pas une pure copie. Le paysage, selon Töpffer, n'est pas une traduction, mais un poëme. Un paysagiste est « non pas un copiste, mais un interprète; non pas un habile *diseur* qui décrit de point en point et qui raconte tout au long, mais un véritable *poëte* qui sent, qui concentre, qui résume et qui chante. » Et ce n'est qu'ainsi qu'on s'explique aussitôt et pleinement, dit-il, pourquoi « l'on voit si souvent le paysagiste, qui est donc au fond *un chercheur de choses à exprimer* bien plus qu'il n'est *un chercheur de choses à copier,* dépasser tantôt une roche magnifique, tantôt un majestueux bouquet de chênes sains, touffus, splendides, pour aller se planter devant un bout de sentier que bordent quelques arbustes étriqués; devant une trace d'ornières qui vont se perdre dans les fanges d'un marécage; devant une flaque d'eau noire où s'inclinent les gaulis d'un saule tronqué, percé, vermoulu... C'est que ces vermoulures, ces fanges, ces roseaux, ce sentier, qui, envisagés comme objets à regarder, sont ou laids ou dépourvus de beauté, envisagés au contraire comme signes de pensées, comme emblème des choses de la nature ou de l'homme, comme expression d'un sens plus étendu et plus élevé qu'eux-mêmes, ont réellement ou peuvent avoir en effet tout l'avantage sur des chênes qui ne seraient que beaux, que touffus, que splendides. » Et revenant aux peintres flamands, il s'attache à montrer que leur faire n'est pas, comme on l'a dit, toute réalité, mais bien plutôt *tout expression*, que ce faire est « plus fin, plus accentué, plus figuré, plus poétique qu'aucun autre, et si éloigné d'être servilement imitatif de la nature, que c'est par lui au contraire que nous apprenons à voir, à sentir, à goûter dans une nature d'ailleurs souvent ingrate ce même charme que respirent les églogues de Théocrite et de Virgile. » Il en donne chemin faisant un exemple. Au moment où ces réflexions lui viennent (car c'est en voyage qu'elles lui viennent, sur la route de Viége dans le Valais, alors qu'il se dirige vers la vallée de Zermatt), il rencontre une bergère :

« ...Plus loin c'est une bergère qui tricote en suivant sa vache le long des touffes d'herbe dont la route est bordée. Le soleil frappe sur son visage basané, et ses cils fauves ombragent un regard à la fois sauvage et timide. Potter, où êtes-vous? car c'est ici ce que vous aimez; et, en effet, dans une pareille figure ainsi peignée, ainsi accoutrée, ainsi indolente et occupée, pauvre et insouciante, respire dans tout son charme la poésie des champs. Mais cette poésie, il faut un maître pour l'extraire de là, belle, vivante et vraie tout à la fois; sans quoi vous aurez ou bien une Estelle à lisérés, qui ne rappelle que romances et fadeurs, ou bien une vilaine créature, qui ne remue que d'ignobles souvenirs. »

Au dix-septième siècle donc, il y eut la grande et originale école de paysagistes qui rendirent tour à tour la beauté italienne dans ses splendeurs et son élégante majesté, et la nature rustique du Nord dans ses tranquilles verdures, ses rangées d'arbres le long d'un canal, ses chaumines à l'entrée d'un bois, en un mot dans la variété de ses grâces paisibles, agrestes et touchantes. Mais, en Suisse, il y avait des paysages et point de peintres. Il fallut attendre jusqu'au siècle suivant, et ce fut un littérateur, Jean-Jacques Rousseau, qui donna le signal. Töpffer a très-bien marqué que le paysage de la Suisse ou des Alpes se divise naturellement en trois zones distinctes et dont la conquête ne pouvait se faire en un jour. Il y a la zone la plus basse, très-variée pourtant, très-accidentée ; elle comprend les jardins du bas, les collines, les abords cultivés des gorges et le tapis des premières pentes ; elle finit où finissent les noyers. C'est le paysage savoyard ou celui du canton de Vaud, celui que Jean-Jacques exploitait pédestrement dans sa jeunesse et qu'il a rendu avec tant de fraîcheur. Une seule fois, lui ou du moins son Saint-Preux, il s'est aventuré dans la zone supérieure, dans les montagnes du Valais ; on peut voir dans la première partie de la *Nouvelle Héloïse* la vingt-troisième lettre à Julie : « Tantôt d'immenses rochers pendaient en ruines au-dessus de ma tête ; tantôt de hautes et bruyantes cascades m'inondaient de leur épais brouillard ; tantôt un torrent éternel ouvrait à mes côtés un abîme, etc. » Cette peinture est bien, mais elle n'est qu'une première vue un peu générale, un peu confuse, et sans particularité bien distincte. Jean-Jacques ne connaît bien sa Suisse qu'à mi-côte, par ses lacs, ses maisonnettes riantes et ses vergers : avec lui on en revient toujours aux Charmettes. Il n'a jamais dépeint avec détail ni pénétré même ce qu'on appelle la seconde région ou région moyenne.

Cette seconde région, qui est propre à la Suisse, est plus sobre, plus austère, plus difficile ; elle est souvent dénudée ; la végétation variée de la région inférieure y expire ; mais les sapins, les mélèzes, à son milieu, envahissent les pentes, revêtent les ravins, bordent les torrents ; la chaumière n'y est plus riante et richement assise comme dans le bas, elle y est conquise sur la sécheresse des terrains et la roideur des pentes : ce n'est plus le charme agreste, c'est le règne sauvage qui a sa beauté. Cette seconde région, qui, ai-je dit, est la moyenne, mène à l'autre, à la supérieure et sublime, qui est la région des pics, des glaciers, des resplendissants déserts, et où la rigueur du climat « ne laisse vivre que des rhododendrons, quelques plantes fortes, des gazons robustes, » au bord et dans les interstices des neiges éternelles.

Ces hautes régions furent en quelque sorte la découverte et la conquête de l'illustre physicien Saussure. Passionné de bonne heure pour les montagnes vers lesquelles l'attirait un attrait puissant, il commença en 1760 ses courses vers les glaciers de Chamouni, alors peu fréquentés, et depuis, chaque année, il renouvela ses voyages des Alpes, jusqu'à ce qu'en août 1787, il parvint à s'élever à la cime du mont Blanc, qui avait été, pour la première fois, gravie par deux habitants de Chamouni l'année précédente. Dans les descriptions et comptes rendus tout scientifiques qu'il a donnés de ses voyages, Saussure a été peintre par endroits : en présence du spectacle extraordinaire et inouï qu'il avait sous les yeux, « il tâche d'atteindre à la grandeur par la simplicité, au calme et à la majesté par le déroulement harmonieux et paisible de sa période sans pompe descriptive et sans ornement d'apparat. »

Ainsi Saussure découvrait l'*Alpe* et en annonçait sobrement la poésie vers le même temps où Bernardin de Saint-Pierre versait les trésors tout nouveaux de la nature tropicale et des mornes de l'Ile de France, et un peu avant que Châteaubriand eût trouvé la savane américaine.

Mais l'*Alpe* a été rude à conquérir tout entière ; les montagnes ne se laissent pas brusquer en un jour; les René et les Childe-Harold les traversent, les déprécient ou les admirent, et croient les connaître : elles ne se livrent qu'à ceux qui sont forts, patients et humbles tout ensemble. Il faut ici du pâtre jusque dans le peintre.

Il a fallu monter lentement, pied à pied, s'y reprendre à bien des fois avant de ravir les richesses dans leurs replis[1].

Quant à la peinture proprement dite et par le pinceau, ce ne fut que sur la fin du dix-huitième siècle que de La Rive et, après lui, Töpffer le père, commencèrent à rendre le paysage suisse, savoyard, de la zone inférieure dans sa grâce et sa poésie familière; « les masures de Savoie avec leur toiture délabrée et leur portail caduc; les places de village où jouent les canards autour des flaques; les fontaines de hameau où une fille hâlée mène les vaches boire; les bouts de pré où paît solitaire, sous la garde d'un enfant en guenilles, un taureau redoutable; » puis les marchés, les foires, les hôtelleries, les attelages poudreux avec le chien noir qui court devant, les rencontres de curés, de noces, de marchands forains, les manants de l'endroit avinés et rieurs, « amusants de rusticité. » Les choses en étaient là lorsque Töpffer commença ses voyages pédestres en 1823. Vers le même temps, un peintre de Neuchâtel, Meuron, osait, le premier, tenter de rendre sur la toile « la saisissante âpreté d'une sommité alpine au moment où, baignée de rosée et se dégageant à peine des crues fraîcheurs de la nuit, elle reçoit les premiers rayons de l'aurore. » Mais les Calame, les Diday et autres qui marchent sur leurs traces n'étaient point encore venus. Les classiques d'alors s'attachaient à prouver, par toutes sortes de raisons techniques et de considérations d'atelier, que ces régions supérieures des Alpes étaient essentiellement impropres à être reproduites sur la toile et à devenir matière de tableaux. *Impossible*, c'était le mot consacré.

Ici va se bien comprendre l'originalité de Töpffer et son coin de découverte pittoresque. Il se met à voyager à pied avec ses

---

[1] Byron au reste, dans son séjour en Suisse (1816), a senti et *pratiqué* les Alpes bien autrement que Châteaubriand, qui ne les avait vues d'abord qu'en passant (1805), et qui semble les avoir traitées, et le mont Blanc lui-même, du haut de sa grandeur.

élèves comme sous-maître d'abord dans un pensionnat, en attendant qu'il ait sa maison à lui et sa joyeuse bande. Il a quelque apprentissage à faire, il le fait vite, et saisit dès les premiers jours la poésie de ce genre de voyages, poésie de fatigue, de courage, de curiosité et d'allégresse. Il aspire presque aussitôt à la communiquer et à la bien traduire, en la racontant gaiement à l'usage d'abord de ses seuls jeunes compagnons, et en croquant pour eux et pour lui, d'une plume rapide, les principaux accidents de la marche, la physionomie des lieux et des gens. Cependant peu à peu il s'enhardira, et lui qui, au fond de son cœur, peut se dire : *Je suis peintre aussi!* ne pouvant l'être par les couleurs, il ouvrira la voie aux autres, il indiquera les chemins; il dira comme un guide les sentiers escarpés qui mènent au point de vue réputé désespéré et inaccessible; il esquissera ce que d'autres peindront, et, à chaque pas de plus que fera la peinture sincère à la conquête de ces rudes Alpes, il applaudira au triomphe.

Ses courts et brusques dessins, ses récits sont une suite de jolis tableaux flamands, relevés tout aussitôt d'une saveur alpestre, de quelque chose de *fruste* (pour employer un de ses mots favoris) et d'un caractère sauvage : en même temps il n'oublie jamais le côté humain, familier, vivant, qui doit animer le paysage, et qui lui ôte tout air de descriptif. Là même où il s'élève jusqu'à cette troisième et haute région où tout semble écraser l'homme, et où la vie sous toutes ses formes se retire, Töpffer trouve encore un sens correspondant au cœur en ces effrayantes sublimités. Après avoir décrit en une page d'une large et précise magnificence la physionomie générale du Cervin, par opposition à l'effet de Chamouni, il en vient à s'interroger sur les sources de son émotion :

« D'où vient donc, se demande-t-il en présence de cette effroyable pyramide du Cervin, d'où vient l'intérêt, le charme puissant avec lequel ceci se contemple? Ce n'est là pourtant ni le pittoresque, ni la demeure possible de l'homme, ni même une merveille de gigantesque pour l'œil qui a vu les astres ou pour l'esprit qui conçoit l'univers! La nouveauté sans doute, pour des citadins surtout; l'aspect si rapproché de la mort, de la solitude, de l'éternel silence; notre existence si frêle, si passagère, mais vivante et douée de pensée, de volonté et d'affection, mise en quelque sorte en contact avec la brute existence et la muette grandeur de ces êtres sans vie, voilà, ce semble, les vagues pensers qui attachent et qui secouent l'âme à la vue de cette scène et d'autres pareilles. Plus bas, en effet, la reproduction, le changement, le renouvellement nous entourent; le sol actif et fécond se recouvre éternellement de parure ou de fruits, et Dieu semble approcher de nous sa main pour que nous y puisions le vivre de l'été et les provisions de l'hiver; mais ici, où cette main semble s'être retirée, c'est au plus profond du cœur que l'on ressent de neuves impressions d'abandon et de terreur, que l'on entrevoit comme à nu l'incomparable faiblesse de l'homme, sa prochaine et éternelle destruction, si, pour un instant seulement, la divine bonté cessait de l'entourer de soins tendres et de secours infinis. Poésie sourde, mais puissante, et qui, par cela même qu'elle dirige la pensée vers les grands mystères de la création, captive l'âme et l'élève. Aussi, tandis que l'habituel spectacle des bienfaits de la Divinité tend à nous distraire d'elle, le spectacle passager des stérilités immenses, des mornes déserts, des régions sans vie, sans secours, sans bienfaits, nous ramène à elle par un vif sentiment de gratitude, en telle sorte que plus d'un homme qui oubliait Dieu dans la plaine s'est ressouvenu de lui aux montagnes. »

Töpffer se rappelle en ces moments et rassemble dans son impression grandiose le sentiment de l'antique Sinaï, les ressouvenirs des prophètes, tout ce qu'il y a de plus présent et de plus parlant à l'homme dans la tradition, et c'est ainsi qu'il anime encore ces apparitions gigantesques de l'éblouissante et froide nature, tandis que ceux qui, comme Sénancour, autre grand paysagiste aussi, n'y voient que le couronnement et le témoignage subsistant des forces aveugles, n'en retirent jusque dans leur admiration rien que de morne, de consternant et de désolé.

Le charme des voyages de Töpffer, c'est qu'il ne reste jamais longtemps sur ces hauteurs, et l'on jouit avec lui de tous les accidents du chemin. Un des endroits de son récit qui m'a laissé le plus frais souvenir, c'est son excursion aux Mayens, près de Sion. Les *Mayens,* on appelle ainsi sur la montagne les lieux où vont dès le mois de *mai* les nobles valaisans, les patriciens du pays aujourd'hui dépossédés de leur influence. Ces dignes gens ont là-haut des solitudes et de douces cabanes, ce qu'on appelle le *Mayen de la famille;* ils se hâtent d'y monter dès qu'avril a fondu les neiges, et ils ne redescendent plus à Sion qu'à l'approche de l'hiver. Töpffer nous montre, chez ces familles fidèles au culte du passé, la vie paisible, régulière, patriarcale, l'oubli du siècle qui serait amer à trop regarder, et qui n'émancipe les uns qu'en froissant les autres. « Les Mayens sont à notre avis, dit-il, un Élysée dont la douceur enchante plutôt qu'une merveille à visiter; » et c'est pour cela qu'il donne envie d'y monter et d'y vivre au moins une saison. Les hôtes qu'il y visite, en échange de ses croquis lui font voir les leurs : « Ce sont, remarque-t-il, des aquarelles faites d'après les sites uniformément aimables de ce paisible séjour. Le vert y domine, cru, brillant, étalé, mais les fraîcheurs de l'endroit s'y reconnaissent aussi, et aussi ces *menus détails,* ces *neuves finesses* qui échappent souvent au rapide regard de l'artiste exercé pour se laisser retracer par l'amateur inhabile, réduit qu'il en est à se faire scrupuleux par gaucherie et copiste par inexpérience. »

Personne ne fait mieux comprendre que Töpffer comment, sans avoir rien des procédés convenus et artificiels, on parvient à épeler, à bégayer, puis à parler, chacun selon sa mesure et avec son accent, la langue du pittoresque. Il faut s'y mettre avant tout, et, pour peu qu'on ait de sentiment naturel en face des objets, le suivre, y obéir, travailler à y donner jour. A force de croquis manqués, on arrivera à en produire un passable, puis un parlant, et, à la fin, *l'on se sera fait sa petite manière à soi de ne s'y prendre pas trop mal,* et cela en ne poursuivant que la nature et sans imiter personne. Il a, à ce sujet, de ravissantes pages sur ce thème : Qu'est-ce que *croquer?* par opposition à dessiner. Il en a d'autres comparables à celles-là sur cet autre motif : Qu'est-ce que *flâner?* qui est, selon lui, tout l'opposé de ne rien faire.

Pour le style de même. La langue de Töpffer est à lui, et il le sait. Il n'y a pas visé d'abord, et elle lui est venue comme cela. La Suisse, dans ses creux de vallées et ses plis de terrain, a gardé trace et souche de bien des langues. Il y a là des dialectes d'emprunt et des patois indigènes. Le français, qui est très-indigène en quelques parties, est resté âpre et n'a jamais eu sa greffe définitive. Genève pourtant y a donné son poli et son pli. Mais traversée en bien des sens et formée d'une population mi-partie française, italienne et germanique, Genève aurait fort à faire pour garder une langue pure. Töpffer n'a jamais cherché qu'à l'avoir naturelle : « Je ne suis qu'un Scythe, s'écrie-t-il comme Anacharsis, et l'harmonie des vers d'Homère me ravit et m'enchante ! Je ne suis, moi, qu'un Genevois, et l'harmonie, la noblesse, la propriété ornée, la riche simplicité des grands maîtres de la langue, pour autant que je sais l'apprécier, me transporte de respect, d'admiration et de plaisir. De bonne heure j'ai voulu écrire, et j'ai écrit, mais sans me faire illusion sur ma médiocrité et mon impuissance, uniquement pour ce charme de composer, d'exprimer, de chercher aux sentiments, aux pensers, aux rêves de choses ou de personnes, *une façon de les dire à mon gré,* de leur trouver une figure selon mon cœur. » Tout en admirant nos grands écrivains, il ne les imite donc pas le moins du monde : placé hors du cercle régulier, et pour ainsi dire national, de leur influence, il ne trouve pas qu'il y ait révolte à ne pas les suivre, même dans les formes générales qu'ils ont établies et qui font loi en France ; il n'est pas né leur *sujet.* Il écrit d'emblée à sa guise, comme il croque le paysage. Sans y mettre tant d'artificiel il procède comme Courier, ou plutôt c'est un Montaigne né près du Léman, et qui cherche à racheter sa rudesse et certains sons rauques par du mordant et du vif. Aussi, à défaut du coulant d'un Voltaire, de l'harmonie d'un Bernardin ou d'un Fénelon, et s'il n'a presque jamais ce qui chante, il a ce qui accentue et ce qui saisit. Toute sa théorie du style est agréablement exposée et mise en action dans la rencontre qu'il fait du bonhomme Tobie Morel à la descente du grand Saint-Bernard. Tobie Morel, tout en frappant de son bâton et de ses souliers ferrés les dalles de la chaussée, rencontre Töpffer et sa troupe d'écoliers, et en homme communicatif, au premier mot échangé, il se met à raconter son histoire; il le fait en des termes pleins de force et de naïveté; d'où Töpffer en revient à son axiome favori : *Tous les paysans ont du style.* Malherbe avait dit : « J'apprends tout mon français à la place Maubert. » Lui, Töpffer, il veut qu'à deux siècles de distance cette parole bien comprise signifie : « Je rapprends et je retrempe mon français chez les gens simples, restés fidèles aux vieilles mœurs, comme il en est encore dans la Suisse romande, en Valais, en Savoie, en dessus de Romont, à Liddes, à Saint-Branchier, au bourg Saint-Pierre. C'est là qu'en accostant, dit-il, le paysan qui descend la chaussée, ou en s'asseyant le soir au foyer des chaumières, on a le charme encore d'entendre le français de souche, le français vieilli, mais nerveux, souple, libre et parlé avec une antique et franche netteté par des hommes aussi simples de mœurs que sains de cœur et sensés d'esprit;... — en telle sorte que la parole n'est plus guère que du sens, mais franc, natif, et comme transparent d'ingénuité. » A d'autres endroits de ses écrits, et tout en reconnaissant avec vérité les défauts habituels au caractère du paysan, il est revenu encore sur la part de solide bon sens qu'il trouve en plus grande mesure chez eux que dans les autres classes : « Ceci se marque bien dans leur langage, ajoute-t-il, qui est clair, discret, et d'une constante propriété. Aussi trouvé-je toujours du plaisir à m'entretenir avec eux des choses qui sont à leur portée. »

De cette observation attentive du langage campagnard et *paysanesque,* combinée avec beaucoup de lecture, de littérature tant ancienne que moderne, tant française que grecque[1], est résulté chez Töpffer ce style composite et individuel que nous goûtons sans nous en dissimuler les imperfections et les aspérités, mais qui plaît par cela même qu'il est naturel en lui et plein de saveur. C'est ainsi qu'on écrit dans les littératures qui n'ont point de capitale, de quartier général classique ni d'Académie; c'est ainsi qu'un Allemand, qu'un Américain ou même un Anglais use à son gré de sa langue. En France, au contraire, où il y a une Académie française et où surtout la nation est de sa nature assez académique, où le Suard, au moment où on le croit fini, recommence; où il n'est pas d'homme comme il faut, dans son cercle, qui ne parle aussitôt de goût; où il n'est pas de grisette qui, rendant son volume de roman au cabinet de lecture, ne dise pour premier mot : *C'est bien écrit,* on doit trouver qu'un tel style est une très-grande nouveauté, et le succès qu'il a obtenu un événement : il a fallu bien des circonstances pour y préparer. Nous supplions seulement qu'on ne l'imite pas, et qu'on n'aille pas faire un genre littéraire, une école, de ce qui, chez le libre amateur genevois, a été précisément l'absence d'école et une inspiration forte et combinée.

---

[1] Ce n'est pas sans dessein que j'indique la littérature grecque, car Töpffer était helléniste; il a même donné une édition des Harangues de Démosthène, et il se souvient évidemment du grec dans cette phrase de ses *Voyages en zigzag,* par exemple : « C'est là mieux qu'ailleurs (dans une excursion en commun du maître avec ses élèves) qu'il dépend de lui, s'il veut bien profiter amicalement des événements, des impressions, des spectacles et des vicissitudes, de fonder de saines notions dans les esprits, de fortifier dans les cœurs les sentiments aimables et bons, tout comme d'y combattre, d'y ruiner à l'improviste, et *sur le rasoir de l'occasion,* tel penchant disgracieux ou mauvais. »

Töpffer, qui se sépare de nous gens du centre, qui est en indépendance et en réaction contre la littérature française de la capitale, et qui la juge, nous semble parfois bien sévère et même injuste. Ce n'est pas le moment de discuter quelques-uns des noms qu'il met en cause : il apprécie les talents célèbres et en vogue, moins encore en eux-mêmes, ce semble, que d'après leurs disciples et leurs influences ; il a de ces condamnations décisives, anticipées, qu'entre contemporains et artistes qui courent plus ou moins la même carrière, il faut laisser au temps seul le soin de tirer entièrement. S'il vivait, il n'aurait sans doute qu'à se relire, nous n'aurions pas même à le lui faire comprendre. Et n'est-ce pas lui qui a dit quelque part : « Les auteurs vivants jugent mal les auteurs vivants ? »

Les sentiments élevés, ceux que naturellement la pensée de sa mort réveille, nous reviennent à son sujet. Il a raconté dans le présent volume sa visite en deux asiles consacrés par la religion, à la Grande-Chartreuse en 1833, à l'hospice du Saint-Bernard en 1842. Il nous semble qu'il manque quelque chose à sa visite de la Grande-Chartreuse ; il est novice encore, son monastère est trop effacé ; il nous peint la haute vallée plutôt que le but même ; il n'a pas l'hymne du chartreux, l'allégresse du cloître, le rayon de Lesueur et de saint Bruno. La sympathie, sans lui faire défaut, y est mêlée de quelques tons qui crient. Mais à l'hospice du Saint-Bernard, c'est différent : l'hospitalité cordiale l'a gagné, et aussi l'aspect de l'humble foule agenouillée le jour de la fête du couvent l'a pris au cœur. Le peintre en lui et le chrétien se sont rencontrés : « O le pittoresque spectacle ! s'écrie-t-il à la vue de l'évêque de Sion officiant en personne et de sept cents fidèles environ accourus d'Aoste, du Valais, de Fribourg, priant debout, agenouillés, ou assis par rangées sur les degrés et refluant jusque dans l'étage supérieur. Des vieillards, des petits garçons, des jeunes filles, des mères et leurs nourrissons; toutes les poses de la dévotion naïve, du recueillement craintif, de l'humilité respectueuse; toutes les attitudes de la fatigue qui s'endort, de l'attention qui se lasse, et aussi de cette oisiveté de l'âme pour laquelle le culte catholique ne se montre jamais sévère, à la condition que les doigts roulent les grains d'un chapelet et que la langue murmure des prières. » Et ne croyez pas que ce dernier mot soit une épigramme; car tout aussitôt, dans une page très-belle et pleine d'onction, tout en réservant son principe de foi, il va rendre hommage à ce *trait d'ingénue et d'absolue soumission* qui est obtenue plus facilement par la religion catholique et qui procède du dogme établi de l'autorité même; il y reconnaît un vrai signe de l'esprit religieux sincère : « Et en effet, dit-il, être chrétien, être vrai disciple de Jésus-Christ, c'est bien moins, à l'en croire lui-même, admettre ou ne pas admettre telle doctrine théologique, entendre dans tel ou tel sens un dogme ou un passage, que ce n'est assujettir son âme tout entière, ignorante ou docte, intelligente ou simple, à la parole d'en haut, pas toujours comprise, mais toujours révérée. » Sous cette impression d'une douce piété communicative, il appellera donc plus d'une fois les dignes religieux du grand Saint-Bernard ses frères, ses coreligionnaires très-certainement, en dépit de quiconque pourrait y trouver à redire. Tout humble qui prie lui paraît son coreligionnaire plus sûrement que tout raisonneur et tout petit docteur qui discute. Il a beau être de Genève, il se retrouve encore du diocèse et de la paroisse de saint François de Sales par un côté. Près de mourir, Töpffer reviendra sur cette idée d'assujettissement, d'acquiescement intime et volontaire qui était le trait essentiel de sa foi : « Qui dispute, doute; qui acquiesce, croit... Je crois et je me confie, deux choses qui peuvent être des sentiments vagues, sans cesser d'être des sentiments forts et indestructibles. »

Dès le temps où il visitait la Grande-Chartreuse, Töpffer, voyant ce renoncement absolu qui imprime le respect et une sorte de terreur, s'était posé dans toute sa précision le problème qui est fait pour troubler une âme préoccupée des destinées futures : le chartreux, le trappiste, en effet, le disciple de saint Bruno ou de Rancé vit chaque jour en vue de sa tombe, tandis que d'autres, la plupart, ne vivent jamais qu'en vue de la vie et comme s'ils ne devaient jamais mourir : « Destinée étrange que celle de l'homme! se demandait le voyageur jeune encore et plein de jours; la vie lui est donnée, et il est un insensé s'il s'y attache, puisqu'elle va lui être retirée. La mort lui est imposée irrévocablement, et il est un insensé encore s'il y sacrifie la vie, puisqu'elle est un bienfait de Dieu!... Que faire donc? et comment concilier cette contradiction fatale, comment caresser tout ensemble et la vie et la mort? Hélas! c'est là l'équilibre où il n'est donné à aucun homme d'atteindre! » Et, dans le doute, entre les deux, « entre ceux-là qui disposent toutes choses comme s'ils devaient toujours rester dans ce monde, et ceux qui, comme les chartreux, disposent toutes choses comme s'ils l'avaient déjà quitté, » c'est encore la *folie* du chartreux qui lui paraît la moindre. Douze ans après, au lit de mort lui-même, et durant sa dernière maladie, Töpffer revenait sur cette méditation, sur cette énigme de la destinée, dont il avait désormais une pleine conscience, et il la dénouait, selon sa mesure, en homme de famille, en époux et en père, pieux, résigné et saignant : « Renoncer au monde, si l'on prend le précepte à la lettre, disait-il, c'est fausser sa destinée en dépravant sa nature. Renoncer au monde, si l'on prend le précepte dans son esprit, c'est faire en toutes choses une part à la vie et une part à la mort, et cela jusqu'au dernier soupir. » — Dans la première partie de son explication, Töpffer n'a pas assez senti, je le crains, tout le mystère de la vie cachée, de la vie des antiques ermites et des Pères du désert; mais il est impossible de mieux faire la part de l'homme de la société et du père de famille mourant.

Je n'ai pas craint de laisser arriver ces pensées graves et funèbres jusque dans la lecture de ses derniers voyages, si remplis de soleil, de joie, d'accidents de toute sorte, si animés d'une sociabilité charmante, et tout parsemés de figures ou de perspectives. Après s'en être pénétré et en s'engageant sur les pas de l'excellent initiateur dans ces expéditions de fatigue et de plaisir, plus d'un visiteur des hautes cimes, au tournant d'un roc, au reflet d'un glacier, à l'humble vue d'une clôture, se surprendra à dire comme pour un compagnon absent et pour un ami qui nous a devancés : « Töpffer, où êtes-vous ? »

SAINTE-BEUVE.

NOUVEAUX
VOYAGES EN ZIGZAG.

VOYAGE A LA GRANDE CHARTREUSE.

PREMIÈRE JOURNÉE.

Dans tout voyage de pension, la journée du départ est précédée de plusieurs journées d'attente et de préparatifs, qui sont désastreuses pour l'étude et pour la bonne latinité. C'est que, pendant que la personne des voyageurs garde encore le logis, descend en classe et accomplit à l'ordinaire toutes les fonctions d'école, l'esprit, depuis bien des jours, est parti pour les montagnes, où il gravit, respire, s'essoure pour les cités lointaines, où il visite les musées, les théâtres, les monuments publics, où il entre à l'auberge et se garde par-dessus tout d'entrer en classe. Ainsi, pendant que *l'autre* est absent, c'est réellement la *bête* qui grammatise, qui traduit, qui accorde le substantif avec l'adjectif, et de là une foule de solécismes colossaux, de monstrueux barbarismes.

Arrive enfin le jour du départ. Dès avant l'aube, il y a mouvement dans la maison, et sans que personne se soit mêlé de réveiller, il se trouve que tout le monde est debout, blousé, ficelé, ajusté, prêt à partir, aussitôt que l'aurore sera venue éclairer les campagnes de ses premières lueurs. Dès qu'elle paraît, on éteint les lumières, on ferme la porte, et l'on se met en route. Tout à l'heure le soleil embrase les cieux, perce les taillis, illumine les prairies, et il y a là un moment où l'âme, dorée aussi des plus purs rayons de la joie et du plaisir, se trouve être à l'unisson de cette allégresse qui éclate dans la nature. Mais avant d'aller plus loin, donnons le signalement des voyageurs.

Hippolyte d'Herviers, surnommé *Scévola* à cause de certaines ténacités farouches, marche cambré et la pointe des pieds en dedans. Naturaliste au premier chef, il fatigue les papillons à la course, il collecte les chenilles, récolte le tithymale, et court sus à tous les capricornes, à tous les grillons, à tout ce qui vole, rampe ou bruit. Par malheur, il classe mal et est sujet à confondre les règnes. Du reste, s'il lui arrive de traverser la grande route, il ne la suit jamais, et on le voit de loin couché contre la rampe des ravins, à moitié enfoui sous les broussailles ou courant dans les hautes herbes.

Henri d'Herviers, frère du précédent, n'est pas le moins du monde naturaliste, et les prouesses de son frère lui apparaissent comme une étrangeté plutôt encore permise que raisonnable, dont il fait d'ailleurs un mince cas. Silencieux, philosophe, observateur, il marche à son pas, ne parle qu'à ses heures, et entend qu'on respecte son sommeil. Du reste, il vit bien avec tout le monde et détestablement avec son sac, qu'il considère comme un vil paresseux, incapable d'avancer sans qu'on le porte.

Louis Blondeau a le galbe imberbe, l'œil clair et l'esprit incertain. D'ailleurs sa blouse est ventrue, et des endroits, c'est le nom surtout qui lui importe. Quand il a pu l'attraper, il le prend en note et vit content.

Nicolas Christoforo, appelé *le petit* à cause de sa taille et à cause de sa prononciation, a l'allure mystérieuse, le regard arcane, le langage couvert et circonspect. Blousé pour la forme, mais secrètement habillé par-dessous.

François Bartelli, dit *grand bel homme* à cause de sa charpente colossale, de son œil noir et de sa chevelure touffue, parle comme quatre, rit comme douze, et ne se tait que lorsqu'il s'est hissé clandestinement sur un pommier ou blotti parmi les ceps. Cependant le garde champêtre vient à passer, et Bartelli retient jusqu'à son souffle.

Rodolphe Bolesco, tournure Titan, épaule Farnèse, mollets piliers. Peu versé lui-même dans la langue française, il ne laisse pas de tenir note de tous les cuirs qui se font dans la troupe, et d'y trouver un continuel sujet de gaieté, à peu près comme ceux qui, tout en tombant eux-mêmes sur le derrière, rient de voir un bourgeois s'étendre par terre. Possède un rasoir pour son usage, et rase gratuitement berbes et imberbes.

Alexandre Bolesco, frère du précédent, a l'esprit mathématique, sentimental, dialecticien, surpris, troublé, enthousiasmé tout à la fois. Sans cesser de marcher, il discute des problèmes, panégyrise les grands hommes, harangue la belle nature, et intente des questions hors de portée aux pauvres habitants des campagnes. Attaqué, harcelé par tous et par chacun, il oppose des principes, se barricade derrière des formules ou vous cloue au mur avec un argument pointu. Sa casquette est plane, son sac rhomboïdal, et sur tous les objets, pour mieux voir, il braque un lorgnon terne.

Matthias Haller, dit *Goulmar* parce qu'il est d'Alsace, est soigneux, rangé, lé. poches pleines de ressources et particularités. Mais comme tous les rangés, comme toutes les poches pleines, il est sujet à des mécomptes et exposé à des larcins.

Gustave Humann emporte une coqueluche et voyage en voiture. Par la portière, il questionne en toussant, et par la portière aussi, il tousse en répondant.

Robert Dudley, Anglais de Florence, a le pas sauterelle et la tournure héron. Naturaliste aussi, il est comme ficelé, emballé, cacheté au centre de caisses à insectes et de fioles d'esprit-de-vin, qui de tous côtés recouvrent sa personne. D'ailleurs, souple, leste, adroit, là où Hippolyte, d'un bond, saute sur sa proie, mais l'écrase, lui attend la sienne, la guette, et l'attrape par l'aile ou la saisit par la queue.

Lucien Morelli, bruyant, déterminé, chante ferme, marche dru, boit sec, et, comme Bartelli, chasse aux raisins, pêche les pommes, bat les noyers.

Charles Dumarais est dessinateur, jongleur, amateur et pas du tout marcheur. Mais la fortune vient à son secours, et dans chaque diligence qui vient à passer il rencontre des amis de sa famille qui le hissent à eux et le déposent au prochain relais.

Eugène Marsan est grave, formé, complet. Il compose à lui tout seul l'avant-garde, vu que, par principe, il ne fait jamais de haltes.

Henri Marsan est complet, formé, grave aussi, mais avec des caprices d'hilarité. Doué de fort petites jambes, il aune néanmoins de très-grands pas, et forme à lui tout seul une seconde avant-garde.

Hermann Meister est gigantesque, hasardeux, excentrique. Il enjambe les fleuves, s'enfonce dans les abîmes, fouille les taillis, et reparaît perché sur le dernier rameau d'un chêne-roi. Constamment haletant, harassé, constamment il reprend sa course, s'enflamme aux obstacles, se surpasse aux rampes verticales. Par malheur, il picore aux ceps, chasse aux noix, et, tout en rêvant prouesses désordonnées et efforts impossibles, il broie son compagnon de lit. Seul de la troupe, il jouit d'une blouse bleue à jabot et manchettes du plus bel effet.

Ernest Bodler débute dans la carrière. Le soleil l'abat, mais la pluie le réconforte, et en tout lieu les haltes sont son affaire bien mieux que les rampes verticales où non. Du reste, il bouge sans fin et jase à fil.

Pierre Ducros a le jarret déboîté, en sorte qu'il se couche auprès des sources et s'assied sur les bornes. En voyant que les chartreux passent leur vie assis ou agenouillés, il est sur le point d'entrer dans l'ordre.

Henri Brunken, moitié Allemand, moitié Anglais, aux trois quarts Scandinave, a l'œil clair et les cheveux fauves. Il représente dans la caravane l'homme du Nord, calme, persévérant et muet.

Henri Derville, bonhomme, marcheur, philosophe, ne faisant qu'un avec son sac, va son train, et puis voilà.

Théoring d'Altemberg fait des pas de deux mètres, et néanmoins il marche à côté du *petit,* pour lui attraper ses secrets et sonder son mystère.

Alexandre Mérian, accentué, vif, méridional, se démoralise aisément et se remoralise tout aussi aisément rien qu'en se frottant l'une contre l'autre les paumes de la main.

Enfin M. Töpffer et Jacques Clotus, son domestique.

Quatre corbeilles attendent cette caravane aux portes de la ville. Les corbeilles sont des sortes de caisses en treillis, légères, découvertes, fort grandes, qui servent à voiturer les noces, les parties de plaisir, et généralement parlant tous les endimanchés de la ville, lorsqu'ils s'en vont à trois lieues, à quatre lieues des remparts se chercher, sous l'ombrage des hêtres ou des châtaigniers, une joyeuse retraite et une fraîche salle à manger. Là, on dételle, on déballe, on prend possession, et la journée s'écoule en menus entretiens, en rustiques banquets, en tranquilles loisirs. A ces corbeilles sont attelés des chevaux conformes, de ces bonnes bêtes citadines, poussives un peu, mais loyales, rassies, accoutumées dès longtemps au bruit des rires, au gai vacarme des refrains, à ces tempêtes d'allégresse que provoquent au retour de la fête l'entrain des convives, l'impression d'un beau soir, la rencontre inopinée d'amis, de parents qu'emportent aussi vers la ville deux mères juments, conduites par un

cocher aviné. La poussière vole, les hourras se croisent, les chants se confondent, et la nuit tombe sur ce charmant tumulte. Mais déjà ce sont là les mœurs de nos pères bien plus que les nôtres, et à mesure qu'elles s'en vont, les corbeilles, hélas! s'en vont aussi; avant peu d'années l'on n'en verra plus.

Au surplus, dès la première heure, un ton différent prévaut dans chacune de celles qui nous portent. Ici le sommeil, là la coqueluche, dans la troisième on chante; dans la dernière, c'est l'esprit qui domine sous la forme de jeux de mots, d'énigmes et de calembours; et comme cette voiture envoie aux autres des courriers pour leur faire part de son superflu de saillies et de gentillesses, il en résulte des transports d'esprit, matière qui n'est pas toujours bien légère.

A Saint-Julien, l'on nous adresse tous au *bourreau :* ce qui, dans la bouche d'un carabinier piémontais, ne signifie heureusement rien de sinistre; il s'agit tout simplement de *bureau* où l'on vise les passe-ports. Nous y passons trois quarts d'heure, après quoi l'on nous recommande d'avoir soin de nous mettre en règle auprès de tous les bourreaux ultérieurs, car le moment est critique, et à cause de quelques fusées politiques qui ont récemment éclaté çi et là, les carabiniers veillent et la police fait bonne garde. A la bonne heure. Mais qui donc imagina le premier cet abominable ingrédient de passe-port, et notre Suisse, où, à la rigueur, on peut traverser vingt-deux cantons souverains sans exhiber une seule fois, n'est-elle pas, à ce titre déjà, l'un des plus beaux pays du monde? *Exhiber,* ce mot seul est laid, trivial, crasseux, d'une grossière et dégoûtante propriété.

A l'Éluiset, autre *bourreau,* celui des douanes. Ici l'on nous fait promettre que nous ne colportons point de doctrines incendiaires, point d'idées de contrebande, point de propagande manuscrite ou imprimée. Nous promettons tout ce qu'on veut, et on nous laisse partir sans seulement ouvrir nos havre-sacs. En vérité, ce serait le moment de passer du sucre, du tabac, des dentelles, car ces gens pour l'heure, n'ont l'œil qu'aux fusées et aux pétards.

Cependant la chaleur est accablante, le sommeil nous visite, et à chaque cahot des corbeilles, toutes les têtes s'entre-choquent. Alors on se réveille : « Comment *tapâtes*-vous de l'œil, Hermann? — Fort bien. » Mais cette expression *tapâtes* exige un commentaire.

Taper de l'œil veut dire, comme on sait, s'endormir vite et bien. Mais les hommes en général, et particulièrement les écoliers en voyage, quand ils rencontrent une expression heureuse, en font un usage immodéré, surtout si, comme dans celle-ci, ils rencontrent une seconde personne plurielle du passé défini qui est remplie de caractère, d'harmonie et de charme. *Tapâtes*-vous, s'emploie alors au propre, au figuré, à tous venants et de toutes les façons. Si Dudley tire la jambe : Dudley, tapâtes-vous de la jambe? — Yes. Si la chose est chère et nécessite un grand maniement de francs ou d'écus : Tapâtes-vous du pouce? A quelqu'un qui sort de table : Tapâtes-vous de la dent? Et nul ne s'y trompe. On dit aussi agréablement : Je tapâtes, tu tapâtes, il tapâtes, etc.

Ainsi de ce mot charmant, ainsi de beaucoup d'autres. Nous l'avons déjà dit, faites vivre ensemble, voyager ensemble, pendant quelques jours seulement une société de gens, et vous verrez toujours se former des mots et des acceptions de mots exclusivement propres à cette société, et cela si certainement, si naturellement, qu'en vérité, au rebours de ce que pensent les doctes, il paraît bien plus difficile d'expliquer comment il pourrait se faire qu'un langage ne naquît pas là où des hommes vivent ensemble, qu'il ne l'est de se figurer comment il y naît. Du reste, ces mots de nouvelle formation sont tous entendus de Dudley, bien qu'il ne parle que l'anglais, et malheureusement il se trouve que le premier mot français qu'il ait été dans le cas de comprendre et d'apprendre, c'est *tapâtes.*

Frangy est un petit bourg grillé qui est environné de vignobles. Nous y faisons une buvette. *Buvette,* en langage de pension, signifie petit repas improvisé, et comme on n'improvise guère un repas qu'autant que la faim est là, il s'ensuit que les buvettes sont en réalité de nos festins les plus gros, ceux du moins où se consomment avec le plus d'avidité des vivres pesants, compactes, du pain frais, par exemple, et du fromage gras. Mais à Frangy, pays de vignobles, nous arrosons la chose d'un petit vin gazeux, qui, comme l'eau de Seltz, lance au nez des buveurs des bulles d'air à la grande satisfaction de l'organe. Trois de nos corbeilles nous quittent ici, une seule, celle des coqueluches, poursuit avec nous. Toutefois M. Töpffer la prie de vouloir bien prendre les devants, et il retarde le moment du départ jusqu'à ce qu'elle soit depuis un quart d'heure hors de vue. C'est que M. Töpffer a remarqué que lorsque sa troupe chemine loin, bien loin de toute voiture et de toute possibilité de voiture, nul ne tire la jambe, tous cheminent bien et gaiement. Tout au contraire, lorsqu'il y a char parmi la bande, et par conséquent chance d'une place dans ce char, aussitôt prennent naissance les éclopés, un d'abord, puis deux, puis vingt-quatre, qui assurent être incapables de pousser plus loin. A tout prix il faut éviter ces mollesses, car il y va de l'agrément même du voyage, et c'est ce qu'on fait en brûlant ses vaisseaux pour ne compter plus que sur soi et son bâton.

Il est une heure, le soleil *tapâtes* ferme. Néanmoins Hippolyte se met à poursuivre les papillons, et tout à l'heure, entraîné bien loin dans la

campagne, on le perd de vue pour deux heures de temps. Il reparaît alors, enrichi de capricornes et glorieux de papillons; mais dans sa course vagabonde il a perdu l'unique écu dont se composait son avoir et celui de son frère Henri. En revanche, au moment où Hippolyte, voulant boire à une source, demande à son frère leur coco commun, il se trouve que Henri, tout en philosophant, l'a oublié bien loin en arrière sur la marge fleurie d'un ruisseau. Il ne manque donc plus aux deux frères que de s'emménager dans un tonneau pour être l'un et l'autre comme Diogène, sans écu et sans écuelle.

Pendant que ces choses se passent, l'avant-garde a fait connaissance d'un honnête charbonnier qui s'en retourne au bois pour y prendre un chargement. Ce bonhomme invite les voyageurs à entrer dans son chariot, où il a déjà recueilli une femme; mais à peine ils viennent de s'entasser sur l'arrière de la caisse qu'elle bascule et les verse dans l'ornière, pendant

que le train de devant se sépare et poursuit, traîné par les trois rosses qui goûtent fort cette façon d'aller. L'honnête charbonnier, qui est sourd de nature, se retourne à la fin, et apercevant la solution de continuité qui s'est opérée dans son attelage, il se prend à rire, les poings sur les côtés, en homme qui ne rit pas tous les jours.

Nous arrivons à un endroit où la route est supportée par une suite de ponts construits sur des torrents la plupart à sec dans ce moment. Auprès de l'un d'eux un paysan nous aborde : « Eh! dites voir?—Eh bien?—Voyez-vous pas les *baragnes* (les garde-fous du pont)? — Eh bien? — Ça sert à prendre les lièvres. — Oh oui! --- Voici comme. Vers minuit ils viennent se pourmener le long, par suite de quoi ils voient leur ombre qui se pourmène là-bas dans le précipice, et la voulant joindre, ils chutent dans ces graviers ousqu'on va les ramasser à l'aube. Sûr comme vous me voyez!... » Or, nous le voyons distinctement.

A peine avons-nous perdu de vue l'homme aux baragnes, qu'une famille étrange se présente à nos regards. Ce sont des bohémiens, tout semblables à ceux qu'on voit dans les gravures de Callot, portant avec eux enfants, bagages, et disant la bonne aventure. Plusieurs des nôtres profitent de l'occasion, et se font promettre des années de fortune, suivies d'années de bonheur, et précédées d'années de prospérité, le tout pour quelques sous. La bonne femme en donne à tout le monde, sans paraître en avoir gardé pour elle.

Un peu avant Seyssel, une rivière traverse la route, et non la route la rivière, ce qui nous paraît surprenant dans un pays d'ailleurs si bien fourni en ponts. Les chars passent cette rivière à gué, et les piétons la traversent dans un bateau qui racle le sol dès qu'on y est entré. Après qu'on a raclé le sol pendant dix minutes, on met le pied dans l'eau pour atteindre la rive opposée, et de cette façon tout vient à point.

A Seyssel nous allons descendre chez madame Cauponnet, parce que dès la frontière chacun nous a dit : Allez chez madame Cauponnet, et vous serez bien. Madame Cauponnet se trouve être une petite veuve qui a une énorme fluxion, et son hôtel est impayable, figurément parlant. On y défile entre deux rangées de poêles à frire pour atteindre à un escalier en bois qui conduit à des sortes de chambres, dans l'une desquelles il est reçu que l'on prend ses repas entre une table de nuit et un pliant. A première vue, Bartelli entre en allégresse, car il sait par expérience que ce genre d'hôtels est le plus fertile de tous en aventures bouffonnes, et que si l'on n'y dort guère, l'on y rit d'autant. Aussi pour être plus sûr de ne pas dormir du tout, il prend place dans une salle haute où cinq grabats attendent dix des voyageurs.

Lorsque tout est réglé avec madame Cauponnet, nous allons visiter Seyssel. Cette petite ville se compose de deux bourgs, dont l'un sur Savoie, l'autre sur terre de France. Le Rhône les sépare. Le premier est silencieux, peuplé de douaniers; rien n'y bouge que madame Cauponnet, qui fait ses sauces; le second est animé, industrieux; l'on y entend la scie, le marteau, le fouet des muletiers; de grands chantiers bordent la rive du fleuve.

C'est dans ces chantiers que nous allons promener nos loisirs, au milieu des travailleurs qui répondent complaisamment à toutes nos questions. Ces hommes construisent toute l'année de grands bateaux d'environ quatre-vingts pieds de longueur, qui, chargés de marchandises, descendent le fleuve jusqu'à Lyon, où ils demeurent tout le reste de leur vie, qui est d'environ six ou sept ans. Ces bateaux, très-solides d'ailleurs, sont construits au moyen des procédés les plus simples et les moins coûteux, entièrement chevillés en bois et calfeutrés d'herbes et de mousses. Nous assistons aux diverses périodes de leur fabrication, et nous quittons ces lieux, émerveillés de tout ce que présente d'ingénieux cette seule industrie.

De retour à l'hôtel, M. Töpffer prend des informations sur la route que nous avons à suivre le lendemain et sur le lac du Bourget, qui passe pour peu sûr. C'est alors qu'un petit M. Jabot officieux, un homme ivre et un tailleur se chargent de l'informer de tout, mais par malheur ces trois personnages ne sont d'accord sur rien. L'homme ivre trouve toutes les distances courtes, le lac bon, 'es bateaux excellents; le tailleur voit partout des distances énormes et des tempêtes furieuses, quoique, *au fond*, dit-il, le lac soit bon. Quant au petit M. Jabot, homme supérieur et de la

haute société de Seyssel, il gémit de se voir accolé à de simples prolétaires, et il espère, en les contredisant sur chaque point, de parvenir à capter pour lui seul l'entière confiance des nobles étrangers. « N'écoutez pas ces gens, nous dit-il, l'un est un forgeron, l'autre est un tailleur... » Puis, se hâtant de changer d'objet : « Ces messieurs verront Hautecombe, c'est un site très-favorisé. Le lac est majeurement bon, et d'ailleurs ce pays-ci apprécie les étrangers. — Le bateau, reprend l'homme ivre, est

aussi sûr comme ce terrain-ci ! — Je vous dis, moi, que le lac est tempétueux, mais ce ne sont pas les étrangers qui risquent quelque chose. —
Étrangers ou non, reprend encore l'autre en ôtant sa pipe de la bouche,
je dis que c'est comme sur ce terrain-ci. — Alors Jabot avec un air d'immense supériorité : Oui, bonhomme, eh bien ! oui, vous avez raison. »

Muni de ces excellents documents, M. Töpffer prend congé, et il regagne
l'hôtel Cauponnet. Après le souper l'on gagne les chambres, et ici se réa-
lisent toutes les gaietés qu'a prévues Bartelli. Sans compter celle-ci tout à
fait imprévue, que la plupart des lits, au moment où l'on s'y étend, se
démantibulent par tous les membres. Aussi une heure sonne, qu'on en
est encore aux éclats de rire.

LE LAC BOURGET.

DEUXIÈME JOURNÉE.

Aujourd'hui encore nous partons à l'aube, et nous nous acheminons le sac sur le dos vers les rives du lac Bourget. L'air est d'une fraîcheur délicieuse, et la contrée charmante. Bientôt, parvenus sur les bords du Fier, qui sort limpide et bouillonnant d'une gorge étroite, nous voyons un vieillard détacher de la rive opposée un bateau vermoulu sur lequel nous passons la rivière en deux traversées.

Cette fois l'on nous a dit : Allez chez Godaz, vous y serez bien. Aussi demandons-nous à tous les passants : Combien d'ici chez Godaz? Et tous nous répondent fort complaisamment. Mais nous cheminons par malheur dans un pays où la manière de compter les distances se trouve être pour nous un leurre perpétuel. Tantôt ces gens comptent par heures, mais leurs heures sont d'un tour et demi de cadran; tantôt ils nombrent par lieues de pays, mais plus longues que larges, ajoutent-ils d'un accent farceur;

tantôt enfin ils supputent par paroisses, et alors s'il y a deux paroisses seulement entre vous et le déjeuner, il faut vous apprêter à subir tous les rongements de la faim canine.

Ainsi faisons-nous ce matin; et puis, à peine sommes-nous arrivés chez Godaz, qu'on nous apprend qu'il est à Seyssel!..... Au même moment paraît sur le seuil madame Godaz, qui perd la tête en voyant une pareille tombée : « Mais, mes bons messieurs, vous êtes vingt de trop!... Songez qu'on n'est pas ici dans les villes; je n'ai rien. Mangez-vous des saucisses? — Nous mangeons de tout! — Du beurre, du fromage? — De tout, de tout! — De l'omelette, de la soupe? — De tout, de tout! » Et le passage du désespoir à l'allégresse est si prompt, si électrique, que, tout fatigués que nous sommes, nous dansons sur la place même une ronde en l'honneur de madame Godaz. Puis, pendant que cette excellente femme fait en toute diligence les apprêts de notre repas, nous allons nous choisir notre salle à manger. C'est un verger bien vert, ombragé de grands noyers, et d'où la vue perce au travers des trouées du feuillage jusqu'aux ruines de Châtillon et aux plages azurées du Bourget. Tout à l'heure madame Godaz accourt, et le bouvier, et Jacques, et le voisin, chargés de pains, de mets fumants, de carafons et bouteilles. *Vive madame Godaz!* s'écrie-t-on, et sans perdre de temps l'on se met à l'œuvre. Cet endroit, célèbre désormais parmi nous, se nomme Chandrieux.

Quand tout est consommé, il ne reste plus qu'à payer, c'est, en voyage, le dessert de tous les repas. On demande la note. « Mes bons messieurs, dit alors madame Godaz, je ne sais comment je m'y prends, mais je trouve quarante sous par tête. C'est beaucoup trop. — Un peu trop, en effet, reprend M. Töpffer; mais je vais vous faire votre compte. Combien le vin? combien le pain, les œufs, les saucisses, le miel, le beurre, le fromage, les cerises?... J'additionne, c'est vingt-trois francs, juste un franc par tête. — Je savais bien, reprend madame Godaz, que je devais m'être trompée. Excusez-moi. D'ordinaire, c'est Godaz qui chiffre, et voilà comment je n'y entends rien. » Tant d'honnête ingénuité nous touche, et c'est le cœur remué d'estime et de gratitude que nous faisons à cette bonne hôtesse des adieux pleins de cordialité.

Après une paroisse environ de chemin au travers d'un canton élégamment boisé, nous atteignons aux rives du lac Bourget, qui, pour l'heure, n'est, en effet, nullement *tempétueux*. L'onde, unie comme une glace, réfléchit vers l'horizon les sérénités du ciel, et plus près de nous, sur la droite, le promontoire qui supporte les hautes tours d'Hautecombe. Nous frétons deux gros bateaux, et nous cinglons vers une anse ombragée, qui est le port du couvent.

Hautecombe est à la fois un couvent et une résidence royale; mais considéré sous ces deux rapports, il est peu remarquable. Le palais n'offre guère plus de magnificence qu'une maison de riche particulier, et le couvent ne contient que quelques bons pères tout occupés des soins de leur cuisine, ce qui n'est ni bien rare ni bien curieux. Nous y sommes introduits

par une sorte de portier-sacristain qui, je ne sais pourquoi, donne de l'air à Fontenelle, quand il vivait, ou à tel autre académicien propret et coiffé en ailes de pigeon. Ce petit homme s'exprime précieusement, et date toutes choses de la première, de la seconde visite de son roi à Hautecombe. D'abord froid et hautain, il nous surveille plus qu'il ne nous fait les honneurs, jusqu'à ce qu'ayant cru s'apercevoir que nous connaissons l'usage des bonnes mains, il passe par degrés à une politesse exquise et à un empressement flatteur. Prévenances, courtoisies, familiarités protectrices, rien n'y manque; puis, quand la pièce est lâchée, le masque tombe, la comédie finit, et l'on retrouve le sacristain rogue et bouffi.

Mais comme site, et comme site à couvent, Hautecombe est au contraire un lieu remarquable, soit à cause de la coupe pittoresque du roc sur lequel les bâtiments sont assis, soit à cause de l'admirable aspect que présent de là le lac, ses belles rives, un amphithéâtre de monts, ici sévères et sourcilleux, là onduleux et pleins de douceur. Au surplus, de tout temps les religieux eurent la main sûre pour le choix de leurs retraites. Que si l'on trouvait dans celle-ci des reclus livrés à la paix austère du cloître, au calme d'une vie pieuse et contemplative, elle aurait pour le touriste tout le charme d'un poétique asile... mais des pères qui goûtent du beurre et pèsent des volailles, mais une odeur de sauces qui vous poursuit jusque dans l'église, mais des fainéants bien nourris au milieu de populations laborieuses et pauvres, ce sont choses qui choquent l'esprit et qui ne satisfont guère le cœur.

A quelques pas du couvent se trouve une fontaine intermittente que nous allons visiter. Sous la nuit d'une voûte de châtaigniers l'on aperçoit un bassin naturel, qui tantôt est complétement à sec, et qui tantôt déverse par-dessus ses bords mousseux le superflu d'une onde fraîche et limpide,

selon le caprice de la naïade qui préside à cet aimable jeu. Au moment où nous arrivons, le bassin vient d'être rempli, mais la source ne jaillit plus du rocher, et l'on n'entend que le léger murmure de l'eau qui glisse sur les cailloux. C'est aux savants de rechercher et de dire la cause de ce phénomène; pour moi, je ne la veux pas savoir, tant j'aime mieux, avec les ignorants qui visitent cette source, ou encore avec les poëtes qui la contemplent, m'abreuver à ce mystère que de l'avoir sondé.

C'est encore une question de savoir si la science et la poésie sont deux sœurs qui peuvent, l'une rêveuse et en main la quenouille, l'autre inquiète et incessamment occupée de peser, de piler, de filtrer, vivre en bonne amitié sous un même toit; ou bien si ce sont deux irréconciliables ennemies, dont l'une, si elle ne parvient pas à étouffer l'autre, du moins la chasse du logis. Tant que la science, comme dans l'antiquité, est religieuse, conjecturale, contemplative, c'est de la poésie encore; et au lieu de deux sœurs qui ont aujourd'hui tant de peine à s'accorder, l'on en a neuf qui vivent paisibles et unies sous les ombrages de l'Hélicon, s'y racontant en beaux vers aussi bien les merveilles du firmament et les beautés enchanteresses de la terre, que les éloquences de la passion et les secrets de la destinée humaine. Mais aujourd'hui que la science, défiante des croyances, dédaigneuse de l'imagination, hostile à tout ce qui n'est pas vérifiable par la sensation érigée en instrument suprême, est devenue l'étude de la matière dépouillée autant que possible des dehors somptueux, des grâces sans nombre, des bienfaisants attributs dont l'orna le Créateur, chacun de ses progrès fait tomber une pierre de l'édifice croulant de la poésie, chacune de ses lumières, en détruisant de partout le mystère, n'est plus qu'un feu qui, en éclairant, dévore.

Quoi qu'il en soit, nous trouvons établie sous ces ombrages une société d'un genre tout nouveau pour nous. Ce sont quatre curés, trois sœurs de Saint-Joseph, un abbé et un dragon. Les sœurs sont jolies et modestes aussi, quoiqu'il y ait beaucoup de coquetterie dans leur ajustement ; quant aux curés, ils tiennent en bride leurs habitudes dévotes, afin que, en retour, le dragon, viveur, rouge et ventru, veuille bien surveiller son langage et modérer la profane énergie de ses expressions. Mais qui dira le soin, la sollicitude qui ont présidé aux apprêts du repas que vont faire ces saints personnages dans cet aimable séjour ! Paniers enflés de provisions exquises, pain blanc et frais, pâté ferme et doré, volailles, gelées, confitures, et le vin... le vin confié aux fraîches étreintes des flots de la source !... Toute jalousie à part, ce spectacle nous est pénible presque, tant nous serions bien les convives qu'il faut à ce monstrueux pâté, tant ce serait pour nous une miraculeuse aubaine, un délicieux brigandage, que de n'avoir qu'à faire main basse sur ce festin de moines.

Comme la source ne veut pas jaillir pour nous, nous prenons congé de ce joli lieu pour retourner aux bateaux et cingler vers le rivage d'Aix. Mais voici qu'au moment de partir, un des voyageurs manque à l'appel : c'est Théoring. On s'inquiète, on court de tous côtés, on le cherche, on le trouve enfin... étendu dans un pré où il dort d'un sommeil de juste.

Le soleil darde ses plus chauds rayons sur nos têtes, que ne préserve aucune toile. Aussi plusieurs se sentent-ils fondre sur place, d'autres deviennent transparents d'évaporation, tous débarquent tout à l'heure grillés, rôtis, démoralisés, sur une rive ombragée de saules. Vite une halte ; mais le terrain est humide, et des saules descend sur nous une pluie de touffes cotonneuses qui nous amène toutes les horreurs de la démangeaison. Alors nous repartons pour Aix, haletants, débiles, nous tirant ou

nous poussant les uns les autres, jusqu'à ce qu'enfin voici l'ombre, des tabourets, une table et de la bière !

Pendant que nous sommes ainsi à nous rafraîchir, sort de terre le petit M. Jabot de Seyssel, qui lit la gazette à deux pas de notre table.

Tout à l'heure il lève les yeux, salue, sourit et entame d'élégants propos. « Ces messieurs ont dû éprouver des jouissances, car le pays est grotesque et bien orienté, et le lac point tempêtueux. Je vous l'avais dit ; mais cet homme était un tailleur ! ! Quant à moi, j'ai passé par

M. JABOT de SEYSSEL 1833

les montagnes, et me voici! » M. Jabot nous récite alors son itinéraire, il revise le nôtre, et au moment où il a acquis le dernier degré de fini et de précieux, nous prenons congé, car les ânes sont à la porte qui veulent partir.

A Aix on trouve une grande quantité de ces animaux qui sont dressés à voiturer les cacochymes d'une place à l'autre. Pulmonaires, paralytiques, manchots, boiteux, sont hissés dessus et conduits dans les environs par un petit bonhomme dont la grosse santé, bien qu'habillée de haillons et cachée sous la crasse, doit souvent leur faire envie. Dès que le bruit s'est répandu de ces ânes, voici Hermann qui a mal au pied, Pierre qui souffre du mollet, toute la caravane qui boite. On loue donc tout ce qu'on en peut trouver, et c'est une cavalerie générale. Toutefois certains ne disposent que d'un roussin entre deux, ce qui est cause que les lettrés de la troupe leur appliquent ce vers connu d'une fable admirable :

Le plus âne des trois, etc.

Au coucher du soleil, la vallée de Chambéry se découvre à nos regards, véritable jardin qu'enserrent de toutes parts des montagnes boisées jusqu'à leur sommet, et quelques instants après nous allons descendre à l'auberge du *Petit Paris,* où nous sommes reconnus et parfaitement traités.

LES CHARMETTES.

TROISIÈME JOURNÉE.

Aujourd'hui on quitte les blouses pour se montrer en toilette dans les rues de la capitale. La ville est remplie de troupes, et un air de consternation est répandu sur les visages des habitants : c'est qu'une exécution militaire a eu lieu ce matin même, et que de nouvelles condamnations viennent d'être placardées au coin des rues. Un officier aborde le sieur Bartelli pour lui demander si nous ne sommes pas l'école des jésuites. Bartelli, qui ne comprend rien à la question, répond que oui, et l'affaire en demeure là.

On ne passe guère à Chambéry sans aller faire un pèlerinage aux Charmettes; après déjeuner nous en prenons le chemin. Ce chemin est un sentier solitaire qui court obliquement sur le penchant d'un coteau qu'ombragent d'antiques châtaigniers, et quelques fermes éparses, où l'on entend de loin mugir les vaches et les agneaux bêler, sont les seules habitations qu'on rencontre dans ce canton retiré. Après qu'on a suivi ce sentier pendant une demi-heure, l'on voit sur la droite une maisonnette délabrée..... c'est la demeure de Rousseau, la retraite où s'écoulèrent les plus heureuses années de sa vie. Lui-même a décrit cette retraite avec toute l'exactitude de la reconnaissance, mais aussi avec toute la mélancolie du souvenir et des regrets.

C'est une chose intéressante que de visiter la demeure des grands hommes, et toutefois ces sortes de pèlerinages sont le plus souvent une

occasion de déceptions et de mécomptes, tant il faut de choses pour satisfaire à l'attente de l'imagination et aux exigences de l'enthousiasme! Mais pour celui qui s'est figuré les Charmettes comme un rustique manoir tirant tout son charme des simples et touchants attraits de la nature qui l'entoure, et tout son lustre du souvenir de l'homme qui l'habita, il n'a point à décompter, et nulle part mieux que sous ces ombrages il ne rencontrera l'ombre de Rousseau. Tout y est en accord avec cette simplicité champêtre, avec cette heureuse vie des champs que lui-même a tant aimée et qu'il a su faire aimer aux autres. Toutefois si le château de Ferney, avec ses terrasses, ses vastes allées, ses bassins de marbre, ses riches tentures, ses portraits de reines et de princes, rappelle à merveille le vieillard philosophe, épicurien, courtisan et gentilhomme, la masure des Charmettes, si solitaire, si agreste, si retirée, rappelle le Rousseau, célèbre déjà et persécuté, qui rebroussait avec un si sincère amour vers l'obscurité tranquille de ses premiers ans, plutôt qu'elle ne reporte aux temps mêmes où, jeune et inconnu, l'enfant de Genève y coulait en paix d'oisives journées.

La maison des Charmettes a changé de maître deux ou trois fois depuis Rousseau. Dans ce moment elle n'est pas habitée, et, à moins de notables réparations, elle ne saurait guère l'être. Le petit appartement qu'on y vient visiter renferme quelques meubles du temps et deux ou trois tableaux qui n'ont de remarquable que d'avoir probablement fixé les regards de l'illustre écrivain. Au premier étage on voit le prie-Dieu de madame de Warens, et le salon de réunion, dont la tapisserie n'a pas été renouvelée. Enfin devant la maison est un petit parterre, à l'extrémité duquel s'élève le pavillon où Rousseau allait travailler, et c'est dans la muraille de ce pavillon qu'on a incrusté un marbre blanc sur lequel sont gravés les vers si connus de Hérault de Séchelles.

Pendant notre visite aux Charmettes, le ciel s'est chargé de nuages, et la

pluie accompagne notre retour à Chambéry. La première personne que nous rencontrons en rentrant dans la ville, c'est encore notre officieux de

Seyssel. « Ces messieurs, nous dit-il agréablement, ont vu les Charmettes, c'est un établissement bien remarquable. Tous les étrangers y vont à cause principalement de Rousseau. Quant à moi, j'ai quitté Aix à six heures, et me voici. »

Vers une heure, nous partons, et la pluie, qui avait cessé, recommence de plus belle. C'est alors à qui parviendra, par des prodiges d'invention, à se maintenir sec et incrotté au milieu de l'eau et de la boue. De tous les moyens, celui qui réussit le mieux, c'est d'entrer chez un boulanger et d'y croquer des miches autour d'une table. Au bout de trois, de quatre miches, on est séché comme si l'on sortait du four.

Cependant Henri, le philosophe, s'est acheté un moineau, dont il veut faire son ami de voyage. Ce moineau est charmant, vif, gai, familier, presque trop, car il en vient à se permettre... Le fait est que soudainement Henri secoue sa paume, et le moineau s'envole. De loin, l'on croit

qu'il n'avait acheté cet oiseau que pour lui rendre généreusement la liberté; de près, l'on s'assure que sans l'accident il le tiendrait captif encore : et c'est ainsi que les actions des hommes sont presque toujours plus belles de loin que de près.

La pluie continue de tomber à verse, et pourtant le boulanger nous fait remarquer que Baromètre est au tout grand beau; c'est que Baromètre est en effet un tout grand farceur, et son art ressemble à celui de ces médecins qui prédisent le mieux juste au moment où l'âme s'envole, ou encore qui proclament du sinistre alors que l'agitation et le trouble sont les signes de la vie qui revient, de la santé qui accourt. Au surplus, pour ne pas finir nos jours chez ce boulanger, qui d'ailleurs n'a plus de miches, nous quittons sa boutique, décidés à affronter les cataractes, et en un clin d'œil nous voilà trempés jusqu'aux os et par delà. Il faut voir alors les formes que prennent les chapeaux de paille de la troupe! Les uns s'affaissent débilement, les autres battent de l'aile ou s'allongent en pain

de sucre, tous pleurent des larmes de gomme, qui collent la blouse à la chemise et la chemise au corps. C'est pitoyable en vérité. En revanche, les casquettes s'imbibent et les feutres tiennent bon. Pour voyager à pied, un chapeau de feutre blanc à larges ailes est le plus protecteur de tous les couvre-chef.

A quelque distance, et pour abréger, M. Töpffer avise une spéculation admirable, dit-il. Chacun de s'y engager à sa suite. Par malheur cette spéculation-là aboutit à un pâturage, qui aboutit à un marécage, qui aboutit à une rivière, qui aboutit quelque part..... et personne auprès de qui se renseigner! Bolesco se dévoue alors pour chercher un naturel qui puisse nous tirer de là, et apercevant une habitation sur un coteau voisin, il y court. Dans la maison, personne, et pourtant une voix, mais qui paraît sortir d'une localité où d'ordinaire on ne va pas inquiéter les gens. Le bonhomme, sans se déranger, explique comme quoi nous sommes sur le pré de Jean-Pierre, qui mène à celui de Jean-Paul, et que de pré en pré nous tendons à la rivière. C'est ce que nous savons parbleu bien! Force nous est donc de recourir à l'adage : Aide-toi et le ciel t'aidera; et remontant le marécage, nous finissons par retrouver la route, où l'arrière-garde, qui passe dans ce moment, ne nous épargne pas les félicitations.

Ce bout de pays est d'ailleurs verdoyant, bien boisé, et il aboutit à la grotte des Échelles, qui est un ouvrage à la fois beau et imposant. La montagne a été percée de part en part dans une longueur de deux cent dix-huit pas. Dans la plus grande partie du passage, il est nuit close à toute heure ; aussi de jour l'on s'y dirige en marchant vers le petit trou lumineux qu'on voit à l'opposite, et dont l'éclat fait paraître les ténèbres au sein desquelles on se meut plus épaisses encore ; de nuit, trois réverbères y entretiennent ce qu'il faut de lueur pour qu'on ne s'assomme pas contre les aspérités des parois. Après avoir franchi ce couloir, M. Töpffer se retourne pour en dessiner l'ouverture, et quelques moments après nous faisons notre entrée aux Échelles, petit bourg frontière, mi-savoyard, mi-français, comme Seyssel, et qui jouit à ce titre d'autant de *bourreaux* qu'on en peut désirer ; aussi nous y exhibons deux fois pour une, après quoi nous allons étendre auprès du feu notre passe-port, qui est, comme nous, trempé, rincé, en pleine lessive.

L'auberge est ici meilleure qu'à Seyssel, mais pittoresque aussi, agreste, si l'on veut, témoin la principale chambre à coucher, où nous trouvons en façon de meuble deux tas de blé, une hotte vide, quatre maîtres pains, un fragment de culotte bleue noué à la manche d'une chemise, plus trois chaises et quatre lits pour huit. Les rires recommencent, et Bartelli a l'agrément de se croire encore chez madame Cauponnet.

LA GROTTE DES ÉCHELLES.

UNE VUE DE LA GRANDE CHARTREUSE.

QUATRIÈME JOURNÉE

Il s'agit aujourd'hui de visiter la grande Chartreuse : notre tournée a été entreprise dans ce but; aussi, levé dès l'aube, M. Töpffer interroge le temps d'abord, qui est sombre et chargé; Baromètre ensuite, qui promet des sérénités radieuses. Alors, ne sachant trop que décider, il consulte ses compagnons, qui presque tous sont d'avis qu'il faut partir, bouger, affronter, plutôt que de se claquemurer dans ce bourg des Échelles, vrai nid de douaniers. Baromètre laisse dire, laisse faire; mais, à peine sommes-nous en chemin, que le drôle se met au déluge et nous adresse une pluie à noyer les grenouilles. Bien vite nous rebroussons à la course, et nous revoici au milieu des douaniers, dans l'auberge à la culotte bleue, réduits à temporiser de notre mieux.

Temporiser dans une ville, dans un endroit rustique, ou bien dans une jolie auberge de Suisse, c'est, nous pouvons l'affirmer, un sort très-doux encore. Mais aux Échelles, temporiser, c'est, en vérité, avoir à se trouver des distractions au fond d'un puits. Il y a l'étable pourtant, où nous allons examiner des rosses qui mangent; il y a le maréchal-forgeron, qui, dans ce moment, est occupé à battre un fer de roue. Pendant une demi-heure, posés comme des quilles devant la forge, nos vingt-trois regards vont de l'enclume au brasier, puis retournent du brasier à l'enclume, jusqu'à ce que le fer de roue étant battu tout serait dit, fini, consommé, sans un violon qu'on vient de découvrir. Alors M. Bartelli démanche, un bal s'organise, et nous valsons de désespoir.

Et puis voici bien une autre fête!... un rayon! le soleil! Baromètre enfoncé à tout jamais! Ah! que cette lumière dorée, que ces sourires de

l'astre ont de puissance pour renouveler, pour électriser, pour répandre soudainement dans le cœur comme dans la nature la joie et la sécurité! En un clin d'œil nos sacs sont sur nos épaules, et d'un saut nous atteignons Saint-Laurent du Pont, petit hameau qui est situé au pied des montagnes de la Grande Chartreuse, et tout à côté du défilé par lequel on

ENTRÉE DE LA GRANDE CHARTREUSE.

Typ. Plon frères.

pénètre dans le désert. Après nous y être rafraîchis, nous poursuivons notre route.

Les abords de la montagne sont frais, boisés, délicieux; ils vaudraient la peine d'être visités pour eux-mêmes, si un peu plus loin le spectacle ne devenait ravissant de verdure, de solitude, de sauvage majesté. A Fourvoirie, première entrée du désert, la vallée se resserre tout à coup en gorge étroite, et par l'ouverture que laissent entre elles des parois de rochers couronnés de bois et festonnés de lianes et d'arbustes l'œil entrevoit au delà comme un tranquille Élysée où croissent épars sur des pelouses naturelles les plus beaux arbres du monde. L'on approche, l'on s'engage dans le défilé, où la lumière est sourde, mystérieuse, comme si l'on se

trouvait errer sous les arceaux d'une nef gothique, et au-dessous de soi l'on voit un torrent courroucé, le Guiermort, qui, après s'être follement brisé contre les antiques culées de deux ponts moussus, s'en va faire tourner plus loin les roues de quelques usines ensevelies sous des noyers séculaires.

Fourvoirie est la première entrée du désert, c'est-à-dire de cette enceinte fermée de hautes montagnes, où, vers 1084, saint Bruno pénétra avec ses Chartreux, et vint fonder la petite chapelle dont le croquis figure à la fin de cette journée. Aucun asile sous le ciel ne pouvait mieux convenir à un ordre religieux dont la solitude et le silence constituent la règle ; et aujourd'hui même, après que tant de siècles ont tout changé, tout bouleversé autour de ces monts, l'enceinte choisie par saint Bruno est encore aussi solitaire, aussi déserte, que lorsqu'il vint y cacher sa vie. Nulle habitation ne s'y voit que la Chartreuse et ses dépendances, nul bruit ne s'y fait jamais entendre que celui des orgues ou des cloches du monastère, en sorte que la vallée tout entière présente l'aspect d'un vaste sanctuaire, où quelques religieux se pressent autour des autels.

Ceci tient avant tout à la configuration des lieux. De toutes parts, en effet, une zone de monts entoure comme d'une inaccessible muraille les pentes boisées et les hauts pâturages qu'on appelle ici le *Désert*. En deux uniques endroits, deux torrents se sont pratiqué une issue, dont l'homme a profité pour pénétrer dans la contrée, en sorte que les Chartreux pouvaient s'y renfermer, et s'y renfermaient réellement, comme dans une maison, au moyen de deux portes dont on voit en passant les ruines.

Avant la révolution, les Chartreux, outre leurs autres propriétés, possédaient l'enceinte tout entière ; seigneurs du lieu, ils voyaient d'immenses troupeaux s'engraisser dans leurs prairies. Le Guiermort, descendu de leurs montagnes, allait hors du désert faire crier la roue des diverses usines qu'ils exploitaient ; quant aux arbres, ils ne leur demandaient que de l'ombrage, les laissant d'ailleurs croître et grandir pour l'agrément des yeux. Puis, si quelque étranger s'était détourné de sa route pour monter jusqu'au couvent, ils l'y traitaient selon son rang : sa mule se régalait au pâturage, ses gens étaient abreuvés, hébergés, et jamais ils ne permettaient qu'aucune rétribution fût acceptée en retour de cette noble et courtoise hospitalité. Temps de grandeur, temps d'opulence, dont les Chartreux actuels ne parlent pas sans que le regret leur serre le cœur. En effet, maîtres déchus du désert, ils n'y possèdent plus que les murailles de leur cloître et quelques bouts de prairie ; quant à leurs bois, l'État s'en est chargé, et, se faisant bûcheron, il abat les forêts, il met en planches les hêtres séculaires, il sacrifie au vandalisme de la coupe réglée le mystère des plus beaux ombrages, en même temps que plus bas des capitaux profanes exploitent à qui mieux mieux les usines saintes... Que si donc les Chartreux font maigre aujourd'hui, s'ils se mortifient, s'ils se macèrent, c'est vraiment nécessité autant que ferveur, misère autant que dédain

LA GORGE DE FOURVOIRIE.

des richesses, tristesse légitime autant que mépris des joies du monde. Ah! mais si jamais le bûcheron leur tombait sous la main!... Et ce serait bien fait! car enfin c'est une barbarie indigne que de taillader, que de mettre en tronçons, pour les envoyer vendre au marché, ces arbres magni-

fiques, seul luxe de cette solitude monastique, et qu'avaient épargnés l'ancien régime, la révolution et l'empire.

Après que nous avons monté pendant trois heures environ, le bois s'éclaircit, la vallée s'ouvre, et tout à l'heure se présente à nos regards la Chartreuse, édifice immense, percé de jours étroits, ceint d'une muraille nue, et silencieux comme une ville dépeuplée. Nous longeons le pourtour de cette muraille, et arrivés au portail, nous ébranlons la cloche. Un

Chartreux s'approche, ouvre sans mot dire, et nous précède, au travers d'une grande cour, jusqu'à la porte du monastère, où il nous remet aux mains du père dom Étienne. Le père dom Étienne, jeune encore, est un Chartreux qui a été délié de son vœu de silence, aux fins qu'il puisse rece-

voir les étrangers. Il nous conduit, au travers de longs corridors déserts, dans une grande salle obscure, et après nous avoir fait rafraîchir, il nous distribue nos cellules.

Ceux qui aiment à se replacer dans les âges passés et à revivre quelques moments dans un autre siècle, en se transportant dans ce séjour goûteront l'illusion tout entière. La Chartreuse est un débris complet du moyen âge, un débris non restauré, non replâtré, où rien de moderne ne rompt l'harmonie d'un ensemble tout monastique, où tout se passe comme il y a quatre, comme il y a huit siècles. Certes, après la révolution, après Bonaparte, après mil huit cent trente, et *en France*, dans le pays même de la mobilité, du changement, cette rencontre est inopinée, et c'est d'ailleurs un spectacle au moins curieux que celui de cette petite société d'hommes qui, fidèles aux traditions de l'ordre de saint Bruno, et renonçant à des chances de fortune ou à des avantages de position, viennent s'ensevelir dans cette retraite pour y achever entre les quatre murs d'une cellule la somme entière de leurs jours. Hélas! les joies de ce monde sont si fragiles, si impures; le bonheur même, là où il réside, est si passager, menacé de si près, si certainement suivi de déclin, de regret et d'amertume, qu'à considérer même au point de vue temporel et terrestre la part que ces hommes se sont choisie, il se peut encore qu'elle doive compter

parmi les bonnes. Au lieu de mourir comme nous par degrés et avec tant de douleur et de déchirement à chaque signe, à chaque annonce, à chaque appel que veut bien nous adresser à l'avance la reine du sépulcre, ils meurent, eux, tout d'une fois, le jour où, renonçant au monde et à ses fêtes, ils s'en viennent apporter ici un cœur guéri d'ambition et vide de désirs. Des pratiques austères, des habitudes uniformes, la promenade, les repas, le sommeil, remplissent dès lors leurs heures, et après avoir végété paisibles pendant dix, vingt années, ils accueillent la mort comme on fait un larron qui n'a rien à vous voler.

Après que nous avons pris quelque repos, le père dom Étienne nous fait voir l'intérieur du couvent. Nous visitons le réfectoire, la bibliothèque pillée dans la révolution et dont nous retrouverons les richesses dans la bibliothèque de Grenoble; enfin, curieux que nous sommes de connaître l'habitation d'un Chartreux, dom Étienne souscrit à notre désir en nous introduisant dans une cellule, vide à la vérité, mais absolument semblable aux quarante-deux cellules qui sont habitées dans ce moment. C'est un petit appartement de deux étages, propre et commode, qui ouvre d'un côté sur le corridor, de l'autre sur un petit jardin clos de murs dont le Chartreux a la disposition. Des fenêtres de la cellule on ne peut voir que ce jardin et la cime des montagnes qui enserrent la vallée.

Au centre du bâtiment est le cimetière, vaste cour où du milieu des herbes s'élèvent quelques croix de bois. Du corridor où débouchent toutes

les cellules l'on ne voit pas d'autre paysage que celui-là, en sorte que les Chartreux ne peuvent se rendre de leur cellule à l'église et de l'église à leur cellule qu'ils n'aient à contempler l'endroit où se creusera leur fosse. Mais ceci doit peu les attrister, tant déjà leur vie ressemble à une mort,

leur prison à un sépulcre; et de là vient sans doute que même pour nous, simples visiteurs, nulle part le spectacle d'un cimetière ne nous a paru aussi peu mélancolique que dans cette retraite, où aucun objet ne contraste avec la sombre idée du prochain anéantissement du corps, et où tout au contraire s'y associe et s'y assortit. C'est l'ensemble ici, et non pas le spectacle seulement de quelques tombes, qui produit sur l'âme une forte et grande impression de tristesse; et quand du milieu des légèretés et des plaisirs de la vie mondaine on se trouve transporté soudainement au sein de ce séjour de nue piété et de lugubre renoncement, l'on ne peut se défendre d'éprouver un trouble respectueux et une religieuse terreur.

Destinée étrange que celle de l'homme! La vie lui est donnée, et il est un insensé s'il s'y attache, puisqu'elle va lui être retirée. La mort lui est imposée irrévocablement, et il est un insensé encore s'il y sacrifie la vie, puisqu'elle est un bienfait de Dieu!... Que faire donc? et comment concilier cette contradiction fatale, comment caresser tout ensemble et la vie et la mort? Hélas! c'est là l'équilibre où il n'est donné à aucun homme d'atteindre! Mais, certes, entre ceux-là qui disposent toutes choses comme s'ils devaient toujours rester dans ce monde, et ceux qui, comme les Chartreux, disposent toutes choses comme s'ils l'avaient déjà quitté, la palme de la folie n'appartient-elle pas réellement aux premiers?

Après avoir visité le couvent, nous tournons vers le réfectoire, où la table est mise et le repas servi : repas maigre de tout point, car si d'une part saint Bruno a assujetti sa cuisine à un maigre éternel, d'autre part les Chartreux d'aujourd'hui sont trop pauvres pour pouvoir éluder les austérités de la règle au moyen de la qualité et de la variété des mets et des assaisonnements. Notre morue, notre riz nous sont servis par un grand monsieur vêtu de noir, de qui les manières comme il faut et la conversation de bon goût forment un singulier et presque gênant contraste avec l'office subalterne qu'il remplit auprès de nous. Nous apprenons plus tard que ce monsieur, qui appartient à une excellente famille, a quitté une position avantageuse pour se faire Chartreux, et qu'à cet effet il accomplit l'un après l'autre tous les degrés du noviciat. En vérité, des choses si étranges et pourtant si respectables à quelques égards font songer qu'en toute carrière il y a des don Quichotte, comme en tout temps et en tout Toboso il y a des Sancho Panza.

Après souper, par une belle et fraîche soirée, nous allons faire un pèlerinage à la chapelle de saint Bruno. Elle est située à trois quarts d'heure environ de la Grande Chartreuse, dans une sorte de clairière environnée de bois épais. Tout en nous y rendant, nous venons à découvrir les réservoirs dans lesquels les Chartreux d'autrefois entretenaient pour leur ordinaire une provision de belles truites. Ce sont de petits lacs magnifiquement encaissés et discrètement placés dans l'endroit le plus retiré de la forêt. Aujourd'hui une eau limpide, mais de truites point, et seulement une solitude admirable pour y venir rêver sur les vicissitudes de la fortune, qui ôte aux uns, qui donne aux autres, qui aux uns prodigue marée, brochets, victuailles, qui aux autres ne laisse que de l'eau claire. Quand nous arrivons à la chapelle, la nuit est tombée, et c'est la lune qui éclaire la scène de ses douteuses clartés. Mais quoi! à ce qui fut beau, riche, puissant dans le passé, pour n'être plus dans le présent que misérable, impuissant et sans avenir; à ce qui est mort pour ne plus revivre, cette lueur mélancolique convient mieux peut-être que l'éclat du soleil, et il semble que ce soit au moment de la journée où tout se tait, où tout s'efface dans la nature vivante, que les trépassés reparaissent avec le plus de noblesse, et pour y rencontrer le plus de sympathie devant l'imagination du voyageur!

CHAPELLE DE SAINT BRUNO.

LES CHARTREUX A LA MESSE.

CINQUIÈME JOURNÉE.

Le temps est magnifique. A six heures du matin nous allons à l'église pour y voir les Chartreux réunis et célébrant la messe, après quoi, prenant congé du père dom Étienne, nous partons pour Saint-Laurent du Pont. Des attelages de bœufs descendent avec nous, tirant après eux la dépouille des forêts. Parvenus bientôt à la porte du désert, nous disons adieu à ces belles solitudes, et nous voilà rentrés dans le monde d'aujourd'hui. Le passage est instantané; à peine l'œil s'est détourné des gorges de Fourvoirie, qu'il rencontre le café-billard de Saint-Laurent du Pont, puis le tabac de la régie, puis les douaniers, et la Chartreuse n'est plus qu'un rêve de l'autre nuit.

Il s'agit de déjeuner; nous nous entassons à cet effet dans une salle haute autour de tables étroites, pour y prendre, sous le nom de café, une sorte de décoction absolument semblable à ce que serait une infusion de menus herbages, de foin si l'on veut. Tout d'ailleurs est en accord avec le café, en sorte que nous renchérissons encore sur le maigre déjà bien suffisant de saint Bruno.

Comme on sait, les salles d'auberge sont communément décorées d'estampes caractéristiques, soit des goûts bucoliques ou militaires du maître de la maison, soit de ceux des habitués qui y mangent ou y logent. Qui n'a pas vu ainsi sous les traits de la grande armée, avec leur légende au bas, Mentor et sa barbe faisant une affreuse mine à Calypso; Chactas et ses plumets, pendant que le père Aubry, bossu par l'âge, met en terre Atala ployée dans un linceul; Virginie bleu de ciel aux pieds de Croquemitaine le planteur? Ici le vice puni, la constance victorieuse, le repentir récompensé, tout ce qui peut à la fois secouer la conscience des lurons et des viveurs, faire réfléchir les demoiselles, et à tous ces titres plaire au moraliste; c'est *l'Histoire de Cécile, fille de Fitz Henry, séduite par Arthur, dédiée aux cœurs sensibles, en quatre tableaux : la séduction, la fuite, le repentir, la réconciliation*. Il vaut la peine, certes, de donner une description de ces tableaux, et nous allons nous y essayer.

Dans le premier tableau, c'est Arthur en habit neuf bleu à boutons d'or, qui tient des propos à Cécile en robe rose, sous un arbre vert, le coude appuyé sur un monument que l'artiste a jugé nécessaire à l'harmonie de la composition et à la convenance historique.

Dans le second tableau, c'est Cécile en fuite, en robe rose, mal peignée en signe d'affliction, sous un arbre sans feuilles, car c'est l'arrière-automne, et il fait froid.

Le troisième tableau représente le repentir de Cécile, sous un arbre vert; nous le donnons ci-contre, et en voici la légende mot pour mot : Cécile prend le parti d'aller demander le pardon à son malheureux père, que sa faute avait fait perdre la raison. Elle arrive avec son fils dans une ville, qu'elle aimait tant (son fils). Elle y voit une noce d'une amie qui lui rappelle sa faute. — Arthur se trouvant en même lieu a le cœur percé aux tendres paroles de Cécile.

Enfin le dernier tableau, où M. Fitz Henry le père, engraissé par le malheur, sous un arbre vert, en habit ponceau à boutons d'argent, pardonne du bras gauche à Cécile, peignée, et à Arthur en frac. Il est évident que l'action finit là, et l'artiste l'a parfaitement compris.

Sur ce, nous chargeons nos havre-sacs, et nous partons pour Grenoble. Jusqu'à Voreppe, qui est un poudreux repaire de mules à grelots et de charretiers en blouse, le pays est agréable : toutefois, au sortir des magnifiques ombrages du désert, il nous paraît nu et grillé. Après Voreppe, on côtoie l'Isère. A mesure qu'en approchant de Grenoble nous rencontrons plus de paysans, à mesure aussi nous devenons un objet de curiosité extrême et de conjectures sans nombre. Jésuites, disent les uns; Saint-simoniens, disent les autres; ou encore, Conscrits, comédiens, compagnons; et pas un qui imagine de voir en nous de simples écoliers en vacances. Au travers de ce feu de file d'hypothèses, nous faisons notre entrée dans la ville d'abord, puis dans l'auberge, où l'hôte est là, en bonnet de coton, qui prépare des têtes de veaux, pétrit des quenelles,

gouverne des fritures, et préside à une infinité de sauces, dont le fumet nous ravit au passage. C'est ici chez Gamache, pensons-nous, et, comme Sancho, nous éprouvons les plus enchanteresses sensations.

Quand on voyage à notre façon, c'est-à-dire selon une méthode qui accroît la vivacité de toutes les impressions, en même temps qu'elle met en contact direct avec la nature, avec les hommes, avec la vie, l'on est porté à se persuader que certains romanciers, par exemple Cervantès, n'auraient pu, avec leur génie tout seul, imaginer, décrire, peindre comme ils l'ont fait; et que tout au moins les vicissitudes de leur destinée, sinon des tournées pédestres et laborieuses, en leur procurant des avantages analogues, les ont enrichis de cette prodigieuse quantité d'observations justes, de sentiments naturels, d'impressions vraies, dont ils ont semé le meilleur dans leurs ouvrages. Il y a plus, en les comparant par la pensée à ces célèbres de nos jours qui, au sortir de l'école, ou plus tard du milieu de la vie des salons ou des cités, écrivent des romans tantôt pour le beau monde, tantôt pour les habitués des cabinets de lecture, et qui, quoi qu'ils fassent, n'atteignent jamais à la gloire d'une popularité un peu durable, l'on reconnaît bientôt que c'est justement parce que, sous une forme ou sous une autre, ils ont pratiqué abondamment la nature et les hommes, qu'un Cervantès, qu'un Molière, qu'un Lesage, ont acquis sans efforts cette immense, cette glorieuse et immortelle popularité, que leur génie moins nourri de vérité familière, moins imbibé de la vie de partout et de tous les jours, aurait plutôt entrevue de loin que conquise d'emblée. Car, pour en revenir à Cervantès et à son Gamache, comment sait-il si bien, ce Cervantès, pour les décrire ainsi qu'il fait, le charmant fumet des sauces d'hôtellerie, ce trouble allègre que fait naître l'apparition des groupes circulant sous la feuillée, les grâces pittoresques d'une fête rustique, les joyeusetés des marmitons, tous ces détails, toutes ces impressions bien moins neuves encore que vraies, bien plus familières qu'originales, mais qui, exprimées avec une vigueur franche et sentie, suffisent à charmer, à captiver éternellement la foule des lecteurs! Ah! c'est que Cervantès n'est pas seulement un rare et brillant génie, c'est aussi le manchot de Lépante, le voyageur, l'aventurier, le soldat, le riche, le misérable, l'homme qui a pratiqué et les palais, et l'hôpital, et les cités, et les montagnes, et les pâtres, et les hôtes, et les champs de bataille, et les fêtes de canton! Il a tout vu, tout éprouvé, tout senti par lui-même; il a hanté des Sancho, aimé des duchesses, frondé des pédants, connu des barbiers; il a joui, désiré, regretté, souffert, et c'est de ce trésor de sentiments et de souvenirs personnels qu'avec toute la puissance d'une imagination créatrice, d'un bon sens parfait, d'un esprit plein de grâce et d'un cœur rempli de bonté, il a extrait tout vivants et ses nombreux personnages et ses paysages si variés et si aimables!...

Après quelque promenade dans Grenoble, qui est une ville agréablement située, noire d'avocats, bigarrée d'uniformes, nous revenons à l'hôtel, où la table est servie..... quenelles, pâtés, fritures, sauces, symétrie merveilleuse, coup d'œil sublime, saint Bruno enfoncé, et de maigre, plus question !

Il ne reste plus tout à l'heure qu'à aller goûter les douceurs du sommeil. M. Töpffer vient d'entrer dans son lit, lorsqu'un brigadier se présente sur le seuil, qui le prie avec politesse de vouloir bien, sans se déranger, descendre avec lui au bureau. C'est seulement, dit-il, afin de justifier la teneur du passe-port, de vérifier les vingt-trois noms et de les orthographier soigneusement pour le plaisir du préfet. On ne peut rien refuser à un préfet. M. Töpffer se rajuste donc, et, conduit par le brigadier, il descend, triste, défait, matagrabolisé.

A BARESTE

SIXIÈME JOURNÉE.

Grenoble est célèbre surtout par les gants qu'on y fabrique. Ils sont bien coupés, bien cousus, bien chers : c'est le cas de s'approvisionner en passant, et M. Töpffer, qui s'est levé de grand matin à cet effet, n'y manque pas. Mais voici que, de retour à l'hôtel, il y trouve son monde repu, le déjeuner parti, la nappe levée..... Avant qu'il ait eu le temps de s'indigner, on lui explique que, la table étant louée pour huit heures à une autre société, l'hôte a pris sur lui de hâter le réveil et de précipiter le déjeuner. A la bonne heure. M. Töpffer loue alors le bout de l'angle d'une petite table, où il déjeune solitaire et dépaysé.

Outre ses gants, ses avocats et sa garnison, Grenoble jouit d'un musée que nous allons visiter. La salle des tableaux est riche en grands maîtres apocryphes et en croûtons authentiques. Quant à la bibliothèque, elle possède des ouvrages précieux, entre autres beaucoup de manuscrits ornés de vignettes, qui ont appartenu à la bibliothèque des Chartreux. On nous laisse feuilleter librement ces parchemins : c'est fort agréable, fort rare aussi; et comme la chose nous étonne, arrive le directeur du musée, homme d'âge, à perruque blonde, au langage propret, qui s'en étonne autant que nous. Eh bien! oui, messieurs, il en va ainsi : nous montrons tout, tout, absolument tout, et je suis moi-même surpris, effrayé, d'un libéralisme aussi prodigieux, aussi exceptionnel... Sur ce, le bonhomme, sans trop faire attention à nous, continue de se promener dans les salles en se disant à lui-même : Une complaisance surprenante, en vérité! une générosité sans bornes comme sans exemple! un médicisme, oui, un médicisme qui passe toute idée !...

Aujourd'hui à dîner il y a deux tables; celle que nous n'occupons pas est envahie tout à l'heure par une société composée d'Anglais parfaitement

taciturnes et de Français éminemment babillards. Mais, parmi ces derniers, celui qui fait le plus de bruit est une sorte de ci-devant jeune homme, qui converse comme l'on converse quand on a ce qu'on appelle de la lecture et qu'on se propose en sus d'avoir des saillies. « Mais que diable!..... dit-il agréablement à une dame à propos de quelque contrariété survenue dans le voyage, mais que diable alliez-vous faire, madame, dans cette galère? » Et il rit pour lui et pour tout le monde. *Abrantès !* pensons-nous et disons-nous tout bas.

Abrantès, c'est, comme *tapâtes,* un mot de récente formation. C'est l'abréviation de *qui a lu les Mémoires de la duchesse d'Abrantès,* et ceci pour *qui est à jour de mémoires,* billevesées, fariboles à la mode, qui est farci de citations indigestes, de trivialités courantes, de bêtises usuelles ; esprit de café, de diligence, de table d'hôte surtout, esprit vulgaire et pourtant vaniteux, esprit à fleur de tête, avec des lunettes de myope, du linge commun, des boutons d'or et un œillet à la boutonnière. Et, pour le dire en passant, jamais la France, l'Europe, le monde n'a été aussi *Abrantès* qu'il l'est aujourd'hui. C'est l'effet des mémoires, des feuilletons, des gazettes et revues de toute espèce, qui ont tellement épaissi l'esprit et aplati l'instruction, que chacun peut se procurer un morceau de l'un ou une feuille de l'autre à aussi vil prix qu'il peut se procurer du jus de réglisse ou des allumettes phosphoriques.

Sur ce, il faut aller dormir. Les brigadiers, ce soir, nous laissent tranquilles, mais non pas un excellent monsieur, qui, dans la chambre voisine, se mouche avec obstination, avec fureur. S'étant aperçu qu'il est écouté, il se mouche moins, mais il murmure d'autant plus, et deux ou trois fois il est sur le point de nous apostropher directement. Enfin, n'y pouvant plus tenir : « Ces rires, de quelque part qu'ils viennent, sont de la dernière indécence ! » s'écrie-t-il avec la plus comique indignation.

LES VOITURES DE SECOURS.

SEPTIÈME JOURNEE.

Aujourd'hui il s'agit de quitter Gamache, c'est triste, et le réveil s'en ressent. Aussi plusieurs, se fondant sur ce que le temps est à la pluie, sont d'avis que l'endroit est bon pour y temporiser; mais M. Töpffer n'entend pas de cette oreille, et s'étant procuré deux voitures de secours, qui nous

attendront aux portes de la ville, il paye les sauces et donne le signal du départ. La population accourt sur notre passage, et de nouveau les conjectures vont leur train. Mais, vers le milieu du faubourg, des chiens s'en mêlent qui sortent des boutiques, des allées, des ruelles, en faisant un vacarme d'aboiements qui en fait arriver d'autres encore par douzaines, par légions. C'est alors à qui préservera ses mollets, et plusieurs qui n'en ont pas trace, en se donnant pour les sauver des peines infinies, excitent l'hilarité des assistants. Tout vient à point, et nous montons en voiture. L'une de ces voitures est une sorte de coffre trainé par trois rosses efflanquées et conduites par un ivrogne à la fois bonapartiste et saint-simonien ; l'autre est un soufflet percé, posé sur une échelle vermoulue ; elle est trainée par un vieillard chevalin et conduite par un quidam sans voix. Il en résulte que notre corbeille à coqueluche est devenue par comparaison un équipage de luxe, conduit par un amateur en livrée et qu'emportent sur la chaussée royale deux juments de prix. Ainsi voiturés, nous parcourons la vallée du Graisivaudan, célèbre à juste titre par ses aspects riants et ses beautés pittoresques ; Baromètre nous favorise, et les cigales chantent tout l'été.

Près du fort Barraux, la route est bordée de conscrits en petite tenue, qui dandinent le long du fossé en battant la haie du bout de leur gaule,

une façon comme une autre d'employer des loisirs de garnison. Plus loin, à Chapareillan, *bourreau* français, puis, aux Marches, *bourreau* sarde

Tout au moins ici on nous offre de nous peser, et c'est le chef des douaniers qui fait lui-même l'opération avec la plus joviale complaisance.

Des Marches, l'on peut gagner à pied Montmélian par un chemin de traverse qui abrége de beaucoup sur la grande route; aussi y arrivons-nous de bonne heure. Comme M. Töpffer est à se promener en attendant le souper, arrive le commandant de la place, qui l'aborde poliment. « Monsieur, dit-il, fait un voyage de plaisir? — Oui, monsieur. — Avec ses élèves? — Oui, monsieur. — Si monsieur a besoin de quoi que ce soit, il n'a qu'à s'adresser à l'autorité militaire. » M. Töpffer serait presque tenté de demander à l'autorité militaire un remède contre la coqueluche. Le commandant poursuit : « Monsieur vient de Genève? — Oui, monsieur. — Et y retourne? — Oui, monsieur. — Veuillez vous charger de cette petite boîte pour M. G.; et encore une fois, monsieur, veuillez disposer de l'autorité militaire. » D'où il est clair que M. Töpffer a disposé pendant toute une nuit de l'autorité militaire de Montmélian, et que s'il n'a pas fait de grandes choses, c'est que, comme tant d'autres capitaines fameux, il a boudé sa destinée et manqué à sa fortune.

HUITIÈME JOURNÉE.

A Grenoble, toutes les estampes de l'auberge étaient troupières, grenadières, vieille garde; ici, toutes ont tourné au sombre, au revenant, au vampire; c'est à n'en pas dormir, d'autant plus que de tout petits vampires en nature y hantent les lits et y vivent sur le voyageur. Levés de bonne heure, nous courons sur Saint-Pierre d'Albigny, lieu fixé pour le déjeuner.

Saint-Pierre d'Albigny est un hameau paisible, à demi caché derrière le feuillage des frênes et des noyers. A peine l'hôtesse nous a vus, qu'elle reconnaît en nous d'anciennes pratiques, bien que nous n'ayons jamais encore passé dans cet endroit; et puis, comme c'est à ce titre qu'elle prétend nous régaler de son mieux, nous n'avons garde de la tirer de son erreur. C'est du reste une forte femme, à grande coiffe, à grande poitrine, à grand pourtour, mais la voix claire et gazouillante ne répond point malheureusement à l'ampleur de ces proportions. Sans perdre de temps, elle nous installe dans une immense chambre, vraie salle à manger de Savoie, où se heurtent les choses d'auberge et les choses de culture, de récolte ou de basse-cour. A l'angle, des sacs d'avoine; devant la cheminée, des graines éparses sur des planches; plus loin, une lessive qui sèche; partout

des poules, puis une immense table sur laquelle arrivent à la file et en
quantité œufs, café clair, laitage, gros pain, miel blanc : le tout pas tant

propre, mais offert gracieusement et servi avec une diligence affectueuse
et désintéressée.

La chaleur, aujourd'hui, rappelle les jours grillés d'Aix et de Hautecombe; c'est à fondre sur place, et nos blouses sont aussi trempées par

la sueur qu'elles pourraient l'être par la pluie. Aussi la démoralisation se met parmi nous, et, de proche en proche, gagne jusqu'à l'avant-garde, qui s'attarde, s'arrête, et finalement se décompose en traînards, qui bordent les fossés et jonchent les chemins. Ces moments eux-mêmes ont leur douceur : une goutte d'eau, un bout d'ombre, deviennent des agréments sans prix; et puis, si, solitaire et harassé, l'on peut en pareil cas trouver les instants bien longs, en compagnie nombreuse, l'entretien les abrége et le rire les égaie. Pour l'heure, c'est Henri qui charme nos ennuis. Demeuré à l'arrière, il tâche de rejoindre, mais de quel air! Brouillé avec son havre-sac, en colère contre son soulier, importuné de son ombre et laissant choir son bâton, qu'il plante là plutôt que d'avoir à se baisser pour le relever. A la fin, il rejoint et tombe sur le premier tertre qui se présente; il s'y endort d'un grand somme, juste au moment où, la voiture étant venue à passer, un s'attelle, puis deux, puis tous, et Garo seul reste endormi sous son chêne.

Au coucher du soleil, nous arrivons à l'Hôpital, où nous allons loger chez le petit Gamache de l'endroit, M. Genis, et vers neuf heures, comme nous sommes à table, arrive Garo! Grands éclats de rire. Laissez faire, dit-il, à ce jeu-ci, je vous aurai bientôt rattrapés. Et bien vite il se met à l'œuvre.

Ce matin, nous nous séparons en deux corps d'armée : les coqueluches, qui poursuivront par la plaine, et nous autres, qui allons franchir le col de Samiers. La jonction s'opérera à Faverge.

A peine sommes-nous en route qu'une pauvre hirondelle vient tomber morte à nos pieds. Triste présage. On la relève, et durant qu'on l'examine, il s'échappe de dessous ses ailes deux grosses mouches, qui probablement lui ont donné la mort. Ceci nous fait ressouvenir d'une aventure de lézard, moins tragique, mais plus curieuse, dont nous avons oublié de parler en son lieu.

C'était au sortir de Seyssel. A quelques pas de nous, un lézard se montra sur la route, mais un lézard étrange par l'extraordinaire grosseur de sa tête et par la façon dont il errait sans direction et comme au hasard. En nous approchant, nous eûmes bientôt reconnu que le pauvre animal s'était hasardé à percer une coque de noix, qu'en forçant l'ouverture, il y avait passé la tête, et que la coque lui était demeurée comme un incommode bonnet... Du reste, ce bonnet tenait si bien, que ce ne fut pas sans quelque peine et sans causer quelque souffrance au patient que nous parvînmes à l'en débarrasser Un cas rare, je l'espère, dans les annales des lézards.

Hélas! les chaleurs d'hier étaient fraîcheurs en comparaison des canicules qui nous attendent sur les rocs de Chevron! Ce sont des pierres pelées, sans un brin d'herbe, sans un bout de grotte, et qui répercutent par toutes leurs facettes jusqu'aux moindres rayons d'un soleil furieux. De là le regard plonge sur la vallée verdoyante où courent les flots de l'Isère; mais quoi! ce spectacle, au lieu de nous réjouir, ne fait que renouveler pour nous le supplice de Tantale. Beaux ombrages, pourquoi nous êtes-vous ravis? Fraîches eaux, pourquoi fuyez-vous?

Pendant que, haletants et trempés de sueur, nous gravissons la brûlante chaussée, un naturel se présente : « D'où donc venez-vous? lui disons-nous. — D'en dessus. — Où allez-vous? — Je vas au tabac... Mais, dites, vous autres, passez-vous rien par Vezouille? — Vezouille? Tout de même. — Eh bien, dites voir en passant le bonsoir à mon petit, qui ramone par là depuis tantôt deux ans sans nouvelles. — Mais où est-il, votre Vezouille? — Attendez voir, c'est dans ce pays où l'on dit comme ça : Monsieur le marquis, voulez-vous des caudes? C'est là. Vous voulez assez trouver! — On tâchera. — S'il vous plaît; ça me ferait tant de contentement, car depuis deux ans qu'il ramone là sans nouvelles! »

Vers le sommet du col, nous trouvons un peu d'air, et à quelque distance, sur l'autre revers, dans une solitude plutôt déserte qu'ombreuse, le couvent de Samiers. C'est un grand bâtiment délabré que l'on s'occupe de restaurer, mais qui n'offre pas ces pittoresques accessoires, ces avantages de situation et de vue qu'on vient ordinairement chercher à coup sûr dans les retraites que se sont choisies les moines. Ce que nous y trouvons d'admirable pour le quart d'heure, c'est une grande salle voûtée, obscure, fraîche, où l'on nous sert quelques vivres et d'excellent vin.

Sur ce revers, la descente est agréable, mais nous avons laissé nos forces sur les rocs de Chevron, et plusieurs font mine de vouloir planter là leur havre-sac, afin de pouvoir porter au moins leur personne jusqu'à Faverge, lorsque paraît à l'autre bout du chemin une sorte de crétin triomphateur, qui s'avance canne en main et poing sur le côté. « Combien te faut-il, lui dit M. Töpffer, pour porter cinq de nos sacs jusqu'à Faverge? — Vingt sous, et je serai content. — Prends-les. » Aussitôt le pauvre diable ajuste la charge sur son dos, et comme si ce n'était rien du tout, il cabriole d'allégresse et nous précède en chantant à tue-tête.

« Où demeurez-vous, bonhomme? lui demande M. Töpffer. — Partout où je travaille. — Où sont vos parents? — Morts; je les ai pas connus. — Que gagnez-vous? — Quatre sous, cinq sous, quand l'ouvrage va. — Et pourtant content? — Que voulez-vous, il faut prendre patience pour gagner le ciel. »

Cet homme s'appelle Bouquet. Un moment après : « Je voudrais, reprend-il, pouvoir aller en France. — Et pourquoi? — Pour y gagner de quoi m'habiller; et puis, dans ce pays-ci, je souffre. Les enfants y sont mauvais. Quand je passe dans les villages, ils me raillent, ils me jettent

des ordures, des pierres, j'en ai eu ce trou-ci au crâne..... Et puis, quoi! il faut prendre patience pour gagner le ciel. » Attristé par ces souvenirs,

Bouquet se tait quelques instants, et puis l'idée qu'il fait aujourd'hui une journée de vingt sous l'a bientôt remis en état de fête; et ce qui rend son affaire plus comique, c'est la longanimité avec laquelle, tout en chantant, tout en cabriolant, il rajuste et reboutonne un reste de culotte qui tend à chaque instant à se détacher de sa personne.

Cet homme est comme beaucoup d'autres demi-crétins que nous avons pu observer dans nos vallées de Suisse ou de Savoie. Le crétinisme, c'est-à-dire la lenteur, la lourdise, l'impuissance d'agir et d'exécuter, réside encore plus dans les organes que dans les facultés, dans une incapacité physique plus encore qu'intellectuelle. Bouquet, capable seulement de porter, à peine intelligible, tant son langage est informe et sa prononciation embarrassée, n'en est pas moins une créature sensée et raisonnable; ses idées, extrêmement bornées, sont toutes justes, et un sens moral et religieux très-développé leur imprime un caractère intéressant d'élévation. Qui donc ne serait touché de voir ce pauvre homme, si disgracié, si misérable, moqué des enfants, tourmenté des vauriens, et qui n'a ni famille, ni logis, tirer courage, tirer consolation, contentement de cette seule et pieuse idée qu'il faut prendre patience pour gagner le ciel! Combien de philosophes qui n'en sont pas là! Combien de gens d'esprit qui voudraient y être!

Aussi, le soir de ce jour, il sera donné à Bouquet un franc pour le prix convenu, et puis, pour bonne main, cinq francs. A la vue de l'écu, Bouquet perd la voix de surprise, de bonheur. Mais après qu'il nous a quittés, sa joie éclate, et on l'entend dans les bois qui regagne en chantant les hauteurs de Samiers.

Nous allons coucher chez madame Mollart, qui a cinq mentons et trois brassées de pourtour.

Un dernier jour de voyage n'est jamais que l'histoire d'arriver au logis par le plus court chemin. Aujourd'hui donc nous louons des voitures, et, à la façon de tant d'autres touristes, nous avançons sans bouger et nous traversons sans voir. Aussi, au bout d'une longue journée de prison roulante, nous serions aises d'arriver, n'étaient le latin, le grec, l'algèbre, la rhétorique et consorts, qui nous accueillent à bras ouverts pour nous introduire bien vite en classe.

VOYAGE AUTOUR DU MONT BLANC.

PREMIÈRE JOURNÉE.

« Où irons-nous cette année? Après Venise, après le Bernina, et lorsqu'on ne peut aspirer ni aux Pyramides, ni au Caucase, le mieux, ce semble, c'est de borner là sa course et de suspendre pour toujours à la muraille son havre-sac et sa gourde.

Non, le mieux, c'est de réagir contre cette tyrannie des souvenirs, c'est de brusquer de passagers dédains. Ou bien, dans la vie elle-même, quand vingt, quand trente ans ont sonné, et lorsqu'ont fui sans retour les plus belles joies et les plaisirs les plus fleuris, il faudrait donc aussi borner là sa course, et, octogénaire précoce, attendre, assis au soleil, l'heure du dernier départ?

A moi, ma gourde! à moi, mon havre-sac! et partons toujours! Les souvenirs nous accompagneront pour charmer notre route; le plaisir, ami de la marche, compagnon du mouvement, camarade assuré des haltes gagnées, des banquets conquis, le plaisir, qui fuit les blasés pour courir après les allègres, nous rattrapera, soyez-en sûrs, et nous aurons appris que c'est folie de s'abstenir de grives parce qu'on a tâté du faisan.

A moi, soldats! et revolons aux Alpes! Capoue nous avait amollis... Capoue nous avait communiqué ses langueurs... elle avait fait paraître à nos yeux Sagonte et Numance, ces glorieux théâtres de nos exploits d'autrefois, comme de vilaines bicoques, et Carthage elle-même comme un noir tombeau... Revolons aux Alpes! Voici des rocs nus, qu'on les escalade! d'âpres climats, des nuages tristes, d'éternelles glaces, qu'on les affronte! Ainsi se retrempe le courage! ainsi revient la vertu! Les énervés ne règnent ni sur Rome, ni seulement sur eux-mêmes!

C'est dans cet esprit tout à fait antique qu'a été conçu notre itinéraire de cette année; aussi forme-t-il une courbe tortueuse, montante, pas sa-

blonneuse, mais assez malaisée. Pour commencer, le tour du mont Blanc et huit cols franchis dans l'espace de sept journées : les deux Forclaz, le col de Balme, ceux du Bonhomme, des Fours de la Seigne, de Ferret, de Fenêtre. Voilà certes de quoi déroidir les jarrets, maîtriser les souvenirs, assainir les âmes! Perdu dans ces montagnes, il faut bien s'en tirer, et tout aussitôt l'effort électrise, l'air vivifie, l'estomac brame; puis le soir, sous la basse toiture d'un chalet enfumé, à deux pas du foin qui sera tout à l'heure votre couche, on ne songe ni à Venise, ni à Saint-Marc, ni au café Florian, mais bien plutôt à ce ravissant gigot qu'on déballe, à cette clavette, à ce fromage qu'apportent des pâtres, à la grande joie que c'est d'être au monde pour y faire un pareil festin, pour y goûter, assis de bizingue, soi huitième, sur le couvercle d'un bahut, un si délicieux repos, un si entier contentement.

Et pour finir... des plaines? Non; des montagnes encore, des vallées encore, et inexplorées, et primitives : celle d'Hérens par exemple, où l'on soupe chez le président Favre, où l'on couche chez le conseiller Agaspe; celle de Zermatt, où on loge chez le curé, où l'on voit des montagnards jouer des tragédies au pied de leurs rochers; celle du Rhône enfin; puis le Mayenwand, puis le Grimsel, et au delà ces douces prairies où Interlaken enserre sous le transparent feuillage de ses vieux noyers, des parfumeurs, des coiffeurs, des carrossiers, des libraires, un casino et vingt ruches alignées, proprettes, vernies, d'où, au coucher du soleil, l'on voit sortir et se porter dans l'avenue vingt essaims bourdonnants de graves gentlemen, de dandys brillants, de grasses ladys et de blondes miss. Dès ici plus de montagnes, mais les lacs, la grande route, les villes et toutes les commodités de la vie civilisée, qui, au sortir des rocs nus et des chalets enfumés, se trouvent avoir acquis un prix bien supérieur à celui pour lequel on nous les livre. Aussi la bourse commune elle-même, semblable à ces poitrinaires qui, ragaillardis par les tiédeurs de Nice ou de Madère, accélèrent en se remettant à jouir leur consomption prochaine, la bourse commune se dépense avec grâce, se dégraisse avec complaisance, s'amaigrit en souriant jusqu'à ce que, déjà flasque et diaphane, elle expire entre Morges et Rolle d'une saignée que lui fait le restaurateur du Léman. Il est vrai que ce frater-là n'y va pas de main morte. Tel est notre itinéraire de cette année. Hormis les vallées d'Hérens et de Zermatt, hormis encore les cols de Ferret et de Fenêtre, il n'offre point de contrées ni de bouts de contrée que M. Töpffer n'ait déjà parcourus et décrits; mais qu'importe sinon pour l'agrément de nouveauté que pourrait présenter cette relation, du moins pour l'agrément du voyage lui-même? Encore une fois, quiconque, en se mettant en route, ne compte pas, pour se divertir, sur ses compagnons et sur lui-même, plutôt que sur les choses extérieures; sur ce qu'il emporte de force, de santé et de bonne humeur, trois choses dont, rien qu'en les remuant, on fait du plaisir, plutôt que sur le nouveau ou le merveilleux des spectacles, fait presque infailliblement un faux calcul. A nous prendre nous-mêmes pour exemple, que serions-nous devenus si nous avions d'avance hypothéqué notre divertissement sur l'aspect d'ailleurs si magnifique du mont Blanc, puisqu'il était écrit que nous en ferions le tour entier sans le voir?

Oui, se rendre indépendant, en fait de plaisir surtout, des choses extérieures et des vicissitudes du sort, c'est où plus souvent l'on devrait, l'on pourrait tendre! Notre bonheur, il est dans les mains de la Providence, qui nous réjouit ou qui nous éprouve, qui nous conserve à ceux qui nous aiment, ou qui nous arrache ceux que nous chérissions; mais le plaisir, elle l'a mis à notre disposition bien plus encore que nous ne le croyons nous-mêmes. Jouir, c'est vivre; vivre, c'est mettre en exercice nos forces, nos facultés et nos affections : or ceci, à la condition de le vouloir, c'est chose possible à tous les degrés, dans toutes les situations ordinaires de vie et de fortune. Par malheur, c'est cette condition elle-même que communément l'on se dispense de remplir; et l'homme est tellement enclin à voir la jouissance suprême dans cette oisive mollesse, dans cette factice indépendance que procure l'argent, que c'est, tout au contraire, en tâchant d'épargner à ses forces toute fatigue, à ses facultés tout effort, à ses affections tout exercice, qu'il croit s'approcher du plaisir. Hélas! non; c'est ainsi qu'on s'en éloigne, c'est ainsi que l'on meurt quelquefois avant de l'avoir connu, c'est ainsi et par là justement que le pauvre est plus riche que l'opulent, car, en vertu de sa position même, forcé de travailler, il est forcé de jouir.

Et nous-même, pour avoir pu nous élever ainsi jusqu'à cette notion un peu paradoxale au premier coup d'œil qu'un voyage, pour être décidément une partie de plaisir, doit ressembler plutôt encore à un laborieux exercice qu'à une facile et récréative promenade, l'histoire de n'avoir pas le sou nous fut, dans le temps, singulièrement avantageuse, et il est bien probable que sans la nécessité, cet excellent maître, nous n'eussions jamais su découvrir par nous-même les voluptés de la fatigue, les délices du gîte, le courage qui croît avec l'effort, l'expansif contentement qui suit la conquête, la jouissance doublée, triplée de tout ce qu'elle a coûté, et devenue assez vive enfin pour que ni contrariété, ni averse, ni privation, ni sotte rencontre ne puisse en altérer la charmante vivacité. Il est bien probable que nous n'eussions jamais su découvrir par nous-même que la vraie et savoureuse mollesse, ce n'est pas celle qui se prélasse sur des coussins ou qui se balance sur des ressorts, mais bien celle qui se goûte sous les arbres du chemin, sur la pierre nue des montagnes, au logis surtout, quel qu'il soit, lorsque, après l'avoir salué de tout loin, on approche, on arrive, on franchit le seuil, on dépose havre-sac, gourde et bâton pour ne songer plus, durant douze ou quinze heures, qu'à donner vacance à ses membres et fête à sa lassitude....; que l'indépendance réelle et désirable, ce n'est pas celle qui ne peut faire un pas sans un attirail de voitures, de serviteurs et de valises, mais bien celle qui, équipée à la légère, se porte librement à droite, à gauche, là-bas, là-haut, partout où l'on peut marcher ou gravir; non pas celle qui s'assujettit aux tyrannies de la mode, aux exigences de luxe et de comfort, mais bien celle qui, affranchie de tous ces servages, se trouve une hôtellerie excellente partout où elle peut abriter sa fatigue, régaler son appétit, donner cours à sa joyeuse humeur, et, foin ou lit, goûter jusqu'à l'aurore les douceurs d'un sommeil assuré.

C'est en 1823 que nous fîmes, comme sous-maître dans un pensionnat, notre première excursion pédestre. Nous n'avions alors aucune habitude des longues marches, et pas davantage la liberté de raccourcir à notre gré des étapes fixées d'avance par un chef absent mais suprême. Jamais nous n'avons tant souffert. Dès le premier soir, travaillé de fatigue, tourmenté d'ampoules, incapable de manger et incapable de dormir, il ne nous restait déjà plus que la force de réfléchir sur les équivoques délices de notre situation, lorsque, vers une heure de la nuit, il fallut repartir pour atteindre, avant le lever du soleil, le sommet de la dent de Vaulion. Nous y atteignîmes en effet, transi, fiévreux, absolument démoralisé, et pour n'y voir ni le soleil, ni aucun des huit ou dix lacs que l'on découvre, dit-on, de cet endroit. A la place, et de toutes parts, des nuées grondantes et des averses en train, dont une fut pour nous. Endoloris par cette eau froide, nos membres refusaient d'aller; et ce fut aidé, soutenu, porté presque par nos propres élèves, que nous pûmes, ce second soir, nous traîner jusqu'à Aubonne pour n'y trouver que les insomnies de la veille.

Le lendemain, ciel pur, temps radieux, et plus qu'une journée de cet infernal plaisir. Engagé d'abord dans les sentiers brûlés de la côte, pour trouver ensuite les poussières de la grande route, nous hâtions le pas néanmoins, afin d'en avoir fini plus tôt. Mais voici que devenu bientôt boiteux de fatigue et risible d'écloppement, nous n'osâmes plus affronter dans cet état le pavé de la ville, ni entrer de jour dans Genève. Que faire alors?... A défaut d'ombrage plus voisin, nous descendîmes sous l'arche d'un petit pont que traverse la route, à quelque distance de Coppet, et là, étendu dans le lit desséché d'un ruisseau, nous y attendîmes paisiblement l'heure du crépuscule.

Tel a été notre début dans la carrière des excursions pédestres; rude, comme on le voit, et peu propre, ce semble, à nous inspirer l'envie de nous y engager plus avant. Toutefois, même au milieu de cette souffrance, nous avions ressenti quelques-unes de ces impressions dont le charme vif et nouveau tempère, pour s'y substituer bientôt, le souvenir des plus rudes fatigues : le premier jour, un déjeuner aussi brillant par l'appétit qu'ordinaire par sa rustique simplicité; près d'Aubonne, l'émotion d'une reconnaissante amitié envers de compatissants camarades; partout où l'on s'était arrêté, et jusque sous le tiède et poudreux ombrage de ce pont, l'aubaine d'un repos ardemment désiré, quelque chose de cette volupté instantanée qu'on éprouve au départ soudain d'un mal abominable, d'une rage de dents par exemple. Aussi, semblable au chasseur qui s'est aguerri et rendu plus habile par les labeurs et aussi par les écoles d'une première expédition, lorsque la même nécessité nous contraignit, l'année suivante, de reprendre, pour une tournée bien plus longue, la direction d'une nouvelle caravane, exempt alors de ces douloureuses lassitudes que l'on n'éprouve guère qu'une première fois, et appris déjà à discerner la trace du plaisir, de la jouissance, de la gaieté, de tous ces lièvres agiles qu'on ne poursuit qu'avec sueurs et qu'on n'attrape qu'en courant, nous sûmes guider sus nos piqueurs au travers des prairies, des bois, des landes stériles, des rochers nus, pour ne plus marcher désormais, pour ne plus reposer, pour ne plus franchir le seuil d'un hôtel, d'une taverne ou d'un chalet, que l'esprit joyeux, l'estomac vide et l'escarcelle pleine.....

C'est de cette façon, et sans plus d'apprentissage, que nous sommes arrivé à nous éprendre pour les excursions pédestres, disons mieux, pour les fatigues et pour les privations, pour les dénûments et pour les contrariétés, pour les quotidiennes vicissitudes de soleil et de pluie, d'orage et de sérénité, d'heur et de malheur dont les excursions pédestres sont l'occasion, d'une passion que nous traiterions tout le premier de fol engouement, si, depuis tantôt vingt ans que nous les pratiquons, ces excursions n'avaient pas été les unes comme les autres, et pour chacun de nos nombreux compagnons tout autant que pour nous-même, une source de jouissances savourées au moment avec vivacité, avec ivresse, plus tard rappelées dans l'entretien avec un charme que le temps, au lieu de l'effacer, fortifie...; si surtout, à mesure que l'âge nous approche du jour où il faudra dire adieu à ces plaisirs devenus trop rudes, désormais nous n'éprouvions pas à la fois et le croissant désir d'en reculer le terme, et celui d'en léguer à d'autres la tradition. De là ces lignes qu'on vient de lire après d'autres qu'on a déjà lues, dictées par le même sentiment et remplies de la même instance.

Mais il y a plus : bien souvent dans nos voyages, lorsque nous nous trouvions aux prises avec les fatigues et les intempéries de la vie nomade, et forcé de par une impérieuse nécessité de faire succéder la marche à la marche et l'effort à l'effort, il nous est arrivé de songer que pour l'affligé lui-même qui aurait l'énergie de se lancer volontairement dans les difficultés d'une excursion alpestre, de se mener perdre, pour ainsi dire, dans ces profondes et solitaires vallées d'où l'on ne sort qu'à la pointe de son courage et à la sueur de ses membres, ce serait là un moyen infaillible de faire diversion à sa peine et de rendre à son âme affaissée sinon la jouissance, du moins le ressort et quelque vigueur. A la vérité, beaucoup tentent quelque chose de semblable, et il est ordinaire que l'on cherche dans les voyages une distraction ou un allégement à l'affliction et à la mélancolie. Mais ce n'est pas tout que d'avoir déplacé sa douleur, que de lui avoir offert en spectacle la vue, presque toujours importune, quelquefois insupportable, d'objets nouveaux ou riants, encore faut-il l'avoir forcée sinon à déloger, du moins à n'être plus la maîtresse altière du logis, encore faut-il lui avoir suscité des contrariétés efficaces et l'obligation de se taire par moments ; or ceci ne s'obtient guère qu'au prix des préoccupations personnelles, des privations à supporter, des obstacles à franchir, au prix de tout ce qui tient forcément le corps en haleine, l'âme en activité, et par conséquent la douleur en échec. Ou bien, comme dit le poëte, et comme c'est trop souvent le cas :

> Le chagrin monte en croupe et galope avec *nous*.

Ainsi donc, vous aussi, affligés, si toutefois la vigueur et la santé vous ont été laissées, équipez-vous, même avec dégoût, partez, même avec répugnance, portez-vous rapidement dans ces contrées d'où le retour est impossible à tout autre qu'au piéton alerte et courageux, et, contraints alors d'agir, de faire effort, de souffrir même, vous trouverez au sein des plus sauvages montagnes, et plus près de Dieu là que dans les villes, que dans les temples eux-mêmes, une distraction certaine, un sûr et doux tempérament aux amertumes de votre âme.

Telle est en résumé notre théorie sur les excursions, non pas tant considérées comme pédestres, que comme rudes et aventureuses. Nous avions à cœur de la présenter une dernière fois dans son ensemble pour l'instruction des races futures. Toutefois, elle ne serait pas complétement présentée, et nous risquerions d'abuser en quelque degré les races futures, si nous ne faisions pas remarquer en terminant que trois conditions spéciales, et qu'il n'appartient pas à chacun de réaliser telles quelles, ont pu contribuer à rendre pour nous personnellement plus que pour d'autres ces excursions divertissantes ou animées. Nous allons, avant de nous mettre en route, énumérer ces trois conditions.

La première, c'est l'âge et le nombre des voyageurs qui nous accompagnent. Cet âge, celui de l'insouciante gaieté, de l'élastique vigueur, des rires folâtres, des sentiments ingénus et fleuris, comporte évidemment et assure les dispositions les plus favorables au plaisir; celles aussi au milieu desquelles l'homme fait doit se complaire, si peu qu'il ait conservé l'amour de ce qui est vraiment aimable, et l'instituteur se trouve heureux si peu qu'il goûte, lui aussi, le charme des vacances, ou que, observateur intéressé des penchants et des caractères, il trouve son divertissement à les voir se produire et s'émanciper au grand air de la joie et de la liberté. A ce dernier égard, nous professons que vingt jours de cette vie commune, plus intime que la vie pédagogique, et tout aussi éducative quoique bien autrement rieuse, sont plus instructifs pour lui que vingt mois de classe. Nous professons que c'est là mieux qu'ailleurs qu'il dépend de lui, s'il veut bien profiter amicalement des événements, des impressions, des spectacles et des vicissitudes, de fonder de saines notions dans les esprits, de fortifier dans les cœurs les sentiments aimables et bons, tout comme d'y combattre, d'y ruiner à l'improviste, et sur le rasoir de l'occasion, tel penchant disgracieux ou mauvais. Ceci est une source de sollicitude quelquefois, d'amusement souvent, d'intérêt toujours; mais, comme on le voit bien, ceci résulte d'une position toute spéciale. Quant au nombre, il entraîne avec lui l'animation, la variété d'entretien et de commerce, mais surtout et avant tout l'esprit de communauté, de colonie, c'est-à-dire d'aide mutuelle, de concours industrieux, d'organisation conçue d'avance ou improvisée au moment, en vue des petits, des faibles, des écloppés, et pas des grands seulement : car le plaisir du voyage dépend beaucoup de la sécurité du chef, fondée sur le bon état d'un chacun. De là activité, complaisance, dévouement, vigilance même de l'un à l'autre; de là des accidents évités et des malaises prévenus; de là enfin des mœurs et usages, des habitudes et instincts, le besoin en particulier de se chercher, de se suivre, de vivre en troupe, en telle sorte que, comme les hirondelles, nous traversons les airs sans nous séparer, sans nous disjoindre, sans nous mêler ni aux grues ni aux oies, tendant tous du même vol, du même côté, et ne laissant aux éperviers que nos plumes.

La seconde condition, plus rare à rencontrer et plus malaisée à improviser, c'est d'emmener avec soi dans les montagnes, c'est de trouver à côté de soi sur les routes poudreuses, et jusqu'au bout perdu des sentiers les plus escarpés, une dame infatigable, courageuse, aussi incapable de fléchir devant une contrariété que de ne pas être mère, sœur et bon ange de chacun de ses compagnons ; c'est d'avoir pour compagne de voyage la compagne de sa vie ; pour bras droit aussi intelligent que dévoué, un autre soi-même ; c'est d'être deux pour voir, pour sentir, pour jouir, pour aimer et gouverner sa troupe, pour tantôt se confondre à elle, tantôt s'entretenir d'elle, et aussi pour se communiquer ces pensers et ces sentiments que remue le spectacle d'objets grands et nouveaux, pour contempler ensemble cet horizon des choses qui, masqué pour l'enfance, s'ouvre devant la maturité et s'agrandit avec le cours des ans.

La troisième condition enfin, c'est d'être pourvu de quelqu'un de ces goûts plus ou moins sérieux, mais récréatifs, auxquels les voyages à pied offrent une réjouissante occasion de s'exercer librement et sans le contrôle d'une direction docte et méthodique. De ces goûts, le plus désirable, sans contredit, c'est celui de l'observation ; car, pour ceux qui en sont doués, il n'est point de sol ingrat, point de coin stérile, point de solitude ennuyeuse. Mais outre que ce goût-là se cultive partout, sinon d'une manière aussi piquante, du moins aussi librement qu'en voyage, il ne saurait se trouver bien développé déjà chez des philosophes de quinze ans ; aussi la vue de contrées nouvelles est-elle, en ce qui les concerne, moins encore une occasion de l'exercer qu'un excellent moyen de le faire naître. Mais un autre de ces goûts qui est mieux à leur portée, c'est celui de l'histoire naturelle, en quelque degré qu'il soit formé, et à quelque genre d'êtres ou d'objets qu'il se rapporte, insectes, plantes, minéraux, papillons. Pour ceux d'entre eux qui le cultivent, la marche n'est plus besogne, labeur, uniforme préoccupation, mais elle est devenue l'amusante facilité de se porter à droite, à gauche, là où l'insecte bruit, là où le parfum trahit la fleur, là où des débris de rochers font pressentir quelque trouvaille : l'on va de ravin en plaine, de clairière en taillis, d'amusement en trésor, et des journées d'une excessive longueur paraîtraient à cet apprenti naturaliste une trop courte promenade, si heureusement il ne lui restait encore à compter et à classer ses richesses, à leur trouver une place sûre sous le cuir de son havre-sac, ou, bien mieux encore, dans quelque boîte achetée en chemin, puis consolidée, puis agrandie, puis divisée en compartiments, objet constant d'améliorations, de contentement et d'étroite surveillance. Que si plusieurs dans la troupe sont possédés de cette ardeur scientifique, alors elle se communique aux autres; chacun fouille les herbes, retourne les pierres, se fait aidé, chercheur, trouveur heureux ou habile; le grand chemin se dépeuple, et c'est non plus une caravane de voyageurs qui marchent, mais une troupe de gais colons faisant une battue et avançant éparpillés. Certes, le chef de cette troupe, alors même qu'il ne participe pas à ces jeux, ne saurait manquer de se plaire au divertissement animé dont ils sont l'occasion; et si, après tout, son objet à lui, c'est de voir son monde se maintenir à peu de frais en état de perpétuelle fête, l'on peut croire que, de ces joyeux affairés, s'il n'est pas le plus actif, il n'est pas le moins amusé. D'ailleurs lui aussi se fait sa collection non pas de plantes ni d'insectes, mais de vues, de sites, de bouts de terrain ou de forêt, de tout ce que lui offrent à étudier ou à reproduire le mont, la vallée, le hameau, ou, à défaut encore, ces plantes qui penchent sur l'onde jaillissante d'une source, ces arbustes qui couronnent la crête ou qui hérissent le flanc d'un ravin pierreux. Dessiner, croquer, et, ici encore, ajoutons bien vite, à quelque degré que ce soit, médiocrement ou habilement, à droit ou à travers, voilà en voyage le prince des passe-temps. En marchant déjà, l'on regarde, et, observée par ses côtés pittoresques, la nature présente à chaque pas mille beautés simples, mille grâces familières, tout à fait indépendantes des magnificences beaucoup plus rares à rencontrer de site, d'éclat ou de grandeur. Dans les haltes, l'on esquisse, l'on croque, l'on met à profit les instants pour se faire une durable image de l'endroit avec son hêtre, son ruisseau, son clocher, avec les bœufs qui boivent ou avec l'âne qui chardonne. Au logis et dans la salle où l'on attend le beau temps, comme sur les tables où l'on attend la soupe, l'on achève, l'on retouche, l'on perfectionne ou l'on gâte, le tout avec le même amusement, et l'on voit avec orgueil s'emplir son livret, moins de recommandables chefs-d'œuvre, que de charmants ressouvenirs, et d'impressions vivement rappelées! Sans aucun doute, un goût pareil, qui trouve partout l'occasion de s'exercer, qui, d'accord avec les exigences de la lassitude, demande halte avec elle et vit des loisirs qu'elle lui fait, ne saurait être avantageusement remplacé par quoi que ce soit, et il ne nous appartient pas de méconnaître que, dans nos excursions, nous lui avons dû, non pas les plus vifs, mais les plus constants de nos plaisirs. Au fond le goût du pittoresque, le penchant au paysage, s'ils sont servis par quelque facilité à copier et à rendre, par quelque instinctive aptitude à exprimer sinon habilement, du moins avec une gaucherie fidèle, avec une naïveté sentie, sont pour le touriste une intarissable source d'entier divertissement. Sans qu'il y paraisse, ce drôle-là a ses raisons pour trouver légères les fatigues, et vaines les contrariétés; pour s'accommoder de Jacques aussi bien que de Jean; pour être tout à tous, content comme ci et content comme ça, c'est que ses artistiques préoccupations lui sont une compagnie, un commerce, une quiétude de tous les instants, en telle sorte qu'il a l'air d'être un modèle d'entrain et de belle humeur, quand il est surtout un bienheureux qui porte avec lui son paradis.

Ceci dit, nous pouvons nous mettre en route. La troupe se compose cette année de vingt-deux voyageurs, la plupart déjà décrits. *M. Töpffer* d'abord, qui a un an de plus et une jambe de moins, non pas disparue pourtant, mais perclue, alanguie, morte tout à l'heure, si par hasard la marche va ne lui convenir pas mieux que le repos; madame *Töpffer* ensuite, aussi alerte que de coutume; les deux *Simond*, pâles d'appétit précoce et de vigueur rentrée, mais secs et imperméés; les deux *Murray*, anciens des anciens, qui font leur voyage d'adieu à la Suisse, à la pension et aux jeunes années; *Poletti*, ancien pareillement, venu des bords du Nil, et qui plus tard remportera dans sa molle et torride patrie une helvétique vigueur, des habitudes alpestres, et, rien qu'en souvenir de sources froides, d'ombrages épais, de glaces éternelles, de quoi en être au frais toute sa vie; *Édouard*, ancien encore, jadis marcheur comme une balle de coton, aujourd'hui touriste intrépide, jarret trempé, gravisseur infatigable; *Gustave*, né reposé quand même, parce qu'il a pour jambure deux fortes échasses en bois vert, avec trois fibres pour mollet et un nœud pour genou; *Sorbières*, piéton de race, et qui chante tout le long du bois; *d'Estraing*, pourvu aussi de deux quilles modèles, enjambeur de haies, escaladeur de cerisiers, escroqueur de prunes, et pour qui rien, non rien au monde n'équivaut à une nuit en plein foin, sous la toiture percée d'un chalet; *Albin*, fort porteur marcheur austère, lent à se hâter, mais exact au rendez-vous; *Léonidas*, cette virgule russe, qui, l'an passé déjà, triompha des Alpes et du Tyrol, arpenta Venise et franchit le Simplon, sans autre mal ni douleur que d'avoir dormi tous ses repas et sommeillé toutes ses haltes; enfin *David*, notre majordome, actif et expérimenté, de qui la besogne va être, dans bien des endroits, de nous faire coucher là où il n'y a pas de lits, et manger là où il ne manque que des vivres.

Parmi les voyageurs débutants, on compte *Ernest* et *Alfred*, deux cousins d'inégale taille. Ernest, auprès duquel Léonidas lui-même fait l'effet de Calypso, qui dépassait de la tête toutes ses nymphes, sera cette année le sommeilleur en chef. Ernest, en effet,........ ferme l'œil et s'endort.... dès qu'il s'assied, dès qu'il s'arrête, dès que seulement il regarde fixement son ombre ou bien un caillou qui reluit au soleil. Pourtant, au moyen de tuteurs officieux qui le secouent à l'approche de la soupe et à l'arrivée des viandes, on parvient à le faire manger somnambuliquement, mais sans qu'il ait aucune conscience de la chose, pas plus qu'il n'a celle de se rendre à sa chambre, d'y ôter ses habits, d'éteindre la chandelle, et de se trouver en diagonale et la tête aux pieds dans un lit quelconque. Du reste, hâlé, noireau, vigoureux, d'humeur toujours allègre, jamais écloppé et invariablement suspendu à une longue pique qu'il s'est achetée à Martigny. Alfred, agile, élancé, gaillard d'avant-garde, et qui pour passer les ruisseaux se sert des ponts le moins possible.

Canta, touriste rieur, vif, curieux, brise-piques, étourdi comme un bachelier et dialecticien comme un philosophe d'Athènes, vit, cause, épluche des noix, spécule, se perd, se retrouve tout à la fois. *Burgess*, Anglais quadrillé à l'écossaise, est le plus haut fendu de toute la caravane ; grand porteur, jarret distingué : grave d'habitude, il chante pourtant, et tyrolise aux échos. *Shall*, Anglais pareillement, commence par avoir le jarret en réparation, l'esprit absent de la terre et l'œil aux nuages. Mais insensiblement le jarret se trouve remis à neuf, l'esprit redescendu aux choses sublunaires, et l'œil finit par apercevoir distinctement des contrées quelconques, où il y a des montagnes n'importe et des auberges indubitables. *Alphonse*, voyageur agrégé, fait peu de bruit et bonne besogne. *Martin Paul*, agrégé aussi, tantôt porte un paletot-sac, tantôt un caoutchouc insoluble à l'eau du ciel, tantôt une blouse subsidiaire, achetée à Martigny, et coupée pour un autre ; mais sous tous les costumes il est gai compagnon, artiste à la course et tuteur du suivant. Le suivant, c'est *Martin Marc*, malade d'un fou rire inextinguible, multiplié par celui de Simond, Marc aussi, et non moins malade. Quand ces deux particuliers se regardent, fût-ce en pleine averse, fût-ce au travers d'un mélèze, adieu fatigue, tristesse, respect humain ; d'invincibles désopilements les obligent à éclater de rire, crainte d'éclater d'allégresse rentrée. Si la chose se passe à table, vite on éloigne verres et flacons ; si c'est en montagne, vite on fait barrière du côté de la pente; si c'est en plaine, au lit, dans le foin, on laisse aller, on regarde, on est atteint, le branle est donné, et voilà vingt-deux voyageurs, un père de famille en tête, qui en sont à rire aux larmes, sans qu'aucun puisse bien dire ni comment, ni de quoi, ni à quelle cause, si ce n'est peut-être que Cramer Marc prétend que le nez de Simond Marc jouit d'un mouvement présumé en spirale ascensionnelle. Mais que l'on veuille bien remarquer à notre décharge qu'il en va ainsi communément. Les gros, les vrais rires, les rires à y rester, sont ordinairement les rires fous, c'est-à-dire sans objet, ou dont l'objet, par son adorable bêtise, est d'autant plus propre à épanouir la rate, qui, après tout, n'est pas le siège de l'esprit. On rit à la fois et de la chose, et de soi, et de l'autre, et de tout, et de rien, et si c'est niais sans doute, c'est royalement amusant.

Parmi cette troupe, il se rencontre des observateurs, pas beaucoup; des naturalistes, point; mais, par un hasard assez peu commun, des dessinateurs en quantité et de toute force, nous voulons dire de tous les degrés de force, à partir de ceux qui en sont à traduire les sites en mamelons arrondis, qui supportent trois maisons carrées, et un arbre touffu

comme un peloton de fil, jusqu'à ceux qui, bégayant déjà la langue du pittoresque, en sont à rendre ci et là l'âpreté d'un roc, la grâce d'une broussaille ou la perspective d'une clôture. L'air alpestre apparemment, et aussi la célébrité des sites, surtout leur accessible simplicité lorsqu'ils sont réduits à n'être que des pentes opposées qui se rencontrent au fond d'une vallée nue, ont contribué à développer ce mouvement artistique,

que M. Töpffer encourage d'ailleurs du conseil et de l'exemple. Il est convaincu en effet que c'est à forger que l'on devient forgeron; que tout croquis passable ne saurait être que le cadet de mille aînés difformes; que c'est inévitablement par une longue suite d'amusants essais que l'on parvient à se faire sa petite manière de s'y prendre pas trop mal, et qu'après

tout, en rien il ne faut imiter ceux qui ne veulent pas entrer dans l'eau avant de savoir nager. Les arts fleurissent donc, et à chaque halte huit ou dix crayons s'occupent d'enserrer sur la page d'un petit livret les sublimités des grandes Alpes. On dirait un fumiste qui met les nuages en bouteille.

Autre phénomène particulier à cette excursion-ci : nous partons un dimanche et à la mi-journée, par un ciel tout endimanché d'azur et tout frais de brise légère. D'ailleurs entière sécurité, car nous nous trouvons être à bord du *Léman*, ce navire sage et posé, qui ne trempa jamais dans aucune rivalité d'heures ni de vitesse; qui d'ailleurs, replet et asthmatique, songe bien plutôt à faire tranquillement sa petite promenade quotidienne qu'à aller se mettre à courir après quelque écervelé que ce soit. Nous y trouvons grande compagnie. Un professeur, un municipal, trois grosses Allemandes, un Français rousset, des Anglaises, une société de vieilles demoiselles et quelques spécimens de ces messieurs essentiellement barbus dont, à les voir du moins, on ne devine ni s'ils sont des conspirateurs réchappés, ni s'ils sont des sapeurs en habit bourgeois, des artistes célèbres, des carbonaris occultes, des poëtes incompris, des rabbins en voyage, des garçons fraters, de simples courtauds velus, ni quoi, ni quoi. Ce qu'il y a de sûr, c'est que notre siècle efféminé se pare avec une singulière affectation des insignes de la virilité, et que si jamais on ne rencontra tant d'âmes énervées, d'un autre côté jamais on ne vit en compensation tant de moustaches scythes et tartares, tant de barbes de charpentier, tant de visages enfouis dans des fourrures du dernier septentrional.

Parmi tout ce monde, nous remarquons une bande de jeunes touristes à havre-sac qui paraissent être, comme nous, au début de leur voyage. C'est un détachement de l'Institut d'Oullins, près de Lyon. Dans une de leurs excursions précédentes, ces jeunes gens et leurs directeurs, MM. Chaîne et Dauphin, ont fait connaissance à l'hospice du grand Saint-Bernard avec quelques-unes de nos épopées annuelles, et cette circonstance facilite l'amical échange de propos, de récits et de renseignements qui ne tarde pas à s'établir entre les chefs des deux caravanes. Il résulte de l'entretien que cette caravane-là, hormis qu'elle se lance dans des excursions plus considérables que les nôtres, vit, se comporte, se tient en gaieté par des procédés de tout point identiques à ceux que nous pratiquons nous-mêmes : grandes marches, deux repas sans plus, hôtellerie quelconque, repos gagné, appétit conquis, plaisir acheté, et rien pour rien. En vérité, rien ne serait plus aisé ni plus agréable sans doute que de fondre en une seule deux troupes qui se trouvent avoir une si parfaite conformité de goûts et d'habitudes; par malheur, tandis que nous tendons aux montagnes, ces messieurs se dirigent sur Rome; et, par un plus grand malheur encore, tandis que nous ne demanderions pas mieux que de les y suivre, la bourse commune refuse nettement de nous y accompagner.

Insensiblement le professeur nous quitte, le Français rousset s'en va, les barbus diminuent de nombre, les vieilles demoiselles se passent l'une à l'autre une longue lunette qui, braquée tantôt sur Meillerie, tantôt sur le Châtelard, barre le passage et empêche de promener; mais, en compensation, un monsieur aussi sourd qu'il est peu muet se fait notre ami intime, et a l'obligeance de nous instruire à fond de tout ce qu'il juge devoir nous intéresser : à savoir, les constructions qui se sont faites l'an dernier tant à Pully qu'à Cully, le coût exact des réparations de route, et toute la statistique herbagère des Ormonds dessus et dessous. Impossible, vu l'avantage que ce monsieur a sur nous, que nous lui rendions la pareille, en sorte qu'il passe son temps fort agréablement.

Ce monsieur nous fait songer,

Car que faire *en bateau*, à moins que l'on ne songe?

que, sous le rapport de la généralisation des idées considérée dans ses extrêmes de plus et de moins, l'on peut distinguer deux sortes d'esprit. L'esprit *humanitaire* qui embrasse le passé, le présent et l'avenir de l'universalité des choses, et l'esprit *communier,* celui de ce monsieur par exemple, qui a pour limites, dans le temps, l'an qui finit et l'an qui vient; dans l'espace, sa commune en long et en large. A force d'embrasser, le premier arrive communément au panthéisme, qui est, en tant que philosophie, l'océan sans rivages où planent sans pouvoir s'y poser ces aigles perclus de la pensée; et en tant que religion, la foi en une divinité visible et tangible, historique et progressive, qui chemine de siècle en siècle à se connaître une fois; de faute en faute à se faire meilleure un jour, et dont on est soi-même un intéressant petit morceau. A force de rétrécir, le second arrive au municipalisme, qui est, en tant que philosophie, l'histoire de s'en passer, et, en tant que religion, le coût des cloches et l'entretien du clocher. Ni l'un ni l'autre ne correspondent, comme on voit, à l'esprit fin et à l'esprit géomètre de Pascal, mais encore est-il, à notre

ENVIRONS D'AIGLE.

avis, que le dernier s'éloigne moins de la vérité en rasant terre, que le premier ne s'en approche en volant par delà la nue.

Dans l'après-midi d'épaisses vapeurs se sont élevées du côté de Genève, au travers desquelles un rayon du soleil couchant se fraye un passage, et vient empourprer à l'arrière du bateau une partie de la surface du lac, partout ailleurs froide et violacée. Ce spectacle peu ordinaire attire les regards, et il suspendrait pour un moment toutes les conversations particulières, sans ce monsieur sourd qui a l'obligeance de nous continuer la sienne, en sorte qu'il passe son temps de plus en plus agréablement, jusqu'à Villeneuve, où nous débarquons tout à l'heure.

De Villeneuve à Aigle, même route que l'an passé, mais par un beau clair de lune. Ce clair de lune n'empêche pas les débutants d'en avoir assez, et de marche, et de havre-sac surtout, au bout d'une heure. Deux ou trois même, Ernest en tête, ne tardent pas à refuser le service, et il devient à propos que des anciens leur ôtent leur charge pour la porter à

leur place. Ces mêmes enfants pourtant, dans quatre ou cinq jours, partiront de Nant-Bourant pour passer trois cols et faire douze lieues dans une même journée, sans éprouver aucune sorte d'éclopement et à peine de la lassitude. Le tout est de les ménager en commençant, et de leur faire rencontrer la montagne avant qu'ils se soient harassés dans la plaine.

Nous retrouvons à Aigle notre hôte solennel et son garçon, qui n'est plus du tout chevelu. La table se dresse, mais le festin n'arrive pas, et nous en sommes réduits, pour leurrer nos voracités, à vider les carafes au son d'une pendule qui a un timbre du dernier mortuaire. Aussi Édouard pâlit comme un linceul, Ernest dort comme un enterré, Burgess soutient sa malheureuse existence en grugeant le dessert d'un Anglais qui vient de gagner son lit, et Martin Marc s'adonne envers Simond, Marc aussi, à des rires de l'autre monde. A la fin la soupe arrive solennellement, et nous nous régalons au milieu d'un grand vacarme. Ce sont des radicaux d'Aigle qui festonnent sur le pavé, en défiant les tyrans et chantant la patrie à plein gosier, signe de courage, de civisme, mais surtout de vin blanc.

Dès ici, Shall témoigne d'une grande fabulosité. Il ne trouve pas sa chambre, sans que pour cela il la cherche, et il a perdu son sac, sans que pour cela son sac soit bien loin. Une tutelle s'improvise, et tout vient à point.

DEUXIÈME JOURNÉE.

Partis de bonne heure ce matin, voici qu'en approchant de Bex l'on aperçoit que Shall manque à l'appel. Vite, d'Estraing et Sorbières se dévouent pour courir à sa recherche. Ils trouvent Shall fort bien portant qui, réveillé en même temps que les autres, en a pris occasion de dormir deux heures de plus. On le tire de là, et il rejoint au grand trot.

A Bex, comme nous nous mettons à table, le sommelier vient prévenir Simond Michel qu'il ait à se rendre au *Châto* où M. G. son cousin l'attend à déjeuner. C'est partie remise; vite Michel y porte son appétit. Puis, comme nous sortons de table, le même sommelier vient prévenir Simond Marc qu'on l'attend pareillement au *Châto* aussi. C'est partie à recommencer; vite Marc d'y courir. Mais il perd un beau calembour qui a lieu en son absence : Martin, vous êtes abbé (à Bex). C'est que Martin, dans son paletot-sac imperméable, donne prodigieusement de l'air à un jeune séminariste qui fait en négligé une partie de boules.

Un brave cocher est là qui conte ses malheurs à qui veut les entendre. L'Anglais, de qui Burgess grugea hier au soir le dessert, s'est engagé à lui payer cinq francs pour le conduire d'Aigle à Martigny ; mais voici que, se prévalant de la lettre du contrat à tout bout de champ, ce particulier saute à bas du char, s'enfonce dans les fouillis, ou grimpe sur les rochers pour dessiner « tute les beautiful landscape » qui se présentent. Le cocher tire sa montre, supplie, se fâche, crie merci..... Mais l'autre, sans détourner les yeux de sa landscape : « Je payé cinque francs à vos, quand vos avé pooté moi à Maatigny. » Au fond, cet Anglais-là pourrait bien être un Américain.

Et heureusement encore qu'il est de ceux qui dessinent à grands coups, et le *beautiful* plutôt encore que le pittoresque de détail. Le *beautiful,* ce sont des cimes pointues, des rocs angulaires, des noyers baobab, le tout traité fougueusement en façon de grands clairs mêlés de sombres noirceurs. Avec cela, tout croquis d'après nature fait par l'Anglais le plus malhabile ou le plus excentrique trahit toujours en quelque degré le sentiment du paysage et une naturelle aptitude à en exprimer avec énergie les traits saillants ou même délicats. Leur méthode, très-différente de la méthode plus timide des Français amateurs qui, en cherchant le contour, s'embrouillent dans les détails, c'est en général d'attaquer par les ombres et de cerner ainsi les formes principales jusqu'à ce qu'elles se trouvent saillir au moyen de l'effet, au lieu d'avoir été saisies au moyen du trait. De cette façon l'impression, sinon l'objet, se trouve être rendue avec un certain bonheur, et l'inhabileté du dessinateur est mieux dissimulée.

ENVIRONS DE BEX.

Typ. Plon frères.

Bex et ses environs sont d'ailleurs une contrée faite tout exprès pour l'artiste. Partout de grands et beaux arbres groupés en bouquets, ou irrégulièrement alignés le long des sentiers montants; ci et là des rochers caverneux, des eaux avec leur riche bordure d'arbustes : du côté du Valais, une gorge majestueusement sauvage; du côté de Genève, des plages douces, le lac, un bas et vaporeux horizon. Ce qui manque à Bex, comme

partout dans notre contrée romande, ce sont des constructions sinon ornées ou belles de lignes, comme sont les plus humbles maisons d'Italie, sinon d'un style uniforme mais caractéristique, comme sont les granges, les chalets et les châteaux dans les cantons allemands, du moins pittoresquement délabrées, comme sont les masures de la Savoie et du Chablais. Entre la villa proprette et la ferme soigneusement couverte et recrépie à mesure, à peine trouve-t-on quelques bâtiments abandonnés aux envahissements de la mousse, aux embrassements du lierre, aux injures du temps, cet habile faiseur de lézardes, de crevasses, d'éboulis; ce rhabilleur de ruines, qui les colore de vétusté, qui les orne ou les languette, ici d'une svelte fleur, là de menus herbages; cet artiste admirable qui empreint toutes les charpentes, toutes les murailles qu'on lui livre, de poétiques outrages, d'expressives vermoulures, de ces mille signes qui parlent à l'âme un mélancolique et savoureux langage de destruction et de renouvellement, de vieillesse écoulée et de reverdissante jeunesse, de vie éteinte et de vie qui surgit et qui recouvre! Au-dessus de Bex pourtant, la tour de Duing présente tous ces signes; et un propriétaire intelligent, justement M. G., le cousin des Simond, les y protége autant et plus contre le vandalisme de la truelle et du marteau que contre les atteintes du lierre, ou contre le lent assaut des châtaigniers, dont les fortes racines soulèvent les pans séculaires, tandis que le fruit tombé des hauts rameaux, en germant parmi les moellons, les écarte. Au bout d'une heure passée sous ces châtaigniers dans la compagnie de M. G., qui a voulu nous y guider lui-même, nous descendons le revers opposé du mont, en nous dirigeant sur Lavey. Chemin faisant, Shall jette nonchalamment des pierres dans des directions quelconques, lorsqu'un faucheur se réveille tout exprès

pour lui vociférer une apostrophe tonnante. Shall, occupé de nuages principalement, ne remarque, n'entend ni ne s'étonne, en sorte que toute la bordée porte bientôt sur M. Töpffer. « Si vous saviez votre métier, lui crie le faucheur, vous n'élèveriez pas des mosieux rien que pour les enseigner à jeter des cailloux dans les regains... Dites voir! quand j'aurai éreinté ma faux à faucher les cailloux de votre petit mosieu, c'est-il vous qui me la referez bien tant? » etc., etc. Il y a dans la vie des moments désagréables pour l'instituteur, en voici un, sans compter les autres.

Il faut que les eaux de Lavey aient d'éclatantes vertus, puisque, malgré l'ingrate nudité de l'endroit, elles attirent annuellement une nombreuse société de malingres. L'on dirait un terrain qu'a ravagé l'incendie et sur lequel on vient de rebâtir hâtivement, en commençant par l'auberge. Point d'ombrages, peu d'espace, et pour vue la vallée de Saint-Maurice, là justement où elle a commencé d'être pauvre et grillée. Les environs,

LA TOUR DE DUING.

dit-on, valent mieux que l'endroit même, et nous qui venons de quitter Bex et Duing nous en sommes tout convaincus, mais cela revient à dire que Lavey est un charmant séjour, à la condition que l'on se tienne ailleurs. Quoi qu'il en soit, la petite rue que forment les bâtiments des bains s'ouvre par une salle de bal, et se termine par une chapelle méthodiste, deux édifices qui ailleurs s'excluent; mais c'est le propre des établissements de bains que de réunir les diaphanes et les obèses, les sanguins et les lymphatiques, les timorés boiteux et les viveurs ingambes.

Outre des agréables qui stationnent et des vicomtes qui fument, nous rencontrons à Lavey une personne de connaissance. C'est ce monsieur alsacien qui joue du flageolet, et avec lequel nous passâmes, il y a douze mois, une si agréable journée au Grimsel. Après échange d'amical ressouvenir, nous le laissons à sa cure, et, poursuivant notre chemin à l'ombre de menaçantes nuées, nous voici tout à l'heure à Pisse-Vache. Il faut que ce soit fête aujourd'hui dans le pays, car nous croisons des charretées de gaies villageoises et des endimanchés par douzaines. Le Valaisan endimanché est drôle à voir : chapeau tantôt rond, tantôt à cornes, tantôt galonné, toujours de l'autre monde, chemise rigide, souliers conformes et un beau parapluie rouge. Ainsi vêtu, il chemine, grave et cambré, tout calme de simplicité, et tout aise de bonhomie.

Halte à Pisse-Vache, où ce n'est pas un hôtel qui se bâtissait l'an dernier, comme nous l'avions cru et imprimé, mais bien une scierie, symbole spirituellement choisi de ce progrès qui assiège tout, jusqu'aux cascades. Las et altérés que nous sommes, nous ne laissons pas que de demander chopine à cette scierie, et d'emblée un brave scieur nous répond qu'il va nous servir sur la marge même du torrent, où, nonchalamment étendus et les cocos tout préparés, nous attendons avec impatience de pouvoir

rougir de vin l'onde trop fraîche pour nos sueurs... Au bout d'une demi-heure, le brave scieur reparaît : « Le commissaire Nicolier ne voulions pas! » s'écrie-t-il; et pour justifier ce refus du commissaire Nicolier, il se met à expliquer toute la législation du Valais concernant le vendage des liqueurs et spiritueux. Ceci ne nous désaltère pas du tout, aussi nous repartons enroidis, clopinant, l'estomac creux et la bouche sèche, pour éprouver bientôt ces démoralisations qu'au reste on n'évite guère à quelque heure de la journée que l'on parcoure ces trois lieues de route plate, monotone et poudreuse qui séparent Saint-Maurice de Martigny. En preuve de ceci nous dirons que M. Töpffer, par exemple, qui a bien fait vingt fois ce chemin, en est à y reconnaître ses coins à s'étendre et ses retraites où gémir, aussi sûrement qu'une haridelle de patache reconnaît les tavernes de son cocher et ses haltes à picotin. Une scierie donc manquait seule à cette route sciante, et l'y voilà.

Il est bien vrai aussi que la marche, lorsqu'une des jambes est obligée de traîner l'autre, est une sorte d'allure physiquement bien imparfaite et moralement très-morne pour qui se dispose à faire à pied le tour du mont Blanc et une visite au mont Rose. A moins pourtant, à moins que l'exercice, que la montagne surtout, que cet assouplissement délectable qui résulte de la diversité des pentes, des terrains, des sentiers, cette élasticité alpine que développent l'approche du glacier et la vue des rhododendrons, ne viennent rendre aux membres perclus la santé et la vigueur. *That is the question*, et M. Töpffer y songe assez sombrement, sans pouvoir la résoudre encore. En attendant, une scierie, mieux encore que tout autre spectacle, s'assortit à ses pensers.

Nous arrivons de jour à Martigny, où chaque amateur, après avoir disposé de sa canne, s'achète une pique. Canne? pique? *that is* encore *the question*. Selon nous, pour le petit particulier de quinze ans, la canne est préférable; pour le particulier de quarante ans, la pique vaut mieux. Histoire de jarret, au surplus. Quand la rotule est jeune et que le touriste en est encore à préférer les descentes aux montées parce qu'il trouve son compte à s'y lancer à la course, la pique n'est qu'un embarras. Quand, au contraire, la rotule est arrivée à l'âge de discrétion, et que le touriste en est à ne plus lancer sa personne à l'aventure, la pique alors est souveraine. Elle tâtonne, elle assure, elle retient, le tout sans que le buste ait seulement à se pencher en avant, ni le bras à changer de hauteur : le poignet, en serrant, en desserrant, fait toute la manœuvre, et c'est alors comme trois jarrets au lieu de deux. En outre, dans les passages un peu croustilleux, la pique est de très-bon secours, si elle est bonne toutefois, chose rare. En effet, toute pique qui n'est pas faite d'un jeune arbre coupé tout exprès, mais au contraire d'une pièce prise dans le bois d'un gros tronc, n'est qu'un étai trompeur qui se brisera juste au moment où vous aurez compté sur lui, comme font les amis pris au hasard sur le gros tas, ou encore comme fait le meilleur des escabeaux, si d'ailleurs il a le pied grêle ou la jambe mal emboîtée.

Martigny est un point central où s'entre-croisent les routes du col de Balme, du Saint-Bernard et du Simplon; aussi est-il rare qu'on y passe quelques heures sans découvrir quelque nouvelle espèce de touriste. Pendant qu'assis sous le porche ou flânant sur le seuil de l'auberge nous attendons l'heure du souper, voici venir à la file le touriste *trapu*, le touriste *chevelu*, le touriste *dévalisé*, d'autres encore. Le touriste trapu est simplement une large carrure qui voyage portée sur deux jambes fortes : il faut y regarder de bien près pour apercevoir, fichée dans cette carrure comme un petit bouchon sur une grosse amphore, une impercep-

tible casquette avec deux yeux dessous. Le touriste chevelu est, ainsi que le nom l'indique, une crinière démesurée qui marche sur deux jambes

grêles. Le dévalisé est un grand particulier qui, pour être plus au frais, a tout mis dans son sac, veste et culotte; aussi, n'était sa charge, on le dirait échappé tel quel d'entre les mains des brigands. Tandis que les deux premiers, fiers de leur monstruosité phénoménale, s'attendent au regard et semblent un dromadaire de ménagerie qui, lâché dans la campagne, laisse le gamin s'approcher et le bourgeois regarder pour rien, le

dévalisé, au contraire, humble de sueur et boiteux de fatigue, donne de l'air à ces rossés de collège qui rentrent au logis décolletés et mi-vêtus.

Au surplus, ce *chevelu*, ce *trapu*, ces *barbus* d'hier, tant d'autres qui, rien que par plus de crin ou de stature, se font un mérite personnel et une position dans le monde, ne seraient-ils point tous ensemble une variété de sots qui n'appartient qu'à notre temps? Sans doute, alliés à ceux d'esprit ou de caractère, les avantages naturels de jeunesse, de traits, de stature, sont aussi précieux qu'attrayants, et nous sommes fort de l'avis du poëte :

Pulchrior et veniens, pulchro in corpore virtus.

Mais ces mêmes avantages, devenus factices, phénoménaux à force d'art, de savon ou de gymnastique; devenus galons de vanité, épaulettes d'orgueil, insignes de distinction à force d'être mis en montre; devenus la gloire du particulier et le tout de l'homme..... rien, non, rien, ce nous semble, n'est mieux fait pour provoquer un secret et nauséabond dégoût, rien pour vous faire trouver dans un bœuf des prés, dans un âne des champs, un animal plus spirituel et plus aimable, un semblable si l'on veut, pas plus bête, mais bien moins sot que ceux-là. Ah! fi des époussoirs habillés! et quand donc viendra le temps où, devant le ridicule que l'opinion épargne encore à ces crinières modèles pour le déverser bien souvent sur des travers douteux ou même honorables, elles n'oseront plus se faire voir qu'à leur vraie place, dans la montre des coiffeurs artistes, entre une enseigne Piver et un flacon Macassar! Quand viendra le temps où, tout au moins, de ces nullités velues, de ces austères de parade, de ces pattus muets qui singent l'âme forte et le génie incompris, nous remonterons jusqu'au simple fat de qui la vanité frivole et sans hypocrisie ne se passe d'ailleurs ni d'esprit, ni de grâce, ni de gaieté, parce qu'encore est-il qu'il vise à séduire tout autant qu'à paraître! Pour nous, entre le papillon et le bouc, et en fait d'agrément, notre choix n'est pas douteux. Et puis voici la cloche du souper, adieu la morale et adieu les dégoûts!

Ohé! souper modèle aussi! souper monstre! truites et grives, bécasses et chevreuil, bœuf et chamois, toutes les sauces de l'alphabet, et, comme pour relever ces somptuosités par les saveurs du contraste, de jolis plats épars où, verts et croquants comme si on les cueillait à la tige, de tout petits haricots amorcent le palais blasé, tendent de doux pièges à l'appétit pas encore défaillant, mais dégrossi et plus disposé à distinguer et à choisir..... Par malheur tout ceci se consomme précipitamment, au bruit crépitant de sommeliers par douzaines et au vacarme infernal d'une machine perfectionnée. C'est une caisse en bois, un buffet tout entier, qui, à chaque service, à chaque plat, à chaque impatience soudaine d'un quelconque des douze sommeliers hâtifs, descend à grand orchestre dans l'étage inférieur, pour remonter sur l'aile asthmatique d'une vis essoufflée que fait tourner une manivelle rauque. Tant de mécanique angoisse et de soubresauts coup sur coup finissent par donner, à la lueur des flambeaux surtout, une impression de danse macabre, en sorte que quand tout est fini l'on est bien soulagé.

Le Valais est, comme on sait, en pleine régénération, et Martigny est le centre lumineux d'où rayonnent sur le pays les bienfaits d'une civilisation radicale. Aussi pensons-nous qu'il faut voir dans cette machine assourdissante, tout comme dans la scierie de Pisse-Vache, un produit et un symbole tout ensemble de ce progrès qui envahit cette contrée, et qui a visité la nôtre. Progrès essoufflé, rauque et macabre; progrès à vous faire regretter amèrement les temps où l'on soupait sans vacarme, modestement servi par deux filles attentives, mais enfin progrès, et, sous ce rapport, chose désirable au premier chef, témoin Ernest, qui, ce soir, a pu souper tout éveillé, malgré un irrésistible besoin de dormir.

Comme nous devons repasser à Martigny dans huit jours, d'ordre supérieur, l'on décharge ici les sacs de tout ce qui n'est pas indispensable pour l'expédition du tour du mont Blanc, et, cette opération faite, chacun va se coucher.

LA TOUR DE MARTIGNY.

TROISIÈME JOURNÉE.

Nous partons aujourd'hui de bonne heure et à jeun. L'air a cette sérénité matinale qui promet une belle journée : tout au plus quelques traînées de vapeurs, qui se cherchent dans le haut des airs, nous font-elles craindre de trouver voilées les sommités dont nous allons chercher le spectacle. Plus d'abbé, du reste. Martin, pour cinq francs que lui a coûté une blouse à la dernière mode de Martigny-la-Ville, se trouve transformé en laïque, et, faute de poche, il s'équarrit la poitrine au moyen d'un grand album inclus.

Entre Martigny-la-Ville et Martigny-le-Bourg, on ne manque jamais de rencontrer des crétinisés à choix. Cette fois, ce sont deux particuliers qui ont réuni en commun leurs facultés aux fins de conduire une vache; mais, en vérité, l'on dirait que c'est la vache qui les mène paître. Tandis que,

VALLÉE DU RHÔNE DU HAUT DE LA FORCLAZ.

muets et stagnants sous leurs chapeaux à cornes, ils marchent de cette allure qui n'est ni le pas, ni l'amble, ni quoi que ce soit de définissable, la bête paraît auprès d'eux une commère accorte et bien prise, qui s'en va, en tricotant, vendre son lait aux citadins. Nous traversons Martigny-le-Bourg, et tout à l'heure nous voici tous engagés dans les pentes de la Forclaz, à l'exception de Poletti et de Canta, qui ont manqué le sentier et

pris la route du grand Saint-Bernard. Après délibération on les abandonne à leur sort, qui ne peut manquer d'être celui de rebrousser vers le déjeuner aussitôt qu'ils se seront aperçus qu'ils s'en éloignent.

Les pentes de la Forclaz, qui sont rudes à descendre, ne sont pas douces à monter. Outre que le sentier est à peine zigzagué, et que, du bas au haut, les aspects ne changent ni devant ni derrière, l'on n'y rencontre d'ailleurs l'aubaine d'aucun replat consolateur. Mais jusqu'à mi-hauteur, les noyers d'abord, les châtaigniers ensuite, défendent le sol contre les ardeurs du soleil; et là où de bienfaisants rameaux ne se joignent pas en dôme au-dessus du sentier, on peut le quitter pour suivre le long des vergers l'ombre continue des grands arbres. Quelques touristes nous croisent ou nous dépassent, et aussi un brave homme avec son mulet chargé de deux barils; cet homme est communicatif. « Tel que vous me voyez, nous dit-il, c'est moi que je les entretiens de vin par là-haut. À minuit je charge ma bête, et j'y grimpe pour redescendre avant la chaleur... et aussi pour avoir de la compagnie, reprend-il, car vous ne savez pas, vous autres, que dans ce creux il passe plus de gens la nuit que le jour. Ah çà! bonsoir, et conservez-vous. »

Plus loin, c'est une bonne grosse dame qui descend aussi précipitamment que le lui permettent son âge et son embonpoint. Elle nous aborde, et de ce ton familièrement affectueux et poli qui est propre aux gens de ces vallées : « Pardon, messieurs, si je vous arrête... Ne savez-vous point de remède pour l'érysipèle? » Nous nous regardons les uns les autres, fort embarrassés de trouver un remède pour l'érysipèle. « C'est pour notre petite, continue-t-elle, qui est tant, tant malade! Je lui ai monté hier du sirop de gomme qui n'a rien avancé. » Survient madame Töpffer, qui dit son idée. « Eh bien, chère madame, faites-moi cette consolation de voir notre petite en passant! Vous lui ferez du bien en attendant le médecin que je vas querir. » C'est le cas ou jamais d'être médecin malgré soi; en sorte que nous promettons tout ce qu'elle veut à cette brave femme, qui repart émue comme elle est mais soulagée pourtant.

Au bout de deux grandes heures, nous atteignons le sommet du col. De cet endroit, l'on aperçoit, tout au fond d'une étroite et nue vallée, quelques grises toitures éparses sur un bout de pâturage : c'est Trient! Aussitôt l'avant-garde d'y courir pour commander le déjeuner et en hâter les apprêts. Honneur sans doute à l'avant-garde!... mais il n'en est pas moins vrai que dès ici commencent, pour le traînard affamé, les doux moments, les croissantes joies. Sans hâter le pas, bien mieux! tout en s'accordant désormais de petites haltes inestimables, il voit au-dessous de lui les messagers de la faim descendre à grands sauts, arriver au bas, enjamber les clôtures, couper par les prairies, et franchir un seuil... il voit une riche fumée s'élever en tournoyant dans les airs, et, rempli d'aise à ce ravissant signal, il se lève, ingambe et léger, pour ne plus se rasseoir qu'autour d'une table qui se trouve servie quand il arrive. Celui qui écrit ces lignes connaît à fond cette pratique, et, chose honteuse à dire, sans cesse, en voyage, on l'a vu préférer aux glorieuses palmes du dévouement agile les délices calculées de ce sybaritisme de traînard.

En approchant de Trient, nous apercevons une longue figure d'homme noir qui va et vient lentement sur l'aride plate-forme d'un rocher attenant à l'église. C'est le curé du lieu, un bon vieillard en soutane trouée, qui

s'édifie dans un bréviaire crasseux. Que de degrés dans une même condition ! et quelle distance n'y a-t-il pas encore de ces deux curés de Cedruns, dont, l'an passé, nous troublâmes la partie de dames, à ce pauvre prêtre claquemuré entre des rocs stériles et une muraille de glaciers ! Et, toutefois, peut-être que, lui aussi, quand il porte envie à la condition des opulents touristes qui passent devant sa hutte, il dédaigne à tort sa destinée, et souhaite d'échanger des biens trompeurs contre une saine pauvreté.

Ce qu'il y a de certain, c'est qu'à Trient, comme dans presque tous les endroits de vaches et de pâturages, le beurre est fort et le lait rare. Sorbières demande du *kirsch-wasser*, on lui apporte de l'eau de cerises. C'est du *kirsch-muss* qu'il voulait dire, cette confiture des montagnes à cerisiers. Mais ici, à peine quelques mélèzes et trois ou quatre pommes de terre frileuses qui se hâtent de croître dans le jardin du curé. Il faut donc nous contenter de ce miel blanc que font les abeilles avec le suc embaumé des fleurs alpines, et auquel la renommée a donné le nom générique de miel de Chamouny. Malgré les imperfections de ce repas, personne ne désavoue l'inestimable prix d'une ou quatre tasses de café au lait, après une marche matinale de trois heures, et, sur la proposition de M. Töpffer, l'assemblée vote à l'unanimité que c'est bien là le déjeuner classique du piéton. Sur ces entrefaites, arrivent Poletti et Canta tout rouges de hâte et les poches pleines d'aventures à raconter. Pendant qu'ils prennent leur repas, les artistes se sont mis à l'œuvre; d'autres s'en vont faire un feu au pied du rocher voisin, et Léonidas en pleurs cherche partout dans le pâturage son coco perdu et son numéraire envolé : c'est cinq francs.

Après le col de la Forclaz, c'est le col de Balme que nous voulons franchir. Laissant donc sur la droite le beau passage de la Tête-Noire, nous remontons la vallée de Trient jusqu'à ce que nous ayons atteint les pentes du bois Magnin; pentes rapides mais ombreuses, humides, zig-zaguées, et où une multitude de spéculations abréviatives s'offrent aux marcheurs entreprenants. Canta les entame toutes à la fois, s'y embrouille, s'y attarde, et finit par faire la moitié de sa route pendu aux racines, à

cheval sur des troncs gisants, ou rampant à plat ventre le long des gazons trop rapides. Il faut pour spéculer non pas seulement de l'ardeur, mais de l'expérience et du coup d'œil : alors c'est un vif amusement, et quelques-uns de nos anciens, passés maîtres dans cet art, font vraiment de très-élégantes prouesses. En plaine, l'occasion de spéculer se présente rarement; en montagne, presque toujours, et si à la précaution préalable de s'être bien orienté on unit l'intelligence des roches et des terrains, la connaissance des traces et des signes, l'instinct des approches et le pressentiment des obstacles, l'on peut sans danger s'amuser à résoudre des problèmes de communication qui autrement, en menant tout droit sur le penchant d'une arête ou sur le bord d'un abîme, n'offrent d'autre solution que celle de s'y jeter la tête la première si l'on ne préfère rebrousser sur ses deux pieds.

Au-dessus du bois Magnin la pente diminue de rapidité, et l'on s'élève sans trop de peine le long de pâturages nus qui, à gauche, s'appuient contre des sommités stériles, et, à droite, penchent vers une gorge profonde. Des vaches paissent en cet endroit, et un taureau aussi, qui se met à regarder curieusement le manteau rouge de madame Töpffer. On fait disparaître l'écarlate, tout en tâchant de se faire perdre de vue bien vite. Mais le moyen, là où il n'y a pas un arbre, pas un quartier de roc, et à peine quelques tertres très-malaisés à mettre derrière soi? En vérité, si l'on s'en tire, c'est uniquement parce que ce seigneur taureau se trouve être un bon enfant.

Un peu plus loin nous atteignons aux flaques de neige : grande joie, et vite des granites. Pour faire un granite, l'on met dans son coco une poignée de neige, force sucre en poudre, puis l'on presse dessus le jus d'un citron. Il ne reste plus ensuite qu'à brouiller le tout ensemble, et l'on obtient un breuvage de la dernière transcendance. Tant qu'il y a un citron dans la troupe, la fabrication continue; et, quoique, d'après une mystérieuse loi, ce soient toujours les mêmes qui ont songé à se pourvoir de citrons, et toujours les mêmes qui n'y ont pas songé du tout, il se fait toujours, aussi par une autre loi, celle d'une camaraderie bien aimable, que chacun a sa part de granite, et que la prévoyance d'un seul sert à régaler tout le monde. Et c'est ici encore un avantage qui résulte du grand nombre de voyageurs faisant troupe commune. L'amadou est dans une poche, le briquet dans une autre, un troisième apporte sa pierre, et finalement tout le monde a du feu.

Nous sommes arrivés à Trient pas mal fatigués déjà, et l'on pourrait croire qu'après avoir gravi dès lors au soleil de midi les pentes du col de Balme, de notables symptômes de lassitude et d'écloppement doivent s'être

manifestés, au moins chez quelques-uns des voyageurs. Tout au contraire, ce sont les fatigues de Trient qui ont disparu pour faire place à cet allégement, à ce ressort, à cette élastique vigueur que l'on éprouve infailliblement et de plus en plus à mesure qu'on s'élève sur les hautes cimes.

Sans même s'y asseoir, sans même suspendre la marche, le repos vous y visite, et non pas ce repos qui n'est que la cessation d'une fatigue passagère, mais ce repos qui aspire à s'employer, qui demande à partir. Ernest lui-même, qui jamais encore n'avait été mis à pareille épreuve, est gaillard, dispos, vieille garde; il marche, il saute, il gambade, mais ne se rend pas. Bien plus, M. Töpffer a retrouvé l'assouplissement et la force; le voilà qui jouit de deux jambes équivalentes pour lesquelles cette promenade autour du mont Blanc ne sera plus qu'un jeu. Aussi en est-il à la prosopopée, à l'hymne envers ses chères montagnes; aussi est-il pour la centième fois bien convaincu (jusqu'à ce qu'un beau jour l'épreuve vienne à manquer) qu'il n'y a ni mal, ni douleur, ni chagrin, ni misère, qui ne se dissipe au contact des hautes rampes, au grand air des sommités alpestres. Et comme il s'est arrêté pour dessiner avant d'y entrer le pavillon du col de Balme, voici Martin Marc qui accourt vers lui une écuelle

fumante à la main. « C'est du bouillon gras! crie-t-il de tout loin. L'on a cu le bonheur de tomber sur une marmite de bouillon gras, et toute la pension, monsieur, se régale de bouillon gras. »

Il y a, nous le croyons, une gastronomie louable, et il n'est peut-être pas indigne d'un homme sobre d'insister sur la friande excellence des mets simples : d'un bouillon gras, par exemple. Celui-ci, extrait de quelques quartiers de mouton, saupoudré de gros sel et servi bouillant sur ce col exposé de si près aux haleines du glacier, paraît en vérité d'une surnaturelle excellence, sans compter que l'écuelle, qui fait poêle, redonne leur souplesse aux doigts engourdis, et lance au visage de chaudes vapeurs.

Quelle cuisine! et comment oublier qu'à si peu de frais on ait pu faire un si délicieux festin! Bien des endroits nous seront devenus chers à quelque titre pareil, et, tout vilain qu'il est, il vivra éternellement dans nos cœurs, ce Châtel-Saint-Denis, où nous tombâmes un jour sur un long convoi de gâteaux sortant du four.

Cependant, arrivés au sommet, un magnifique spectacle s'est déroulé à nos regards : à gauche, la chaîne du mont Blanc, tout un chaos de glaces pâlissantes, d'arêtes noires, de mouvantes vapeurs; à droite, et sur une nue sombre et tonnante, la dentelure empourprée des Aiguilles Rouges; au ciel, tous ces signes d'orage qui font pressentir le bienfait d'une ondée et la prochaine gloire du couchant. Toutefois notre attention n'est pas toute pour ces splendeurs, et, avec les hommes du pavillon, nous suivons des yeux deux Anglais qui se sont aventurés, contre l'avis de leur propre guide, à gagner le glacier du Tour en longeant obliquement les sinuosités d'une pente roide et rocailleuse. Bientôt l'œil ne peut plus les suivre : une lunette est dressée; et à voir alors ces deux obstinés, qui, suspendus, père et fils, sur un effroyable abime, persévèrent dans leur périlleux voyage, l'inquiétude finit par devenir instante, aussi bien que gratuite. Nous quittons le col.

Mais à peine avons-nous perdu de vue ces deux fous qui bravent étourdiment de si visibles périls, que nous voici dans le cas de délivrer une femme de chambre anglaise d'un danger qu'elle ne court pas du tout. Cette

bonne demoiselle s'est allée mettre en tête qu'une vache qui la regarde est un taureau qui la poursuit, en sorte que, pâle et immobile, elle en est à attendre depuis un grand quart d'heure que sa destinée s'achève. De son côté, la vache, peu accoutumée à voir des femmes de chambre anglaises prendre racine dans son pâturage, ne perd pas de vue son fantôme, et se tient prête à fuir, si seulement il lui plaisait de bouger. Sans notre venue, cette mutuelle fascination durerait encore. Plus bas, ce sont deux gros barbus français, qui, haletants, évaporés, dévalisés de tout vêtement superflu, et plaintifs de famine, montent d'un air lugubre et insoumis. « De

grâce, messieurs, nous disent-ils sans autre forme de salut, mangerons-nous bientôt? Vous voyez deux ombres. Depuis ce matin, de glaciers en cascade, et pas un haricot! » Nous annonçons à ces deux malheureux qu'ils ne sont plus qu'à trois quarts d'heure d'un pavillon où ils trouveront du pain, du vin et du bouillon gras, et cette nouvelle leur donne le courage de poursuivre leur route.

Nous descendons le col de Balme à la course; et arrivés en moins d'une heure au village du Tour, le premier que l'on rencontre sur ce revers, nous dépassons bientôt après Argentière, où les douaniers de Sa Majesté Sarde se montrent bien plus désireux de nous louer des chars que de visiter nos sacs. Mais, des chars, qu'en ferions-nous? Le ciel s'est découvert, la soirée est fraîche, et les deux lieues qui nous restent à faire nous semblent une trop courte carrière pour notre ardeur. Bien plutôt nous serions disposés à avoir compassion des troupes d'amazones et de cavaliers transis que nous devançons de loin en loin. En effet, outre que dans ces routes étroites l'on ne chemine à mulet qu'à la condition d'être trop éloignés les uns des autres pour pouvoir s'entretenir, l'allure de ces animaux a ses duretés, comme on sait, en sorte que, sur la fin du jour, c'est le corps

enroidi et les reins brisés que l'on s'approche d'un gîte d'heure en heure plus vivement désiré. Une de ces caravanes se compose tout entière de dames : ce sont la mère, l'épouse, les sœurs et les filles des deux Anglais dont nous avons là-haut observé les prouesses. Une autre a pour chef un lord à armet, à long nez, à jambes grêles, qui, enfourché sur une mule maigre, est bien la plus fidèle représentation de don Quichotte que l'on puisse se flatter de rencontrer jamais dans ces parages.

Le Prieuré, où nous arrivons à l'heure du crépuscule, est animé par un grand concours de touristes arrivés ou arrivants, de guides, de mulets, de chèvres aussi, qui, tout en regagnant l'étable, promènent parmi la foule leurs caprices et leurs sonnettes. Nous allons descendre à l'*Union*, et tout à l'heure la table se dresse, d'abord pour nous, puis à la file pour une kyrielle d'arrivants. Par malheur, les plats aussi, en particulier un appétissant quartier de chamois, arrivent pour nous d'abord, puis s'en vont à l'autre bout du monde régaler ces kyrielles. Par ce procédé nous faisons la plus triste chère du monde : de la graisse de mouton et des os de coq,

13

sans plus. Il faut ou rire ou se fâcher : nous prenons le premier parti, quitte à montrer nos dents longues quand viendra l'heure de payer la carte.

Oisifs que nous sommes à cette table sans mets, nous profitons des instants pour bien observer le touriste *pekoe*. Le touriste pekoe, toujours Anglais, fait table à part avec ses ladies. Rasé de frais, parachevé de toilette, et dédaigneux de tout, excepté de sa provision particulière de thé superfin, il se partage avec une gravité égale entre le rituel de l'infusion et la lecture du *Galignani,* entre les minutieuses pratiques qu'exige l'intacte conservation de l'arome et les victoires de la Chine ou les désastres de l'Afghanistan. Cependant les ladies promènent nonchalamment leurs beaux yeux bleus sur les continentaux qui entrent, qui soupent, ou qui sortent, jusqu'à ce que, le travail de l'infusion étant terminé, elles s'administrent nonchalamment aussi tasse sur tasse et tartine sur tartine. Le tout est extrêmement solennel, et vingt-six tables pekoe font certainement moins de bruit et de discours qu'un Français seulement et madame son épouse prenant un bouillon gras sur l'angle d'une nappe.

QUATRIÈME JOURNÉE.

La carte à payer est excessivement modérée, presque nulle, comme le souper; de plus, l'hôte nous fait ses excuses de nous avoir affamés au profit des survenants, qu'il a ensuite affamés au profit d'autres survenants. Il n'y a donc pas moyen de se fâcher : c'est presque toujours le cas, quand on ne commence pas par là. Un excellent et copieux déjeuner nous remet à neuf, et nous partons.

Le ciel est nuageux, les sommités sont voilées, et ceci nous aide à renoncer à la course du Brévent, que nous avions d'abord projeté de faire. Quand même nous n'avons pas besoin de guide pour nous rendre à Saint-Gervais, nous ne laissons pas que d'engager dès ici Jean Payod pour autant de jours que durera notre excursion autour du mont Blanc. C'est sottise, en effet, que de se priver, pour quelque motif de minime économie, de l'avantage d'avoir un guide de Chamonix; car d'avance on peut compter que ce guide sera expérimenté, rempli de complaisance, exempt de hâblerie, décent de ton et de manières, et sachant fort bien ce que comporte sa responsabilité et comme guide et comme membre d'un corps qui tient à sa bonne réputation. Nous apprenons que, cet été, soixante hommes de la vallée ont été reçus au nombre des guides, et pas un d'eux sans avoir été préalablement appelé à faire preuve, par-devant experts, de connaissances spéciales suffisantes. Cette organisation, outre qu'elle assure aux étrangers les garanties qu'ils ont droit de réclamer de la part de ceux qui s'offrent à les guider dans les passages difficiles des Alpes, les a délivrés de ces obsessions auxquelles ils étaient autrefois en butte de la part de guides marrons une et deux journées déjà avant d'arriver au Prieuré.

Ces guides de Chamonix, parmi lesquels vivent encore toutes les traditions de De Saussure, et qui doivent principalement aux savants de Genève, avec lesquels ils ont été particulièrement en contact, l'esprit d'instruction et le tact des bonnes manières, sont, au fait, d'agréables compagnons de voyage tout autant que des guides excellents, et il faudrait être soi-même bien dépourvu de curiosité ou bien mal à propos dédaigneux pour s'ennuyer dans leur compagnie. Instruits de tout ce qui concerne les montagnes, causant bien et avec sens, comme tous les Savoyards, riches d'aventures à conter, et, au demeurant, observateurs par état, il n'y a sorte d'intéressantes choses que l'on ne puisse tirer d'eux, et nous sommes de ceux qui trouveraient leur conversation toute seule achetée à très-bon compte au prix de six francs par jour. A peine tenons-nous Jean Payod, que les questions lui pleuvent de vingt-deux côtés à la fois, en sorte que pendant la première demi-heure il ne sait trop auquel répondre. En attendant, il nous fait observer que dans ce moment le mont Blanc est voilé, non pas de nuages, comme nous nous l'imaginons, mais de neiges soulevées par le vent et formant, en effet, des traînées confuses et sans contours. « Je les connais par cœur, dit-il. Il y a quatorze jours que nous avons monté au mont Blanc avec deux messieurs italiens. Nous étions arrivés là-haut, au-dessus de la dernière rampe, et en moins d'une heure nous touchions le sommet, lorsque, d'un seul coup de vent, quatorze que nous étions, et bien attachés les uns aux autres, nous voilà jetés bas comme des capucins de cartes, et sans plus nous voir ni rien. C'était cette même neige soulevée. On s'est relevé, et en s'arquant les deux mains posées sur les cuisses on lui a présenté le dos, jusqu'à ce que, la première bouffée passée, vite on a profité de la minute pour redescendre. Au bas de la rampe déjà c'était plein soleil. Mais tous nous étions aussi fournis de neige en lames, soit bourrée dans nos habits comme dans un sac, soit piquée à nos laines et à nos visages, que si nous y avions pris peine et adresse. » Nous avons appris, depuis notre retour à Genève, qu'une ascension tentée quelques jours après notre passage à Chamonix a échoué par la même cause.

A des hauteurs bien moins grandes, et en général partout où dans nos montagnes l'on atteint les neiges, ou encore le voisinage des neiges, l'on est exposé à des dangers analogues, dangers qui se trouvent être d'autant plus grands pour le touriste ordinaire, qu'il est plus isolé, et qu'il ne s'est préparé ni à les affronter ni à les éluder. Perdre sa route, n'apercevoir plus ni ses compagnons, ni son guide, ni le sol même sur lequel on marche, tel est le premier et inévitable effet de ce soulèvement des frimas; et si l'on prétend chercher sa sûreté dans une immobilité qui semble en effet dès lors forcée, cela revient à se choisir pour genre de mort l'engourdissement et le gel. Ainsi ont péri autrefois sur le col du Bonhomme deux dames sur la tombe desquelles chaque passant, aujourd'hui encore, jette une pierre en signe de regret pour ces infortunées, et de propice augure pour lui-même. Ainsi ont péri en 1830, sur le col du Bonhomme encore, deux touristes anglais, ce même jour où une caravane des élèves du pensionnat de Fribourg y échappait maltraitée, mais sauve enfin, aux formidables assauts de l'effroyable tourmente. Ainsi nous-mêmes, au printemps de la même année, pour nous être engagés trop tôt dans les anfractuosités encore comblées de vieille neige du col d'Anterne, nous nous vîmes aux prises tout à l'heure avec une trombe formidable, et dix-neuf que nous étions, nous aurions péri tous jusqu'au dernier sans l'intrépide résolution et l'incomparable sagacité du chasseur Felisaz, notre guide, qui sut à temps encore, et en mettant à profit, pour tenter un extrême effort, le reste entier de nos forces, nous abriter derrière le sublime rempart des Fiz. Lez Fiz! c'est une chaîne de majestueux rochers, de tours juxtaposées, qui, de leur cime altière, défient les tempêtes depuis le commencement du monde. Les Fiz! tant que battra notre cœur, ils s'y peindront comme un symbole de délivrance inespérée, de puissante joie, de reconnaissante effusion envers la bonté d'en haut!.... Pendant que nous en longeons la base, la trombe, accourue sur le sentier que nous venons de quitter, éclate, se déchire, lance en tous sens ses gerbes folles, et couvre au loin le col de ses formidables débris.

Comme on peut le croire, tant d'exemples funestes et cette alerte de 1830 nous ont rendus prudents à l'endroit des cols; mais nous ne nierons pas que ces chances à courir, à éviter, si l'on veut, ne soient, à nos yeux, pour quelque chose, pour beaucoup dans le plaisir que nous trouvons à franchir de hautes sommités; dans l'attrayante émotion qui nous y accompagne, si le ciel ou le vent menacent; dans la sécurité radieuse et sentie qui nous y visite, si tout est azur au ciel, resplendissante sérénité sur les cimes prochaines et sur les croupes qui ondulent vers l'horizon. Cette année encore, peu favorisés par le temps, nous n'avons pas échappé aux orageuses nuées qui enveloppaient de nuit et de froidure deux ou trois des huit cols que nous avons passés, sans éprouver, en nous retrouvant désormais parfaitement en sûreté sur l'autre revers, des mouvements très-vifs de délicieuse satisfaction. Il est de fait qu'au sortir de ces nuées-là tout vous sourit, tout vous est soleil, même la pluie, et que, rincés jusqu'aux os comme nous l'étions après avoir passé dans un même jour le col du Bonhomme et le col de la Seigne, il ne nous serait pas venu à l'esprit de n'être pas infiniment contents et très-fortunés. Toutefois, nous le répétons, ce sont là des plaisirs qu'il ne faut se hasarder à goûter qu'en compagnie d'un bon guide, et après qu'on a acquis soi-même quelque expérience des us et coutumes des nuages ou du vent à un millier de toises au-dessus du niveau de la mer.

A deux pas du Prieuré, il s'agit de passer une flaque d'eau noire et bourbeuse. Alfred, qui ne fait pas usage des ponts, mesure de l'œil,

prend son élan, saute, et flac, en effet.... voici M. Töpffer et sa blouse neuve qui en un clin d'œil sont passés du propre au bourbeux. Autant vaudrait presque ce vermicelle dont, l'an passé, Sorbières fut arrosé par un sommelier chevelu. Vermicelle funeste! flaque indigne! Adieu joie, projets, fêtes et plaisirs! Adieu toutes ces espérances que fonde un honnête touriste qui n'a pour garde-robe qu'un habit et sa blouse, sur l'éclat et la fraîcheur scrupuleusement ménagés de celle-ci! Vraiment, comme à ces malheureux que la flétrissure et le déshonneur atteignent au début de la carrière, et qui en se voyant la livrée du vice ne songent plus qu'à s'en donner les plaisirs, il ne reste guère à M. Töpffer qu'à patauger dans les flaques, qu'à s'asseoir dans les marécages. Pourtant il hésite encore à prendre ce dernier parti. A la première fontaine on le lessive à qui mieux mieux, et, rincé à fond, il sèche en marchant.

Au sortir de Chamonix, nous avons quitté la route pour visiter la cascade des Pèlerins, qui jaillit des roches voisines du glacier des Bossons. Cette cascade est curieuse. Une masse d'eau considérable tombe d'abord perpendiculairement, puis, heurtant à mi-hauteur contre la saillie excavée d'un grand roc, elle repart de là pour le haut des airs, se recourbe en arc, et s'en va à cinquante ou soixante pas environ plonger dans son lit. Les débris, les pierres que charrie le torrent prennent la même route ; on les voit décrire l'arc et se briser ou rebondir au moment où ils frappent le sol. Jean Payod nous conte qu'une grosse pierre étant venue à s'engager et à se maintenir au-dessus de cette roche en saillie, la cascade perdit ce beau diadème que les étrangers viennent contempler. Mais, au bout de deux ans, une crue extraordinaire des eaux fit partir la grosse pierre, et les choses ont été remises dans l'état où nous les voyons. Du reste, pour jouir du spectacle, il faut grimper des gazons glissants et rapides qui penchent tout juste sur l'endroit où aboutit l'arc, en sorte qu'un particulier qui s'y laisserait choir recevrait une douche de bouillons et de cailloux sous laquelle en trois secondes il aurait cessé de vivre. Au moment où nous quittons la cascade des Pèlerins, une pèlerine y arrive seule avec son guide et le mulet qui la porte. C'est une jeune dame, pâle, belle, assoupie par la chaleur, qui, se laissant paresseusement balancer sur sa selle, rappelle ces lis solitaires dont tour à tour la tige flexible s'incline et se redresse au souffle capricieux de la brise.

Pour rejoindre la route sans rebrousser sur nos pas, il s'agit de passer le torrent que vomit le glacier des Bossons. Mais voici que le pont a été emporté dans la nuit. C'est le cas d'en construire un, et vite l'on se met en quête de perches, de pieux et de sapins gisants : mais l'onde furieuse se joue de tous nos efforts, lorsque apparaissent deux naturels, les mêmes probablement qui veillent à ce que le pont soit emporté toutes les nuits. Ces deux hommes traînent à grand effort de reins un long plateau de mélèze; en voici un autre qui survient avec une corde; Jean Payod dresse des culées, et tout vient à point moyennant salaire. Bientôt nous avons rejoint la route, et au travers d'une haie d'incendiés qui mendient, de filles et de garçons qui offrent à vendre ici du lait, là des cristaux, nous atteignons le joli village des Ouches.

Des Ouches, on peut se rendre à Saint-Gervais par le Prarion, que nous connaissons déjà; par la vallée de Servoz, en passant par Chède, dont le lac jadis si éclatant de beauté est aujourd'hui comblé de vase et de graviers; par la Forclaz enfin : c'est un col qui s'ouvre à la droite du Prarion, sur le prolongement de la même montagne. Il est une heure après midi, et la chaleur est étouffante; aussi l'idée de quitter la plaine pour gravir à l'ombre des bois jusque sur une sommité ouverte nous séduit-elle irrésistiblement. Par malheur, quatre de nos compagnons ont poussé en avant, y compris Ernest la Virgule, et il n'y a pas plus de prudence que de loyauté à les abandonner à leur sort en leur laissant ignorer le nôtre. Burgess s'offre alors à les poursuivre, à les atteindre, à les ramener sur nos traces s'ils sont peu éloignés encore, ou à prendre avec eux par en bas, en se chargeant de la tutelle d'Ernest, si, ayant déjà franchi le pont Pélissier quand il les rattrapera, ils ne doivent plus songer à nous rejoindre. L'offre de Burgess est acceptée, et nous voici gravissant à travers

TOURMENAZ, LE COL D'ANTERNE, LES FIZ.

près, le long d'un ruisseau tari, mais à l'ombre des aunes qui croissent sur ses bords.

Rien ne donne soif au voyageur comme un ruisseau tari. Ces graviers où se voient des signes récents d'onde fraîche et courante lui portent au gosier, et il se sent pour boire une brûlante ardeur. Telle est notre situation lorsque d'Estraing, Alfred et d'autres éclaireurs qui viennent de déterrer une basse cabane ensevelie sous un massif de grands arbres se mettent à crier à tue-tête : Du cidre! du cidre! En un clin d'œil la cabane est envahie. Ce cidre est dur, acide, sauvage, mais, mêlé avec de l'eau, bu sur place à deux heures après midi, par un soleil d'août, et à côté d'un ruisseau tari, il se trouve être comme le bouillon gras du col de Balme, un cidre modèle, un cidre nectar, un cidre à illustrer l'endroit et à le faire marquer sur la carte. Il y a du lait aussi, et plusieurs qui hasardent le mélange s'en sont trouvés mieux probablement qu'ils n'auraient fait de lait pur, et non coupé par ce vinaigre. Il y a du pain aussi, mais intraitable, immordable, absolument pas distinct d'un quartier d'écorce de sapin, et beaucoup plus dur. Des blés pourtant, des seigles croissent sur ces montagnes, mais pour l'exportation, pour la vente; et à ceci l'on peut reconnaître la pauvreté sévère de ces bonnes gens, que, déjà privés de viande, ils ne connaissent d'autre pain que ce dur amalgame de graines grossières. En Suisse, dans des vallées toutes semblables, à la même élévation, jusque sur la lisière des glaciers, nous trouverons une population de montagnards qui, communément approvisionnés de viande salée, trempent d'ailleurs dans leur soupe ou dans leur laitage un excellent pain de seigle.

Au sortir de cette cabane, nous continuons de gravir la montagne le long d'un sentier délicieux. Déjà l'ombre enveloppe ce revers, mais au-dessous de nous les maisons de Servoz scintillent des clartés du soir, et, vis-à-vis, les Fiz, Anterne, Pourmenaz, les crêtes déchirées du Brévent s'empourprent à l'envi. Majestueux spectacle, tranquillité radieuse, impressions sublimes..... Par malheur, éparpillés et à l'œuvre, nous n'en avons que faire. L'on vient en effet de s'apercevoir que toute cette montagne n'est qu'un jardin rempli à perte de vue de framboises et d'ambresailles en pleine maturité. En pareil cas tout gouvernement est dissous; il n'y a plus ni berger ni chien, mais seulement des chèvres éparses en haut, en bas, dont chacune broute aux touffes, allant de l'une à l'autre, et si bien et si loin que tout à l'heure M. Töpffer, demeuré parfaitement seul ne sait mieux faire que de s'asseoir sur l'herbe pour croquer à sa façon les roches de Pourmenaz et les cabanes de Servoz au pied desquelles serpente la Dioza.

Au-dessus de cette Forclaz-là on trouve un petit plateau cultivé où croupissent, dans un terreau pétri sous les pas des bestiaux, deux cabanes plutôt encore habitées qu'habitables, silence absolu, solitude entière; des carbonari pourraient vivre là parfaitement oubliés des carabiniers royaux,.. Au delà la vue s'ouvre sur la vallée de Sallenche, où reluisent, au milieu

de prairies boisées, les sinueux contours de l'Arve. Mais bientôt on perd de vue ce spectacle pour descendre et remonter ensuite les flancs d'une fissure profonde, qui court du haut en bas de la montagne. De cet endroit l'on voit les Cheminées des Fées. Ce sont de naturelles pyramides dont on trouvera ci-contre le portrait. Quelques-unes sont décapitées, d'autres sont en train de se former, et voici comment la chose se passe. L'eau du ciel frappe, délaie et entraîne incessamment la terre sablonneuse qui forme les deux côtés du ravin; mais là où elle rencontre un maître roc, elle mine tout autour sans pouvoir rien sur la place qu'il recouvre et protége. De cette façon le roc se trouve bientôt sur une sorte de tige, et l'on dirait un colossal champignon. Avec le cours des années et des eaux, cette tige s'allonge indéfiniment, jusqu'à ce que, devenue colonne, un beau jour elle chancelle, s'incline et croule écrasée sous son propre chapiteau.

Au delà de cette fissure l'on commence à redescendre le long de couloirs rapides et poudreux, qui serpentent entre les troncs rapprochés de hauts sapins. L'ombre ici, c'est une nuit chaude et étouffée, tant les branchages entrelacés, tout en arrêtant jusqu'au jour lui-même, arrêtent aussi l'air et la brise; au bout d'une heure l'on débouche dans une belle prairie tout à côté du village de Saint-Gervais, et d'un saut l'on se trouve aux bains. Nos cinq camarades y sont arrivés heureusement, et plus heureusement encore, ils ont rencontré à Servoz M. C... et le professeur D..., qui, partis de Genève ce matin, et croyant nous joindre à notre descente du Brévent, se sont acheminés sur le Prieuré. Ainsi donc, sans la circonstance fortuite et excessivement rare d'ailleurs de notre séparation en deux corps, le projet de ces deux messieurs échouait, et nous serions repartis nous-mêmes demain matin sans avoir eu la charmante surprise de leur visite.

La soirée, comme on peut le croire, se ressent de l'événement, et le souper aussi, qui se termine en négus, à l'infinie satisfaction des régalés. Le négus, c'est mieux encore que le bouillon gras, mieux encore que le cidre et le verjus, la boisson sans pareille du piéton; alors surtout que, sa tâche finie et son souper terminé, il ne lui reste plus qu'à prolonger en récréatives causeries ce crépuscule de la veille qui aboutit aux ombres du sommeil.

CINQUIÈME JOURNÉE.

Nous avons eu un moment l'intention de gravir aujourd'hui le mont Joly, mais des nuages accumulés ce matin autour des cimes, et surtout le désir de passer dans la compagnie de MM. D... et C... une tranquille et oisive matinée, nous font renoncer à ce projet. D'ailleurs il y a des noms de montagnes qui attirent, qui enlèvent : le Géant, le Jorasse, le Crammont encore et le Brévent aussi, mais le mont Joly !..... c'est un nom par trop bourgeois, et l'on s'accommode de n'en pas gravir les pentes, tout comme l'on se passe de monter au clocher pour y voir Pierre le sonneur ou Jacques le marguillier.

Les vallées et les cimes des Alpes de Savoie n'ont pas comme celles des cantons allemands de ces noms âpres à entendre, âpres à dire, mais expressifs de sons et de sens, et constituant, au moyen de terminaisons génériques, comme une classification naturelle des objets ou des formes auxquels ils s'appliquent. Ces *horn*, ces *bach*, ces *thal*, précédés de leur caractéristique pittoresque, comme *Finsterarhorn, Vetterhorn, Matterhorn, Faulhorn*, comme *Giesbach, Staubach, Kanderthal, Simmenthal*, conservent à la géographie suisse, même réduite à son simple vocabulaire, une vive et poétique empreinte des lieux, quelque chose aussi de leur uniforme mais grandiose sévérité. Le *mont Blanc* lui-même ne porte pas un nom frappant ni distinctif, tandis que la *Jungfrau,* vierge si longtemps des atteintes de l'homme, éveille déjà l'imagination, et se revêt pour elle de charme et de mystère rien que par le nom qu'elle porte. Autour du mont Blanc quelques sommités ont été baptisées plutôt avec bonheur que d'une manière poétiquement significative : ainsi l'aiguille de *Dru,* d'*Argentière,* le *Tacul,* les *Charmoz;* mais le *Goûter,* mais le *Taconnay,* les *Bossons,* le *Lachat* sont des termes sans grandeur, et le *Bonhomme* n'est qu'une ironique désignation appliquée à une montagne qui est dangereuse à passer; ou plutôt, car on montre au voyageur la forme d'un rocher à laquelle les gens du pays appliquent ce nom de *Bonhomme,* c'est ici une de ces gaietés linguistiques qui ne sont point rares à rencontrer dans le vocabulaire des montagnards. Quelque apparence comprise ou saisie par eux sous un côté comique reçoit un nom drôle qui perpétue la tradition, qui s'étend à la montagne, qu'adoptent les géographes, et il se trouve à la fin que c'est Alexandre le Grand qui s'appelle Jeannot, ou Cléopâtre qui se trouve inscrite sur les cartes sous le nom de Nannette. Mais, quoique ces accidents de dénomination se rencontrent tout aussi bien dans le vocabulaire suisse que dans le vocabulaire savoyard, il n'en est pas moins vrai qu'aux signes des choses se peint le génie des peuples. En Savoie, les noms des sommités sont familiers, patoisés, uniquement pratiques. Dans le Hasli et dans la chaîne bernoise, ils sont poétiques, hardis, et ils semblent inspirés par la contemplation bien plutôt qu'inventés pour guider le voyageur ou pour la commodité du marchand forain.

Notre déjeuner de ce matin est gentleman, moka et scientifique plus que de coutume. Il s'agit des nébuleuses, des aérolithes, et aussi de ces blocs erratiques sur lesquels s'exercent depuis si longtemps la curiosité des amateurs et la sagacité des géologues. Prise par ces côtés phénoménaux et mystérieux, la science, il faut l'avouer, est infiniment amusante, instructive même, pour peu que ce soit un savant aussi profond qu'aimable qui vous en ouvre familièrement les plus jolis tiroirs, pour en mettre à votre portée les plus brillants échantillons. Par malheur, Martin Marc et Simond Marc aussi étant venus à se regarder, adieu nébuleuses, blocs et moraines; le branle est donné, le désopilement s'opère, et les rates se dilatent au sujet de cette spirale ascensionnelle présumée dont il a été question. On se lève de table, et l'on va visiter les particularités de l'endroit.

Les bains de Saint-Gervais, séjour de malingres communément très-bien portants, sont d'ailleurs tout autrement agréables à voir que ceux de Lavey. Depuis la retraite de M. Gonthard, on a agrandi les bâtiments, embelli les abords, creusé un lac et posé des balançoires, mais on n'a remplacé par rien d'équivalent l'originale et comique royauté de M. Gonthard lui-même, cette quotidienne gaieté qu'entretenaient également et ses colères, et ses caprices, et ses artistiques fantaisies, et ses propos pâteux comme son organe, fins comme son regard, de côté comme toute sa personne. Aujourd'hui l'on n'y a plus affaire qu'avec les valets gagés d'une administration gagée, qu'avec les subalternes indifférents d'une royauté invisible. Du reste, même fraîcheur quelquefois trop crue, mêmes pentes pour sortir de cet entonnoir, même nature aussi, ici agreste, là sauvage, plus haut sublime, partout admirable. Et nous serions ingrats si nous n'ajoutions pas que, personnellement, nous y sommes traités comme du temps de M. Gonthard, c'est-à-dire, pour peu d'argent, tout à fait bien.

Vers le milieu du jour, M. C... nous fait ses adieux, et nous partons tout à l'heure avec M. le professeur D..., qui s'est décidé à nous accompagner jusqu'à Nant-Bourant. M. Töpffer pourvoit ici la caravane d'un mulet de secours et d'un guide surnuméraire. Ce guide surnuméraire se

trouve être une sorte de radoteur grisâtre, usé comme un vieux chapeau, fêlé comme un timbre fendu, et qui va au doigt comme une pendule arrêtée. Sept heures ou midi, blanc ou noir, oui ou non, c'est comme on veut, au désir des personnes, au gré de la société. Nous le recommandons aux touristes qui craignent la contrariété, comme à ceux qui font cas d'une souriante et docile imbécillité.

Nous l'avons dit, hormis d'un seul côté, l'on ne sort pas de ce vallon des bains sans gravir des pentes roides. En particulier, lorsqu'on veut s'élever jusqu'au village de Saint-Gervais sans suivre les contours de la grande route, il faut prendre par un petit traître de sentier qui a beau être ombreux et fleuri, au bout de cent pas le plus refroidi des particuliers se trouve rincé de sueur et ruisselant comme un parapluie. On devrait envoyer là tous les rhumatismeux, tous les cutanés, tous ceux de qui les pores fermés ou mal ouverts ont besoin d'être élargis et transformés en tuyaux de fontaine; en trois montées ils seraient guéris. Et, pour le dire en passant, à la condition qu'on ne brave pas ainsi rincé l'haleine froide des glaciers, ni ces fraîcheurs humides qui croupissent sous l'excavation des rocs ou sous l'ombrage à fleur de terre des longs rameaux, ces gigantesques suées sont infiniment salubres, rafraîchissantes, propres à redonner aux muscles leur souplesse et aux membres leur ressort. Tel part boiteux, mal entrain, le bras de bizingue et la jambe en quinconce, qui, le bain venu, va se trouver dispos, alerte, le bras rapistoqué et la jambe toute neuve.

A Saint-Gervais le village, il y a une boutique qui, dans la direction où nous marchons, se trouve être dernière et suprême. L'on s'y approvisionne donc de citrons, de sucre, d'eau-de-vie, de ficelle et de pain chaud. Ah! lecteur, si vous ne devinez pas ce qu'ont d'agrément ces menues emplettes, ce que vont leur donner de valeur les heures, le dénûment, le désert, il faut que vous soyez un de ces malheureux qui, pour n'avoir jamais manqué de rien, ne savent le prix de rien; qui, pour ne s'être jamais écartés des relais et des hôtelleries, ignorent le doux plaisir que c'est de remplir son outre à la dernière fontaine en se disant qu'on la videra dans les sables. Prévoyance, dit le proverbe, est mère de sûreté. En voyage, prévoyance est bien mieux encore mère de granites et limonades, mère des petits saucissons de poche qu'on gruge dans les haltes, mère de mille occasions de s'entre-régaler au coin des chemins ou sur la marge fleurie des ruisseaux.

De Saint-Gervais à Contamines on compte..... n'importe. Le fait est que la faim nous force d'envahir l'auberge de ce dernier village, où d'ailleurs M. de la Rive entend nous régaler d'omelettes. Vermicelle

funeste, flaque indigne, omelettes atroces! M. Töpffer pousse un cri....
C'est l'homme des Alpes, c'est le pâtre des Alpes, c'est ce gredin si pittoresque de tout à l'heure qui lui verse dans le collet tout le beurre fondu de ses omelettes des Alpes! Pour cette fois, irrémissiblement graissé dans

sa cravate et dans sa blouse, M. Töpffer fait la plus drôle de triste figure du monde; c'est de l'amer, du furieux, du profondément découragé, une foule de sentiments véhéments qui se neutralisent en une ingrate immobilité. On le console, on le lessive, on se met en quatre pour apporter des adoucissements à sa situation, mais lui, marqué de beurre fondu pour huit jours au moins, se laisse faire, se laisse dire, et cette tartine au dos lui suffit pour être encore plus inconsolable que Calypso dans son île.

Au delà de Contamines la contrée est inhabitée, solitaire, druidique même, à cause de la noirceur rapprochée des forêts. Cependant chaque année, le 15 août, de toutes les vallées environnantes l'on vient y célébrer la fête de Notre-Dame de la Gorge : c'est la madone d'une petite chapelle acculée contre l'escarpement qui ferme ce vallon si sévère. Qu'il doit être

MONTÉE DU NANT BOURANT AU-DESSUS DE NOTRE-DAME DES GORGES.

riant alors! Mais où donc se loge la foule de pèlerins? Dans tout l'endroit il n'y a d'habité que la cantine de Nant-Bourant, qui est située au-dessus de l'escarpement, à l'entrée des gorges du Bonhomme. Nous y arrivons transis.

Cette cantine de Nant-Bourant est une sorte d'auberge tenue par des Philémon et Baucis. A peine, de leurs hauteurs, ils ont vu de loin tout l'Olympe s'acheminer vers leur seuil qu'un pauvre mouton en a pâti. Il est là, immolé et sanglant, et, tout homérique qu'il soit, ce spectacle n'en est pour cela ni doux ni attrayant. Nous entrons dans la cabane : vieux, vieilles et marmots, tout est à l'œuvre, tout met la nappe ou fait cuire du mouton; nous-mêmes, nous aidons aux préparatifs, surtout à regarder cuire, parce que ça réchauffe. Cependant les questions vont leur train, les histoires arrivent à la file, et Jean Payod rapporte de dehors la nouvelle que le ciel tire sur le beau, sauf le vent qui est au médiocre, en sorte que, pour bien dire, c'est demain soir qu'on saura le temps qu'il aura fait. Pour l'autre guide, celui de Saint-Gervais, il assure qu'il fera beau, et il assure aussi qu'il fera mauvais, comme on veut, au goût des gens, à la convenance des personnes.

A la fin tout est prêt, et nous sommes introduits dans une salle à manger où pendent à la muraille tous les quadrupèdes de l'arche, gravés dans le temps et enluminés conforme. Entre ces quadrupèdes, des saints et des saintes, un crucifix, et puis cette grande page sur l'*Éternité* qu'on trouve dans presque tous les cabarets de Savoie, pour rappeler aux buveurs qu'ils ne boiront pas toujours. Outre ces ornements caractéristiques, une horloge de la forêt Noire sonne le temps d'une voix grave, lente, solennelle, et par deux, par trois fois à chaque heure, à chaque quart, avec une importune instance, comme pour dire que le sépulcre est proche et que la mort s'impatiente. Au surplus, est-il possible de méconnaître dans ces images, dans cette sonnerie, dans ces quadrupèdes demi-fabuleux, d'humbles mais significatifs emblèmes de Dieu, du temps, de l'univers, de ces trois centres de poésie vers lesquels gravitent en tout temps l'esprit et le cœur de l'homme; et n'est-il pas curieux, intéressant que, pour satisfaire aux besoins de ce primitif instinct, de petits marchands forains aillent porter jusque dans les chaumières les plus écartées de ces montagnes des enluminures de fabrique et des horloges de la forêt Noire!

Le souper est exquis suffisamment, la couchée laborieuse, mais tout vient à point, les puces aussi. C'est la coutume des puces dans ces montagnes que d'affluer dans les cabanes pour s'y jeter de préférence sur toute chair fraîche qui entre : l'on en attrape jusque sous les rocs où les passants ont l'habitude de s'arrêter quand le soleil cuit ou quand le ciel gronde, et le tout constitue cette théorie du kangourisme que nous avons exposée dans la relation du voyage de 1837.

UNE GROTTE A KYRIELLES.

SIXIÈME JOURNEE.

Jean Payod dès trois heures du matin fait la tournée des grabats et réveille ceux qui dorment. « Il faut partir, » dit-il. Le temps cependant est loin d'être au beau : de lourdes nuées pèsent sur le flanc des montagnes, et l'aube humide et froide présage une terne aurore. Mais guides et gens s'accordent à dire que le ciel s'éclaircira plus tard, et qu'en tout cas nous avons le temps de passer le Bonhomme sans crainte et sans hâte. Lorsque guides et gens sont d'accord, le mieux c'est d'aller son train. Nous nous mettons donc en route après avoir pris congé de M. D..., qui nous quitte ici pour redescendre à Genève.

A cette heure, par ce temps, et à jeun presque, que c'est morne, hélas! de s'acheminer contre des gorges vides et des pentes nues! C'est alors qu'on se replie sur soi-même, et que l'on s'interroge sur la qualité du plaisir que l'on s'est choisi. Mais ce plaisir, l'on n'est plus libre de le planter là, il faut aller, il faut poursuivre, et c'est en quoi consiste l'heureux, le souverain de la chose. Un peu de marche, tout s'éclaircit; un peu de soleil, tout s'illumine; un coup de tonnerre, tout tressaille; au bout d'une heure, tout est redevenu, quels que soient les caprices du ciel, ou bien quiétude, ou bien réjouissance, ou bien encore aubaine d'alarme, d'aventure, dans tous les cas, impression, mouvement et vie. Toutefois une cascade qui grouille par là ne nous produit, pour l'heure, aucune allégresse. On nous montre le mont Jovet, le Plan des Dames, l'endroit où ont péri les deux Anglais; tout cela encore nous laisse sombres et engourdis, lorsque tout à coup Jean Payod : Un chamois!..... En effet,

un chamois qui s'était approché d'un troupeau de chèvres vient de nous apercevoir, et, reparti bien vite, il traverse en cet instant une rampe de neige toute voisine de nous. Adieu alors les torpeurs; on accourt, on s'arrête, et voici tous les yeux braqués sur l'agile animal, qui, la tête haute, le poitrail en avant, les jambes reployées, fuit par bonds précipités et disparaît tout à l'heure derrière une roche avancée.

Ce spectacle est fort rare, et c'est sans doute ce qui en fait le merveilleux. Depuis que nous voyageons dans les Alpes, c'est la seule fois qu'il nous soit arrivé, sinon de rencontrer, du moins de discerner nettement un chamois libre. A la vérité, les guides, qui, par la connaissance qu'ils ont des mœurs et des habitudes de ces animaux, savent d'avance sur quelle place il faut diriger son regard pour être presque sûr d'en voir, signalent assez souvent ou bien un chamois isolé qui regagne les hauteurs, ou bien, le matin surtout, des chamois en troupe qui, couchés à l'ombre des premiers escarpements de glaces, demeurent là jusqu'à ce que le soleil, en les y atteignant, les ait contraints de déloger; mais il faut, pour voir ces choses-là, des yeux de guide, quand déjà, pour le guide lui-même, ce sont moins encore les individus qu'il discerne, qu'une rangée de points noirs qui lui paraissent à certains signes devoir être des chamois plutôt que des débris de rochers. Du reste, ils ne s'y trompent guère, et si, comme nous le fîmes une fois en montant du côté de Grindelwald, la petite Scheidegg, l'on veut bien attendre jusqu'à ce que le soleil soit venu frapper la place où sont les points noirs, en les voyant disparaître tout à l'heure, et cette place se nettoyer entièrement, l'on a la preuve que chaque point était bien un chamois se dorlotant sur la glace nue.

Voici encore une histoire de chamois. Dans cette expédition du col d'Anterne dont nous avons parlé plus haut, et au plus fort de notre alarme, deux chamois qui ne s'attendaient pas sans doute à être inquiétés ce jour-là par des survenants prirent la fuite à notre apparition. Préoccupés que nous étions du soin d'échapper à la tourmente, nous ne les vîmes pas même, mais Felisaz, notre guide, les vit parfaitement, et, armé qu'il était de sa carabine, il jeta sur la neige le petit touriste qu'il portait sur son épaule pour se lancer à leur poursuite, lorsque, presque aussitôt, l'idée du danger que nous allions courir s'il nous quittait un seul instant se présentant à son esprit, il remit le touriste sur son épaule et continua de nous guider. Ceci est un beau trait dans la vie de Felisaz, car il était chasseur de profession, et, pour cette sorte d'hommes, le comble de l'héroïsme, le sublime du sacrifice, c'est de s'être laissé ainsi braver par deux étourdis de chamois, sans les avoir poursuivis jusqu'au plus haut des hauteurs, guettés trois jours et abattus l'un ou l'autre.

Nous avons en vue le Bonhomme : c'est cette aspérité rocheuse qui, dans le dessin que nous donnons en tête de cette journée, rompt la ligne de la dernière montagne que l'on voit à gauche. Selon les guides, madame Bonhomme est comprise dans cette aspérité; ils l'y distinguent parfaitement. Au bas de cette montagne, dans le creux, on a atteint le sommet du premier col, qui est séparé du second par la *traversée*. Cette traversée, le plus dangereux endroit du passage dans les mauvais temps, est un sentier en corniche qui coupe obliquement des pentes plutôt sauvages que bien terribles à voir. Avant de s'y engager, l'on admire en se retournant une vue d'un grand caractère. C'est, dans un encadrement de rochers, les contre-forts du mont Blanc, dont les majestueuses arêtes se découpent de profil les unes sur les autres, et tandis qu'en face le Buet élève dans les cieux son dôme argenté, tout près, le lac Jovet coupe du tranquille niveau de son eau profonde les lignes tourmentées d'une montagne sourcilleuse. Il faut que le contraste soit par lui-même une belle chose, car l'on ne saurait s'imaginer combien paraît agréable et frappante en même temps la paix de cette surface azurée, au milieu des déchirements sans nombre qui l'entourent de toutes parts.

A mesure qu'on chemine la nudité des aspects va croissant; bientôt l'on ne distingue plus dans tout l'horizon ni une forêt, ni un arbre, mais seulement des chaos de sommités chenues dont les bases sont masquées par les croupes les plus prochaines de la montagne que l'on parcourt. Deux aigles qui planent à notre gauche semblent être les rois solitaires de ces palais déserts, et c'est un attachant spectacle que de les voir tournoyer avec une majestueuse lenteur autour de leur aire inaccessible. Pourquoi l'aigle, au lieu d'être l'emblème de l'impériale majesté, n'est-il pas celui de la liberté inattaquable, de l'indépendance au-dessus des clameurs et au-dessus des atteintes, et quel rapport a donc cet oiseau, qui plane affranchi dans les déserts du ciel, avec cet être tout garrotté de soins, d'inquiétudes, de dignités ou d'étiquette qu'on appelle empereur?

Nous arrivons au sommet du col supérieur. Ici deux routes se présentent. L'une, plus facile mais plus longue, conduit au col de la Seigne par le Chapiu, et, si nous la prenons, nous allons commencer à redescendre. L'autre, plus courte et moins sûre, passe par le col des Fours; c'est une sommité à demi recouverte de glaces, qui touche directement aux épaulements du mont Blanc, et tous nous sommes désireux de la choisir. Par malheur le ciel, déjà couvert de nues dès ce matin, s'est assombri de plus en plus, et les glaces justement ont une physionomie de mate pâleur qui

LE BONHOMME ET LA MONTÉE DU BONHOMME.

n'est qu'à moitié engageante. On délibère. Jean Payod affirme que nous avons le temps d'escalader le col sans encombre, à la condition de décharger le mulet pour cheminer plus vite. Chacun donc reprend son sac, Jean Payod tire sa bête, et nous voici tout à l'heure rampant le long d'affreux rochers, sous le dais sévère d'une nuée qui n'est qu'à quelques toises au-dessus de nos têtes. A mi-chemin les flaques de neige, et au sommet un plateau de glace irrégulièrement découpé. Ce spectacle a sa

beauté, mais il est saisissant de tristesse et d'abandon, et, en vérité, l'on est bien aise d'être vingt-cinq pour en jouir, plutôt que d'avoir à le contempler tout seul assis au frais sur un bloc de névé. Du reste, tout est voilé du côté du mont Blanc, et nous n'avons en vue que les sommités qui, comme celles où nous sommes, se trouvent dans ce moment encore au-dessous du dais de nuées. M. Töpffer avait compté faire déballer les vivres sur le col, et ce n'est pas l'appétit qui fait défaut; mais ce dais lui fait ombrage; d'accord avec Jean Payod, il donne bien vite le signal du départ.

La descente sur ce revers est d'une rapidité si grande que, sans la nature du sol, qui est un terreau ardoisé et ramolli par la souterraine filtration des eaux, elle paraîtrait à la fois longue et difficile; mais comme un replat ne manque pas de s'y former à chaque pas sous le poids de votre personne, vous pouvez vous y lancer à grandissimes bonds sans crainte ni de chute, ni de heurt, ni d'entorse, et c'est un plaisir du ciel. Il est si rare de faire quatre lieues à l'heure! si rare de s'imaginer, soi père de famille, qu'on vole comme un simple étourneau! Mais, de bonds en bonds, voici que nous arrivons à un couloir de très-malsaine apparence, et Jean Payod de crier halte de toutes ses forces. L'on fait halte et l'on coupe sur la gauche : autre système. De ce côté-là, de gros quartiers de rochers détachés des hauteurs bondissent à qui mieux mieux : c'est très-beau, mais malsain tout autant. Alors M. Töpffer braque sa lunette sur l'endroit d'où ces rocs paraissent se détacher, et l'on y découvre un chasseur de marmottes qui n'a voulu que se faire apercevoir, tout en nous procurant l'amusement du spectacle. Cet homme noir, barbu, sauvage, habillé d'une culotte et d'un bout de ficelle, forme y compris les deux aigles, les trois seuls particuliers que nous ayons rencontrés depuis Nant-Bourant. Pendant qu'il continue son jeu, nous retrouvons le sentier, et déjà les plus lestes, parvenus aux pâturages, y courent éparpillés, tandis que les plus philosophes se sont arrêtés devant un rocher à fleur de terre sur lequel est grossièrement gravé en lettres onciales le nom d'Alisi Penay.

Alisi Penay, votre souvenir passera à la postérité; et, plus heureux que ces pharaons dont le cartouche, tracé en caractères hiéroglyphiques sur le jaspe de la chaîne libyque, défie l'inutile sagacité des plus doctes Champollions, votre nom, aussi clair que l'alphabet, impérissable comme lui, traversera les siècles et voguera sur les âges!..... Mais encore, qui est Alisi Penay? Nous n'en savons, on n'en sait absolument rien. Quelque maçon peut-être, qui, s'en retournant au pays, aura employé les loisirs d'une halte et la pointe de son ciseau à se sculpter une durable immortalité, ainsi que les écoliers, de la pointe de leur couteau, se gravent sur les pupitres de classe ou sur les bancs des promenades une notoriété éphémère...

Ce qu'il y a de certain, c'est que, du plus au moins, tout homme ressent ce mystérieux instinct qui a guidé le ciseau d'Alisi Penay, celui de s'inscrire en quelque endroit, celui d'attacher quelque part la marque de son passage sur la terre; et, à notre avis, ce n'est pas tant là une des mille formes de la vanité humaine, comme c'est le naturel essor d'une des secrètes aspirations de l'âme, de sa soif de vie et de durée, de son horreur de l'oubli et du néant. Aussi sommes-nous disposés à voir dans le voyageur qui charbonne son nom sur les parois d'une grotte écartée, non pas tant un sot, non pas même un vaniteux qui se propose la risible satisfaction d'une célébrité de muraille, mais bien plutôt la créature mortelle qui leurre comme elle peut sa légitime avidité de vivre, d'être présente sur la terre, d'y être l'objet d'un signe, d'un regard, alors même qu'elle sera absente, ou alors même qu'elle ne sera plus. Ou bien pourquoi verrait-on

ceux que la raison, que le bon goût, que la vanité elle-même, celle de ne s'associer pas aux pratiques de la foule, ne détourne pas d'imiter Alisi Penay, se choisir souvent, pour y inscrire et leur nom et la date de leur passage, les endroits les plus retirés, les retraites les plus inaccessibles, les plus secrets asiles, contents s'ils peuvent abriter leur marque contre la jalouse atteinte des ricaneurs, contents s'ils peuvent se figurer, dans le silence de leur cœur, qu'un jour, dans un temps aussi éloigné qu'incertain, un discret visiteur amené par le hasard découvrira la marque, s'arrêtera auprès, et, la voyant si humble et si cachée, par compassion, par retour sur lui-même, en respectera l'empreinte? Oui, il y a là quelque chose de sérieux et de naturel tout ensemble, et s'il est vrai que beaucoup inscrivent leur nom par imitation, par sottise, un plus grand nombre encore l'inscrivent d'instinct, de mélancolie, si l'on veut, et comme pressés de conjurer d'avance par cette trace qui, toute fugitive qu'elle soit, a néanmoins la chance de leur survivre, l'entière destruction de leur mémoire, de dérober à l'inexorable voracité de la mort ce signe oublié de leur frêle et passagère existence!

Que si toutefois l'on veut absolument voir là une sotte vanité, alors, Alisi Penay, la vôtre est aussi légitime, plus excusable peut-être que ne l'est celle de ces monarques qui font inscrire sur les monuments, sur les arcs de triomphe, sur l'airain et sur le marbre leurs noms et leurs vertus, leurs bienfaits et leurs victoires! Car n'êtes-vous pas homme aussi, et, s'il est permis à ces fastueux de s'inscrire au fronton de tous les édifices d'un grand royaume, qui pourrait vous blâmer d'avoir, à ce même effet, disposé d'une pierre du chemin? ou encore, si comme le prétend un vulgaire dicton :

> Il n'y a que la canaille
> Qui mette son nom sur les murailles,

Sésostris, Aménophis, Adrien, Sévère, d'autres encore depuis le commencement du monde jusqu'à nos jours, ne vous ont-ils pas donné l'exemple de l'y mettre, et voudrait-on que vous fussiez plus fier ou moins humble que ces conquérants des nations, que ces maîtres du monde? Mais non, Alisi Penay, il n'y a pas rien que la canaille qui aime à crayonner son chiffre sur les rochers des montagnes, sur la robe de Memnon, au pied des Pyramides, à la voûte des catacombes, il y a encore les simples, les poëtes, tous ceux aussi chez lesquels cet universel instinct qui pousse à laisser quelque signe de soi prévaut sur la fashionable réserve qu'impose le dicton.

Et il est si vrai, Alisi Penay, qu'il en va ainsi; et il est si vrai que c'est bien là une sorte d'universel instinct que l'éducation, que les manières, que les convenances, et surtout cette vanité elle-même avec laquelle on le confond communément, répriment sans jamais le détruire, que ceux-là seuls y donnent essor sur qui ces contraintes sont sans empire, et qui réfléchissent trop peu pour s'élever jusqu'à la vanité d'être modestes : car où donc se voient inscrits aux murailles chiffres et noms propres en foule?

Dans les écoles, dans les casernes, dans les petites hôtelleries, dans les villages, sous le porche de l'église ou de la maison commune; dans les campagnes, sur le plâtre des chapelles écartées... Et pourquoi, Alisi Penay? c'est que le peuple seul, et parmi les familles d'une classe plus élevée, les enfants seuls, c'est-à-dire ceux que rend semblables entre eux, malgré la différence des conditions, une même franchise d'âme, une même naïveté de cœur, une même absence de vanité, seuls aussi se livrent avec bonhomie à ce désir de laisser sur leur passage quelque trace d'eux-mêmes, ne fût-ce que l'énigme de leur nom et de leur prénom réduits à deux muettes majuscules. Chose curieuse, Alisi Penay, et qui prouve en notre faveur, à Herculanum, à Pompeï, sur les murailles d'écoles et sur les murailles de corps de garde, on trouve griffonnés des noms de soldats, des noms d'écoliers, et point dans les villas, point dans les cours intérieures, des noms de fashionables du temps.

Pour nous, si, réservé comme tant d'autres, si, comme tant d'autres, crainte d'encourir la sentence du dicton, il ne nous est pas arrivé de charbonner notre nom sur le plâtre ou de le graver sur les tables des hôtelleries, c'est sans dédain du moins comme sans blâme; c'est avec amusement aussi, que tant de fois nous avons considéré et lu des kyrielles d'Alisi Penay inscrits tantôt sur les murailles d'habitation, tantôt dans les grottes et dans les passages de rare ou de difficile accès. En contemplant ces kyrielles, il nous semblait, en vérité, que nous fussions en compagnie de bonnes gens, et non pas en compagnie de barbus, de chevelus, de pekoe ou de gourmés; au milieu d'hommes sains de cœur et vivants de naturel, et non pas au milieu de froids automates mis en mouvement par les cent mille ficelles du paraître au milieu de nos semblables, et non pas au milieu d'espèces non moins déplaisantes que nouvelles ou inconnues. Et quel chapitre, pensions-nous, il y aurait à faire sur la physionomie graphique de ces noms tracés, les uns avec une gravité drôle, les autres avec un gauche apprêt, les uns décelant le loisir ou la hâte, le repentir ou la fanfaronnade, les autres solennels comme un maître d'école, vulgaires comme un parafe de courtaud, ou empâtés comme un bonjour de crétin. Ce chapitre, il manque à l'ouvrage de Lavater, et c'est grand dommage.

A notre tour nous atteignons aux pâturages en nous dirigeant droit sur le chalet des Mottets, dont la grise toiture brille comme un point clair sur les sombres herbages du verdoyant abîme. Par malheur, un torrent nous séparait de ce chalet, et il se trouve à la fin que, plus nous avons tendu en ligne directe sur notre gîte, plus nous nous sommes éloignés, en ligne directe aussi, du seul pont par lequel on peut y arriver. De là l'impérieuse nécessité de faire un à droite qui nous approche d'un maître taureau. Léonidas le touristicule, qui a ouï dire que les taureaux craignent l'écarlate, profite de l'occasion pour agiter sous le regard de l'animal sa bourse vide qui se trouve être justement de cette couleur, et l'expérience est sur le point de réussir à merveille, quand un cri avertit M. Töpffer : apostrophe soudaine, confiscation immédiate. Maître taureau, qui voit que la provocation n'était pas sérieuse, veut bien se remettre à paître, et tout est dit : nous jouons des jambes.

Plus loin, c'est une bergère qui part pour les hauteurs en tirant après elle son mulet chargé. Les mulets ont leurs idées encore plus peut-être

que les bergères. Celui-ci entend nous considérer à son aise, et ni résistance ni coups ne sauraient l'en détourner le moins du monde. Le voilà donc qui fait trois pas, dix pas pour la bonne règle, après quoi il s'arrête, la bergère s'arrête, et il braque sur nous yeux et oreilles. Ce manége dure longtemps, en sorte que l'on jurerait que c'est lui qui mène sa meneuse, non pas à volonté seulement, mais à simple caprice. Rien n'est beau d'ailleurs, alpestrement parlant, comme ces fortes bêtes, si noires, si lustrées, si veloutées, et chez lesquelles il y a assez de grâce et d'élégance pour que leurs caprices mêmes ressemblent encore plus à une coquetterie qui rehausse qu'à une obstination qui déplait. Avec cela, ils lâchent des ruades à faire frémir rien que d'y penser.

Nous arrivons aux Mottets. Les vivres sont déjà déballés, et il ne s'agit plus que de se chercher une salle à manger dans le pâturage. C'est très-difficile, parce que le sol y est partout émaillé, non pas de fleurs, mais de cette chose dont se frottent les bramines. Enfin voici, derrière une étable qui nous abrite contre le vent, un tas de pierres non embraminées : l'une sert de nappe, les autres servent de siéges ; une organisation s'improvise, et le repas commence, plein, solennel, mélodieux d'appétit baryton,

coupé de brefs points d'orgue entre le gigot qui finit et le jambon qui commence : on garde l'épaule. Tout le monde est d'avis de garder l'épaule. L'épaule est donc remballée, et c'est comme si l'on remballait pour une autre fois tout le plaisir que nous venons de prendre.

Cependant il fait horriblement froid, et ce grand glacier tout proche transit rien qu'à le voir : nous entrons dans le chalet. Mais que faire dans un chalet à moins que..... O heureuse idée! O miracles de la prévoyance! Il se trouve que plusieurs ont apporté de Genève des flacons d'essence de négus, et le chalet peut nous fournir justement et seulement les trois autres ingrédients nécessaires : le vin, le sucre et le feu. « Mademoiselle, dit aussitôt Canta à la femme de l'hôte, n'y a-t-il pas d'objection à faire bouillir du vin? — En voilà une, lui répond la femme en lui présentant une marmite. » Canta bien étonné, et Murray pas du tout, qui prend la marmite, vide le vin, demande le sucre, et préside avec une rare intelligence à ces charmants apprêts. Pendant ce temps, la caravane, retirée dans une chambre basse, essaie de s'y faire du feu avec des feuilles vertes et des gaules mouillées; elle n'obtient que des fumées atroces, au milieu desquelles Poletti s'assied sur quelque chose qui se met à crier de toutes ses forces : c'est un moutard. La femme accourt, on berce à toutes volées; le négus entre, cocos, verres, écuelles, pots, vases de toute sorte, sont mis en réquisition, et chacun, au milieu de ce pittoresque vacarme, ne laisse pas que de s'abreuver à longs traits d'un négus doux, parfumé, bouillant, incomparable. Quant au moutard, il ne dit plus rien, mais d'autres éclatent, à droite, à gauche, dans les paniers et sur les armoires; car la maison en est pleine, et c'est l'industrie de ces gens que de les y élever à la douzaine. Voici comment ils s'y prennent : c'est fort simple; ils pendent le moutard à un pis de chèvre; quand il est plein comme une outre, ils le fourrent dans un panier, et s'en vont aux champs.

Ainsi lestés et réchauffés, nous commençons à gravir le col de la Seigne. Le sentier est facile, si l'on consent à en suivre tous les zigzags; mais la rampe, d'ailleurs gazonnée, est roide, si l'on prétend l'escalader

en ligne directe. M. Töpffer, qui vient de s'y engager, s'en repent déjà amèrement. En effet, errant à la façon d'une âme en peine, il ne parvient à fuir le vertige d'un côté que pour le retrouver de l'autre, jusqu'à ce qu'enfin il ait atteint un petit replat profondément fangeux; d'où il ne retire son pied droit qu'à la condition d'y enfoncer son pied gauche. Situation critique assurément. On jure bien de ne pas s'y remettre, mais en attendant l'on ne sait pas comment s'en sortir. On rit bien de l'embarras, mais en attendant on a des sueurs d'effroi. Redescendre, affreux; monter, impossible. De désespoir, M. Töpffer se décide à ramper des pieds et des mains le long du ruisseau encaissé qui alimente le marécage, et il rejoint ainsi le sentier sans mal ni douleur, mais non pas sans être bien convaincu qu'il est des cas où l'on ne se choisit pas sa façon d'aller. Tout ce replat, tout ce ruisseau, toute cette Seigne est profondément embraminée.

Mais ce n'est pas tout. Au moment où il sort de son couloir, M. Töpffer trouve devant lui Jean Payod, qui l'a attendu tout exprès pour lui dire confidentiellement qu'il y a dans ce pâturage un troupeau de quatre-vingts taureaux..... A telles enseignes, continue Jean Payod, que l'autre jour, comme je passais avec un Anglais, les plus méchants s'en sont effarouchés, et ils nous ont couru droit dessus.... — Et comment donc vous en êtes-vous tirés? — Un précipice n'était pas loin, on s'y est caché. — Merci! je sors d'en prendre. En attendant, M. Töpffer rappelle, il rallie, il donne l'ordre que, tout en surveillant le pâturage, on ne perde pas de vue le précipice, et lui-même il chemine fort inquiet. Tout à coup..... non pas des taureaux, mais une nuée qui nous enveloppe et des grêlons qui nous criblent. Aux grêlons près, c'est cette nuée d'Homère, qui ne manque pas d'arriver à point nommé pour dérober Pâris aux coups d'Achille, ou Mars lui-même aux fureurs de Diomède, fils de Tydée. Ainsi nous franchissons le pâturage et le col tout entier sans voir, sans être vus, et bientôt, sortis de dessous le nuage, nous voyons apparaître en face de nous l'Allée blanche dans toute sa longueur.

C'est ici une vue dont la beauté est célèbre. Nous n'en sachons pas qui présente avec plus d'imposante grandeur un plus hardi mélange de sauvage et de doux, d'auguste et de gracieux. A gauche, et escarpée de la base au faîte, l'on a la chaîne du mont Blanc : dômes, aiguilles, tours gigantesques, colossale architecture qui frappe autant par ses admirables proportions, par l'équilibre de ses épaulements, par la régularité harmonieuse de ses arêtes, dont les profils fuient les uns parallèlement aux autres, qu'elle plaît, qu'elle étonne aussi par ses glaces, les unes arrondies en coupoles, les autres dentelées en aiguilles et formant le long des rampes comme les festons argentés d'une élégante broderie. A droite, les cimes plus basses et les pentes plus inclinées sont verdoyantes et douces.

En face, le lac Combal, des plages de gravier, des moraines ici doucement penchées, là horizontalement planes, et au delà des pentes sans nombre qui se rejoignent au fond de l'Allée en arceaux indéfiniment plus doux, plus azurés, plus suaves, jusqu'à ce qu'enfin ils se perdent, noyés dans les vaporeuses clartés des cieux. Quel spectacle! A la vérité, dans ce moment, les sommités les plus intéressantes, et celle du mont Blanc en particulier, sont voilées; mais en revanche, et grâce à ce dais de transparentes nuées, tout, jusqu'aux rochers les plus sévères, paraît frais, diaphane, aérien, et quelques rayons égarés qui tombent ci et là sur la tendre verdure d'une prairie lointaine impriment à cette scène, d'ailleurs si auguste, comme le trait de la joie ou comme la délicatesse du sourire.

Aujourd'hui que tant de descriptions ont d'avance défraîchi ces impressions, elles ne sauraient agir avec toute leur puissance sur le touriste qui visite ces contrées. Mais que l'on juge, rien que par cet imparfait tableau que nous venons d'esquisser, de ce que durent ressentir les premiers qui, venus de Genève dans un temps où l'on ne connaissait encore des Alpes que leur lointaine apparence, se trouvèrent soudainement en face d'un spectacle si prochain, si inconnu, si extraordinaire, si sublime! Émus de plaisir et de ravissement, ils tentèrent d'en donner l'idée, sans se flatter d'en pouvoir rendre la magnificence, et de là les tirades enthousiastes de Bourrit; de là aussi ces éloquentes pages de De Saussure, où il tâche d'atteindre à la grandeur par la simplicité, au calme et à la majesté par le déroulement harmonieux et paisible de sa période sans pompe descriptive et sans ornement d'apparat. Mais Bourrit fit plus; sans être artiste de profession ni même amateur exercé, il s'essaya à dessiner et à colorier quelques-uns des sites les plus extraordinaires des hautes Alpes. Ces essais sont intéressants et sous un rapport curieux. On y découvre l'enthousiasme, l'émerveillement, si l'on nous permet de dire ainsi, beaucoup plus que l'habileté de l'auteur; et, comme il doit arriver, comme il arrive toujours aux premiers qui ressentent, à ceux qui sont relativement plus neufs, plus jeunes, plus poëtes par conséquent en face d'un spectacle quelconque, les couleurs sont, dans ces dessins coloriés de Bourrit, l'hyperbole en quelque sorte de la réalité. L'on voit parfaitement que, surpris et charmé par la vivacité des teintes, principalement dans ce qu'elles présentent d'inaccoutumé ou d'étrange, et laissant de côté ou ne voyant pas même ce qu'elles présentent d'analogue avec celles dont il a l'habitude, il cherche seulement à atteindre, à force de verts brillants, de violets froids, de gris perlés, de blancs métalliques, à la splendeur des prairies, au sourd des abîmes, au mât de rochers, à l'éclat nacré des glaces. Premiers et gauches mais naïfs essais de ce grand poëme qui est encore à faire.

Nous descendons la Seigne à la course, mais sans échapper pour cela à la pluie, qui nous atteint près du lac Combal. Ce lac que nous avons vu une autre fois si calme et si riant, il est à cette heure ridé, frissonnant, vrai miroir d'intempérie et d'orage. Après en avoir côtoyé la rive droite, on le traverse à son embouchure, et de là jusqu'à Entrèves, tout près de Cormayeur, l'on marche à la base ou sur le flanc d'une immense morraine. Comme on sait, chacun des glaciers qui descendent de là-haut pousse devant lui de vastes amas de rocs et de boues : c'est là ce que les géologues appellent des morraines. Par des causes qui tiennent ici à la configuration de la

montagne et à la direction des couloirs dans lesquels se meuvent les glaciers, ces amas parallèles les uns aux autres barrent d'abord obliquement la vallée, jusqu'à ce que, faute de place, ils s'y unissent enfin en un seul rameau, qui, grâce à sa masse, d'un côté résiste, mais non pas sans outrages et sans déchirures, à l'assaut du glacier, de l'autre donne asile aux arbustes, aux herbes, aux chèvres, qui en aiment la rampe bossuée

17

et les replats échelonnés. Et comme au-dessous de la couche de terre où croissent ces arbustes et ces herbes ce ne sont plus que blocs irrégulièrement entassés qui se touchent seulement par leurs angles, laissant entre eux des galeries et des cavernes, les marmottes y abondent, qui s'en font leurs appartements. Tout en marchant, nous entendons les sifflements de ces animaux, et plusieurs à notre approche regagnent prestement leurs trous.

Au crépuscule, nous nous trouvons en face du glacier de la Brenva ; c'est le plus colossal, le plus étalé de tous ceux qui descendent dans cette vallée. L'on dirait une immense tenture brodée d'argent, parsemée d'émeraudes, d'opales, d'aigues-marines, qui, suspendue aux plus hautes

aiguilles du mont Blanc, tombe perpendiculairement sur l'Allée blanche et en balaie le fond de ses somptueux replis. Tant de grandeur, au crépuscule surtout, alors que la voix sonore des eaux semble grossir à mesure que l'ombre s'étend, alors qu'au milieu d'opaques noirceurs ces glaces seules apparaissent comme de pâles fantômes, ne laisse pas que d'effaroucher un peu l'imagination, et madame Töpffer en est à déclarer qu'elle aime autant regarder ailleurs qu'à la tenture.

Rincés et transis, nous arrivons enfin à l'auberge de Cormayeur. Elle est excellente, cette auberge. Seulement la campagne, c'est-à-dire la saison des bains, étant close, l'hôte n'y est plus, le barbier non plus, le boucher non plus, ni personne, excepté les quatre murs, l'hôtesse, du feu, un bon souper et trois touristes pekoe. Nous nous accommodons d'autant mieux de tout cela, que nous nous accommoderons de bien moins encore. Car nous voici dans cette situation délectable où un gîte seulement, où un siége auprès du foyer sont trouvaille de bonheur; et quant aux vivres, cette portion intégrante de toute félicité complète, si tant est qu'ils vinssent à nous manquer, n'avons-nous pas remballé l'épaule?

L'ALLÉE BLANCHE, VUE DU PRÉ SEC.

SEPTIÈME JOURNÉE.

Au jour, pluie atroce, vent orageux, on dirait que le soleil aussi a fini sa campagne et que les frimas ont commencé la leur. M. Töpffer ne sait que penser, que résoudre, même en projet, car il s'agit de passer aujourd'hui le col Ferret, que lui-même n'a jamais franchi....... On déjeune pour voir venir. Les tasses sont inégales, les pots hétérogènes et le garçon très-sourd, parce que la campagne est finie.

Cependant Jean Payod, en brave homme qu'il est, en vrai guide de Chamonix, qui aime mieux passer pour faillible que d'exposer à quelque péril les membres ou les jours de qui que ce soit, s'en vient auprès de M. Töpffer, et il lui déclare qu'ayant passé une seule fois le col Ferret, il estime n'être pas à même de nous y guider avec une entière connaissance; qu'en conséquence il s'adjoindra à ses frais, si on l'exige, un guide de Cormayeur : c'est dix francs. M. Töpffer approuve, il se charge de payer les dix francs, et serrant la main à Jean Payod, il lui témoigne la confiance et la bonne amitié que lui inspirent ses façons de faire. Et, en effet, l'inexpérience, mais craintive et consciencieuse, est sûre en ces choses, tout autant si ce n'est plus que l'habileté, présomptueuse quelquefois ou bien étourdie. Jean Payod, remué par le compliment, s'en va donc à la recherche d'un guide adjoint, et il nous amène un digne forgeron qui connaît le col aussi bien que son enclume : on engage ce forgeron,

et sa mule aussi ferrée de neuf. Cet homme a deux frères aînés, forts et trapus comme lui, et qui ont passé le Géant lundi avec un Anglais. Partis à minuit de Cormayeur, ils se trouvaient au Montanvert le lendemain à quatre heures du soir, et avant-hier mercredi ils étaient de retour à Cormayeur.

Et l'épaule? nous demandera-t-on. L'épaule? On lui adjoint pour faire la campagne un coq froid qui a fini la sienne, de menus quartiers de veau et dix beaux pains blancs du Piémont, après quoi on charge le tout sur la croupe de la mule, et l'on part. En effet, vers dix heures, le vent a changé, les nuées sont remontées sur les hauteurs, et des apparences de clarté donnent à croire que le soleil n'a pas fui sans retour. Au surplus, il a été tenu un conseil de guides, et M. Töpffer s'est assuré que nous trouverons à quatre lieues de Cormayeur, au pied du Ferret, les chalets de Bar, pour y manger notre épaule et pour y coucher sur le plancher des vaches, dans le cas où il serait devenu imprudent de tenter aujourd'hui le passage de la montagne.

L'Allée blanche, qui longe dans une étendue d'environ huit à neuf lieues la base du mont Blanc du côté de l'Italie, forme d'ailleurs deux versants opposés, dont le point de réunion est à Entrèves. Là les innombrables torrents qui descendent des glaciers échelonnés, d'une part, entre Entrèves et le col de la Seigne, d'autre part, entre Entrèves et le col Ferret, après s'être associés tumultueusement, tous ensemble se précipitent dans l'étroite et profonde gorge au fond de laquelle est assise, au milieu de fraîches prairies et de riants bosquets, la jolie bourgade de Cormayeur, et ils s'en vont y former la Doire. La Doire, c'est cette rivière qui baigne les murs d'Aoste, c'est cette onde qui serpente mollement au pied des tourelles d'Ivrée, qui dort au sein de la campagne de Turin..... Comment la reconnaître à ces flots en fureur, à ces bouillons glacés, à ces gerbes folles qui fouettent les blocs de la rive ? ou plutôt est-il possible, quand on assiste ainsi au retentissant et formidable enfantement du fleuve, de ne pas le suivre par la pensée jusqu'à ces prairies lointaines, où il s'attarde paisiblement comme séduit, comme fasciné par les charmes d'un éclatant rivage et par les sérénités d'un ciel toujours radieux ? Mais à la fin le Pô est là, qui reçoit son onde, aussi sûrement que la terre reçoit nos os.

Tout ceci pour faire comprendre que, de Cormayeur, il faut, après avoir passé la Doire, en remonter la rive gauche jusqu'à Entrèves, si l'on veut se retrouver dans l'Allée blanche et pouvoir poursuivre sa route vers le Ferret. Du reste, ce joli nom d'Entrèves, c'est celui qu'on donne à quelques huttes éparses sur des îlots verdoyants formés par l'entre-croisement des eaux tout près de leur point de jonction ; le sentier n'y passe pas même, car les gens seuls de l'endroit savent le moyen de sortir de cet inextricable réseau de torrents, au centre duquel sont posées leurs habitations. Et pourtant, chose charmante, là, au pied des rocs, et cernés en quelque sorte par les glaces qui, de gauche, de droite, lancent jusque tout près d'eux leurs vastes contre-forts, ces montagnards ont des clôtures de haie vive, des bouquets d'arbres, et à deux pas, autour de Cormayeur, le frêne, le noyer, toutes les grâces de la plus élégante et de la plus riche végétation. C'est que nous sommes ici sur le revers italien ; c'est que ce beau soleil qui fait, deux lieues plus bas, mûrir la figue, la pêche et la vigne sur le penchant des coteaux et dans les chaudes anfractuosités des rocs, leur lance au travers de l'étroite gorge quelques-uns de ses bienfaisants rayons. Ah! que ne sommes-nous malingre juste de quoi être envoyé aux eaux de Cormayeur! car nous ne nous figurons pas un séjour plus intéressant, plus varié d'impressions, de sites, de climats, tous à portée, tous sous la main. Un peintre aussi trouverait là, plus qu'en aucune autre localité des Alpes, de quoi s'en donner à cœur joie et d'arbres, et de torrents, et de prairies, et de glaces, et de détails agrestes, et de masses magnifiques. Il y en vient à la vérité, mais ce sont des colorieurs, des faiseurs de vues, des paysagistes marchands : quand ils ont mis bien patiemment le grand Jorasse sur leur petit carré de papier, ils le badigeonnent en indigo, ils l'encadrent en camboge, et ils s'en retournent rendre compte au bourgeois, qui trouve cela bien digne de la lithographie, et seulement trop bon pour le consommateur.

Mais voici que, pour être partie avant le forgeron, l'avant-garde croit s'apercevoir qu'elle fait fausse route. Halte! crie-t-on; et Simond Marc ouvre son itinéraire. L'itinéraire ne dit rien qui puisse nous tirer de là, mais il avertit qu'au delà du col Ferret, à l'endroit où l'on commence à redescendre, il y a un sentier en corniche qui est parfaitement mauvais et horriblement dangereux. Et allez! Les itinéraires qui sont faits pour l'agrément des voyageurs ne pourraient-ils pas s'abstenir de tenir de semblables propos? Taureaux hier, corniche aujourd'hui..... En attendant, voici, tout là-bas, de l'autre côté de l'eau, une douzaine de fourmis qui vont leur petit train : c'est le forgeron, la mule, toute l'arrière-garde, et l'épaule. Vite nous rebroussons jusqu'au pont, pour de là poursuivre et atteindre.

Il y a avant les chalets de Bar deux endroits marqués sur la carte : le *Pré sec*, qui se trouve être un marécage où nous sommes bien obligés de tremper nos chaussures, et les chalets de *Sagioan*, trois ou quatre huttes et pas une âme ni dedans, ni dehors, ni ailleurs. Certes, quand depuis hier l'on n'a fait que regarder la carte, et que l'on s'y est rassuré en voyant dans ces noms propres des signes d'habitation et des indices de race humaine, il faut un moment pour se faire à tant de solitude, à un si morne silence. Au surplus, dès avant le Pré sec, l'on a en vue le grand et le petit Ferret : c'est le grand que nous nous proposons de passer. Il est pour l'heure gai comme un manteau noir, riant comme un crêpe pendu au séchoir d'un teinturier. Aussi M. Töpffer prétend-il que nous bivouaquerons aux chalets; mais Jean Payod et le forgeron, malgré la noirceur du ciel, malgré des escadrons de nuées qui courent à l'envi le long des montagnes comme pour occuper d'avance toutes les positions, affirment que le temps est bon, parce que le vent a changé ; que dans tous les cas aucune tourmente n'est à craindre.

D'ailleurs cette partie de l'Allée blanche, moins intéressante que celle que nous avons parcourue hier, est moins sauvage aussi. C'est une sorte de pâturage montant, dont le sol parsemé de blocs n'est ni creusé par la formidable carène des glaciers, ni accidenté par ces agglomérations de morraines qui de loin présentent l'aspect de vagues se surmontant les unes les autres sous l'effort du vent. En effet, tandis que dans l'autre partie de l'Allée blanche les glaciers trouvent, pour arriver jusqu'au fond de la vallée, le lit continu de couloirs inclinés, ici, où la paroi des rochers est abrupte et sans fissure, ils s'arrêtent dans les hauteurs et s'y terminent en saillie qui surplombe, jusqu'à ce que le vent, la chaleur, la pluie, quelque pression d'en haut la fasse se détacher par quartiers, qui éclatent, qui se brisent, qui se réduisent en poudre avant d'atteindre à la plaine. Un seul glacier, tout à côté des chalets de Bar, s'y avance dans sa gloire, s'y déploie en éventail, et y vomit de sa gueule d'azur des flots bouillonnants. Que cette *gueule* ne paraisse à personne une image cherchée ; rien, en effet, ne rappelle plus naturellement quelque fabuleux dragon, une bête froide, tortueuse, rampante, un *megalosaurus* tout autrement colossal que celui de Cuvier, que ces glaciers si richement écaillés, qui, cramponnés au rocher, déploient lentement, mollement leurs croupes hérissées et leurs replis onduleux le long d'un couloir oblique, jusqu'à ce qu'atteignant enfin aux pelouses du pâturage, ils y soufflent de leur gueule immonde la stérilité, la dévastation et la mort.

Monstre magnifique, je te voudrais un chantre !... non pas un Delille, à la vérité, mais encore moins un Hugo : ce poëte à tout ce qu'il décrit ôte l'âme, pour n'en représenter que la forme pas même fidèle, que le coloris pas même vrai, mais éblouissant toujours, rien qu'éblouissant ; c'est un illustre colorieur, ce n'est pas un peintre..... Je te voudrais un chantre vraiment épris, vraiment naïf, et qui, rempli du sentiment de ta majesté, craintif de ta mortelle atteinte, observateur de tes instincts, de tes mœurs, de tes ravages, et initié aussi aux traditions dont tu es l'objet dans la vallée, sût répandre dans ses églogues d'une sauvage nouveauté ce frisson qu'on éprouve à ton abord, ce charme qu'on goûte à te contempler, ces contrastes d'une si charmante vivacité entre ta brutale domination et les êtres faibles dont tu souffres ou tu protéges l'approche ;

entre tes flancs colossaux qui, pour se faire place, remuent des montagnes, et cette petite fleur qui vit heureuse à ton ombre; entre l'horrible craquement de tes immenses vertèbres, et ces chevreaux qui, jusque sous l'arche béante de ta rugissante gueule, s'en vont nonchalamment brouter l'arbuste ou se désaltérer au flot. L'églogue est mourante, l'idylle s'est évanouie au milieu des fadeurs de la pastorale; que n'essaient-elles de se refaire au souffle vivifiant des montagnes? que ne vont-elles chercher, là où on les rencontre encore, les charmes ailleurs effacés de la simplicité, de la solitude, de la contemplation, le commerce ailleurs gêné ou redevenu impossible de la nature?

Vers deux heures nous arrivons à ces chalets de Bar. Ils sont habités par quelques vachers gras, velus, sauvages, qui, uniquement occupés des

procédés de leur industrie fromagère, semblent ignorer les villes, le monde, l'univers et jusqu'aux touristes. En dedans comme en dehors de leurs huttes, tout est profondément embraminé, leur personne aussi. Nous demandons du pain, ils nous coupent à grands coups de hache des quartiers de granit ou de quartz qui défient toutes nos morsures; du vin, c'est une sorte de vinaigre tourné qui n'a point de nom. La hutte elle-même, basse et misérable, ne renferme ni lit, ni foin, ni table, ni siège, mais un âtre seulement, quelques ustensiles, et, suspendues au-dessus des têtes, des centaines de cloches et de clochettes à l'usage des bestiaux qui viennent passer la belle saison dans les herbages d'alentour. Pittoresque, comme on voit, mais pas confortable. Aussi, quand même le col est très-funèbre encore, sur le conseil du forgeron et de Jean Payod, qui persistent tous les deux à assurer que le temps est bon, nous prenons congé des chalets de Bar, et nous nous engageons dans les rampes du grand Ferret. Le petit est à notre gauche, moins élevé, plus direct, mais plus roide aussi, quand le grand l'est déjà bien assez, au dire de M. Töpffer, qui, cette fois, sans pourtant quitter le sentier, attrape le vertige encore. Sur quoi il faut remarquer deux choses.

La première, c'est que si d'autres ont bonne tête, M. Töpffer l'a médiocre aujourd'hui, de mauvaise qu'elle était lors de ses premières excursions. La seconde, c'est que, dans les passages difficiles, l'inquiétude pour ceux qu'il guide et dont il répond se mêle inévitablement à celle qu'il peut éprouver pour lui-même. Et pourtant, chose singulière, dans une ou deux occasions où le danger pour quelqu'un de ces derniers était imminent, visible, impossible à éviter autrement qu'en lui prêtant une aide ferme et courageuse, il a su aller jusque-là sans trop de peine ; et bien moins en vertu du sentiment de devoir ou d'humanité qui exige impérieusement que cette aide soit immédiatement donnée, que parce que, en certaines rencontres, rien ne rassure mieux un particulier qui a peur que d'en voir tout près de lui un autre qui a plus peur encore. Il semble qu'à cet aspect l'aveuglement du danger fasse tout aussitôt place à la clairvoyance du courage, parce qu'en effet l'on juge beaucoup mieux des ressources qui restent, en vue d'un autre qu'en vue de soi-même : Si je le sauve, se dit-on, et, avec un peu d'adresse, de fermeté, de précaution, c'est bien facile, évident que je me sauverai le mieux du monde par la même occasion.

Du reste, le sentier du Ferret ne présente aucune difficulté réelle, aucun pas vraiment dangereux, et, la preuve, c'est que les mulets y passent. Toutefois il est bon de faire observer qu'en ces choses tout est relatif; et s'il est vrai qu'une poutre d'un pied de largeur, posée à fleur de terre ou posée à trois cents pieds du sol, forme toujours un même chemin d'une bien suffisante largeur, il est vrai aussi que la même personne qui, dans le premier cas, la parcourra avec une entière sécurité, pourra fort bien, dans le second cas, ne la parcourir qu'avec une crainte extrême, ou encore ne la parcourir pas du tout. Eh bien, il arrive souvent que, selon la configuration particulière de la montagne qu'on gravit, le sentier qui, dans tel endroit, est semblable à la poutre à fleur de terre, se trouve être un peu plus loin semblable à la poutre à trois cents pieds, à trois mille pieds du sol. Par exemple, lorsque la rampe gazonnée et d'ailleurs rapide de la montagne est composée de mamelons que le sentier contourne en les coupant obliquement, à chaque fois que, arrivé sur l'arête du mamelon, on va perdre de vue la partie de sentier sur laquelle on marche, sans apercevoir encore celle que l'on va atteindre, il y a un point où le sentier paraît, comme la poutre, posé en l'air. Vide devant, vide derrière, vide ou à droite ou à gauche, et, au milieu de tous ces vides, la vue se fascine, l'imagination tournoie, le vertige arrive. Que s'il est seulement périodique et passager, comme dans le cas dont nous parlons, on le dompte aisément. Que si, au contraire, à cause de la nature de plus en plus difficile du sentier, il dure, il croît, et dompte à son tour;... alors le cœur bat de prodigieux roulements, la tête court la pretantaine, les jambes flageolent, et, devenu incapable d'avancer, de reculer, de s'asseoir ou de rester debout, le plus crâne grenadier du monde s'est changé en un paquet qui crie : Venez m'ôter!... venez très-vite m'ôter!

Tels sont les effets du vertige. Sans être grenadier, une ou deux fois nous les avons éprouvés dans toute leur énergie. Ah! les vilains moments! Ah! l'atroce récréation! Et puis pendant que, ni assis, ni debout, ni couché, mais en l'air comme un moucheron, l'on attend là que l'abîme vous épargne ou qu'il vous dévore, toutes sortes de pensées extrêmement cruelles, lecteur,..... sur sa moucheronne, sur ses mouchillons laissés au logis; sur hier qui n'est plus et sur demain qui risque de ne pas revenir; dans tous les cas sur l'incomparable absurdité qu'il y a à venir, sous prétexte de partie de plaisir, se fourrer dans un casse-cou semblable, dans un émoi pareil. Après quoi, ou bien l'aide vous arrive, ou bien, jouant le tout pour le tout, l'on se tire de là comme on peut.

Il y a des personnes, et nous sommes de ce nombre, qui, après trente, après cinquante excursions dans les Alpes, se trouvent être très-peu aguerries sous ce rapport; il y en a d'autres qui, d'emblée, et dès leur première excursion, n'éprouvent aucune espèce de vertige, quelque abruptes que soient les rampes, ou quelque étroits et difficiles que soient les pas à franchir, pourvu qu'il s'y trouve des aspérités où se retenir, des replats où poser le pied. Cette différence provient, selon nous, en partie des différences naturelles de tempérament; en partie, et plus encore, des habitudes et des exercices auxquels on a été formé dès sa première enfance; et, en observant que nos jeunes compagnons se trouvent presque toujours plus à l'abri du vertige que nous ne le sommes nous-même, il nous est arrivé de penser qu'élevés pour la plupart à la campagne, où les jeunes garçons rencontrent tant d'occasions d'aguerrir leur tête et leur œil, ou bien formés de bonne heure au moyen des exercices de gymnastique non-seulement à déjouer par l'adresse le péril là où il est, mais surtout à ne s'en point créer d'imaginaires là où il n'y en a réellement pas, ils devaient à l'un ou à l'autre de ces avantages, dont nous avons été dépourvu, d'aborder le plus gaiement du monde et sans aucune préoccupation de danger des passages où, nous-même, nous ne nous engagions pas sans crainte. Parents, laissez donc vos fils grimper sur les arbres; à défaut, envoyez-les fréquenter les exercices gymnastiques. Ainsi, et ainsi seulement, outre tant d'autres avantages, ils auront gagné celui d'éviter en mille rencontres le roulement, la pretantaine et la flageole, trois misères aussi ridicules que détestables.

Cependant, de mamelon en mamelon, nous touchons au sommet. Vingt fois la mule semble près de rouler dans le précipice et d'y emporter notre épaule..; aussi le forgeron ne parle-t-il qu'avec effroi de deux dames

anglaises qui, il y a quelques jours, refusèrent de mettre pied à terre pour descendre cette rampe. « Braves femmes, dit-il, et le bon Dieu les bénisse!

mais si elles sont en vie à cette heure, c'est pas leur faute. On dit que les mules sont entêtées..., et les dames donc! » Telle est l'opinion de ce forgeron sur les dames. Pendant qu'il parle, voici venir une épaisse nuée qui nous enveloppe si soudainement et si bien, qu'en moins de trois secondes nous n'entrevoyons plus même le sol qui nous porte. M. Töpffer crie halte à l'avant-garde, qui doit être déjà bien voisine de ce vilain sentier en corniche; puis il vocifère des signaux à Canta, qui, demeuré étourdiment dans des cornichons de ravins, y cherche des cornichons de cristaux..... Canta rejoint; alors on serre la colonne, et, guide en tête, guide en queue, l'on se remet en marche. Tout à l'heure, plus de nuée, un beau soleil, et pas plus de corniche que sur la grande route de Babylone!.... Il y a des itinéraires qui mériteraient d'être pendus.

L'Allée blanche est maintenant derrière nous, mais, en face, quel spectacle neuf, extraordinaire! Un profond et immense entonnoir, celui de Dante, vraiment, moins les spirales et moins les réprouvés. Ce ne sont de toutes parts que pentes gazonnées, immenses, nues, uniformes, sans un arbre et sans un rocher : quelque chose de solitaire comme le ciel et de tranquille comme la nuit. Tout au loin seulement, du côté du col de Fenêtre, les pentes sont tachetées de milliers de points jaunes ou blancs, et il arrive aux oreilles comme un lointain murmure de clochettes : ce sont des troupeaux par centaines. Le sentier, après avoir coupé obliquement celle de ces pentes qui est à notre gauche, trouve un couloir, s'y déploie en zigzag, et vient aboutir au fond de l'entonnoir. C'est le val Ferret. De l'Allée blanche on y entre par le col Ferret. De l'hospice du grand Saint-Bernard, on y pénètre par le col de Fenêtre. Enfin, à partir des chalets Ferret, où est le point de jonction des deux sentiers, et en continuant de descendre, l'on en sort à Orsières. Au-dessus des chalets, ce sont de magnifiques pâturages; au-dessous commencent ces forêts où les Pères du grand Saint-Bernard, communiers de l'endroit, se pourvoient de bois. Chaque jour, durant les deux ou trois mois d'été pendant lesquels le col de Fenêtre est praticable, trente à cinquante chevaux vont y chercher leur charge, puis, remontant à la file, ils s'en viennent déposer au couvent ces provisions de la charité. Le dimanche, dans les beaux jours, et en automne quand leur tâche est finie, on rencontre ces chevaux qui paissent libres sur les pentes du mont Saint-Bernard; et en songeant quel a été durant la semaine ou durant l'été leur rude et généreux office, on ne peut se défendre de les considérer avec un reconnaissant plaisir. Bons animaux! se dit-on, et l'on s'avance pour caresser leur tête fière, leur poitrail chatoyant;

mais, eux, timides, et ne souffrant que l'approche de leurs pâtres, ils bondissent et fuient.

Au bas du couloir, et après avoir traversé la rivière sur un pont de bois, nous nous trouvons mêlés aux vaches qui regagnent les chalets. Tandis que les plus jeunes d'entre elles s'arrêtent à chaque instant pour folâtrer, les vieilles s'attardent, quelques-unes boitent; toutes, tour à tour, suspendent leur marche pour nous considérer curieusement, et le manant qui les accompagne nous assure qu'il en a dix-neuf, vingt et quinze sous sa garde. Est-ce ce manant, sont-ce ces vaches, qui nous font trouver si agréable ce bout de chemin? Toujours est-il que c'est ici un de ces quarts d'heure dont, on ne sait pourquoi, le charme se grave dans le souvenir pour y survivre à celui de bien des plaisirs dont il serait plus facile de se rendre compte. Mais c'est l'heure du soir, le ciel est pur, et nous touchons au gîte.

Un grand gendarme est sur le seuil; gendarme valaisan, c'est-à-dire bon homme, hospitalier, et qui se fait d'emblée notre ami dévoué. « Belle jeunesse, dit-il, et puis propre!..... Entrez, messieurs, mesdames, et faites-vous servir. » Nous entrons. Bétique, où êtes-vous? Age d'or, vous voilà! Rien qu'une bonne vieille, un grand âtre, des marmites et une échelle. Par cette échelle, on nous fait monter jusque dans un fenil qui mène à une chambrette sans espace, sans chaises et sans ressources.

Mais que ne peuvent la nécessité, l'industrie, du pain, du vin et une

LE DÉJEUNER AU CHALET FERRET.

épaule! A peine entrés, déjà tout s'organise. Voici des bancs, voici un tabouret, une hotte, un sac, un coffre : quinze sont assis. Deux se hissent sur le poêle, quatre sur le lit : tous sont placés; on déballe alors, on distribue, on croque; la vieille apporte des pommes de terre et du beurre! le gendarme apporte des omelettes!... A ce spectacle, une incomparable joie s'ajoute à un appétit incomparable; et de tous les gîtes où nous sommes entrés, celui-ci est proclamé le pire et le meilleur, le plus dénué et le plus riche, celui, sans contredit, où nous avons improvisé le plus délectable banquet. Pour couronner l'œuvre, âtre et marmite sont mis en réquisition, et Morin, qui vient de quitter la chambrette, y reparaît précédé d'un négus bouillant, parfumé, fastueux et très-certainement inénarrable.

Le banquet fini, on organise la couchée : vingt dans le fenil, M. et madame Töpffer dans la chambre, en compagnie d'un moutard du cru; le gendarme et la vieille en bas, autour de l'âtre, qui envoie jusque dans le fenil, jusque dans la chambrette, tantôt de rouges lueurs, tantôt des tourbillons de grise fumée.

LE VAL-FERRET.

HUITIEME JOURNEE.

Le chalet où nous nous efforçons de dormir est situé au milieu d'une cité d'étables et de bercails, en sorte que, durant tout le cours de la nuit, selon qu'une vache bouge ou qu'une brebis remue, une, deux clochettes se font entendre constamment, de ci, de là, fort loin, tout près. Mais, vers l'aube, le carillon devient général, et au concert des clochettes se mêle celui des bêlements, des mugissements de tout timbre, de tout calibre. Qu'il est neuf pour des citadins d'être réveillés par ces clameurs des bestiaux impatients de paître, et, pour le montagnard exilé dans nos villes, combien l'absence de cette musique du matin doit lui sembler ingrate, cruelle!

Du reste nous apprenons que c'est aujourd'hui la fête des brebis, c'est-à-dire que, dans peu d'heures, de toutes les sommités voisines vont arriver d'immenses troupeaux qui envahiront le pâturage; puis, dans un espace laissé libre, chaque brebis, venant se placer à la file d'une autre brebis, recevra une poignée de sel. Après ce régal, l'armée rompra les rangs, et chaque troupeau, son pâtre en tête, regagnera les hauteurs.

Cette distribution a lieu une fois par quinzaine régulièrement, et, chose aussi curieuse qu'intéressante, les brebis connaissent si bien ce jour de leur fête, que, dès l'aurore de ce jour-là, non-seulement elles sautent, elles bondissent, et donnent mille marques de joie et de gaieté, mais, hâtives et diligentes, au lieu de se faire presser par le berger ou par les chiens, elles les précèdent aux chalets, accourant à l'envi, s'agglomérant, se poussant dans leur ardeur, au point que plusieurs sont jetées hors du sentier, et que les agnelets, séparés de leurs mères, suivent éperdus ou s'arrêtent incertains et plaintifs. Certes, en fait de fête, aucune ne nous paraîtrait plus attrayante à voir que celle-là. Mais nous avons à passer aujourd'hui le col de Fenêtre, plus élevé encore que celui des Fours, et la prudence nous commande de mettre à profit, pour franchir cette sommité, les heures de sérénité que nous présage une aube sans nuages.

Le gendarme et la vieille ont préparé durant les veilles de la nuit une soupe primitive, composée de lait, de quartiers de pommes de terre, et, comme pour les brebis, d'une poignée de sel. Ce brouet blanc forme notre déjeuner, que nous prenons debout autour de l'âtre, pendant que la vieille aidée du gendarme et le gendarme secouru par la vieille s'efforcent de dresser le compte de notre dépense. A la fin, toute leur arithmétique mise en commun n'y pouvant suffire, la vieille vient à M. Töpffer et lui dit : « Faites vous-même, mon bon monsieur, je me fie à vous. » M. Töpffer alors place des écus à la suite les uns des autres jusqu'à ce que le gendarme et la vieille, plus scrupuleux encore qu'avides, aient dit : « Assez, va bien. » Par cette méthode intuitive le compte est bientôt réglé à la satisfaction des parties. Il ne reste plus qu'à prendre congé de nos hôtes, congé du forgeron, qui retourne à Cormayeur, congé de ce fenil, de cet âtre, de cette chaumière enfumée où nous venons de passer de si charmantes heures. Déjà l'aurore a succédé à l'aube, et, tandis que le vallon est encore enveloppé dans les fraîcheurs d'une ombre limpide, les aiguilles de la grande chaîne reflètent les rougeurs du lever.

Voici la configuration du col de Fenêtre. A partir des chalets Ferret l'on coupe obliquement des rampes de gazon, en suivant un sentier que le passage habituel des chevaux de l'hospice entretient dans de bonnes conditions de pente et de largeur; puis viennent les zigzags par lesquels on atteint rapidement aux anfractuosités du col. Ici la scène change soudainement. Plus de pâturages, mais des plateaux sauvages et désolés, des roches déchirées, bientôt des glaces d'avalanche tassées dans les couloirs et salies de blocs et de débris. Du sommet, le regard plonge tout à coup sur le revers italien du mont Saint-Bernard. A gauche, et à une heure environ au-dessous de soi, la gorge du Couvent; à droite, tout au fond, les premières pelouses de Saint-Remy; partout, à l'horizon, un amphithéâtre d'imposantes sommités. Non-seulement ce passage est riche en beautés alpestres, mais il offre plus qu'aucun autre ce double avantage d'être extrêmement élevé et parfaitement facile.

Pendant que nous gravissons les zigzags, on signale sur la lisière des dernières hauteurs, et se détachant sur le ciel, sept ou huit personnes qui se sont arrêtées pour nous considérer. Nous les saluons de nos hurras. Au lieu d'y répondre, ces personnes se contentent de se remettre en

marche, et nous les croisons une demi-heure après. Ce sont sept touristes barbus, et de là leur silence auguste, car, en tout lieu et même sur les dernières hauteurs, le touriste barbu n'est qu'un époussoir qui pose, et pas du tout un mortel qui sympathise. L'affaire pour lui, même sur les dernières hauteurs, ce n'est point de contempler la contrée, mais que la contrée le contemple; point d'admirer la belle nature, mais que la belle nature ait eu l'avantage de le posséder quelques instants; et quand une troupe d'imberbes, avant même d'avoir pu apprécier la beauté de sa moustache et le touffu de son collier, lui lance des hurras d'expansive cordialité, il prend cela pour les inconvenances d'une familiarité qui se méprend, pour les cris discordants d'une multitude qui ne voit pas encore que c'est à un olympien qu'elle s'adresse. Ces sept olympiens donc nous coudoient sans seulement paraître nous apercevoir. Plus loin nous croisons un touriste nono : c'est ce même don Quichotte que nous vîmes à Argentière. Quoique nono, il nous sourit, et, accompagné de deux Dulcinées, il poursuit sa route dans cette sierra, plus sauvage sans contredit que l'autre. Enfin vient un gros papa français et sa fille. Ce bon monsieur, occupé qu'il est à jurer contre les cailloux qui inquiètent ses gras de jambes, s'interrompt tout exprès pour nous faire un amical salut. Charmés de sa bonne grâce, nous lui apprenons en retour que tout à l'heure, sorti de cette Arabie Pétrée, il n'aura plus qu'à suivre les faciles contours d'un sentier parfaitement frayé.

Dans les contrées sauvages on rencontre des spectacles dont le contraste fait vivement ressortir la riante grâce ou la paisible aménité. Ainsi, au détour d'une roche, et au moment même où l'on vient d'être frappé par l'aspect saisissant de ce col stérile et pierreux, le regard tombe sur une suite de petits lacs chaudement encaissés entre des escarpements sans rudesse; l'un d'eux baigne une plage basse, dont le sable ridé reluit au soleil. Que cette onde tranquille, que cette paix réjouie paraissent ici comme une fortunée et hospitalière rencontre!... Et puis tout à coup cette scène change; revoici le morne, et à la joie de l'âme a succédé le frisson du cœur : c'est une nue qui passe. Autre contraste encore non moins subit, non moins vif. Sur ces sommités, en effet, bien autrement que dans nos plaines, la physionomie des sites varie avec chaque vicissitude du vent, de la nue, du firmament, et en même temps que les changeantes apparences du ciel s'y reflètent comme dans un miroir fidèle, le voyageur, à cause de son isolement sans doute, à cause aussi de la sévérité inaccoutumée des spectacles, s'y trouve puissamment impressionné par toutes les nuances de ces variations. Nous donnons le croquis de l'un de ces lacs. Du reste, sur le point d'y arriver, et lorsque près de s'engager dans les anfractuosités du col on jette un regard en arrière de soi, l'on jouit alors, au delà et par-dessus le col du Ferret, d'une vue splendide. C'est le mont Blanc, le Géant, le Jorasse, toute une armée d'éclatants satellites qui, des hauteurs de l'espace, semblent à la fois dominer la terre et braver les cieux.....

Cet aspect est particulier, peu commun. Rien n'est plus différent, en effet, quant à l'impression qu'on en reçoit, que cette vue de la haute chaîne observée du col de Balme, par exemple, ou de toute autre sommité d'où le regard peut en suivre le majestueux profil, des glaces jusqu'aux forêts, du faîte jusqu'aux champs parsemés d'habitations, et cette même vue observée par-dessus des entassements de cimes prochaines qui en masquent les flancs boisés et la base verdoyante. C'est alors le monde merveilleux isolé du monde ordinaire, et l'on dirait, flottante dans les plages de l'air, une cité de dômes étincelants, de minarets empourprés, ou encore un de ces déserts tels que l'imagination seule peut se les créer, où au sein de l'éternelle stérilité, et comme sous la malédiction du Très-Haut, de somptueuses ruines ici se dressent en pans colossaux, en frustes

LE COL DE FENÊTRE.

colonnades, là reposent en obélisques couchés et en chapiteaux gisants. Et pour le regard lui-même, seul voyageur qui visite ces inabordables merveilles, il lui faut, pour y atteindre, parcourir ces cimes prochaines, raser ces vagues de pierre qui ne portent que des débris de foudre; il lui faut escalader des arêtes hérissées de dents et de pics, des parois d'une roide nudité, en sorte que la riche désolation des approches annonce, présage, rehausse la sublime splendeur des augustes décombres.

Mais c'est assez nous arrêter sur ce col. Au plus haut point du passage, Jean Payod décharge la mule et nous fait reprendre nos sacs. En vérité, c'est tout plaisir, tant on se sent fort et agile dans ces contrées éthérées, tant aussi l'on aime à soulager le bon animal; car cette mule, depuis cinq jours, elle fait notre besogne, depuis cinq jours elle marche incessamment chargée le long de sentiers difficiles, et, ce qui est bien plus cruel, au travers d'herbages gras où elle voit paître ses compagnes sans qu'il lui soit permis « d'en tondre la largeur de sa langue... » Ah! il manque quelque chose aux mules, aux juments, aux bœufs, aux ânes, à tous ces serviteurs de montagne ou de métairie, c'est de pouvoir comprendre ces vraies amitiés qu'ils font naître, ces chaudes reconnaissances qu'ils inspirent!

Du col de Fenêtre jusqu'à la gorge du grand Saint-Bernard, nous ne faisons qu'une course; tout à l'heure voici le lac, et sur la rive opposée les bâtiments, du monde, les chiens, le seuil. A peine entrés, nous nous trouvons perdus au milieu d'une foule silencieuse qui encombre les vastes corridors de l'hospice, et les sons de l'orgue viennent frapper notre oreille. C'est la fête du couvent. Arrivé d'hier, l'évêque de Sion officie en personne, et environ sept cents fidèles accourus d'Aoste, du Valais, de Fribourg,

prient debout, écoutent agenouillés, ou, assis par rangées sur les escaliers, refluent jusque dans l'étage supérieur. O le pittoresque spectacle! Des vieillards, des petits garçons, des jeunes filles, des mères et leur nourrisson, toutes les poses de la dévotion naïve, du recueillement craintif, de l'humilité respectueuse; toutes les attitudes de la fatigue qui s'endort, de l'attention qui se lasse, et aussi de cette oisiveté de l'âme pour laquelle le culte catholique ne se montre jamais sévère, à la condition que les doigts roulent les grains d'un chapelet, et que la langue murmure des prières.

Nous ne sommes pas catholique, assurément, mais nous sommes plus ou moins de toutes les religions sincères, et c'est au milieu de catholiques que nous avons éprouvé souvent, aussi bien ou mieux qu'au milieu de nos propres coreligionnaires, ce sentiment de chrétienne sympathie que fait naître le spectacle d'une humilité véritable. C'est que le catholicisme a ceci de bien, qu'en vertu même de son principe d'infaillibilité pontificale et traditionnelle, il ploie et subjugue pleinement les âmes, en sorte qu'il donne à ses adeptes sincères ce trait d'ingénue soumission qui manque trop souvent aux adeptes, sincères aussi, mais émancipés, mais raisonneurs, mais militants du protestantisme. Ceci soit dit non pas en faveur d'un principe dont autant que qui que ce soit nous repoussons le joug, mais bien au profit d'un autre principe que, nous autres protestants, nous sommes trop enclins à méconnaître; c'est qu'une chrétienne religion n'existe réellement pas en dehors de l'assujettissement intime et volontaire de l'âme, et que c'est n'être ni assujetti ni humble que de soumettre les larges et lumineuses vérités de l'Évangile à la continuelle appréciation de notre savoir et de notre raison; que de vouloir incessamment en formuler les mystères chacun, homme ou secte, à notre manière; que de nous diviser orgueilleusement à ce sujet, au lieu de nous agenouiller avec simplicité d'esprit et de cœur devant le livre qui est l'autorité et la règle de notre foi commune. Et, en effet, être chrétien, être vrai disciple de Jésus-Christ, c'est bien moins, à l'en croire lui-même, admettre ou ne pas admettre telle doctrine théologique, entendre dans tel ou tel sens un dogme ou un passage, que ce n'est assujettir son âme tout entière, ignorante ou docte, intelligente ou simple, à la parole d'en haut, pas toujours comprise, mais toujours révérée; pas toujours formulée en savante doctrine, mais toujours prise pour conseillère et pour guide dans le secret du cœur et dans la pratique de la vie. Voilà pourquoi, en tous lieux, en tout temps, et comme par l'effet d'un invincible penchant, nous avons toujours été plus porté à reconnaître notre coreligionnaire véritable dans l'humble, même alors que sa croyance se trouvait être en quelque point erronée ou superstitieuse à nos yeux, plutôt que dans le raisonneur, dans le juge et arbitre, dans le tout petit docteur suprême qui a soumis chaque point de doctrine ou de dogme à l'approbation de son savoir, même alors que sa croyance se trouvait être d'ailleurs conforme à la nôtre.

Ce n'est donc qu'après avoir en quelque sorte assisté à l'office que nous gagnons le réfectoire, où nous attend un de ces dîners comme on n'en fait qu'au couvent du grand Saint-Bernard, c'est-à-dire savoureux dans leur simplicité, et sans rapport aucun avec les somptuosités souvent frelatées des tables d'hôte. Ce sont des potages succulents et bourgeois tout ensemble, de grosses viandes cuites dans leur jus, des pommes de terre exquises de qualité et d'apprêt, un plat de fruits cuits, et, pour dessert, des noisettes et du fromage. Qu'on se figure donc une troupe d'affamés venant à s'abattre sur des mets de cette sorte! Sans compter que linge, verres, ustensiles, tout est net, propre, engageant, comme serait dans un jour de fête la table d'un riche fermier, sans compter le bon Père qui est là pour veiller sur votre bien-être, tout en vous entretenant de choses intéressantes avec cette simplicité hospitalière et amicale qui vaut à elle seule toutes les civilités du monde. Il y a vingt-cinq ans que nous fréquentons l'hospice du grand Saint-Bernard : eh bien, ces choses de bon accueil prodiguées sans acception de personnes n'y ont pas plus varié que n'a varié le roc sur lequel cet hospice est assis. Aussi, et l'on oublie quelquefois de le remarquer, malgré le changement fréquent du personnel, et quand même la règle de leur ordre n'est ni rigide ni ascétique, il n'y a pas de religieux au monde qui jouissent d'une plus universelle et d'une plus légitime considération. Braves et dignes gens, vrais et excellents chrétiens, mes coreligionnaires très-certainement, en dépit de quiconque pourrait y trouver à redire!

Un jeune homme dîne avec nous. C'est un commis voyageur. Voudra-t-on nous en croire, quand nous aurons ajouté que ce jeune homme est modeste, sensé, point bavard, ne sentant ni le brûlot, ni le vaudeville, ni la romance, ni le calembour, et qu'il porte aux objets du couvent, nouveaux pour lui, un intérêt intelligent et sérieux? Bien sûr que non. Il en est pourtant ainsi. Bien plus, à Simond Michel, qui, à propos de grec, regrette le temps et la peine qu'il a employés à ne pas savoir trop bien cette langue, ce jeune homme, ce commis en toilerie, répond que, pour lui, il se loue de l'avoir étudié, et que tous les jours il a l'occasion d'observer qu'indépendamment des autres avantages très-réels qui sont le bénéfice naturel de toute espèce d'instruction, les choses de sa profession lui sont facilitées par l'indirect développement d'intelligence qu'il doit aux exercices dont sa condition antérieure d'étudiant lui a assuré le privilége... M. Töpffer appuie, et Simond ne conteste plus; mais il continue de penser en lui-même qu'avec tout cela le grec n'est pas au nombre des exercices intellectuels qu'il chérit avec tendresse. Durant cet entretien, nous voyons par les croisées les gens de la messe qui, au sortir de l'église, vont se cherchant, dans les anfractuosités des rochers, des recoins abrités contre le vent et exposés au soleil. Là, les uns jasent, les autres sommeillent, quelques-uns caressent les chiens, d'autres regardent faire. Peintres, où êtes-vous?

Jean Payod nous a parlé des Chenalettes. C'est une cime, en face à peu près du seuil du couvent, d'où l'on jouit, sur la grande chaîne, d'une vue analogue à celle que nous avons admirée ce matin, mais beaucoup plus étendue. Aussitôt après dîner nous nous acheminons pour faire cette expédition. Ah! mais c'est rude! et au lieu de sentier, une série de petits couloirs roides comme des murailles, par lesquels on s'élève de replat en replat. Gare la pretantaine! A la fin, voici un premier plateau, avec des blocs pour s'y asseoir et de la neige rouge pour s'en faire des granites.

De ce plateau l'on voit la cime : les gens du couvent y ont élevé une pyramide. Mais on voit aussi l'escarpement par lequel il faut y parvenir, et, à ce spectacle, M. Töpffer renonce d'emblée à toute espèce de Chenalette quelconque, tant pour lui que pour tout son monde. A la fin pourtant, persuadé par Jean Payod, et supplié par cinq de ses compagnons les plus agiles et les plus aguerris, il se laisse aller à autoriser l'expédition, mais seulement pour ceux-ci, et en se réservant, pour plus de sûreté, d'en faire lui-même partie. On part. Ce sont d'abord des éboulis de grandes roches feuilletées qui basculent sous les pas, ou qui, une fois votre personne dessus, se mettent à descendre le plus vite qu'elles peuvent. Ce sont ensuite des rampes nues qui plongent droit dans la neige rouge, puis un premier grand coquin de couloir atroce.... Dès ici la flageole, et au diable les Chenalettes! Alors M. Töpffer ne se réserve plus du tout de faire partie de l'expédition ; mais voyant ses cinq compagnons parfaitement en train et Jean Payod sans inquiétude, il les laisse poursuivre, pour s'occuper sans délai de regagner le plateau, en évitant toutefois d'y arriver trop vite par la voie des roches feuilletées. Sur le plateau tout va bien. L'on dresse la lunette, et pendant que chacun à son tour suit avec anxiété les progrès de l'expédition, arrive, seul et boiteux, un Anglais. A peine cet Anglais a-t-il eu le temps de comprendre ce dont il s'agit, que, pan! le voilà qui s'achemine boiteux et seul pour la Chenalette. M. Töpffer, qui en vient, n'en revient pas!

Après qu'on les a perdus de vue durant une demi-heure, nos gens reparaissent : six petites quilles qui défilent sur le rebord d'un précipice. Pendant qu'ils s'entr'aident pour descendre avec précaution ce qu'ils ont gravi avec ardeur, l'Anglais seul et boiteux reparait aussi. Tout tranquillement il zigzague, il glisse, il saute, il rampe, tant et tant qu'il arrive en bas sans mal ni douleur par sa route à lui, et au même instant que les autres, qui sont bien étonnés de le revoir en vie. En effet, arrivé sur la Chenalette, ce singulier homme y a fait devant eux des imprudences à remplir d'effroi Jean Payod lui-même. Voici : de cette cime étroite qui se dresse au-dessus d'un précipice épouvantable, il s'est hasardé à passer d'une enjambée sur une arête toute voisine et un peu inférieure ; puis de là, posant un pied sur des rocailles en saillie, se cramponnant des mains à des fissures à portée, il s'est agréablement penché sur l'abime..... Alors Jean Payod et ses compagnons se sont fâchés tout rouge, puis, n'y pouvant rien, ils ont pris le parti d'abandonner à sa destinée cet équilibriste déterminé. Tous ensemble nous redescendons au couvent.

Par un beau temps, le plateau où est situé le couvent paraît plus riant encore que sauvage, surtout à l'heure du soir, quand le soleil couchant dore de ses paisibles feux ces mêmes roches qui, dans les jours nuageux, attristent le regard par la froide crudité de leur teinte verdâtre. Pendant le temps qu'a duré notre expédition, la plupart des pèlerins ont repris le chemin de leurs vallées, en sorte que, au mouvement d'il y a quelques heures, a succédé ce calme qui se marie si bien aux douces impressions d'une belle soirée : aussi mettons-nous à profit les instants pour aller visiter, à l'autre extrémité du lac, la place où s'élevait naguère un temple de Jupiter.

Le sol en cet endroit seulement est tout parsemé de briques, et les Pères, au moyen de quelques fouilles qu'ils y ont pratiquées, en ont extrait cette quantité assez considérable d'ex-voto, de statuettes, de médailles qui, réunis au couvent, y forment un intéressant petit musée. Et comme nous sommes à nous entretenir de ce temple disparu, de ces débris, de ces briques, voici Albaret qui déterre une broche en bronze, voici Hoffman qui ramasse une monnaie romaine....... A l'œuvre alors, et chacun de fouiller. Nous y brisons nos piques, mais nous ne trouvons plus rien.

Au retour de cette promenade, nous sommes bien étonnés de rencontrer dans ces parages le touriste baigneur. Oui! deux Anglais qui viennent d'arriver de Saint-Remy, tout trempés de sueur, en voyant le lac, s'y sont vite plongés comme deux canards polaires qu'ils sont. Dans ce moment, hâves de froid et grinçants de frisson, mais satisfaits, ils achèvent de se rhabiller, pour ensuite gagner l'hospice, où à peine entrés l'un d'eux tombe à la renverse, roide comme une barre et froid comme un glaçon. Vite les Pères l'entourent, on le relève, on le porte dans un lit, on le réchauffe et il s'en tire, mais à grand'peine, mais parce qu'il a trouvé à temps les soins les plus empressés et les mieux entendus. Que ce canard-là eût fait son plongeon dans un lac solitaire, à deux ou trois lieues de tout chalet, à six ou huit lieues de toute maison à lit, à thé, à ustensiles, et, surpris loin de tout secours par cette mortelle atteinte, il serait parti pour l'autre monde. En vérité, l'on y va pour moins que cela. Les Pères nous ont conté que, de loin en loin et en plein été, ils trouvent mort auprès de quelque source voisine un vieillard misérable, quelque mendiant crétin. Ces malheureux, déjà épuisés par la maladie ou affaiblis par la mauvaise nourriture, montent péniblement, atteignent à cette fontaine d'eau glacée, y boivent sans retenue, s'asseyent auprès et ne se relèvent plus.

Cet incident, en retardant l'heure du souper, ne nous rend que plus féroces à l'endroit du potage et des grosses viandes. On tord, on croque, on accélère, et d'autant plus que voici des arrivants qui, non moins affamés que nous, attendent pour pouvoir se mettre à table que nous en soyons sortis. Tout à l'heure on leur cède la place, et le gros de l'armée s'en va dormir; mais M. et madame Töpffer, moins sujets à ces appesantissements de paupière qui exigent une prompte et immédiate retraite, demeurent dans la salle. N'est-il pas bien vrai que chaque âge a ses plaisirs, et que ceux de l'âge mûr valent parfois ceux de l'âge tendre? Dormir est délicieux sans doute; mais, la journée finie, veiller en s'entretenant, prolonger la soirée au coin du feu, et ceci à l'hospice du grand Saint-Bernard, à l'heure où de moments en moments arrivent des caravanes de touristes, n'est-ce pas préférable encore? Point de sommeil ne vaut une veille agréable, récréative et remplie.

D'ailleurs voici en quantité de nouvelles espèces. Ici, au coin de la table, le pekoe célibataire, frais, blondin, rebondi et cinquante ans. Plus continental que l'autre, il procède avec moins de solennité aux apprêts de l'infusion, sans pour cela y apporter moins de minutieuse habileté. Le pekoe célibataire voyage uniquement pour faire digestion, pour fumer en

paix, pour se trouver encore plus célibataire qu'à Londres, où sa sœur lui est une chaîne et sa parenté un joug. Mais après qu'il n'a pas parlé de tout le jour, et pourvu que cela ne l'engage ni à dire quatre mots de plus, ni à recommencer plus tard, ni à écouter personne, il ne demande pas mieux, le soir, que d'adresser différentes communications au premier qui se présente, étudiant ou ambassadeur, pédagogue ou commis toilier. Après quoi il prend son chapeau, et on ne le revoit pas.

Plus loin, c'est une société de touristes muets. Ils respirent, ils boivent, ils mangent, mais comme on fait aux funérailles d'un cousin au huitième degré : sans être affligés, sans être gais, sans être solennels non plus. Le seul d'entre eux qui prenne la parole est évidemment un Allemand, car sa conversation roule exclusivement sur les siquesaques (les zigzags) du Stelvio, comparés aux siquesaques du Simplon, et aux siquesaques du Saint-Gothard. Au surplus, on rencontre souvent de ces gens qui, sans être Allemands, d'une belle dame n'ont remarqué que sa dentelle, d'une magnifique cathédrale que ses gouttières.

VOYAGE AUTOUR DU MONT BLANC. 159

Plus loin le touriste pie. Le touriste pie porte une redingote en basin blanc parsemé de taches qui se trouvent être noires à l'endroit du dos où, en marche, le cuir du havre-sac opère ses frottements ; vertes ou simplement embraminées à l'endroit du dos qui sert, en halte, à s'asseoir pour

admirer la belle nature. Le touriste pie est fier de ce pelage : c'est l'annonce de ses sueurs, l'enseigne de sa crânerie, l'emblème de son ton légèrement estaminet et aux trois quarts pipe d'écume. Avec cela, serviable, rieur, tout à tous et qui, s'il paraît un peu commun, ne se montre du moins ni fier, ni hautain, ni nono, ni olympien, quand même il a une barbe de Jupiter et une crinière de Neptune.

Plus loin, mais attendons...; en ce moment arrivent quelques voyageurs qui demandent secours pour un Anglais demeuré en chemin. Cet Anglais, homme fort pourtant et jeune, a déclaré ne pouvoir faire un pas de plus, en sorte que, couché sur le bord de la chaussée, il attend ou qu'on l'y laisse, ou qu'on l'y relève, comme on voudra. Vite on lui envoie du monde, une mule, et bientôt il entre dans la salle, s'assied à table, et y dévore des quartiers de tout ce qui se présente. Quelquefois, en effet, même à la hauteur relativement médiocre du Saint-Bernard, et surtout si l'on y arrive à jeun, la rareté de l'air suffit pour opérer ces lassitudes qui, pour être factices, ne vous en couchent pas moins sur le carreau. Aussi, règle générale, quand on passe les cols très-élevés, et tout particulièrement ceux où l'on peut redouter d'être surpris par l'orage ou par le froid, il est toujours bon, et dans certaines occasions indispensable pour pouvoir conjurer le danger, d'avoir l'estomac lesté ou du pain dans le bissac. Une goutte d'eau-de-vie pure, quand on a eu peur ou quand l'épuisement se fait sentir, fait merveille aussi.

Plus loin c'est une collection de touristes Sand. Ce touriste-là est aussi incompréhensible qu'incompris : c'est un homme caprice, une sorte de type manqué qui ne se rapporte à rien qu'aux types également manqués, mais du moins brillants, qu'on rencontre dans les romans de cette Corinne qui porte un nom d'homme et qui fume des cigarettes. Le touriste Sand se croit des impressions, et il n'en a pas; des sensibilités mystérieuses, et c'est tout simplement son habit qui est de couleur cannelle. Bêtement assis ou bêtement debout, il pose on ne sait ni pour qui ni pourquoi; et avec cela blafard, étonné, blasé, plat, musqué, Lélia, fumeur, et Tremnor tout ensemble, tantôt un sourire niais illumine sa face de dernier chapitre d'un roman, tantôt une tristesse sans cause voile comme d'un crêpe intime les vapeurs de son regard. Ah le drôle d'animal! le ridicule et digne produit d'une littérature au rebours de l'art, du bon sens et de la morale! et quel agrément de penser à cette occasion que cette littérature-là, après avoir chatoyé au soleil de la romantique vie de juillet, passe rapidement comme les couleurs fausses, après avoir pauvrement déteint sur quelques esprits de travers! Ce qui n'empêche pas le touriste Sand de porter les cheveux longs, soyeux, bombés aux approches du galbe; puis, pour singer de plus près sa Corinne en frac, il unit à la moustache et au collier fourré, à tous les indices d'une virilité macassarde, les coquetteries d'une main blanche, d'un pied mignon et d'une taille carrément féminine.

Mais toute cette tablée disparaît à son tour, et voici venir un jeune officier anglais accompagné de sa mère et de ses deux sœurs... Lorsqu'on vient de songer à Sand et à ses types homme-femme créés tout exprès pour calomnier le mariage et la famille, pour ériger en vertu le dérèglement des passions, et pour traduire en honteuse servitude la sainte force des affections les plus naturelles et les plus pures, combien cette apparition fait un contraste aimable à ces cyniques et dégoûtants paradoxes! Combien, dans cette dame qui entre, paraissent nobles, dignes, au-dessus de l'atteinte, et au-dessus des sophismes, les liens d'épouse et de mère; combien, dans les deux jeunes miss qui sont à ses côtés, semble gracieux et attachant le pudique servage de la jeunesse timide et de la beauté craintive!..... Ah! femmes incomprises que l'on ne comprend que trop, femmes rebelles à tout ce qui fait le charme aussi bien que l'honneur de votre sexe, femmes sans retenue et sans règle, qui trouveriez votre compte à détourner de l'épouse soumise et de la jeune fille pure l'estime, la louange et l'universel respect, fumez vos cigarettes, endossez votre frac, chaussez vos bottes, allez vous mêler aux hommes sans autre protection que votre crânerie, sans autre morale que celle de vous donner à celui qui vous aura plu, mais contentez-vous de ces avantages, et que votre plume n'attaque pas en public ce que votre cœur lui-même, moins perverti que votre esprit, ne peut s'empêcher d'absoudre, d'aimer, de révérer en secret!

Le jeune officier, brillant de bonheur, de santé et d'appétit, se met à table, où il prodigue à sa mère des soins respectueux, à ses jeunes sœurs des attentions à la fois familières et courtoises. Mais l'une d'elles, de plus en plus pâlissante, après s'être contrainte de parler, de sourire, pour dérober aux regards le malaise qu'elle éprouve, est déjà près de défaillir...; à la fin sa tête s'incline, ses beaux yeux se ferment, et elle demeure froide et immobile. Aidées de madame T..... ses deux compagnes l'emportent dans une chambre voisine, où bientôt elle a repris ses sens; et c'est ainsi que nous nous trouvons pour quelques instants associés à l'émotion, au trouble, puis à l'expansive joie de ces personnes, dont la vue déjà avait provoqué notre considération et notre sympathie. Après quelques causeries, on se sépare amicalement, et chacun gagne sa cellule.

NEUVIÈME JOURNÉE.

Au couvent, sortir du lit n'est pas récréatif. Murailles, planchers, tables, ustensiles, tout est froid comme une roche à l'ombre. De plus, au lieu des sérénités radieuses d'hier, la pluie fouette les vitres des croisées, et le vent balaie le col. Quel dommage! Mais il ne sert de rien de s'apitoyer. Le plus pressé c'est de déjeuner bien vite, car deux, trois, quatre caravanes attendent que nous ayons libéré la table pour pouvoir déjeuner à leur tour.

Vers neuf heures, le temps s'éclaircit. Nous en profitons pour prendre congé des Pères et pour nous mettre en route. Mais une fois engagés dans cette antique chaussée qui serpente dans la gorge supérieure du mont Saint-Bernard, la pluie recommence de plus belle, et, au lieu des diaphanes clartés de tout à l'heure, ce ne sont autour de nous que grises nuées ou tristes noirceurs. Cependant, derrière nous, un bruit de pas se fait entendre. C'est un vieux de roche, trapu, cambré, veste et culotte de futaine, l'œil franc, la figure ouverte, et qui, marchant à la bonne, fait retentir sous ses souliers ferrés les dalles de la chaussée. Désireux que nous sommes d'entreprendre ici une spéculation, nous l'attendons pour lui adresser quelques questions sur la route : « Je ne la sais pas mieux que vous, nous répondit-il; mais, en montagne, il n'y en pas deux, c'est où le chemin passe. » Au sens et au tour de cette réplique, M. Töpffer s'approche, et pour continuer l'entretien : « Ces montagnes, reprend-il, sont bien pauvres, cependant ne pensez-vous pas que les gens sont heureux ici autant qu'ailleurs? — Pourquoi non? En ce qui est du contentement de vivre, le bon Dieu n'a pas deux mesures, une pour la plaine, une pour les hauteurs. » Puis s'arrêtant : « Tel que vous me voyez, je suis Tobie Morel, d'en dessus de Romont. En l'an de misère, l'an seize, j'allai trente

lieues plus bas que Paris pour y recueillir la succession de mon aîné, d'où je revins en donnant le tour par les campagnes et par les villes. En ai-je vu là du nouveau, et puis du nouveau!..... Eh bien! rien ne vaut le natal pour y vivre, et encore mieux pour y finir!..... Et tenez, ajoute-t-il, quand, d'aisé que j'étais, cette succession m'eut fait riche, je pouvais m'aller élargir à Fribourg, à Paris, quoi?. . Mais, on n'emporte pas son natal, m'ai-je dit, et j'y suis resté.

— Et avez-vous des enfants? — Une fille, sans plus. A raison de mon bien, beaucoup la poursuivent, et elle en est à ne savoir trop auquel elle se veut donner. Moi je lui dis : Choisis bien, mon enfant. Moyennant qu'il soit brave, je ne suis pas pour te contrarier. — Et qu'entendez-vous par brave? — J'entends celui qui fait fructifier la famille dans l'endroit pour la transmettre bonifiée à ceux d'après. Depuis un quart de siècle et plus haut encore, tous les Morel font bonne fin.

— Et vous venez du couvent? — Bien sûr. J'avais toujours eu l'envie d'y venir prier, si bien que, chaque année, j'en rendais témoignage au Père qui fait la quête. L'autre nuit donc, ayant le rein pris, comme vous savez que la marche remet, j'ai dit en moi-même : Tobie, il te faut profiter d'y aller. Alors m'étant levé sur six heures, j'ai dit à la femme, sachant qu'elle serait mal contente : Pas de raisons, c'est résolu, je vas au couvent : avant cinq jours je serai de retour. Sur quoi je suis parti, et me voilà. Là-haut ils m'ont fourni d'images, et je leur ai dit : A la quête prochaine si vous allez descendre chez Jean Morel et pas chez moi, j'en aurai rancune. Le quêteur m'a promis, et bien sûr que je lui verserai de mon meilleur! »

Tel est le discours de Tobie Morel, non pas inventé, non pas changé, mais recueilli textuellement et sur le chemin même, pour servir de preuve à ce petit adage que nous hasardâmes dans notre relation de l'an passé : *Tous les paysans ont du style,* adage qui revient au fond à cet autre plus généralement accepté : *J'apprends tout mon français à la place Maubert.* Et, en effet, si, bien dire, c'est s'exprimer avec une propriété sentie, avec une justesse pittoresque et animée; si, avoir du style, c'est, à tous les degrés, se peindre, soi, dans ses façons de parler, peut-on dire mieux que Tobie Morel, et allier à autant de clarté plus de naturel? Et au lieu qu'on se lasse souvent de l'entretien d'un beau parleur qui revêt des idées même heureuses de formes conventionnellement irréprochables, peut-on s'ennuyer dans la compagnie d'un paysan qui présente les siennes, même communes, sous des formes frustes et inapprises, mais expressives et trouvées, en telle sorte que sa parole n'est plus guère que du sens, mais franc, natif, et comme transparent d'ingénuité? Certainement non, et mille fois nous en avons fait l'épreuve.

Mais ce qu'il convient de remarquer, c'est que le mot de Malherbe s'applique désormais avec plus de justesse peut-être aux hameaux, aux cantons retirés, et en particulier à quelques localités de la Suisse romande, qu'à la place Maubert. Car, certes, ce français dont parlait Malherbe, ce ne sont ni les jurons, ni les termes poissards qu'emploie le bas peuple, mais bien et uniquement ses façons vives, éloquentes, pittoresques de dire des choses simples ou communes; ses saillies d'expression, ses hardiesses de langage osées sans prétention et hasardées sans contrainte; ses trouvailles de mots et de tours frappés au coin du naturel ou de la passion, et non pas aplatis sous le laminoir du bel usage, ou froidement triés dans le vocabulaire banal. Or, maintenant, grâce d'une part à l'altération des mœurs et du bon sens populaires, soumis depuis tantôt cinquante ans à mille expérimentations diverses et à l'invasion presque universelle des demi-lumières et de la fausse instruction; grâce, d'autre part, à l'indéfinie multiplication des journaux et des publications de toute sorte, à l'active influence des romans et des théâtres mis de plus en plus à la portée des classes inférieures, à la dissémination, par l'effet de ces causes et de beaucoup d'autres, d'un français bâtard, terne et tout formulé, où donc trouver aujourd'hui, dans quelque ville de France que ce soit, cette place Maubert, où le peuple, n'usant qu'à sa guise et selon son instinct de l'idiome purement traditionnel, charme et instruit à la fois un Malherbe par le sens, par le naturel, par la gauloise simplesse de son propos? Bien plutôt, ce semble, c'est dans les cantons retirés, dans les vallées écartées en dessus de Romont, à Liddes, à Saint-Branchier, au bourg Saint-Pierre, et en accostant le paysan qui descend la chaussée, ou en s'asseyant le soir au foyer des chaumières, que l'on a le charme encore d'entendre le français de souche, le français vieilli, mais nerveux, souple, libre, et parlé avec une antique et franche netteté par des hommes aussi simples de mœurs que sains de cœur et sensés d'esprit.

Plus ou moins rincés nous arrivons à Liddes, où l'on nous sert une buvette. L'hôtesse nous reconnaît bien. « Cher monsieur, dit-elle à M. Töpffer, depuis l'autre fois vous n'êtes pas devenu beau! Hélas! c'est ainsi que moi: la vieillesse n'est pas loin, et tous nous marchons contre... » Encore une fois, dans quelle ville de France vous dirait-on avec autant de justesse des crudités si crues, et une hôtesse encore! Mais dites seulement, bonne vieille, dites comme le regard vous dicte et comme la droiture vous conseille. Conservez quelque part cette ingénuité respectable, qui, toute bienveillante, tout hospitalière qu'elle soit, ignore néanmoins l'art de se taire pour flatter, et n'a garde d'imaginer qu'on puisse déplaire à un homme sensé en lui disant ce qu'il doit savoir. Pendant que nous sommes à table, arrivent dans Liddes et le pekoe célibataire, et les deux touristes baigneurs d'hier au soir. Rincés et contents comme des poissons dans l'eau, ceux-ci poursuivent leur route. L'autre, le pekoe blondin, descend de char et fait retraite sous un auvent d'où il considère bien tristement la pluie qui tombe, qui ruisselle, qui délaye, qui a transformé en étable du roi Augias la grande rue de Liddes. C'est qu'il ne veut ni affronter ce déluge dans un char mal couvert, ni compromettre le petit traintrain de sa digestion en prenant quelque chose à l'hôtel, ni parler à qui que ce soit avant la fin du jour. Pour nous, une fois repus, sauve qui peut ! Nous galopons sur Orsières.

Orsières, c'est le bourg où aboutit le val Ferret. Hier matin, si nous avions continué de descendre, nous y serions arrivés en trois heures de temps. Ce bourg est considérable, florissant, en voie de progrès, ainsi que toute cette vallée. Hélas, oui, artiste, cette chaussée qui retentissait tout à l'heure sous les bons souliers ferrés de Tobie Morel, ces sentiers sauvages qui serpentent de la Cantine au bourg Saint-Pierre, ces petits chemins en corniche qui descendent du bourg Saint-Pierre à Orsières, tout cela va faire place à une grande et belle route cantonale d'égale pente partout, d'égale largeur partout ! Au lieu de ces tranquilles hameaux où, encore à l'heure qu'il est, le voyageur cherche laquelle de ces étables est l'hôtellerie, des auberges vont se construire, des relais s'établir de distance en distance, des postillons jurer, des grelots retentir, des fouets claquer, et la poésie s'enfuir éperdue. Ce couvent, ces Pères, ces chiens, ces avalanches, ces frimas, ces périls vont perdre leur auréole de grandeur, de solitude, de mystère, jusqu'à ce que d'industrieux travaux et de mercenaires offices ayant désarmé la nature ou remplacé le dévouement, cette pure flamme de la charité, allumée là-haut il y a dix siècles par le pâtre de Menthon, comme sur un sublime et inaccessible autel, ait cessé pour toujours de réchauffer ces vallées et de resplendir au loin sur la terre !

A Saint-Branchier, nous retrouvons Tobie Morel qui, assis dans une salle basse, y fait tranquillement la dînée. « Le rein va mieux, le rein va bien, nous dit-il, et voici le soleil qui séchera le reste. A votre santé, messieurs, et bon voyage ! » Là-dessus Tobie Morel s'administre un coup de blanc, puis il se remet à sa pitance, mangeant modérément, sans hâte, par petits quartiers proprement équarris, le gras à l'angle et du sel au coin. Sobriété friande dont les paysans seuls savent le secret, saine gourmandise dont nous usons, nous, de loin en loin, par accident, par nécessité, mais qui, pour l'homme de sueurs, pour le vieillard des champs, pour le philosophe rustique, est chose à la fois d'escient, de tradition et d'habitude.

Il y a un marché dans les environs, car, au delà de Saint-Branchier, nous croisons des bestiaux, des familles, des attelages qui remontent, et aussi des mules chargées celle-ci de l'aïeul et des marmots, celle-là de quelque garçon qui porte en croupe sa fiancée. La jeune fille, pour se maintenir sur l'arrière du bât, enserre de l'un de ses bras la personne de son futur époux ; et celui-ci, maître qu'il est de la bête, tantôt la laisse se prélasser le long du précipice, plus souvent l'approche des gaules épineuses, afin que, rétive et mutine, elle se cabre ou refuse d'avancer. On le gronde alors, mais on l'enserre plus étroitement, et lui, tout en promettant d'être plus sage, continue de raser les gaules et d'approcher des épines.

Tout à l'heure nous débouchons sur la vallée du Rhône, et voilà que nous retrouvons sur notre gauche ce sentier de la Forclaz que nous gravîmes il y a huit jours. C'est donc ici que nous nouons les deux bouts, et que notre tour du mont Blanc se trouve terminé. Auprès des solitudes d'où

nous sortons, cette contrée est bien peuplée, bien riante et Martigny-le-Bourg nous semble s'élever là comme un petit Bagdad tout animé de foule, tout élégant de minarets et de civilisation. Au moment où nous le traversons à la course pour tâcher de devancer la tempête qui accourt du fond des gorges de la Drance, des gens émus s'y agenouillent de toutes parts le long des rues, et une cloche y bat un glas funèbre. On nous dit qu'une jeune fille va expirer à qui l'on administre le Saint-Sacrement. Le soir, aux feux de l'éclair et sous la tiède haleine d'un vent orageux qui ploie

LE GARÇON ET SA FIANCÉE.

les arbres et qui soulève la poussière des chemins, cette scène, hâtivement entrevue, frappe par un harmonieux mélange de sombre tumulte et de lugubre agitation. A peine avons-nous atteint Martigny et les abords de l'hôtel, que le tonnerre gronde que le vent cesse, et que la pluie tombe par torrents.

A Martigny nous sommes accueillis par des amis et des parents, qui, de Bex où ils sont en séjour, sont venus nous visiter au passage et souper avec nous. Ils amènent Shall, que nous y avions laissé pour se refaire le jarret, et qui, de moins en moins fabuleux, en est à discerner déjà passablement la substance de la qualité, tout comme à ne plus confondre les choses du quatrième ciel avec les particularités sublunaires. Albin, arrivé d'Aix il y a une heure, rejoint pareillement, et, chose tout autrement inattendue, voici les cinq francs de Léonidas qui se mettent à rejoindre aussi! Ramassés par une bonne femme dans le sentier de la Forclaz, auprès de la source même où Léonidas s'est arrêté pour boire, cette bonne femme est redescendue à Martigny tout exprès pour les y déposer à l'hôtel, laissant aux gens de la maison le soin d'en rechercher le possesseur, ou d'attendre qu'il les réclame. Ingénue probité, honnêteté naïve, qui cause à la fois une douce surprise et une réjouissante estime! Il y a, dit le proverbe, des braves gens partout, mais nous sommes placés, nous, pour ajouter qu'il y en a surtout en Valais. En effet, par trois fois déjà, dans nos précédentes excursions, il nous est arrivé, entassés que nous étions sur de mauvais chars à bancs, d'y semer des havre-sacs sur le grand chemin, et par trois fois tous les havre-sacs ont rejoint dans la journée, spontanément et sans seulement avoir été ouverts, tandis que sur d'autres grands chemins le même accident n'a jamais été suivi pour nous de la même aubaine. Le voyageur dépouillé vivait alors d'aumône, en sorte que, tantôt à l'étroit dans une veste étriquée, tantôt perdu dans l'ampleur d'un pantalon bouffant, il cheminait, exemple de misère, sujet de rire. A peine Léonidas a recouvré ses cinq francs qu'il se fait servir un thé, auquel il convie Ernest, et voilà ces deux virgules qui, établies dans une salle basse, s'administrent l'infusion, se donnent la tartine, et tranchent du pekoe à qui mieux mieux.

Cependant la nuit tombe, et tandis que Jean Payod et la mule arrivent transis de froid, noyés de pluie, la salle à manger s'illumine, les sommeliers vont et viennent, la machine enfin commence son vacarme précurseur de sauces vertes et de cailles rôties. Nous accourons. Beau spectacle pour nos quarante-deux yeux! Moments de riche activité pour nos vingt et une mâchoires, de puissant transport pour nos innombrables appétits! Car, hélas! bien différents de Tobie Morel, et bien moins sages, nous n'équarrissons point par petits quartiers avec le gras à l'angle et du sel au coin, mais nous engouffrons gloutonnement tout ce qui se présente, sans autre philosophie que celle de combler les crevasses et de bourrer les cavités. Un des sommeliers boite pendant que les autres courent, et le sautillement ralenti de ce canard affligé n'en fait que mieux ressortir la hâte précipitée de tous ces volatiles en émoi.

Sur la fin du repas, Martin Marc témoigne d'une grande maladie dont il se sent atteint subitement, et, grave pour la première fois depuis notre

départ de Genève, il s'en vient demander à M. Töpffer la permission d'aller au plus vite s'aliter très-sérieusement. Un rire rentré évidemment. Par bonheur, dès le petit jour, la poussée se fait et l'éruption a lieu : ce sont d'abord de petites gaietés chatouilleuses suivies de démangeaisons désopilatoires, puis tout à l'heure un fou rire à briser pots et cuvettes. Martin Marc se sent déjà beaucoup mieux, lorsqu'à la vue de Simond Marc aussi, qui s'en vient lui apporter le spectacle présumé de sa spirale ascensionnelle, il se rétablit tout à fait au moyen d'un branle de rire qui dure encore.

Ce soir nous avons soupé avec une société d'employés français. Le touriste employé tient un peu du commis voyageur. Impérieux et brusque avec les garçons, seigneur et monarque pour son argent, et tenant à honneur de se montrer entendu et difficile, il se fait changer son vin, il flaire la moutarde et n'en veut pas, il critique le rôti et l'avale tout entier. Du reste, et selon la sorte d'administration à laquelle il est attaché dans son pays, le touriste employé voit les contrées étrangères au point de vue des ponts et chaussées, en sorte que, plus spécial, plus positif que le commis voyageur, il n'a de celui-ci ni sa politesse de débotté, ni ses romances de dessert, ni sa galanterie de seuil d'auberge, ni son libéralisme de diligence. C'est donc un animal pas beaucoup plus charmant, mais bien moins insupportable. Il porte des lunettes.

Au moment d'aller nous aliter aussi, Jean Payod entre dans la salle, qui s'en vient régler son compte, et nous faire ses adieux. M. Töpffer lui compose un beau certificat parafé; et nous serrons cordialement la main à Jean Payod, qui se retire tout attendri. Huit jours de vie commune et surtout son modeste dévouement nous ont attachés à cet homme, en sorte que ce n'est pas sans en éprouver nous-mêmes une vraie tristesse que nous voyons notre caravane s'appauvrir de sa présence tranquille, de ses soins assidus et de sa vigilance affectueuse.

DIXIÈME JOURNÉE.

Nous revoici dans la plaine, mais pour peu de temps. Il s'agit seulement de gagner Sion, pour, de là, nous aventurer dans des gorges encore inexplorées des touristes et au sujet desquelles nous ne possédons pas même d'exacts renseignements. Tant mieux! Rien ne vaut l'imprévu, et aller à la découverte du plus petit des nouveaux mondes c'est, à notre goût, un plaisir plus piquant encore que de promener une banale admiration devant les vieilles merveilles du monde connu, décrit et étiqueté.

La vallée du Rhône, qui court de l'ouest à l'est à peu près, est profondément encaissée entre les Alpes bernoises, qui la ferment au nord, et la chaîne des hautes Alpes, qui la sépare au midi des plaines du Piémont et de celles de la Lombardie. Mais tandis que les Alpes bernoises, parallèles au cours du Rhône, et toutes prochaines, le bordent en quelque sorte de leurs gigantesques parois; la chaîne des hautes Alpes, au contraire, à partir du col de Balme, s'arrondit en un cintre immense dont les pics du mont Rose et du Cervin marquent le point de plus grand écartement; puis, fléchissant de nouveau vers le nord, elle s'en vient lancer ses contre-forts jusque sous les murs de Brigg, à quelque distance des graviers du fleuve. De longues vallées perpendiculaires à la haute chaîne, et qui sont séparées entre elles par d'imposantes montagnes dont les cimes s'alignent en arêtes parallèles occupent l'intérieur de ce cintre. Mais, fermées qu'elles sont du côté de l'Italie, et presque sans communication entre elles, nul ne s'y engage, excepté les gens du pays, en sorte que pour le touriste elles présentent à cette heure encore tout l'attrait de la nouveauté, et aussi, à considérer les peuplades qui y vivent paisibles et ignorées, ce charme plus rare et plus attachant des vieilles mœurs, des usages traditionnels, d'une loyauté antique et d'une simplicité primitive.

Pour achever de tracer la configuration générale de ces deux chaînes si voisines et si différentes, celle des Alpes bernoises et celle du mont Rose, nous ajouterons ici quelques traits encore. Aussi bien est-ce un plaisir d'intelligence et un vif amusement d'écrivain, que de reconnaître et d'esquisser ces grandes physionomies de contrées, que d'entrevoir, dans ces colossaux accidents d'un coin de la nature terrestre, la raison des assemblages d'hommes, la cause ici préservatrice des mœurs et de la paix, là génératrice de la richesse ou de la pauvreté, du contentement ou du malaise, du calme salutaire des âmes simples ou de l'inquiète ambition des esprits façonnés aux désirs avides. Plus que tout autre pays la Suisse prête à cette intéressante et philosophique étude, et il appartiendrait à un sage d'y consacrer sa vie; mais les sages sont rares plus que les touristes, et de même qu'aujourd'hui, voir un pays, c'est le parcourir hâtivement un itinéraire à la main; étudier des peuplades, c'est compiler hâtivement ce que d'autres en ont écrit. Ainsi va se perdant la vraie science, à la fois pratique par la méthode, élevée par le but; ainsi vont s'échangeant contre des formules stériles les fécondes leçons de l'observation; ainsi l'histoire elle-même s'appauvrit à mesure qu'elle se perfectionne, pour n'être plus bientôt qu'une escrime de doctrines et de systèmes sans action bienfaisante comme sans base certaine.

Ce qui fait que les deux côtés de la vallée du Rhône présentent, quoique si voisines l'une de l'autre, des caractères bien différents, c'est que, des deux chaînes qui l'enserrent, l'une, aisément franchissable, permet au colon indigène de se transporter dans l'espace de quelques heures sur le revers bernois, au milieu des grasses prairies, jusqu'aux éclatants rivages de Thune et d'Interlaken, là où l'attirent à la fois et l'abondance des marchés et l'hospitalier accueil d'un peuple confédéré. Les Diablerets, le Rawyl, la Gemmi, le Grimsel, quatre passages sévères, il est vrai, mais sans danger durant les beaux mois de l'année, lui ouvrent leurs sauvages défilés, et il s'y engage tantôt avec sa mule chargée de vin, tantôt avec ses bestiaux mugissants, souvent aussi seul et portant sa lourde charge le long des rampes abruptes et des arêtes décharnées. De là, chez les Valaisans de la rive droite, plus d'industrie, plus d'activité, des bourgades plus riches, des boutiques mieux pourvues, des hôtelleries, des cabarets, des opulents et des pauvres. Et comme deux de ces passages, la Gemmi et le Grimsel, sont devenus le grand chemin des touristes, cet habituel aspect des caravanes fortunées, la vue de l'or qu'elles sèment sur leur passage ont éveillé le désir, allumé la cupidité et changé dans bien des cœurs le contentement pacifique en un sentiment d'ingrat malaise et d'inquiète envie.

De l'autre côté il n'en va pas ainsi. Au nord le Rhône qui limite, au midi les grandes Alpes qui enferment, à l'est et à l'ouest deux passages, le grand Saint-Bernard et le Simplon, par où s'écoule sans toucher aux vallées intérieures le torrent des voyageurs et des touristes ; ainsi qu'on voit dans le fleuve lui-même l'onde bourbeuse se partager et fuir sans troubler la paix fleurie des îlots solitaires. A la vérité les hommes d'Evolena, dans la vallée d'Hérens, se rendent par le glacier d'Arola dans le pays d'Aoste, et les hommes de Zermatt par le glacier de Saint-Théodule dans les vallées du Piémont ; mais ces rudes et périlleuses traversées, bien loin de concourir à l'altération des mœurs, concourent au contraire à conserver à ces mœurs leur trait de fruste vigueur et d'antique énergie. Combien, en effet, ne faut-il pas supposer chez ces montagnards de Zermatt ou d'Evolena de foi dans leurs vieilles coutumes et d'ignorance des choses modernes, de confiance traditionnelle dans les usages de leurs pères et de saine insouciance des usages du dehors, pour que, tout voisins qu'ils sont de deux passages sûrs et faciles qui mènent sur le revers italien, ils continuent d'y pénétrer au travers d'un désert de glaces, en bravant à la fois l'abîme béant et la tempête formidable!

Aussi, grâce à cet isolement, les vallées de la rive gauche, celles d'Hérens, de Zermatt, de Saas, présentent-elles un aspect de paisible existence, de pauvreté sans douleurs, de labeurs uniformément répartis et fidèlement récompensés, c'est encore là le pays de cette égalité primitive qui, basée sur de communes sueurs et sur de modiques ressources, se conserve d'âge en âge sous la tutelle d'un ciel rigoureux et d'un sol avare qui assurent le vivre et pas le surplus, la provision d'hiver et pas la charge des greniers. L'on n'y rencontre ni bruyante et active industrie, ni opulentes bourgades, ni boutiques, ni riches, ni indigents; et si dans ce pays sans voyageurs l'on ne s'attend pas, à la vérité, à trouver des hôtelleries, ce n'est pas néanmoins sans éprouver une douce surprise que l'on apprend, que l'on s'assure qu'il n'y existe point de cabarets. Le vin y pénètre pourtant, mais chez quelques-uns seulement, pour y être bu avec épargne, pour y circuler de foyer en foyer, et non pas pour y être la marchandise d'un vendeur intéressé à entretenir l'ivrognerie du père de famille et à en amorcer le penchant chez les jeunes garçons d'alentour.

Deux choses cependant menacent de changer la physionomie de ces vallées et d'y faire pénétrer, en même temps que certains avantages d'industrie ou de richesse dont elles sont encore privées à cette heure, l'éveil des désirs, le trouble et l'affaiblissement des croyances, et l'ingrat et funeste progrès qui transforme si vite de paisibles montagnards en raisonneurs inquiets, des villageois attachés à leurs étables en hommes curieux des villes et envieux de s'y aller enrichir et corrompre tout ensemble; des sobres en buveurs, des pauvres en mendiants. La première, c'est la révolution du Valais, dont le contre-coup s'est fait sentir jusqu'au fond de ces gorges et jusqu'au sommet de ces rochers, pour y susciter des différends, pour y briser le joug auparavant inaperçu des coutumes séculaires, et pour y détruire sans retour le sentiment d'une traditionnelle vénération envers l'autorité patriarcale des familles patriciennes et celui d'une pieuse soumission envers le curé du hameau. La seconde, c'est que déjà la curiosité et l'intérêt se portent du côté de ces peuplades plus vierges que d'autres de progrès et de civilisation; c'est que déjà la renommée publie qu'au fond de ces vallées on retrouve, aussi radieuses qu'à Chamonix et plus nouvelles, les merveilles et les splendeurs de la grande chaîne; c'est que déjà des artistes, des savants, des voyageurs, qui ont poussé leurs explorations jusqu'à Zermatt, et quelques-uns par delà les glaces de Saint-Théodule jusque dans le val d'Auzasca, sont revenus émerveillés du spectacle des lieux, charmés et comme heureux de la simplicité des habitants, tout remplis, en un mot, de cette réjouissance expansive qui propage le désir et qui détermine les projets. Nous-mêmes, ce sont les récentes informations de quelques-uns de ces voyageurs, ce sont antérieurement les pressantes et itératives suggestions de madame Muston, aubergiste de la Couronne à Sion, qui nous ont déterminés à nous écarter cette année de vallées plus célèbres et plus fréquentées qui nous offraient à la fois et des merveilles à voir et des gîtes où nous abriter, pour nous engager à l'aventure dans des contrées sans auberges et dans des hauteurs sans chemins. Mais n'anticipons pas sur les journées, et avant d'arriver à Evolena, commençons par sortir de Martigny.

Ce matin le temps est magnifique. L'orage d'hier au soir a purifié le ciel, et tandis que les ruisseaux troublés et grossis courent tumultueusement verser dans le Rhône l'onde écoulée des hauteurs, l'on voit de toutes parts des prairies abreuvées, des pentes rafraîchies, des cimes nettoyées de vapeurs que le soleil échauffe et réjouit de ses caresses matinales. Que ce moment est beau dans nos montagnes, que ce contraste de la veille courroucée et du lendemain souriant y est rempli d'un charme aimable et vif! Hier, le vent et l'orage, la pluie et la foudre! Hier, les cimes se cachent, les gorges hurlent, les forêts frémissent ébranlées, et c'est sur d'horribles fureurs que la nuit jette ses voiles les plus ténébreux....... Aujourd'hui l'aube timide, l'aurore rosée, et là-haut, dans les profondeurs du firmament, une cime auguste qui tout à coup s'empourpre et resplendit. C'est le soleil! L'astre monte, et insensiblement, aux rougeurs sévères de son imposant lever, succèdent d'argentines clartés qui rasent les monts, qui inondent les vallées, qui plongent dans les abîmes, qui s'en vont porter en tous lieux la paix et la joie.

Pendant que l'on prépare deux grands chariots qui doivent nous transporter à Sion, nous ne perdons pas notre temps. Les uns assistent au départ des caravanes, les autres se hâtent d'écrire à leurs familles, aucuns redéjeunent et reredéjeunent encore, tandis que les petits pekoe d'hier au soir descendus dans la rue y agacent les poules, s'y achètent de la ficelle, ou s'y livrent en plein forum à des discussions brimborionnes sur des sujets conformes. C'est que Léonidas, aussi frétillant d'esprit qu'il est bouillon de corps, prend plaisir aux crânes défis, aux thèses improvisées, à ces assauts d'argumentation hâtive, pressante, hasardée, qui se terminent tantôt par une claque victorieuse, tantôt par un éclat de rire. Il est de notoriété qu'à Genève, où il a rencontré dans François Töpffer un adversaire digne de lui, l'on a vu ces deux docteurs agiter, prendre et reprendre à maintes reprises la grande question de savoir lequel vaut le mieux d'un tambour neuf ou d'un âne de vingt francs..... Le bel âge que celui d'écolier fretin! Et qu'il faut être frais éclos, nouvellement tombé du nid, pour n'en être encore, au milieu des graves préoccupations du siècle ou de la vie, qu'à gazouiller à l'envi sur ce thème incomparablement inimaginable!

Les chariots sont prêts, l'on s'y ajuste, et fouette cocher! Bientôt Martigny fuit derrière nous, et nous voilà lancés dans l'interminable ruban. Par malheur M. Töpffer établit dans le char auquel il préside d'abord une école de chant, ensuite un système de chatouillement réciproque qui produit d'affreux vacarmes et d'immenses perturbations. Les dames, sans doute, sont respectées, mais tout le reste s'attaque aux genoux, aux côtés, aux coudes, sous le menton, et la société ne forme bientôt plus qu'un amalgame épique de chatouilleurs qui s'enchevêtrent dans un salmigondis de chatouillés qui se contre-chatouillent. Les calmes, les réfléchis, ceux qui se plaisent à somnoler tranquillement au soleil, sont bien malheureux dans ce char-là, puisque, attaqués comme les autres, au beau milieu de leur affliction, ils sont contraints d'éclater de rire. Mais chut! Voici un touriste perché.

Le touriste perché est une espèce très-rare. Solitaire et muet, il part de grand matin un livre sous le bras, marche quelque espace, puis, sautant

sur un roc ou sur une branche, il y perche des heures, grugeant des paragraphes et avalant des chapitres. Celui-ci, faute de roc, faute d'arbres dans cet endroit, perche sur la clôture qui borde le grand chemin, et de façon à s'y mortifier les chairs bien cruellement si la chose doit durer.

Nous le regardons, il ne nous regarde pas, et fouette cocher, voici Riddes, où l'on nous change de chevaux, de postillons et de chariots.

Au delà de Riddes, plus de ruban, mais un chemin sinueux, montueux, ombragé, et, au travers des trouées du feuillage, l'on aperçoit, qui se dessinent sur la brume azurée des monts plus lointains, les cimes crénelées des rochers de Sion. Cet aspect est enchanteur : aussi nous tournons à la contemplation, à l'églogue, au ravissement, pour autant du moins que le permettent les cahots du char, qui a pour ressorts des échelles, pour bancs des planches, et pour coursiers trois cavales à tous crins lancées de tous leurs jarrets. Ardon, Saint-Martin, passent comme un éclair, et à peine venons-nous de quitter Riddes que déjà nous faisons notre entrée à Sion. Les fenêtres s'ouvrent, les gens accourent, et du seuil de son auberge madame Muston nous souhaite la bienvenue. Après quoi ses premiers mots sont pour nous dire que déjà sont partis pour Evolena les draps dans lesquels nous coucherons demain, les couteaux, les fourchettes, les assiettes, et, généralement parlant, tout ce qui n'est pas usité dans l'endroit.

Ainsi tranquillisé sur les assiettes et sur les fourchettes, M. Töpffer, sans perdre de temps, s'occupe d'étudier les voies et chemins qui conduisent à Evolena et qui en reviennent. Son projet, c'est de visiter la vallée d'Hérens, pour de là passer dans celle d'Anniviers, où des Huns, dit-on, vinrent se fixer dès le cinquième siècle, voire même dans celle de Zermatt, si quelque passage existe au moyen duquel des touristes de notre sorte puissent passer de l'une dans l'autre. A la vérité, les itinéraires en indiquent un ou deux, madame Muston en pressent des quantités, et les gens de Sion n'ont garde d'en nier aucun; mais tout ceci est vague, et M. Töpffer, en général prudent, trace son plan d'opération de manière à n'être point obligé de tenter une périlleuse traversée, si, arrivé sur les lieux, des informations plus précises venaient à lui démontrer ou que ces passages existent fort peu ou qu'ils ne sont pratiqués que par les chamois. Séance tenante, il est arrêté que l'expédition, au lieu de pénétrer dans la vallée d'Hérens par le chemin qui longe les rives escarpées de la Borgne, montera d'abord aux Mayens, pour de là redescendre sur les pyramides de Vex. Des pyramides, par Useigne et Pragan, elle s'élèvera jusqu'au plateau d'Evolena, que cerne au midi le glacier du Ferpècle; puis, arrivée dans cet endroit, l'on y déterminera, d'après l'état du temps et d'après le résultat des informations, la route du lendemain. « Pour tout cela, nous dit madame Muston, vous n'aurez qu'à vous laisser faire; ces gens vous diront le vrai sans plus, heureux de vous mettre au fait, heureux de vous être en aide. Je vais, moi, vous retenir deux mules et deux guides, et mon homme de confiance vous portera aux Mayens un déjeuner que je veux vous y offrir. Soyez-en sûrs, tout ira bien. » Le moyen que tout n'aille pas bien, quand on est accueilli de la sorte, quand, à l'heure qu'il est, déjà de braves montagnards, avertis et secondés par cette digne dame, nous préparent et la chère et le gîte de demain dans les cabanes d'Evolena, à cent lieues du monde et à deux pas du Ferpècle !

Les choses ainsi réglées, nous voulons mettre à profit notre soirée en visitant les curiosités de Sion. Cette ville, en même temps qu'elle s'embellit de constructions nouvelles, perd insensiblement sa physionomie jadis si caractéristique de petite Jérusalem catholique, où, sur le flanc d'une montagne aride, et tout voisins d'une pierreuse vallée, s'élèvent de saints parvis incessamment encombrés de fidèles. Déjà s'y heurtent et s'y combattent le rajeunissement et la vétusté, le moderne et le suranné, la hâte précipitée du progrès et la tenace inertie des coutumes séculaires. Déjà des cafés, des estaminets, de neuves maisons y coudoient les masures enfumées du pâtre citadin, ou y éclipsent par l'éclat de leur fastueux blanchiment la modeste façade des vieux hôtels percés de galeries, striés d'arabesques, marqués d'écussons. Par l'entremise amicale de madame Muston, nous sommes introduits dans deux de ces vieux hôtels : rien n'est plus curieux, rien plus expressif de la révolution qui s'opère. La construction de celui que nous visitons d'abord remonte à l'année 1505 ; on le reconnaît dès l'escalier, dont l'architecture allie les élégances de l'ogive et le délicat entre-croisement des arceaux effilés à la gothique ornementation d'anges bizarres et de diableteaux contournés qui font saillie dans les angles ou qui nichent dans les recoins. Cet escalier aboutit à la grande salle, qui est peinte, boisée, dorée dans le goût du temps, et où d'antiques bahuts, de hauts buffets richement sculptés recèlent derrière leurs ais délabrés, ici des hardes, là des pampres de maïs ou des débris de victuailles. Enfin, au delà, et dans une chambrette écartée, nous trouvons un vieillard qui dispose quelques provisions qu'un homme attend pour les monter aux Mayens. Ce vieillard, vêtu comme un fermier, mais de qui le langage noblement affable et les manières empreintes de dignité trahissent la condition, c'est le seigneur de cette demeure, et le rejeton de l'une des plus illustres familles du Valais. La révolution, le bruit, le siècle assiègent son manoir, mais ils n'y ont pas pénétré ; et pendant que, tout près, dans la rue voisine, le radicalisme tient ses états sur le seuil des cafés, et y proclame la prochaine et glorieuse transformation du vieux Valais en un Valais brillamment renouvelé, lui, fidèle au passé, en garde les coutumes, en révère la mémoire, et, à mesure que s'échappe l'espoir, il se cramponne aux souvenirs.

L'autre hôtel où nous sommes introduits appartient à une jeune veuve qui nous semble avoir mieux pris son parti des changements survenus dans la constitution de son pays. Mais quel curieux désordre, quel assemblage pittoresque de vieilleries somptueuses et de nouveautés frelatées! Au moment où nous entrons, l'on écure l'appartement, et la jeune veuve, en se voyant surprise au milieu de ces domestiques embarras par toute une horde d'étrangers, d'abord rougit, puis nous accueille avec aisance, et, informée de l'objet de notre visite, elle se rajuste et s'empresse tout ensemble, nous faisant passer d'étage en étage et de chambre en chambre. Dans l'une de ces chambres, un savetier à barbe blanche, assis sur le bahut que nous y venons voir, répare des chaussures. Dans l'autre, où sont d'admirables buffets tout chargés de sculptures précieusement travaillées, gît sur un misérable grabat un vacher expirant. Dans la dernière enfin, et en regard de châles, de robes, d'attifements modernes qui sont épars sur des chaises, madame d'A. sort d'une armoire et fait passer sous nos yeux des ajustements d'autrefois, non pas des parures, mais des costumes tout riches de soie, de velours et de broderies; des joyaux massifs, des pots, des coupes d'or, magnifiquement ciselés; d'antiques ustensiles de

RUINES DE VALÈRE.

fête de baptême, qui, devenus sans usage désormais, sortiront prochainement et sans retour de ces retraites pour aller sur la devanture d'un marchand de bric-à-brac tenter la fantaisie de quelque amateur moyen âge par ton et antiquaire par vanité.

Ceci vu, nous nous dirigeons, sous la conduite d'un barbier de place, vers le château de Valère. Ce sont ces pittoresques masures qui couronnent la montagne de Sion. Pour y parvenir, l'on passe devant l'église des jésuites et devant quelque autre chose encore des jésuites aussi, où se trouve un musée que nous visitons en passant. Ce musée, peu riche d'ailleurs, en est demeuré pour la botanique à Linnée, pour la physique à Haüy, pour la zoologie à Buffon; et les bustes de ces trois grands hommes y président à quelques quadrupèdes bourrés de paille, à des grenouilles en bouteille et à des brimborions étiquetés qui, effectivement, donnent de l'air à des minéraux. En outre, l'on y voit aux angles, dans de grandes armoires vitrées, des fables de la Fontaine, qui n'ont ni toute la poésie du texte original ni tout l'esprit de la traduction de Grandville. C'est, par exemple, maître corbeau empaillé qui tient en son bec un fromage de bois blanc, pendant que maître renard, empaillé aussi, ne lui tient point de langage du tout. Notre barbier de place exprime par un rire pâteux et par un grognement indistinct que ce spectacle le ravit d'aise jusques au fin fond de ses dernières moelles intellectuelles. Pour les simples et pour les crétins aussi, plus l'imitation est plate et directe, plus elle leur cause de plaisir; et il ne faut pas se dissimuler que la vue de quatre chandelles en sautoir sur l'enseigne d'un épicier leur procure plus d'artistique jouissance que ne pourrait faire la Vierge de Foligno ou la Communion de saint Jérôme.

Nous gravissons ensuite la vallée pierreuse, nous serpentons entre des masures inhabitées : les herbes folles, les plantes emmêlées recouvrent ici le sol et masquent les décombres. Au sommet, une église, un vieil arbre, une terrasse derrière, d'où le regard plane sur le fleuve et ses îles et ses beaux rivages; d'où il fuit, d'où il vole de croupe en croupe, d'arceaux en arceaux jusqu'à la lointaine échancrure de la Forclaz. Comme hier et à la même heure, l'orage s'y forme, il accourt; le vent brise un rameau, la pluie fouette les murailles, et, retirés sous l'auvent caduc d'un portail délabré, nous assistons de là à ce spectacle toujours si attachant des campagnes qui pâlissent, du ciel qui se courrouce, de la nature enfin qui, tout à l'heure calme et resplendissante, frémit de trouble et s'inonde de pleurs.

TERRASSE DE VALÈRE.

ONZIÈME JOURNÉE.

Ce matin, point d'aube timide, point d'aurore rosée, et à la place une pluie à verse qui bat contre les vitres et qui murmure dans les gouttières. A l'ouïe de ce déplaisant concert, M. Töpffer en est déjà à renoncer à tout projet d'expédition tant à pied qu'à cheval, au Ferpècle ou ailleurs, lorsque arrivent avec leurs mules les deux guides engagés la veille. « Fera beau, » disent ces imperturbables. D'autre part, l'homme de confiance arrive aussi, et il se met à charger sur un roussin de confiance force volailles et pâtés, force cruchons et bouteilles. L'assurance de ces gens, la vue de ces cruchons entraîne M. Töpffer, qui prend aussitôt son parti et fait réveiller son monde. Après tout, pense-t-il, quand le vin est tiré, il faut le boire; et ce serait mal reconnaître les pâtés de madame Muston que d'en faire fi pour un peu de pluie. En route donc, cruchons, en marche, pâtés, et soyez le glorieux panache qui va nous guider au chemin de l'honneur!

Les réveillés se lèvent, s'habillent, descendent, et, après avoir déposé leurs havre-sacs entre les mains de madame Muston, qui nous les fera parvenir à Viége, ils se présentent à l'appel, la pique en main, un saucisson en bandoulière : c'est une toile cirée dans laquelle chacun a enroulé ce qu'il lui faut de hardes pour une expédition de trois ou quatre jours. Ainsi allégés, nous prenons congé, le roussin part, les mules s'acheminent, la foule s'ouvre, et la pluie cesse de tomber; mais en même temps le vent s'est tu et plus rien ne souffle. Aussi à peine avons-nous commencé à gravir que voici venir des suées soudaines, gigantesques; des suées à fil et sans correctif de sécherie ni d'évaporation.

Le sentier qui conduit aux Mayens serpente le long de rampes, ici cultivées, là boisées médiocrement, en sorte que la vue y étant ouverte de tous côtés, l'on y change de spectacle à chaque tournant de zigzag. Par malheur ce spectacle est à cette heure plus morne encore que magnifique. En effet, les nuées, qui se sont abaissées jusqu'aux croupes inférieures des montagnes, forment comme un dais continu de grise toile tendu d'un bout à l'autre de la longue vallée du Rhône, et, blotti là-bas contre son rocher nu, Sion semble être la déserte capitale de quelque terre abandonnée aux solitaires déprédations du fleuve. Tout à l'heure nous perçons ce dais de nos têtes, et, enveloppés nous-mêmes dans l'épaisse brume, le ciel et la terre échappent pareillement à nos regards.

Le primitif néanmoins a déjà commencé. Tout en montant nous discernons des hameaux embraminés jusque par delà le seuil des cabanes, des jeunes hommes timides, des vieillards patriarches, des femmes, des enfants qui, au lieu de tendre la main sur notre passage, nous considèrent d'un regard hospitalier. Mais le plus primitif de la chose, c'est encore notre homme de confiance, un Valaisan du tout vieux type, carré de taille, paisible d'humeur, solide de sens et habillé de laine. « Et que faut-il bien penser de votre révolution? lui demande M. Töpffer. — C'est à savoir. Il y a du mieux et il y a du pire. Pour nous autres, le plus clair, c'est que nous achetons le sel à meilleur marché. — Et que disent vos gazettes? — L'une dit blanc, l'autre dit noir, juste de quoi s'y embrouiller..... Voyez-vous, les gazettes, c'est bon qu'à donner la malice aux simples, et plus d'un dans ces montagnes s'y est adonné qui est devenu querelleur, sans s'être fait plus savant..... Ohe! ga! ga!..... Ohe! sacre de saume! Ohe! ga! ga!.... Attends!.... » C'est le roussin qui promène les pâtés dans un plant de chardons. Un coup de sabot dans la panse l'a bientôt remis dans la voie.

Insensiblement la côte, escarpée d'abord, s'est adoucie, et tout à l'heure, arrivés sur une prairie doucement inclinée, nous distinguons,

comme au travers d'une argentine gaze, un tranquille Élysée où le sentier se divise en nombreux filets qui conduisent les uns au travers de frais herbages, les autres le long de majestueux bouquets de cèdres et de mélèzes jusqu'au seuil de maisonnettes éparses. Ce sont les Mayens. Nous devions y déjeuner sur l'herbette; mais l'air est froid, l'herbette est mouillée, et, pendant que nous faisons halte sous le péristyle d'une petite chapelle, l'homme de confiance s'en est allé à la recherche de quelque abri hospitalier. Après dix minutes d'attente, nous le voyons qui accourt. « Arrivez! crie-t-il de tout loin. Au premier Mayen, c'était clos, et personne. Au second, j'ai trouvé les dames de la Vallaz qui mettent la grande chambre à votre disposition..... Ohé! ga! ga!..... Sacre de saume, où donc est-elle?..... » C'est le roussin qui pendant ces retards s'est pris à paître, et, de touffe en touffe, de régal en régal, il s'est perdu, notre déjeuner compris, dans les profondeurs du brouillard! Grande est la consternation. L'homme de confiance jure, appelle, gambade; les guides font une battue; nous courons en tous sens..... Rien; cruchons, pâtés, volailles, tout est à paître dans quelque invisible asile.

Pais à ton aise, baudet; roussin, profite des instants; pauvre créature, devine l'intention des dieux : ce sont eux qui t'ont envoyé cette nuée tutélaire. Pour moi, je n'ai point hâte qu'on te retrouve, et volontiers je retarde mon déjeuner pour assurer le tien. Assez dure est ta destinée, assez rares sont tes fêtes; et n'était que tu ne boudes jamais ces plaisirs que l'occasion met à ta portée, où sont ceux-là qu'on te ménage? N'était que tu songes à toi dans ces courts moments où l'on t'oublie, sur qui pourrais-tu compter qui te revalût cette aubaine? Va, joue du râtelier, de ces touffes tonds-moi le plus gras, régale-toi de ces succulents herbages, puisque aussi bien, innocent ou coupable, affamé ou repu, les taloches ne sauraient te manquer... Tout à coup voici deux silhouettes à l'horizon.

C'est le roussin justement qui, point honteux du tout, mais léger, trottillant, pétaradant, lance des crottes à son bourgeois furieux. On l'entoure, on l'arrête, on intervient, et, pour cette fois, il se tire sauf de cette charmante équipée.

Nous arrivons au Mayen. Une bonne vieille est là qui nous introduit dans la grande salle où les vivres nous suivent de près. Muse, redis-moi qui se distingua le plus dans cette guerre aux pâtés, dans ce carnage des volatiles? ou plutôt, muse, redis à tous qu'il n'est de banquets qu'aux montagnes, de noces et festins qu'aux montagnes, de voracités énergiques, splendides, qu'aux montagnes! Redis à tous que le tout grand couvert des monarques n'est que faim et que misère à côté d'un quartier de n'importe quoi, apporté de loin, suivi de près, et qu'on dévore enfin sur l'angle d'une table sans nappe, après trois heures d'abstinence volontaire, de rude montée et de roussin perdu!

Après le repas, nous cherchons à voir nos hôtes pour les remercier. Ils se trouvent être des patriciens de Sion, deux jeunes dames et leur frère chez qui, comme chez tous les patriciens véritables, la distinction des manières n'exclut ni la bonhomie de l'accueil ni la simplicité familière de l'entretien. Ils nous questionnent avec discrétion, ils nous écoutent avec bienveillance, et, tout à l'heure déjà, cette fortuite rencontre s'est changée en réciproque sympathie. Pendant que les dames regardent nos croquis, leur frère va nous chercher les siens. Ce sont des aquarelles faites d'après les sites uniformément aimables de ce paisible séjour. Le vert y domine, cru, brillant, étalé, mais les fraîcheurs de l'endroit s'y reconnaissent aussi, et aussi ces menus détails, ces neuves finesses qui échappent souvent au rapide regard de l'artiste exercé pour se laisser retracer par l'amateur inhabile, réduit qu'il en est à se faire scrupuleux par gaucherie et copiste par inexpérience. Après quelques moments passés ainsi sur le seuil de ce Mayen, nous exprimons à nos hôtes toute notre gratitude pour leur accueil hospitalier, et nous nous apprêtons à continuer notre voyage.

Ce nom de *Mayens*, appliqué tantôt à l'endroit, tantôt aux habitations, a peut-être été remarqué du lecteur, et, au surplus, ces belles solitudes, ces douces cabanes, cette hospitalité exercée à notre égard dans un lieu si écarté et sous des formes si simples par des personnes qui appartiennent à la première noblesse du pays, ont dû éveiller chez lui l'envie d'en savoir davantage sur toutes ces choses. Qu'à cela ne tienne, nous allons le satisfaire. Aussi bien est-ce pour nous un plaisir que de consigner ici des ressouvenirs que l'éloignement embellit et colore, quand déjà c'est du sein de l'agitation des villes, et du milieu des brumes de l'hiver, que le cœur aspire avec le plus de force à rebrousser vers les impressions de calme agreste, de vie cachée, de beaux jours obscurément écoulés sur la lisière des forêts, dans la compagnie toujours aimable des ruisseaux, des rochers et des prairies.

Il y a bien des années déjà que, passant à Sion au commencement ou à la fin de nos tournées d'automne, il nous est arrivé d'y entendre parler de familles établies aux Mayens, ou qui étaient sur le point d'y monter. Mais qu'est-ce donc que vos Mayens? disions-nous aux gens; et ils nous montraient au loin, au haut, sur la montagne qui est au midi de la ville, et à la droite de la vallée d'Hérens, je ne sais quelle croupe à peine plus fleurie que les autres; en sorte que notre curiosité s'en trouvait plutôt déjouée que satisfaite. Que si pourtant l'idée nous était venue de remonter à l'étymologie du mot, nous en aurions compris le sens; mais on ne s'avise pas de tout, et c'est hier seulement que cette étymologie nous a été occasionnellement signalée par le maître de ce manoir où nous avons été introduits. Les Mayens, nous disait ce bon vieillard tout en apprêtant des provisions qui allaient l'y précéder, tirent leur nom du mois de mai. Déjà en avril les neiges ont disparu de ces prairies; mais c'est mai qui leur donne leur parure, et alors nos familles y montent pour ne plus redescendre à Sion qu'à l'approche des frimas. Ceci, messieurs, tient à des coutumes anciennes, et plusieurs y sont fidèles.

Telle est l'étymologie de ce mot, et le lieu qu'il sert à désigner répond dignement à ce qu'elle présente de poétique. C'est un plateau mollement ondulé qu'enserrent au midi les escarpements supérieurs de la montagne;

à l'est et l'ouest, des bois et des ravins; tandis qu'au nord, terminé en esplanade, il s'ouvre sur la vallée du Rhône, et au delà, sur un splendide amphithéâtre dont les gradins inférieurs sont des vignobles, des pâturages, des forêts, des rochers, tandis que les glaces des Alpes bernoises, tantôt nacrées ou argentines, tantôt étincelantes ou empourprées, en couronnent le pourtour supérieur. Mille sentiers, les uns étroits et cernés par l'herbe luxuriante, les autres qui s'élargissent là où sous la nuit des grands cèdres le sol ne nourrit plus d'herbages, se coupent et s'entre-croisent dans ce pays sans chemins, et rien que les clochettes des troupeaux n'y trouble le silence des journées, comme rien que des groupes d'enfants qui jouent, rien que des couples de promeneurs qui s'entretiennent solitairement, ne s'y meut autour des bouquets d'arbres ou sur la douce verdure du pâturage. De loin en loin, une maison commode et rustique à la fois y est le Mayen d'une famille; et c'est là que, rapprochés et unis, indépendants et voisins, ces heureux exilés coulent des mois d'existence retirée, de vie agreste et domestique tout ensemble, chaque jour abreuvés de calme, et chaque jour distraits par les affections. « Mais encore, demandions-nous à l'homme de confiance, que font-ils bien, car l'été est long et l'ennui est compagnon de l'oisiveté? — Dites-vous les dames? Les dames sont ménagères, et, tant à coudre qu'à vaquer, les heures vont vite. Pour les hommes, ils ont la chasse, et puis les quilles, et puis de s'entrevoir, si bien que le dimanche est d'abord là.... Ohe! ga! ga!..... et que là où nous l'attendons, nous autres, il s'en vient les surprendre. »

Désormais, quand nous passerons à Sion, du milieu de cette ville agrandie et renouvelée, nous saluerons d'un regard reconnaissant cette lointaine prairie des Mayens, et nous nous complairons à y voir un tutélaire asile pour ces familles que le siècle a découronnées de la noblesse que les siècles leur avaient acquise, et autour desquelles le temps, jadis débonnaire allié, aujourd'hui faucheur impitoyable, fait tomber privilèges, institutions, coutumes, et jonche le sol des décombres de tout ce qu'elles ont aimé. Hélas! qui peut lutter contre lui? Qui peut arrêter ce torrent d'une émancipation heureuse, dit-on, mais dans tous les cas fatale? Personne! et c'est à le régler, non à le vaincre, qu'aspirent aujourd'hui les plus forts. Mais c'est beaucoup encore, pour ceux dont il abat les manoirs, dont il déracine les vieux hêtres, que de pouvoir, retirés sur les hauteurs, détourner leurs yeux des plaines qu'il inonde, des ruines qu'il submerge et des débris qu'il emporte.

Des Mayens, nous nous dirigeons sur Vex, en descendant le long du revers opposé de la montagne, et tout à l'heure nous avons en vue la vallée d'Hérens. Ce sont à droite et à gauche des rampes immenses brisées par des replats cultivés, et au fond, au lieu de champs, au lieu d'une rivière formant des îlots, et qui s'espace en sables et en graviers, un torrent qui bondit dans d'étroites profondeurs. Ce torrent, c'est la Borgne. Au-dessous de Vex, il trouve une fissure par laquelle il débouche dans la plaine, s'y déploie quelques instants et se perd dans le Rhône. Nos guides, qui n'ont jamais passé dans cet endroit, nous égarent le mieux du monde, et sans l'homme de confiance, qui se donne beaucoup de mal pour les maintenir dans la voie, ils nous mèneraient droit sur la fissure. Par malheur, cet homme de confiance nous quitte à Vex, le roussin aussi, et c'est un gros vide qui se fait dans notre troupe, car l'un et l'autre étaient drôles, secourables et d'excellent commerce.

Au delà de Vex, qui est un gros village embraminé, le sentier est tortueux, sinueux, bordé de gracieux arbustes, et après une heure de marche l'on a en vue les pyramides d'Useigne. Ce sont, comme à la Forclaz, des cônes élancés dont chacun supporte son bloc de pierre; mais ici l'on en compte une quinzaine qui sont liés à leur base et agglomérés sur une petite étendue de terrain. De loin, le spectacle est peu frappant; mais lorsqu'on s'est approché de cette colonnade, on lui trouve de l'élégance et de la grandeur, sans compter quelque mystère qui plane sur la formation d'un pareil phénomène au beau milieu d'un champ, et à une grande distance de la rivière. Aussi les gens du pays sont fournis de traditions à ce sujet, et, selon eux, le diable est pour plus de moitié dans la chose.

Le brouillard s'est enfin dissipé, et un pâle soleil éclaire la campagne environnante au moment où nous quittons les pyramides d'Useigne. Mais du côté du Ferpècle tout est sévère, lugubre, et c'est sur les violâtres noirceurs d'un ciel orageux que se dessine le profil illuminé des forêts prochaines. Pour le regard, ce contraste est toujours beau; pour l'âme, il y jette je ne sais quel doux tumulte, comme si elle demeurait partagée entre l'attente d'un courroux redoutable et celle d'une sévérité désirée. Si l'on marche surtout, si la distance à parcourir est grande, si l'on s'avance vers un gîte perdu au fond de quelque gorge sauvage, ces impressions sont plus vives encore, et il n'est pas un tremblement des feuilles, pas un frisson des herbes, pas une haleine venant à souffler des hauteurs qui n'arrive aux sens comme un présage de tempête, au cœur comme un flot de mélancolie. Vienne la pluie alors, elle vous surprend recueilli déjà, abrité en vous-même, et c'est à peine si ses atteintes vous distraient des rêveries où se berce votre pensée.

Vers Useigne, il s'agit de passer un ruisseau en s'aidant à cet effet de quelques rameaux jetés par-dessus les bouillons. Pour tous la chose réussit à merveille, excepté pour Martin Marc. Ce voyageur, à l'exemple de ceux qui l'ont précédé, met bien le pied sur les rameaux; mais, surpris dans ce moment-là par quelque ressouvenir de spirale ascensionnelle, le voilà qui est pris d'un fou rire à se rouler par terre, et crac, le fagot cède, le pied trempe dans les bouillons, la chair s'étend sur les épines : on dirait Guatimozin sur le gril. Guatimozin est retiré du fagot, mais non pas de la spirale, et jusque par delà Useigne il en est à se tenir les côtés d'une gaieté qui ne veut ni rentrer ni sortir. Telle est l'espèce particulière de mélancolie où se berce Martin Marc, à l'heure justement où la pluie tache de ses premières gouttes les pierres du sentier.

Nos guides sont à l'arrière, où sans doute ils s'informent du chemin qu'il faut prendre; en sorte que, sans les directions d'un jeune garçon dont nous avons fait la connaissance pendant notre halte aux pyramides, nous risquerions fort de manquer le pont sur lequel on passe la Borgne à Pragan, et d'aller nous égarer dans quelque solitude inhabitée, et, par le temps qu'il fait, inhabitable. Ce jeune garçon, âgé d'environ seize ans, est beau de figure comme il est intéressant par ses idées naïves, par son langage sensé, et par des manières en même temps affectueuses et discrètes. Pourtant il nous questionne; mais aussi inexpérimenté dans ses demandes qu'il est intelligent de nos réponses, à chaque instant se trahit sur son visage l'éveil de la pensée et la pudeur de l'étonnement. Nous apprenons de lui que, neveu du curé d'Hérémence, il va, durant les beaux jours, séjourner à la cure, où son oncle lui enseigne le latin. « Et qu'en ferez-vous, de ce latin? lui demandons-nous. — Qui peut savoir, monsieur? répond-il. Le plus pressé, c'est d'apprendre; si ensuite on ne s'élève pas

LA GORGE D'ÉVOLÉNA.

jusqu'à être curé, on sera toujours à temps de se rabattre sur être régent dans ces montagnes. » Comme on le voit, ce jeune garçon est étudiant aussi, et de là cette vive curiosité avec laquelle il considère d'autres jeunes garçons dans lesquels il voit de fortunés émules, tous bien sûrs d'être curés un jour.

Au delà du pont, nous sommes entrés dans le district d'Evolena. Ici la vallée se resserre, et le sentier serpente dans les bois. Que ces solitudes seraient belles, que ces ombrages auraient de prix, si à cette heure le soleil du soir dardait ses feux sur la cime des mélèzes! Mais les cieux sont fermés, et les blafardes clartés de l'orage, qui ôtent à l'ombre son mystère et aux rameaux leurs noirceurs, ne rendent pas en revanche au feuillage ses tendres transparences et son joyeux éclat. Toutefois cette triste pâleur convient peut-être au site qui apparaît soudainement au sortir de ces taillis. C'est, au sommet de l'escarpement qu'il reste à gravir, une chapelle solitaire posée sur un roc nu. L'on dirait, comme à Notre-Dame-des-Gorges, quelque autel druidique caché dans une clairière écartée, tout cerné de morne silence et de sombre horreur. Demain nous reverrons cette chapelle doucement éclairée des lueurs de l'aurore, et, à tant de grâce riante, à tant de radieuse fraîcheur, il nous semblera que ce n'est plus l'autel d'un culte barbare, mais le sanctuaire aimable d'une foi céleste et réjouissante.

194   NOUVEAUX VOYAGES EN ZIGZAG.

Cependant Shall, surpris par le froid et tout trempé des eaux du ciel, s'est insensiblement démoralisé au point de ne discerner plus du tout la

substance des qualités ni le fourmi-lion du dromadaire. Aussi ayant aperçu, sous un de ces petits greniers de montagne qui portent sur quatre

pilotis un bout de sol poudreux, il s'y insère, il s'y étend sur le dos, et le voilà qui contemple de la façon la plus mystique la toile d'araignée de l'angle. Gustave et Simond Michel, qui viennent à passer, attrapent ce gnostique par les pieds et s'encouragent à le tirer de là; mais n'y pouvant parvenir, ils se prennent à courir pour prendre les ordres de M. Töpffer, qui, assis sous le péristyle de la chapelle, y attend justement que ses traînards aient rejoint. « Gnostique ou somnambule, lunaire ou stellaire, toile d'araignée ou non, ramenez ou apportez-le-moi, » dit M. Töpffer aux envoyés. Ceux-ci repartent à l'instant, tout-puissants d'autorité et tout diligents de compassion.

Humble péristyle, qu'ils sont présents à ma mémoire ces instants que j'ai passés solitairement sous votre secourable abri! La pluie cesse de

tomber, le vent promène dans les airs des gouttelettes égarées, la nuit s'approche, et déjà, si au travers de la grille je porte mes regards dans l'intérieur de la chapelle, l'image de la Vierge presque effacée dans l'ombre de sa niche obscure m'y apparaît comme le fantôme de ces silencieux déserts...... Mais voici bien un autre fantôme! C'est, là-bas, au pied de la rampe, Shall vêtu de noir et pâle comme un suaire, qui monte traîné par les deux alguazils. Simond Michel l'a extrait de dessous son grenier; Gustave l'a ensuite contraint à endosser son propre habit; puis, chacun le tirant par un bras, ils l'amènent lentement, gravement, solennellement. A la vue de ce cortège funéraire, M. Töpffer éclate de rire; autant en font les deux alguazils, et le pauvre Shall, qui s'attendait à plus d'égards, ravale d'un air choqué des mécomptes bien amers. Comme c'est le souffle qui lui manque, on l'assied sous le péristyle, et là, vraie madone en frac, il attend immobile le mulet que nous ne manquerons pas de lui envoyer tôt ou tard.

Après cette petite chapelle, la vallée s'ouvre, les bois s'écartent, et l'on entre dans le pâturage d'Evolena, qui n'est plus qu'à une demi-heure de distance. Mais les nuages voilent les hauteurs, et au lieu que par un temps clair nous verrions dès ici les cimes de la grande chaîne, il faut nous contenter d'apercevoir dans le fond d'une gorge obscure les derniers prolongements du glacier qui lance un bleuâtre promontoire jusque sur les prairies d'Andère. Andère, c'est le dernier vallon, le dernier hameau, le dernier clocher de la vallée d'Hérens. Pendant des siècles cette paroisse fit partie de la commune d'Evolena, mais il y avait division entre les hommes du pâturage et les hommes du glacier, et d'anciens différends au sujet d'une limite, à propos d'un pacage, y étaient à la fois un aliment traditionnel de discorde et un texte préféré d'entretien, l'hiver au coin du foyer, l'été durant les loisirs du dimanche. Tel était l'état des choses quand la révolution du Valais étant venue à éclater, les deux paroisses ne manquèrent pas de prendre parti l'une pour, l'autre contre. « Dans ce temps-là, nous disait le président Favre, fût-ce pour aller à la forêt, fallait s'armer, crainte des rencontres. Mais, ajoute-t-il, le nouveau gouvernement, en faisant des deux paroisses deux communes, nous a affranchis les uns des autres, et aujourd'hui que nous voici déliés, on s'aime des mieux, et plus rien ne nous brouille, eux faisant comme ils l'entendent, et nous à notre idée. »

A la nuit tombante, nous atteignons aux cabanes d'Evolena. Femmes, vieillards, enfants, jeunes hommes groupés des deux côtés de la ruelle bourbeuse nous accueillent comme des sortes de Castillans venus d'au delà de la grande eau tout exprès pour honorer la contrée de leur présence; puis s'apercevant que parmi ces huttes embraminées également nous ne savons pas laquelle s'est ornée de fourchettes pour nous recevoir et d'assiettes pour nous nourrir, ils nous désignent à l'envi la demeure du cacique Favre. Nous y entrons. A demi séchés déjà, nos camarades de l'avant-garde y occupent le vestibule, et rangés autour d'un grand feu, ils y présentent celui-ci un bras roide, celui-là un dos transi. Quel dommage de les déranger! Et cependant à la vue de nos blouses trempées ils s'apprêtent déjà à nous faire place, lorsque nos hôtes, pour parer à tout, se décident soudainement à répartir entre les cabanes voisines l'œuvre de cuire notre souper. Vite alors on expatrie les marmites, on déménage le potage, la cuisine nous est livrée, et, assis sur des fagots devant l'âtre embrasé, nos blouses fument, la sécherie commence, la chaleur pénètre et la joie circule. Ah! vivent les chaumières! Où trouver ailleurs cette prompte aubaine d'une riche flamme, ce gai vacarme du bois qui éclate, des résines qui pétillent, cette naïveté des gens et des marmites, des voisins et des potages? Non, toute bûche n'est pas un mélèze; tout foyer n'est pas un âtre; toute salle n'est pas une cuisine enfumée; toute hospitalité n'est pas prévoyante, désintéressée, primitive, et il y a du vrai certainement dans ce que l'on nous conte de l'âge d'or! Du reste, bonne compagnie, et le guide Falonnier, qui nous entretient des différents passages par où l'on peut, d'Evolena, gagner d'autres vallées. Ce brave homme voudrait nous mener partout, et surtout au pays d'Aoste, par le glacier d'Arola, où, dit-il, toute une troupe d'écoliers passa il y a quelques années sans qu'il en ait péri plus d'un, et encore c'était par sa faute. « Mais c'est à Zermatt, lui disons-nous, que nous voulons aller. — A Zermatt! Justement, par le glacier, en moins de neuf heures je vous y rends. Avant-hier j'y ai guidé un monsieur de Genève. Par le beau temps, voyez-vous, c'est tout plaisir, notamment qu'à un endroit qui était joliment mauvais, on s'en est tiré des mieux. » Ceci ne tente pas du tout M. Töpffer, qui s'arrête au projet de passer en Anniviers, par le col des Torrents. D'Anniviers, qui est une vallée parallèle à celle d'Hérens, nous redescendons sur Sierre, et de là, remontant la rive gauche du Rhône jusqu'à Viège, où débouche la vallée de Zermatt, nous y entrerons par la porte, au lieu d'y pénétrer par la fenêtre. Dans ce projet, Falonnier nous accompagnera jusqu'à Vissoye, et, guidés par lui, nos guides nous guideront, ou tout au moins nous guiderons nos guides, qui guideront leurs mulets.

En ce moment, M. Töpffer est prié de vouloir bien se transporter dans une maison voisine. Là il trouve le président Favre, qui, entouré des anciens, délibère des choses de notre souper. Il s'agit de savoir s'il nous sera plus agréable d'avoir pour viande du petit salé ou bien du mouton cru, et le conseil vient de décider que c'est à M. le directeur de trancher la question. M. le directeur goûte donc au mouton cru, le prend pour du bouc cuit, et opte immédiatement pour le petit salé. Voilà un premier point réglé. On le promène ensuite de tonneau en baril, afin qu'il choisisse pareillement entre du rouge d'Ardon et du muscat de Sierre. Jaloux alors de reconnaître tant de courtoisie par quelque flatteuse politesse, M. Töpffer déguste avec recueillement, examine avec solennité, puis il

déclare positivement qu'entre des vins aussi égaux d'excellence il lui est impossible de faire un choix, en telle sorte que, si la permission lui en est donnée, il optera pour tous les deux à la fois. Cette réponse est accueillie par les anciens comme aussi remarquable en elle-même qu'honorable pour la commune, et le président Favre se fait, tant en son nom qu'au nom de ses collègues, l'organe respectueux de ces sentiments. Après quoi M. Töpffer est reconduit auprès de l'âtre.

Cependant, ces préludes accomplis, les événements se précipitent. Déjà la table est dressée, déjà le potage arrive, et le conseil tout entier s'est transporté dans l'angle de la salle où nous allons souper, pour surveiller les opérations, aviser aux moyens et parer aux éventualités. Prévenus alors par le président en personne que l'heure est venue, d'un saut nous voilà placés devant le banquet, tout ravis du spectacle, tout régalés d'appétit. Quatre cierges sur des chandeliers grêles avec une paire de mouchettes de luxe; puis, aux deux extrémités d'une nappe éclatante de blancheur, deux chaudières de potage au lait; au milieu un grand jambon qui trône sur des choux, et, symétriquement épars, des omelettes, des pommes de terre frites, du fromage, des noisettes, des assiettes et des fourchettes..... En vérité, que pourrions-nous désirer de plus? Aussi, comme aux chalets Ferret, nous faisons une chère admirable, qui se prolonge jusqu'à l'heure où le sommeil sollicite. « On va vous répartir, dit alors le président Favre, quatre ici, cinq chez le conseiller Agaspe, six chez le châtelain, quatre chez Falonnier, et monsieur et madame chez le curé. Les cinq détachements se forment aussitôt, et, conduits chacun par un magistrat, ils gagnent leur destination.

Bientôt tout dort dans Evolena, excepté le conseil, qui, après avoir délibéré jusque par delà une heure sur les choses de notre déjeuner, expédie, séance tenante, le fils Falonnier vers les chalets d'en haut pour y quérir du beurre.

DOUZIÈME JOURNÉE.

Si nous pouvions promettre à tous les touristes qu'ils trouveront autant de plaisir que nous y en avons trouvé nous-mêmes à remonter la vallée d'Hérens, sans aucun doute nous les presserions de ne pas s'éloigner de Sion avant d'avoir fait une expédition jusqu'aux cabanes d'Evolena. Mais, comme on l'a vu, notre plaisir a été de telle sorte, que bien des touristes seraient ou incapables ou peu jaloux de le goûter. Et à ceux qui nous demanderont si, sous le rapport des spectacles, cette excursion vaut la peine d'être tentée, à cause de cette brume qui nous a enveloppés jusqu'à Vex, et à cause de cette pluie qui nous a accompagnés depuis Useigne, nous ne saurions trop que répondre. Les Mayens sont, à notre avis, un Élysée dont la douceur enchante, plutôt qu'une merveille à visiter, et la vue elle-même dont l'on jouit de cet endroit ne doit pas surpasser en beauté celle que l'on va chercher sur quelques hauteurs plus fréquentées encore. De Vex à Useigne, partout d'attachantes impressions, mais rien de remarquable que les pyramides; au delà d'Useigne, le paysage devient alpestre, et c'est d'Evolena que l'on a enfin le spectacle d'une étroite et verdoyante gorge où éclate la blancheur d'un glacier qui vient y mourir. Mais les cimes, les arêtes, les pics qui couronnent cette gorge, nous ne les avons pas vus, et nous n'en saurions parler. Si bien que la vallée d'Hérens nous paraît être à l'usage de deux sortes de touristes seulement : d'abord le touriste qu'attachent les contrées point encore fanées par l'haleine du siècle, que charment les traits de bonhomie chez les habitants, de fraîcheur et de simplicité dans le paysage, le touriste bonhomme lui-même, qui songe, tout en marchant, aux contrastes de la destinée humaine, à la valeur des biens et des maux, aux avantages des villes et aux bons côtés des bois, le touriste en un mot qui se plaît partout et là aussi; et ensuite le touriste entreprenant, audacieux, épris des passages périlleux et avide des scènes sublimes. Celui-là, en effet, en s'élevant sur les traces du guide Falonnier au-dessus de ces hauteurs que nous n'avons pas vues, et en s'aventurant avec lui sur les dômes glacés qui les recouvrent pour venir aboutir le soir du même jour au hameau de Zermatt, aura fait, nous en sommes certain, une des excursions les plus admirables que l'on puisse se proposer de faire au cœur même des grandes Alpes Il se sera perdu dans ces resplendissants déserts où a disparu le monde et tout bruit du monde, où, face à face avec la brute nature et comme à la merci de ses forces aveugles, il n'est plus que Dieu en qui l'alarme s'adoucisse et le cœur se repose; il aura vu, tout voisins de lui, et semblables à de menaçantes tours dont la hauteur donne le vertige au passant qui les mesure du regard, les pics étincelants, les cônes argentés, les obélisques dont l'ombre étroite traverse les vagues gelées du plateau pour aller se redresser contre les nues parois du massif opposé; et au sortir de ces scènes brillantes mais désolées, la réapparition des forêts encore lointaines, des pâturages encore enveloppés pour lui dans la brumeuse obscurité des vallées, lui causeront ces ravissements de plaisir qui sont l'éloquence de la vie qui renaît, de la création où Adam n'est plus seul.

Pour nous, qui ne sommes pas audacieux pourtant, et à qui d'ailleurs il est interdit d'aspirer à ces sublimités d'un trop périlleux accès, voici qu'il nous faut renoncer même à passer le col des Torrents. En effet, la pluie qui a recommencé avec la nuit a détrempé la boue des montagnes, et à huit heures, quand il est déjà tard pour s'engager dans des rampes escarpées, le ciel est encore couvert de nuages, des traînées de paresseuses vapeurs demeurent comme emmêlées à la cime des forêts prochaines. Plutôt que d'hésiter et d'attendre, M. Töpffer renonce donc à passer en

Anniviers, et il est décidé que l'expédition regagnera aujourd'hui la vallée du Rhône en suivant la rive droite de la Borgne. En attendant, et pendant que le conseil s'occupe des choses du déjeuner, nous avons regagné nos âtres, où, comme hier, des voisins viennent se chauffer avec nous et nous entretenir des affaires de l'endroit. En fait d'intérêts communaux, et à considérer Evolena et ses pacages comme la patrie véritable de ces montagnards, nous autres, citoyens des villes, nous sommes, en comparaison d'eux, bien ignorants de nos propres affaires, bien étrangers à nos propres circonstances. Tous ont une connaissance parfaite de leurs ressources publiques, des idées sur la façon de les administrer, une habituelle disposition à y réfléchir et à en deviser, et, chose caractéristique, ils trouvent infiniment plus de plaisir à nous entretenir sur ce sujet qu'à s'enquérir de ce qui nous concerne ou des choses du dehors que nous pourrions leur apprendre. L'on ne peut s'empêcher de reconnaître là un signe intéressant de l'émancipation réelle de ces gens, de l'existence au milieu d'eux d'une vie politique saine et forte, et enfin, ceci est étrange à dire, d'une supériorité de sens extrêmement marquée en fait d'administration, en fait de droits et de restrictions, en fait de liberté pratique et d'égalité réelle, sur ce qu'on peut attendre en ce genre de nos populations instruites pourtant, raisonneuses, et, ce dit-on, constamment éclairées par la presse.

Durant ces entretiens que rendaient si agréables le bien-être, la douce chaleur du foyer, et aussi le langage propre, expressif et coloré de ces bons montagnards, certains détails nous ont plus particulièrement intéressés, comme donnant une idée de leurs sujets de division et de causerie, de leur situation et de leurs mœurs. Ainsi les forêts, qui se trouvent être la meilleure partie de leurs richesses, sont sans administration ; et chaque communier s'y pourvoit à volonté, et de droit immémorial, d'autant de bois qu'il lui en faut pour construire sa cabane, pour faire ses clôtures, pour brûler à son foyer; bien plus, si la commune n'était pas entourée de communes pareillement pourvues en bois de chauffage et en bois de construction, il lui serait également loisible de couper pour vendre. C'est ceci qui divise les esprits : les uns déplorant cette stérile dilapidation de ressources qu'on pourrait utiliser au moyen d'une administration bien entendue, et en améliorant le chemin qui conduit à la plaine; les autres, au contraire, se défiant d'un changement qui abolirait leur antique droit de se pourvoir à leur gré dans la forêt, et qui, en détruisant cette franchise assurée à chacun, risquerait de n'aboutir qu'à troubler, au profit de ceux qui sont les plus fortunés déjà, l'équilibre de pauvreté où tous

LA SÉCHERIE D'ÉVOLENA.

pourtant rencontrent à défaut d'autre chose de quoi s'abriter et de quoi entretenir durant les rigueurs d'un long hiver la chaleur dans leurs habitations. Bien sûr, lecteur, à vos yeux, les libéraux, les avancés d'Evolena, ce sont les partisans d'une administration meilleure et d'une voie de communication qui ouvrirait un débouché sur la plaine; les rétrogrades, les arriérés, ce sont les partisans de l'état actuel des choses..... et cependant ces derniers ne sont-ils pas en réalité les apôtres de cette égalité des conditions qui est toujours, là où elle existe, un inestimable bien, puisque partout où elle a fait place à des inégalités extrêmes de richesse et de propriété il en résulte pour la société tantôt l'intestine maladie de passions envieuses et rebelles, de misères désespérées et audacieuses, tantôt des ébranlements funestes ou de désastreuses catastrophes.

Nous venons de parler de pauvres. « En avez-vous beaucoup? demandions-nous au président Favre. — Un, sans plus, nous répondait-il. C'est une femme du dehors qui se précipita il y a nombre d'années dans un mauvais pas d'ici près. Ramassée par nous autres, et comme elle n'était à personne, on la laissa se refaire, puis on lui permit le séjour et de se prendre du bois pour une cabane où elle habite. Pour le vivre, on lui donne; et l'hiver, elle se chauffe à nos poêles et assiste à nos veillées, tantôt chez Pierre, tantôt chez Jean, comme quoi, seule ici, elle vit sans rien faire. Mais, vieille et estropiée, la charge n'est pas pour durer. A part elle, tous les hommes de la commune possèdent du terrain, si bien que les premiers et les derniers vivent de même quant à ce qui est des nécessités, comme le bois, le pain, les pommes de terre et le mouton cru, qui est notre viande de provision et d'habitude. Ainsi, pour dire vrai, des pauvres, nous n'en avons pas, mais nous avons des moindres. C'est ceux-là qui, n'ayant pas de quoi s'élever un mulet, ne pourraient faire leurs ouvrages si chacun à tour ou par charité ne leur prêtait sa bête. Par où ils dépendent. — Et vos gens descendent-ils souvent à Sion? — Les trois quarts n'y mettent jamais les pieds...... » Comme ceci nous surprend : « Qu'iraient-ils faire? ajoute le président Favre. Vous autres, vous venez ici pour voir, mais eux, faute de ce but, dont l'idée ne leur viendrait pas, ils restent où ils se trouvent. Tenez, voici ces deux filles qui se trouveront un mari et qui seront grand'mères avant que d'y avoir été! » Ainsi apostrophées, les deux filles qui se sont tenues à l'écart sourient et rougissent tout à la fois; puis, comme madame Töpffer les met sur l'article de la toilette, les voilà qui déjà moins sauvages s'en vont chercher, pour nous les montrer, leurs costumes du dimanche. Ces costumes faits de grosse laine et brodés d'épais velours, plaisent, comme celles qui s'en parent, par leur rustique fraîcheur, et un point du pays, dont nous emplettons quelques aunes, y court avec grâce le long des rebords de la toque et des contours du corsage.

Après le déjeuner, qui est d'une friande et riche simplicité, M. Töpffer demande à régler son compte. L'on voit bien alors que le cas a été prévu par les anciens, qui se forment aussitôt en conseil secret. Pendant un bon quart d'heure rien ne transpire; à la fin, le président Favre et le guide Falonnier sont députés comme porteurs du décret. C'est deux francs par tête, tout compris, âtres, mélèze, banquet, déjeuner, et cet homme aussi qui est parti vers une heure de la nuit pour aller nous quérir du beurre au plus haut des chalets d'en haut. M. Töpffer fait la somme, puis, haranguant le président, il le charge d'être l'organe de notre satisfaction envers toutes les cabanes et tous les conseillers qui ont concouru à l'œuvre de notre souper, à celle de notre couchée, à celle de notre excellente réception. La joie brille dans les yeux des députés, le conseil salue, et il ne s'agit plus que de partir sur le moment même. Comme hier, toute la population est là qui regarde passer les Castillans, et M. le châtelain, s'approchant de la reine Isabelle, l'oblige avec un respectueux empressement à accepter un cornet de sucre candi. « Pour le voyage, lui dit-il, c'est souverain. »

C'est ainsi que nous quittons Evolena. Sans la pluie, sans la fatigue et le froid, aurions-nous mieux joui de ce court séjour que nous y avons fait? Non certainement. Ni ces familiers entretiens ni autant de reconnaissante cordialité de notre part n'eussent donné un prix si réel à l'hospitalité de ces pâtres, et nous n'aurions pas emporté de ce lieu des souvenirs aussi bien faits pour durer et survivre. A la vérité, de nos voyageurs, la plupart, encore tout ardents de la hâte impatiente du jeune âge, sont bien plus disposés à se lancer dans l'inconnu tout radieux du lendemain qu'à rebrousser dans les plaisirs effacés de la veille; mais il en est d'autres pour qui le passé commence à être plus radieux que l'avenir. A ceux-là les plaisirs même écoulés sont précieux et chers, car ils grossissent cette provision des ressouvenirs qui sont comme les dernières fleurs où se récréera leur âge avancé, si, résignés à vieillir, ils savent jouir avec une paisible reconnaissance envers Dieu des moments heureux dont il a orné leur vie, au lieu de s'abandonner sans gratitude et sans courage à l'amertume déjà si grande du déclin des jours.

Aujourd'hui le président Favre marche à notre tête. Cet homme est beau de vigueur, sain de loyauté, neuf d'allures et de manières. A la fois chef de sa commune, chasseur passionné, guide par occasion, il unit à la dignité de magistrat les naïvetés du montagnard et les instincts du tueur de chamois; de plus, et tout aussi bien que nous, il sait le latin, en sorte que, avec un naturel que nous serions bien embarrassés d'y mettre, il parsème ses propos d'adages scolastiques et d'hémistiches horatiens. Tout ceci, en conduisant son mulet, en surveillant ceux que nous avons em-

menés, et en donnant à l'un de nos guides qui s'est montré jaloux d'apprendre à trouver son chemin, des renseignements nets, précis, pittoresques sur la topographie des rampes et des mamelons, sur la direction des sentiers et des cours d'eau.

Ce guide, c'est Rayat *le bleu*, une sorte de bon enfant qui déjoue, à force de gaie humeur et de contentement sans cause, tous les mauvais tours que lui a faits la destinée. Pauvre, laid, boiteux, il a de plus la contrariété d'être expansif sans idées et babillard sans parole. Tout au moins la partie intelligible de son langage s'engouffre-t-elle dans des crevasses nasales à chaque mot qu'il a l'intention d'articuler, et ce n'est qu'au bout de deux jours d'assidu commerce que nous parvenons à comprendre qu'en criant incessamment à son mulet : « H... h... hilen, h... h... h...

hilen, » c'est, par absorption de l'f et par nasillement du gouffre : File!
file! que le pauvre homme veut dire.

L'autre guide, frère de celui-là, c'est Rayat *le vert,* ragot, cambré, ployé dans sa veste, enfoui dans son pantalon, et qui porte sous son bras un parapluie bien plus haut que lui, mais pas si triste. Cet homme fonctionne à regret; il vit, il parle, il avance à son corps défendant, et, les yeux fixés sur les cailloux du chemin, il a l'air de s'en prendre à eux des mélancolies qui le travaillent. Doué d'un organe vocal, il n'en use que pour s'adresser à lui-même des grognements indistincts, et quand il serait à même de soulager ses tristesses en leur donnant essor, il clopine fermé comme une armoire, muet comme un poisson et rechigné comme un singe en cage. Du reste, le meilleur homme du monde, sauf qu'au lieu de guider il marche bien loin derrière le dernier des trainards, et ne prête jamais son parapluie qu'à lui seul.

Ces deux frères si peu semblables gouvernent deux mulets bien divers. L'un, celui de Rayat *le bleu,* est traître, rusé, toujours prêt à lancer des ruades à la face des gens dès que son maître ne lui tient pas la queue. Aussi a-t-il pour sobriquet *Joude,* qui en patois du Valais signifie Judas. L'autre, celui de Rayat *le vert,* est débonnaire, pacifique, l'oreille branlante et la queue morte; à le voir cheminer à côté de son maître, on dirait que, las de ses mélancolies et blasé sur ses rongements, il a pris le parti, n'y pouvant rien, de s'ennuyer dans sa compagnie tout en se plaisant à son silence. Il s'appelle *Mouton*.... Tels sont au naturel les quatre individus qui composent nos équipages. Deux d'entre eux, les mulets, nous auront certainement été utiles, mais les deux autres, venus tout exprès pour nous montrer le chemin, l'ignoreront probablement encore après l'avoir appris.

A peine avons-nous quitté Evolena, le temps s'éclaircit, le soleil se montre, et les pâturages encore mouillés de pluie et de rosée reluisent de mille feux. Après avoir dépassé la petite chapelle, nous laissons sur notre gauche le sentier d'hier pour nous perdre dans l'épaisseur d'une forêt au travers de laquelle le chemin va s'élevant pendant une heure ou deux encore. Au sortir de cette forêt, l'on traverse un pont nommé le *pont des Batailles;* de l'autre côté commencent les champs. Ceci est peu pittoresque, mais curieux. Sur le penchant d'une rampe immense et roide, et du fond de la vallée jusque bien haut au-dessus de nos têtes, l'on ne voit plus que d'étroits replats qui communiquent de l'un à l'autre, ici par quelques pierres disposées en échelons contre les terrassements, là par d'étroits petits couloirs. Chacun de ces replats est un bout de champ dont la culture serait impossible sans le concours du mulet, qui seul peut y transporter sur son dos la charrue et la herse auxquelles ensuite on l'attelle.

A l'heure où nous passons, les villages sont absolument déserts; mais ces bandes de terre sont animées par le mouvement des familles qui y travaillent à l'envi, formant ainsi un spectacle de labeur rude à la vérité, mais sans aggravant alliage d'isolement, de souffrance ou de misère envieuse. Ces gens, en effet, sont égaux en pauvreté et en sueurs; ils sont libres de joug, ils sont exempts d'impôts; et après avoir travaillé six jours sur leurs rampes, à la vue les uns des autres, au grand air, soumis aux mêmes conditions d'intempérie ou de sérénité, le septième, ils observent doucement le commandement du Décalogue, tantôt réunis dans leurs chaudes cabanes entre l'étable et le fenil; tantôt, quand le soleil illumine la vallée, ou bien solitairement épars sur leurs hauteurs, ou bien assis en ligne et les pieds pendants sur le rebord de leurs champs en terrasses. Là ils devisent, et comme nous, et plus que nous, sur hier et sur demain, sur qui a tort et qui a raison, sur les choses de ce revers et sur celles de l'autre, sur le dedans qui est leur vallée, et sur le dehors qui est Sion la grande ville, et tout au loin le dixain remuant de Martigny. Que de propos! En attendant le jour s'écoule, la soirée fuit, et l'approche de l'aube du lundi, qui ramène les ouvrages, fait trêve à ces entretiens avant que la satiété soit venue, avant que l'esprit de dispute ait eu le temps de naître. Et pourtant ces hommes ont leurs opinions aussi, mâles, instinctives, liées à leurs croyances, à leurs affections et à leurs coutumes; ils tiennent pour le clergé, pour la noblesse, pour l'ancien gouvernement, et c'est très-sérieusement que le président Favre nous signale parmi eux ce que lui, qui est du côté du mouvement, appelle des *aristocrates*. Des *aristocrates!* Jamais, certes, nous n'en avions vu de cette figure; tous, jeunes et vieux, femmes et enfants, vêtus de pauvre bure, chaussés de gros sabots, qui passent le jour à briser les mottes, à éparpiller le fumier, à remuer, à engraisser sans relâche la lande ingrate dont ils se contentent!

Rayat *le bleu* est poëte, tout au moins il sait par cœur des adages rimés. Aussi, en reconnaissance des enseignements que lui a donnés le président, il s'est mis en tête de lui enseigner à son tour quelque chose de rare et de distingué. Par malheur, à chaque fois que Rayat *le bleu* s'efforce de proférer la chose, ses maudites crevasses nasales en engloutissent les trois quarts, et c'est tout à recommencer pour n'obtenir pas mieux. Il faut à la fin que Rayat *le vert* se dérange de ses rongements, plante là ses amertumes, tout exprès pour venir mettre un terme à cet avortement sans

cesse renaissant du poëme engouffré. Et voici. C'est le mulet qui est censé
dire à son maître :

> A la montée laisse-moi aller au pas ;
> A la descente ne me presse pas ;
> Dans la plaine ne m'épargne pas ;
> A l'écurie ne m'oublie pas !

Rayat *le bleu* suit de l'oreille la voix de son frère ; des yeux il dévore
toutes les physionomies à la fois ; de tout son être il surveille, il couve, il
éclôt, et, quand vient la chute, il éclate en tumultueux ravissements, et
le voilà qui compte dans son existence une belle journée de plus. En
revanche Rayat *le vert* enregistre dans la sienne une fausse note encore,
et puis, comme on lui apprend dans cet instant que la corde d'un bac
sur lequel nous devions passer le Rhône est, dit-on, cassée, en sorte
qu'il nous faudra aller chercher une lieue plus loin le pont qui mène à
Sierre, décidément alors il rompt avec la création, il s'exclut du nombre
des vivants, et, enseveli sous son feutre, enterré dans sa guenille, il
marche tout semblable à un mâne mystifié, qui de rage s'en retourne à
sa bière pour s'y aplatir à tout jamais.

A Max, qui est un village situé sur un dernier mamelon d'où l'on
retrouve la vue du Rhône, le président Favre nous cherche, à défaut d'un
cabaret où nous puissions entrer, une maison où l'on veuille bien nous accorder l'hospitalité et nous débiter du vin. Les maisons ne manquent pas,
mais elles sont désertes. A la fin, en voici une où l'on entend quelque bruit.
C'est une pauvre octogénaire bien infirme qui s'est levée de sa couche pour
nous ouvrir la porte d'une chambre où nous nous précipitons. Pour commencer, la vieille apporte deux chopines maîtresses, les Rayat montent
ensuite avec les restes de notre déjeuner de confiance d'hier ; c'est encore
un festin splendide fait avec des reliefs d'ortolans. Au sortir de table, le
président Favre nous donne ses dernières indications sur la route que
nous avons à suivre ; et, après avoir reçu nos adieux, il repart pour
Évolena, pendant que nous nous acheminons sur Sierre. Dès ici, la descente devient rapide ; plus loin, le sentier se divise en couloirs nombreux,
étroits, profonds, en sorte qu'il est devenu urgent de prendre des mesures
pour éviter l'éparpillement de l'arrière-garde et la déroute des traînards.
Voici celle que nous employons en pareil cas. On coupe une gaule, on la
fend à l'une de ses extrémités, on oblige la fente à pincer un petit carré
de papier blanc, puis l'appareil fiché en terre, à l'endroit convenable, y

marque pour les survenants le couloir qu'il faut prendre. De cette façon, personne ne s'égare; et nous voici tout à l'heure réunis, moutons et bergers, guides et mulets, sous les grands hêtres qui au bas de la montagne cachent le hameau de Reiche. Un ruisseau coule auprès, et aux rocs épars

qui forment dans les prairies voisines, ici des tertres gazonnés, là des îlots cernés d'orties, l'on connaît que ce doucereux a ses jours de fureur où il fait des siennes.

Nous retrouvons ici la grande route qui court d'abord au pied des rochers, et plus loin le long d'escarpements incessamment minés par le Rhône. Le paysage serait charmant, n'étaient des monticules qui, ci et là, sortent du lit du fleuve tout exprès pour lui donner l'air de baigner des demi-lunes et des contrescarpes. Ces monticules, en effet, sont réguliers, anguleux, stériles, bêtes comme des remparts; sans les rendre plus pittoresques, une sentinelle à l'angle leur donnerait au moins un caractère. L'un d'eux est percé de trous carrés qui paraissent avoir été taillés de main d'homme, et, à ce sujet, Rayat *le bleu* ne tarit pas en épopées qui s'engouffrent à mesure dans ses trous à lui. Pour l'autre, *le vert,* il est tout là-bas encore, dans les couloirs de Reiche, qui se pendrait avec la corde du bac si seulement on lui en montrait un petit bout.

Dans quelques parties du Valais les riverains du Rhône travaillent à conquérir sur le fleuve des terrains cultivables, et c'est communément là où le niveau des flots est à peine de deux ou trois pieds au-dessous du niveau de la plaine environnante. Alors, de la rive, ils jettent des digues faites de pierres et de troncs d'arbre enchevêtrés qui s'avancent obliquement à la rencontre du courant. L'onde accourt, s'irrite contre cet insolent obstacle et s'en vient jusqu'au fond de cette baie artificielle battre la terre et jaillir sur les champs ; mais au bout de peu de jours elle ne bat, elle n'arrose déjà plus que le sable qu'elle y a elle-même apporté, et au bout d'une saison l'angle enfermé entre le rivage et la digue s'est insensiblement transformé en une plage sablonneuse que recouvre déjà par places un duvet d'herbes, ici naissantes et tendres, là rousses et desséchées. Quand on marche, des heures durant, le long de ces landes, rien n'empêche qu'on ne s'amuse à observer les différents degrés de formation dont elles présentent l'aspect, les accidents qui favorisent, qui ruinent ou qui menacent chacune d'elles, cette lutte, enfin, entre l'eau et la terre d'où doit sortir une prairie. Mais rien n'empêche non plus que ce spectacle ne soit pour la pensée comme une image sensible qui lui est offerte des choses de la vie, du monde, du cœur ; de ces violences folles qui s'usent par leur propre effort ; de ces patientes conquêtes du labeur modeste devant lesquelles recule et se détourne la cupidité hâtive du talent ; de ces luttes de l'âme, où ce n'est pas d'attendre qui donne la victoire, mais d'aller à la rencontre aussi, de barrer le courant, et de faire un champ de vertus là où coulait auparavant une onde calme à la vérité mais stérile et bourbeuse. Les arbres, les champs, les bois, sont remplis d'expressifs apologues, mais les rives de fleuve surtout, à cause du mouvement des flots, à cause des mille accidents qui s'y passent, et c'est pourquoi la flanerie y est plus savoureuse pour le voyageur que lorsqu'il marche sur la crête ou sur le penchant des coteaux, sous la nuit des frais ombrages, ou encore enfermé entre des haies et des clôtures.

Ici, où la rive est escarpée, l'on ne voit point de travaux semblables, et s'il y en avait à entreprendre, ils seraient de défense, non de conquête, car le Rhône y ronge incessamment le sol, et, en mainte place, les champs écornés, la route ébréchée, témoignent des larcins que leur a faits le fleuve. Dans un endroit en particulier, l'on nous montre un large vide qui s'est fait il y a peu de jours sous le poids d'un char de foin : chaussée, gens, attelage, tout fut emporté par le courant, et la route qui rasait l'escarpement n'en a été détournée que juste de quoi le raser encore. Pendant que nous y cheminons à la lueur d'un clair crépuscule, soudainement l'un de nos mulets donne un grand coup de rênes, puis, débarrassé de sa charge, il s'enfuit. Lancée contre un tertre gazonné, madame T..... s'est déjà remise sur son séant, et elle a tout loisir alors de reconnaître à quel danger elle vient d'échapper. A gauche, le Rhône coule ; à droite, un rocher se dresse : ainsi ce n'est que dans l'oblique direction où elle a été portée qu'elle devait rencontrer l'aubaine de ce tertre unique et sauveur. Que la délivrance est douce ! Que c'est avec un vif et délicieux essor que, du fond du cœur, la gratitude vole et monte jusqu'à Dieu ! Mais combien aussi se touchent de près la fête et le deuil, la charmante possession de la vie et la soudaine atteinte qui peut vous en dépouiller !

TREIZIÈME JOURNÉE.

Aujourd'hui nous devons gagner Viége d'abord, et de là nous acheminer jusqu'à Saint-Nicolas, dans la vallée de Zermatt. De nos deux guides, ni l'un ni l'autre n'a encore visité cette vallée; néanmoins ils sont pleins de la bonne volonté de nous y mener perdre, Rayat *le bleu* surtout. Le pauvre homme, en effet, n'a encore vu dans tout ceci qu'une grande fête dont il se trouve faire partie, et la seule idée que nous allons le planter là pour nous amuser sans lui le contriste profondément. A la fin il est convenu qu'on le gardera, lui et *Mouton;* et que, puisque notre intention est de nous faire voiturer jusqu'à Viége, il va bien vite se procurer un char, afin d'utiliser, en l'y attelant, cette bête vertueuse. Pour Rayat *le vert,* qui déteste les grandes fêtes, il sanctionne volontiers ces dispositions, et le voilà tout à l'heure qui, monté sur Joude l'Iscariot, s'achemine vers la capitale son parapluie sous le bras et son feutre sur le nez. A toute créature le ciel a départi ses bons moments..... c'en doit être un fameux pour ce mélancolique que d'avoir à se prélasser trois heures durant, au gros soleil, entre un mur de vignoble et une rive de fleuve, avec toute liberté de se cogner à l'un ou d'en finir dans l'autre.

Cependant nos chars sont prêts : l'un à longues échelles sur lesquelles on a disposé en travers des planches garnies de paille; l'autre, simple char à bancs avec Mouton pour tirer et Rayat pour conduire. En vérité, pour qui peut supporter sans trop de peine l'inconvénient des cahots, ce sont ici les rois des chars, où le grand air qu'on refoule rafraîchit et ravive; d'où le regard libre en tous sens ne manque ni un voyageur qui passe, ni un nénuphar qui flotte sur l'eau du fossé, ni le spectacle changeant des habitations, des prés, des coteaux; d'où l'on plane, enfin, d'où l'on règne, au lieu d'être étroitement emprisonné dans l'obscurité étouffée d'une boîte roulante..... Que si la plaine est uniforme et rase, et la route plate et monotone, il reste encore la vue des bêtes qui trottent patiemment, l'oreille au fouet, la queue aux mouches; il reste l'entretien du cocher qui n'est plus ici un postillon de relais, un conducteur cosmopolite, ou un voiturier intéressé, mais un simple manant de l'endroit, fertile en propos, amusant de rusticité, et qui vous renseigne sur ce que vous aimez à connaître non moins par ses réponses nettes et sensées, que par le tour qu'il leur donne et la façon dont il les débite. Ces agréments sont si réels, à notre gré du moins, qu'ils ont fini par nous dégoûter des autres sortes de voitures, et que l'aspect seulement d'une berline, d'un coupé, mais surtout d'une diligence, nous étouffe à la fois de chaleur et d'ennui. Bon Dieu ! que sera-ce donc des wagons ! et aurons-nous bien ce privilége de mourir avant d'avoir été empilé dans quelqu'un de ces coffres à vapeur entre une nourrice assoupie et un courtaud bavard !

Il nous faut ce matin repasser le pont que nous avons franchi hier pour revenir coucher à Sierre. Au delà de ce pont la contrée change d'aspect ; l'on se dirait transporté soudainement sur quelque rameau des Apennins, là où croissent sur un sol ocreux ces élégants pins d'Italie dont le branchage orangé supporte avec tant d'élégante souplesse une cime à la fois sévère et vivement découpée. Plus de culture, plus d'habitations, mais une de ces solitudes où l'imagination place d'elle-même un chevrier nonchalamment étendu à l'endroit où le soleil l'a surpris vers le milieu du jour ; une halte de bohémiens accroupis à l'ombre autour de leur marmite fumante, ou bien encore d'équivoques figures qui stationnent attentives sur la lisière d'un bois. Lorsqu'au sortir des végétations touffues, des côtes cultivées, des ruisseaux qui murmurent entre leurs verts rivages, l'on traverse ce désert où le gracieux se marie au stérile et le riant au sauvage, l'on éprouve l'impression d'un charmant contraste, et l'on se persuade toujours davantage que notre contrée, que nos environs unissent à la richesse des sites la variété aussi ; que le Valais en particulier fournirait à lui tout seul de quoi défrayer en objets d'étude et en thèmes de composition toute une école de paysage. Au surplus nos artistes depuis quelques années connaissent le chemin de cette solitude, et il en est qui en ont rapporté des études peintes sur place dont le neuf et frappant caractère ne peut manquer de s'empreindre prochainement dans leurs ouvrages.

Au-dessous de ces apparences de la campagne, qui, sous le nom de paysage, enchantent notre regard et ravissent nos sens, il y a toujours une cause naturelle ou humaine qui les a produites ou qui en a été l'occasion. Or cette cause, tantôt saisissable à première vue, tantôt obscure, complexe ou mystérieuse, est toujours aussi intéressante à reconnaître qu'elle est attachante à rechercher : en telle sorte que nous ne saurions dire, pour notre part, quelle est la limite non pas de regard, mais d'esprit, de pensée, mais d'interne et contemplative méditation, au delà de laquelle cesse d'exister ou de pouvoir s'étendre indéfiniment encore le charme d'un paysage ; soit qu'il s'offre à nous dans la nature, soit surtout lorsqu'un peintre habile s'est chargé d'en faire sur la toile une expressive interprétation. Je vois ici des mamelons de terre ocreuse que recouvre comme d'un

LES PINS DE GIERRE.

vêtement lacéré un gazon maigre et interrompu par places ; je vois des arbres d'une seule sorte, qui le long des rampes les moins stériles ont fait monter leurs rejetons jusque par-dessus ces mamelons dont ils couronnent la crête de leurs troncs innombrables : et, certes, il y a dans tout ceci assez d'harmonie dans les couleurs, assez de grâce dans les formes, assez d'éclat et de majesté dans ces cimes noires et pressées qui se balancent sur un ciel tantôt riant, tantôt sourcilleux, pour que, rien que par les sens déjà, j'admire, je goûte, je jouisse. Mais, en outre, ce sol sablonneux et pailleté, ces déchirures, cette stérilité, ont une cause naturelle que j'entrevois dans le travail visible du fleuve ou du torrent; cette solitude, cet incessant assaut des arbres sauvages, cette magnifique mêlée des rameaux qui s'enchevêtrent ou se fuient ou se menacent librement, toutes ces circonstances se rapportent à l'absence de l'homme, qui a fui ces landes ingrates pour aller arroser de ses sueurs des champs qui rendent et des sillons qui récompensent. Et si les couleurs, les formes, les apparences, en un mot, de cette campagne sont bien comme les signes, comme la langue ellemême, qui, en me disant toutes ces choses, éveille en moi le sentiment, remue la pensée, secoue la réminiscence, ne suis-je pas passé désormais de la jouissance des sens à celle de l'esprit, et qui pourra dire alors jusqu'où, d'impression en impression, cette jouissance de l'esprit pourra être portée? Qui pourra dire jusqu'où il appartient au peintre, s'il sait parler cette langue, en choisir, en assortir, en embellir les accents, d'enchanter et de ravir mon âme? Ainsi, plus on y réfléchit, plus on s'observe soi-même, et plus l'on demeure convaincu que la peinture est, non pas une représentation mais un langage; qu'un paysage est, non pas une traduction mais un poëme; qu'un paysagiste est, non pas un copiste mais un interprète ; non pas un habile diseur qui décrit de point en point et qui raconte tout au long, mais un véritable poëte qui sent, qui concentre, qui résume et qui chante.

Et à ce point de vue, pour le dire en passant, l'on s'explique aussitôt et pleinement pourquoi l'on voit si souvent le paysagiste, qui est donc au fond un chercheur de choses à exprimer bien plus qu'il n'est un chercheur de choses à copier, dépasser tantôt une roche magnifique, tantôt un majestueux bouquet de chênes sains, touffus, splendides, pour aller se planter devant un bout de sentier que bordent quelques arbustes étriqués; devant une trace d'ornières qui vont se perdre dans les fanges d'un marécage; devant une flaque d'eau noire où s'inclinent les gaulis d'un saule tronqué, percé, vermoulu..... C'est que ces vermoulures, ces fanges, ces roseaux, ce sentier, qui, envisagés comme objets à regarder, sont ou laids ou dépourvus de beauté, envisagés au contraire comme signes de pensées, comme emblèmes des choses de la nature ou de l'homme, comme expression d'un sens plus étendu et plus élevé qu'eux-mêmes, ont réellement ou peuvent avoir en effet tout l'avantage sur des chênes qui ne seraient que beaux, que touffus, que splendides. Que si d'ailleurs cette expression des lieux est purement humaine, comme il arrive dans ces cantons envahis par une culture d'industrie ou de luxe, ou dans ces localités sillonnées de constructions, de murailles et d'usines, il n'y a plus de paysage dans le sens artistique du mot, parce que dans ce champ à la fois exclusif, circonscrit et familier, le sentiment et la pensée ne trouvent ni d'espace, ni de jeu, ni d'exercice. Que si au contraire cette expression des lieux est purement naturelle, comme il arrive sur les sommités glacées des Alpes, dans les mers polaires, dans les contrées inhabitées et inhabitables, pareillement il n'y a plus de paysage, parce que les apparences de cette nature sont des faits et non plus des signes ; en telle sorte que si le regard, si la curiosité elle-même s'y appliquent, ni la pensée, ni le sentiment ne reçoivent l'éveil d'objets qui n'ont de relation qu'avec eux-mêmes. De là vient que le vrai paysage, le paysage artistique, se rencontre là seulement où s'entremêlent, où se confondent, où se heurtent ces deux sortes d'expression, l'humaine et la naturelle, et aussi bien dans les plaines brumeuses de la Flandre que sur les montueux rivages du lac Albano. De là vient que les ruines, le délabrement, la vétusté, tout ce qui signale à la fois le cours du temps, la patiente opiniâtreté de la nature, l'incessant combat de l'homme, en ajoutant à la richesse d'expression, ajoute à la saveur du paysage et en accroît la poésie. De là vient que, même alors que le thème d'un paysage est heureux, plus l'exécution en est strictement imitative, plus il y a d'exactitude réelle et de vérité servile, moins aussi il a d'expression poétique : car, si, d'une part, comme imitation, cette copie est infiniment au-dessous du modèle dont elle n'a ni l'ampleur, ni la vie, ni l'expressive et changeante physionomie ; d'autre part, comme poëme, elle est nécessairement froide, muette, morte ; et si tout s'y rencontre à la vérité de ce qui frappe les yeux, rien ne s'y découvre, ne s'y devine, ne s'y pénètre de ce qui attache l'âme ; chaque touche, au lieu d'y être un éveil de pensée, de sentiment, ou d'impression, n'y est plus qu'un rappel pur et simple de l'objet. De là vient enfin que les Flamands sont les premiers paysagistes du monde, précisément en ceci que leur faire, qui est bien loin d'être tout vérité, est en revanche tout expression, plus fin, plus accentué, plus figuré, plus poétique qu'aucun autre, et si éloigné d'être servilement imitatif de la nature, que c'est par lui au contraire que nous apprenons à voir, à sentir, à goûter dans une nature d'ailleurs souvent ingrate, ce même charme que respirent les églogues de Théocrite et de Virgile. Cette opinion-ci heurte un peu l'opinion reçue; mais que l'on veuille bien considérer qu'elle s'accorde avec le sentiment universel, qui parle plus haut et plus clair encore que l'opinion reçue. Où sont les maîtres plus aimés, plus prisés sous le rapport d'une exécution expressive, sentie, profondément simple, naïve et pittoresque, que ne le sont Potter et Karl du Jardin? Où sont les fins amateurs, les connaisseurs poëtes, les possesseurs affectionnés qui, obligés de vendre, ne se défont pas de tout le reste de leur collection avant de se séparer de leur Karl ou de leur Potter? Il y a des hommes qui ont ou qui se piquent d'avoir le sens des beaux-arts et qui peuvent néanmoins sentir ou apprécier diversement Corrége, les Carrache, Raphaël lui-même, mais, parmi ces hommes, que l'on nous en montre un seul qui à l'égard de Potter, à l'égard de Karl du Jardin, osât, qu'il sente ou qu'il ne sente pas ces maîtres, ne pas s'en montrer entiché, épris, ou tout au moins vif admirateur! Et, pour le dire en passant, quand on veut s'assurer si un particulier introduit dans une galerie de tableaux a quelque intelligence de ce qu'il y vient voir, ce n'est pas un chef-d'œuvre de l'école italienne qu'il faut lui montrer : l'épreuve dans ce cas pourrait n'être pas décisive..... c'est un bout de peinture flamande, crasseuse souvent, grise presque toujours, mais fine, spirituelle, délicatement expressive et toute de sentiment; si, à cette vue, le voilà qui pose son chapeau, qui prend le tablotin, qui l'approche du jour, qui s'en enchante.....

Dignus intrare,

et il ne reste plus qu'à lui faire de son mieux les honneurs d'une collection qu'il est digne de voir et capable d'apprécier.

Ceci n'empêche pas qu'à deux lieues de Sierre voici venir sur un chariot un gros bonhomme qui à notre vue arrête, recule, tourne court, et finalement repart au grand galop dans la direction de Tourtemagne. Au beau milieu du tourbillon poudreux que soulève l'attelage, et droit sous les naseaux de la jument, un grand maître chien noir vire, revire, bondit, aboie tout à la fois; puis, se lançant avec la vitesse d'un trait dans l'onde vaseuse du fossé, il en ressort bien vite pour retourner à son tourbillon, et le revoilà blanc comme un pénitent. Nous apprenons de notre cocher que ce particulier et son chien n'est autre que l'aubergiste de Tourtemagne. Frappé tout à coup de l'idée que peut-être nous allons déjeuner chez lui, il vient de remettre à une autre fois son grand voyage d'Amérique, pour aller tout courant nous quêter du beurre et nous griller du café.

Plus loin c'est une bergère qui tricote en suivant sa vache le long des touffes d'herbe dont la route est bordée. Le soleil frappe sur son visage

basané, et ses cils fauves ombragent un regard à la fois sauvage et timide. Potter, où êtes-vous? car c'est ici ce que vous aimez; et en effet, dans une pareille figure, ainsi peignée, ainsi accoutrée, ainsi indolente et occupée, pauvre et insouciante, respire dans tout son charme la poésie des champs. Mais, cette poésie, il faut un maître pour l'extraire de là belle, vivante et vraie tout à la fois; sans quoi vous aurez ou bien une Estelle à lisérés, qui ne rappelle que romances et fadeurs, ou bien une vilaine créature, qui ne remue que d'ignobles souvenirs.

Plus loin c'est un bon curé qui, la robe ouverte, le tricorne sur l'œil et le fusil en bandoulière, s'en va à la chasse en compagnie de deux pa-

roissiens et de trois chiens courants. A leur air de fête et de gaillardise, ces camarades font envie; sans compter qu'ils vont dans les bois se pourvoir tout ensemble d'un appétit d'enfer et d'une chère de chanoines. Nous saluons. Bientôt ils tirent sur la droite, et l'on n'aperçoit plus que leurs têtes qui dépassent les hautes herbes d'une prairie marécageuse.

Plus loin... c'est Tourtemagne, et le déjeuner qui est tout prêt; nous aussi. Pendant que le chien a cessé son vacarme pour s'étendre en travers du seuil; pendant que les reflets du soleil de dehors réjouissent la salle et dorent la nappe, nous procédons paresseusement aux douceurs de ce repas. Ce n'est pas ici sans doute cette faim canine des Mayens, attisée par trois heures de marche montante derrière un roussin chargé de cruchons et de viandes froides; mais c'est un plaisir d'autre sorte, moins vif mais plus savouré, et qui s'embellit de l'idée qu'on va n'avoir plus qu'à se prélasser sur un chariot, au lieu de monter à son faîte par le souvenir des fatigues que l'on vient d'endurer. Variété charmante, et n'est-on pas heureux, lecteur, quand, sans plus de frais, et rien qu'en vertu de quelque diversité d'allure, d'une façon l'on déjeune admirablement, et de l'autre façon admirablement encore!

A peine nous sommes-nous remis en route que c'est dans les deux chars un sommeil général; les têtes se choquent, les épaules se heurtent; aucuns s'affaissent qui servent aux autres d'oreiller débonnaire ou de paillasse bien commode; et si, à cette heure, nos chevaux prenaient fantaisie d'aller paître dans la prairie voisine, qui que ce soit n'y ferait obstacle. Mais bien heureusement, où le cocher dort, les chevaux continuent d'obéir au timon, pour ne s'arrêter que devant l'écurie, et c'est ce qui fait que l'on ne rencontre pas plus souvent sur les grands chemins des parties de plaisir noyées dans l'eau du fossé, ou des Absalons pendus aux arbres de la forêt. A notre réveil, il se trouve que le ciel, ce matin si radieux, a tourné au sinistre; et la pluie commence à tomber au moment où nous arrivons à Viége.

Viége, en allemand *Wisp,* est un petit amas de maisons lézardées, qui masque l'étroite entrée de cette vallée de Zermatt, que nous nous proposons de visiter. On y trouve une boutique où les cochers se pourvoient en passant de mauvais tabac, et l'auberge du *Schwal blanc,* où les touristes ne s'arrêtent jamais. Nous nous y arrêtons cependant, car, las un peu de nous engager dans des gorges sauvages pour y affronter l'intempérie qui rince, et la brume qui voile, nous ne savons trop quel parti prendre. Toutefois, comme, dans une tournée surtout, l'incertitude est mère de l'ennui et de la démoralisation, M. Töpffer ne tarde pas à convoquer ses compagnons en Landsgemeine, et là il est arrêté à la majorité des suffrages qu'il ne faut ni s'aventurer à cette heure dans la gorge sauvage, ni poursuivre du côté de Brigg, mais qu'il faut demeurer cette après-midi à Viége, y coucher même, afin d'être prêts à partir pour Zermatt si le temps, après s'être amélioré dans la soirée, venait à présager pour le lendemain une radieuse aurore. Ce parti une fois pris, l'on colonise. *Coloniser,* c'est voir les hôtes, apprécier les ressources, assurer le repas, la couchée; c'est surtout, au sortir de l'incertitude, se moraliser par la résolution et l'activité, et, après avoir fatigué ses membres, donner au repos des instants que l'entretien, les jeux, l'agréable loisir de dessiner, d'écrire ou de lire, font trouver trop courts. Coloniser, quand on est nombreux, amis, jeunes, gais, éreintés, c'est de toutes les petites fêtes qui peuvent s'improviser partout, mais bien mieux encore dans une petite hôtellerie de village ou de montagne, l'une des plus aimables que nous sachions. Roveredo, Lostallo, Domazo, Dissentis, et tant d'autres trous où nous confina la pluie, quels moments bien remplis, quelles jolies heures nous avons coulées sous l'hospitalier abri de vos humbles auberges, lorsque, réunis dans quelque salle enfumée, nous trouvions dans notre mutuel commerce, dans la mise en commun de nos ressources, dans ce que suggérait à chacun de nous un industrieux bon vouloir, de quoi conjurer les privations et les contrariétés! Jeux, loteries, croquis à achever, lettres à écrire, insectes à classer, tout venait à la file, et nos hôtes eux-mêmes finissaient par ne rien comprendre à des voyageurs que l'orage ne contriste pas, et que la pluie, en continuant de tomber à verse, semble ragaillardir de mieux en mieux. A Lostallo il y avait une épinette, mais celui qui la touchait est mort depuis, et le son de cet instrument résonne encore à notre oreille, comme la lointaine et mélancolique voix de cet enfant si aimable, si heureux alors, qu'aujourd'hui la tombe recouvre.

Que la musique affecte diversement selon le lieu, l'heure, l'entourage, la disposition! En certains moments, toute magnifique qu'elle puisse être, elle importune, ou encore elle n'est qu'un agréable bruit; dans d'autres moments, tout humble qu'elle soit, elle délasse, elle récrée, elle ravit le cœur et les sens, et semble être à la fois le plus tendre et le plus éloquent des parlers. Mais en voyage, à l'arrivée, au moment où, rendu de fatigue, vous venez de vous poser sur la chaise, sur le banc, sur le premier bout de table qui s'est présenté, alors le thème le plus simple, joué sur le plus usé des clavecins, cause, à la seule condition que l'instrument soit d'accord, la plus vive impression de douce surprise et d'intérieure jouissance. Chose singulière, la débilité même des sons, surtout ce timbre fêlé mais vibrant de l'épinette, en voilant la mélodie, l'assortit à votre besoin de calme; en sorte que cela justement qui provoquerait les dédains d'un dilettante de casino vous arrive comme l'insinuant accent d'une bonne sirène qui caresse votre lassitude.

Nous ne sommes pas un dilettante de casino, nous ne sommes pas même un dilettante, et la preuve, c'est que notre passion, notre avidité de musique, bien plus gloutonne que délicate ou raffinée, se satisfait mieux encore au moyen des airs les plus communs joués cent et cent fois avec une simplicité sentie, qu'elle ne se rassasie en allant écouter dans les casinos et dans les salles de concert les incomparables de l'époque. Ici l'apprêt nous glace ; l'exécution trop compliquée ou trop remplie de difficultés admirablement vaincues nous distrait du thème primitif ; la composition elle-même d'une facture savante et d'une sublimité trop haute n'est communément pas à notre portée ; sans compter ces dandys, graves par ton, écouteurs par vanité, dont la présence dans le temple de l'art nous incommode comme ferait une profanation, sans compter non plus ces douairières, qui étalent leur dilettantisme en miaulant des bravos, et en marquant la mesure de la plume ébranlée de leur béret... Non ! en fait d'art, en fait de poésie, et pour que je goûte ces choses que je trouve, moi, si belles, si émouvantes, si faites véritablement pour qu'un homme sérieux en recherche l'approche, et l'action, et l'empire, il me faut préalablement que toutes ces vanités aient été balayées, que ces tons, ces airs, ces falbalas, cette séquelle de prétentions dans celui qui joue et dans ceux qui écoutent aient disparu bien loin ; il me faut que, du trépied, si fruste soit-il, et de bois si l'on veut, s'échappe simple mais expressive, imparfaite mais naïve, la voix mélodieuse, et que, dans ces gens qui m'entourent, je sente, non pas des automates gourmés et des femmelettes en montre, mais des fidèles, des semblables en qui circule ce même plaisir, ce même ravissement qui me possède. Aussi, la musique des théâtres nous plaît-elle tout autrement que celle des concerts ; aussi... l'oserons-nous dire, la musique des rues elle-même, oui, la musique des rues, pour peu qu'elle soit passable, nous attire, nous charme, et bien souvent nous enchaîne à la suivre de carrefour en carrefour. Là, en effet, une, deux voix, quelquefois agréables, souvent ingénues, rarement gâtées d'affectation prétentieuse ; une guitare fêlée, dont l'accompagnement doucement monotone soutient sans distraire ; un choix de beaux airs empruntés aux compositions des grands maîtres, et ramenés en quelque sorte à leur plus grande simplicité d'expression ; enfin, et surtout, autour de moi, ceux-là seulement que cette mélodie attache, captive, émeut, et dont la jouissance qui se remarque dans leur visage, dans leur regard, dans leur attitude, accroît et complète la mienne. Ah ! certainement, s'il était possible que les grands artistes, au lieu de prodiguer leurs rares talents devant une tourbe d'élégants blasés, les promenassent de ville en ville et de rue en rue pour en faire jouir la multitude, ce serait là des musiques la plus belle, la plus puissante ; et au lieu qu'ils vont étriquant leur art pour se conformer au goût d'un public qui veut des tours de force et des miracles, bien plus qu'il n'est capable de goûter des chants délicatement expressifs ou vigoureusement éloquents, ils en élargiraient la base et en retrouveraient les filons perdus, rien qu'en voulant complaire à des masses neuves, simples et impressionnables. C'est le dilettantisme qui tue la musique.

A Sesto Calende, on passe le Tessin sur une vieille barque où se tenait, il y a peu d'années encore, un chanteur aveugle. Au bruit cadencé de l'aviron, et pendant que le lourd navire rampe lentement des escarpements brûlés de la rive lombarde aux touffes verdoyantes de la rive piémontaise, cet homme frappait d'un grossier archet sur un violon à trois cordes, et entonnant d'une voix rauque de rustiques ballades, il avertissait ainsi le passager d'avoir à lui payer son obole. C'étaient des sons d'abord et durs et choquants pour des oreilles faites à de plus doux concerts; mais c'était une musique bientôt, musique mâle, sévère, profondément mélancolique, et dont le charme, se mariant à celui du site, du ciel, du fleuve, après avoir pénétré jusque dans le cœur, finissait par le remplir tout entier. A des personnes qui avaient fait cette traversée, j'ai demandé depuis si elles avaient entendu l'aveugle, et, sur le nombre, deux, sans plus, réjouies déjà par cette question, qui leur indiquait qu'elles n'avaient pas été seules à le remarquer, m'ont confié que peu de fois dans leur vie elles s'étaient senties aussi atteintes, aussi remuées que par le chant de ce mendiant. Ce que je cite pour montrer que cette ânerie qu'il y a pour des gens comme il faut à goûter une musique pareille ne laisse pas que d'être une distinction, puisque encore n'est-elle pas commune.

Quoi qu'il en soit, à Viége il n'y a point d'épinette, et l'hôte est absent;

mais n'importe, un monsieur se présente, qui le remplace avec avantage peut-être : c'est un pensionnaire de l'hôtel, gros petit bonhomme, instruit, d'excellent ton, et qui sait, tout en se faisant notre serviteur, se maintenir notre égal. Mis au fait de nos projets, il nous donne des renseignements utiles, et s'en va nous chercher des cartes admirablement détaillées des vallées environnantes et de la chaîne du mont Rose. Lui-même, ingénieur apparemment, a travaillé et travaille encore à la confection de ces cartes, ce qui n'empêche pas qu'il s'aide aussi à la confection de notre repas. Pendant qu'il est à son œuvre, nous vaquons à la nôtre. Quelques sédentaires occupent la salle, et comme tout à l'heure la pluie a cessé de tomber, des amateurs s'en vont faire sur la grande place une partie de quilles, tandis que d'autres, s'attelant au chariot de Rayat, se sont constitués chevaux de poste au profit de leurs camarades, et galopent à l'envi du côté de Brygg et retour. Pour Shall, avant de participer à ces courses olympiques, il s'est acheminé vers la boutique pour s'y acheter du caramel. « Je voulé, dit-il à l'homme, diu calomel. » Heureusement l'une des substances est aussi inconnue que l'autre dans l'endroit, en sorte que Shall se borne à empletter pour le compte de M. Töpffer, et d'ordre précis, quatre crayons détestables, tels, en un mot, qu'on peut se flatter d'en trouver à Viége.

Voici pourquoi. A la façon de certains qui sont sujets à s'en prendre à leurs outils de ce qu'ils font de la mauvaise besogne, M. Töpffer se trouve pour l'heure radicalement brouillé avec ses brookmans, ses dickinsons, ses newmans et toute la plombagine anglaise. Il leur reproche de s'émousser au grand air, de foisonner au soleil, et de faire des pâtés là où il voudrait de légers frottis. Ce qu'il y a de sûr, c'est que, pour croquer rapidement et avec quelque finesse d'après nature, surtout des montagnes, c'est-à-dire des objets éloignés où il s'agit d'indiquer et de teinter beaucoup de détails, sans que ces détails paraissent rapprochés, ces pâtes anglaises, molles déjà de leur nature, et que la chaleur, le vent, l'humidité, qui agissent dans le même sens sur le grain du papier, amollissent encore, ne valent pas ces pâtes beaucoup plus communes, mais sèches, sobres, rudes, qui tiennent la pointe et qui donnent des hachures à la fois déliées et grisâtres. Au moyen de ces pâtes-là, sur un trait d'ailleurs vivement accusé de rocs, de sapins, de pâturages, on passe hardiment des teintes qui sont réellement d'autant meilleures et plus fuyantes que la mine est fine de dureté et terne de pâleur. C'est bien pourquoi M. Töpffer a dit à l'Anglais Shall : « A bas Brookman ! et procurez-moi des dickinsons de Viége. »

Croquer, ce n'est pas étudier ; c'est reproduire de sentiment, autant que possible, le sens, la pensée, l'expression d'une physionomie, d'un groupe, d'une attitude, s'il s'agit de figures; d'une gorge, d'un bouquet d'arbres, d'un sol bossué, broussailleux, rocailleux, humide ou brûlé, stérile ou parsemé de touffes et d'arbustes, s'il s'agit de paysage. Et alors, plus en ceci l'outil seconde la prestesse d'exécution, moins il demande d'être ménagé ou surveillé, mieux s'accomplit l'objet du croquis. Hésiter, reprendre, mettre trois traits pour un; embrouiller, emmêler, faire des pâtés, puis s'y retrouver que bien que mal, tout ceci, dans le croquis, est non-seulement passable, permis, mais agréable et expressif: ce qui ne l'est pas, selon nous, c'est d'effacer pour refaire, c'est d'assurer ses lignes par quelque procédé de règle ou d'équerre, c'est d'arriver, là où il ne fallait que tendre à l'expression claire et vive, à la représentation nette et froide; car, de cette façon, l'on n'aboutit qu'à manquer le charme du croquis, sans avoir atteint au charme du dessin.

Aussi, quand vous voyez au coin d'une prairie ou en face d'un clocher un gentleman bien pourvu de gomme élastique, qui défait, qui refait consciencieusement; qui au bout de cinq, de quinze minutes, n'est encore parvenu qu'à aligner des parallèles et à tracer bien fidèlement l'angle d'un toit, dites : Celui-ci sera quelque jour un grand peintre, je ne m'y oppose pas; mais il est à cette heure un pitoyable croqueur. Pendant qu'il aligne, pendant qu'il fait et défait, l'impression, s'il l'a eue, s'est dissipée; la vue d'ensemble a disparu; le sentiment, l'amour, s'est changé en scrupule géométrique; nous aurons des objets, et nous n'aurons ni paysage ni croquis. Amant transi, au lieu de brusquer une vive caresse, il s'est fait civil et composé; les faveurs de cette nature ne sont pas pour lui.

Que si, au contraire, vous voyez sur la lisière d'une forêt, ou en face d'un escarpement ombragé de grands hêtres, un amateur qui, hâtif et comme avide d'attraper au vol, trace, retrace, accuse, affermit, embrouille, débrouille, et s'efforce de fixer sur son carré de papier une image, un rappel, une ombre de la scène qui charme son regard, en telle sorte qu'au bout de cinq, de quinze minutes, et tout malcontent ou désespéré qu'il soit, un ensemble, une intention, une pensée se saisisse dans ce qu'il vient de crayonner, dites : Celui-ci pourra ne devenir pas un grand peintre, mais il est à cette heure déjà un intelligent croqueur; sa muraille penche et son arbre est trop court; mais son roc ombrage, son sol fuit, ses rameaux recouvrent, son ciel éclate ou sourcille : nous n'avons pas des objets, mais un paysage; pas des feuilles, mais du feuillage; pas une inexacte copie, mais un croquis fidèle. Amant épris, au lieu de s'attarder en trop discrètes approches, il a laissé sa flamme se trahir, son amour parler, et on l'a payé de quelque retour.

Mais c'est l'heure de nous rendre à table, où le pensionnaire va nous servir. Ce monsieur, une serviette sous le bras, va, vient, change d'assiettes, dispose les plats, dessert l'entremets, apporte le rôti, tout en nous entretenant des choses du pays avec une politesse sans familiarité. Vraiment il y a des gens qui savent tout faire sans déroger, comme il y en a qui ne parviennent pas à s'élever, si haut qu'ils grimpent.

Mouton, MULET DE RAYAT.

QUATORZIÈME JOURNÉE.

Que nous avons bien fait d'attendre à Viége, en allemand *Wisp!* Aujourd'hui pas un nuage ne flotte dans toute l'étendue du firmament, et au fond de cette gorge, hier obscure et fermée, des cimes, ici encore enveloppées d'ombre, plus haut frangées des scintillantes clartés du lever. Comme à Sion, nous laissons nos sacs à l'auberge et nous partons de bonne heure, allégés de tout ce qui ne nous est pas strictement nécessaire pour une expédition de trois jours.

Derrière Viége, le pays est immédiatement solitaire, boisé, pittoresque tout autrement qu'il ne l'est dans la vallée du Rhône à l'endroit où on vient de la quitter, et sûrement bien des artistes qui ne font que traverser Viége ne se doutent pas que ce hameau leur masque des ombrages tout prochains, des eaux, des rochers, des sites qu'ils s'en vont peut-être chercher bien loin, alors qu'ils les trouveraient là tout près d'eux. A la vérité, nous cheminons dans cette gorge avant que le soleil y ait pénétré, et il est possible que cette ombre du matin, au sein de laquelle se tempère l'éclat et s'effacent les crudités, ait contribué à séduire notre jugement; sans compter que là où l'on jouit, là où l'on est heureux, dispos, en train de fête, les objets paraissent facilement admirables et la belle nature plus belle encore.

Mais à une heure de Viége, et du milieu d'un pont que l'on passe là, nous découvrons tout à coup un de ces spectacles qui certainement raviraient d'admiration jusqu'à un hypocondre lui-même, si ce n'était que, pour les malheureux qui sont travaillés d'une noire tristesse, plus le spectacle est riant, portant à la sérénité ou à la joie, plus il leur paraît amer et insupportable. C'est, au point d'embranchement des deux vallées de Saas et de Zermatt, et comme au plus profond d'un sombre entonnoir, un mamelon verdissant d'herbages, ceint de noyers, couronné d'une blanche église, sur lequel le soleil levant lance au travers d'une étroite fissure ses premiers feux. Autour, tout est nuit et horreur; mais dans cet humble Élysée tout éclate, tout scintille, tout est vif, pur et souriant à la fois. Vite M. Töpffer se met à l'œuvre; mais c'est sottise, car il n'appartient pas aux plombagines réunies du monde entier, et de Viége aussi, de reproduire cette poésie toute d'effet, de couleur, de paix matinale, et qui ne se laisse aucunement saisir par des traits et des hachures. A vous, poëtes, de croquer, de peindre ces choses; de les peindre, entendons-nous bien, c'est-à-dire d'en retracer le charme dans quelques vers frais, naturels, riches d'images simples et de couleurs vraies, et non pas de les décrire. Décrire, pour le poëte, c'est ramper; peindre, c'est, d'un essor facile, s'envoler dans les airs, pour de là voir d'un regard et exprimer d'un accent.

Jocelyn est l'œuvre d'un grand poëte, mais qui, ou las ou pressé d'arriver, au lieu de s'élever vers la nue, rase le sol, et y touche parfois du bout de son aile. La description y abonde, belle sans doute, semée de traits charmants et d'éclatantes raretés, mais trop détaillée déjà, trop plastique, comme disent les doctes, pour qu'elle puisse attacher beaucoup, pour qu'elle n'ait pas ce défaut de charmer les sens toujours, là où il ne fallait que donner l'éveil à l'âme. Et toutefois, ici encore se reconnaît le cygne, et sa blancheur, et sa grâce... Mais quand c'est M. Victor Hugo qui décrit, ce n'est plus alors que l'antiquaire, que l'architecte, que le joaillier, que le brodeur, que le cicerone de l'Orient, de l'Océan, de Mirabeau, des cathédrales. Avec ce cicerone, c'est à pied que l'on chemine : l'on côtoie, l'on tourne les monuments; l'on touche, l'on manie

PRÈS DE MÜNSTER (VALLÉE DE CONCHES).

les objets; et là où l'œil nu ne suffit pas, il vous prête sa loupe. Delille, aussi abusivement descriptif, est vraiment plus peintre.

Ce clocher qui scintille, c'est celui de Stalden, un tout petit hameau, à deux heures de Viége. On y gravit le long d'un chemin tortueux bordé de blocs alignés et qu'enserrent sous leurs longs rameaux des noyers pommelés. Vive le pittoresque! mais c'est de déjeuner qu'il s'agit. Nous frappons à la première maisonnette; un vicaire en sort, pâle, fluet, haut de

six pieds, et qui nous accueille du plus bienveillant sourire. « Tècheuner, dit-il, ya, ya! » et il nous fait monter dans une chambre haute, chambre de bois, proprette, vernissée, avec madones alentour, bénitier à l'angle, et où pénètre, au travers d'un vitrage engageant de netteté, ce beau, ce doux soleil matinal, dont il y a une heure, parvenus aux abords du pont, nous admirions le réjouissant éclat. Cependant David coupe le sucre, et, tandis qu'arrivent des étables voisines les seaux remplis de lait écumant, une bonne fille s'essouffle à faire griller du pain, à faire bouillir du café, à monter, à descendre, jusqu'à ce qu'enfin tout est prêt, et la nappe, et le beurre, et le fromage, et les convives. Après que la première faim a été assouvie, et pour autant que le permet la différence des idiomes, l'entretien s'engage avec le vicaire, et, quelque incroyable que nous paraisse le fait, nous croyons comprendre qu'il nous invite à assister à une tragédie (Schauspiel) qui doit se jouer dans l'endroit.

Cette nouvelle nous transporte presque trop vite pour qu'elle ait le temps de nous surprendre. « C'est demain qu'on joue le Schauspiel, ajoute le vicaire; mais après-demain, à dix heures du matin, on le rejoue. — Il faut y être! il faut y être! s'écrie tout d'une voix l'assemblée. — Il faut y être! répète M. Töpffer, et voici comment nous allons faire : ce soir, nous poussons jusqu'à Zermatt. Demain matin nous montons le Raefeln; puis, redescendus à mi-journée, nous quittons Zermatt pour venir coucher aussi près que possible de Stalden, où nous saurons bien arriver après-demain avant dix heures. Appuyé! appuyé! et en route! » Dans ce moment rentre le vicaire, qui est allé dans la chambre voisine chercher une liasse d'imprimés. « La commune, messieurs, nous dit-il en haut allemand, sera heureuse de vous posséder, et certainement des places d'honneur vous seront réservées. » Tout en parlant ainsi, il distribue à chacun de nous un imprimé qui se trouve être un programme de la tragédie, et nous voilà agréant, acceptant, lisant, partant tout à la fois pour être de retour plus vite. Le tumulte est à son comble et la joie aussi.

Sortis de la cure de Stalden, qui est de ce côté-ci la première maison du village, nous apercevons sur notre droite et par-dessus le toit des maisons une sorte de charpente au-dessus de laquelle flotte un drapeau : c'est

LE SENTIER AU-DESSUS DE STALDEN (VALLÉE DE ZERMATT).

le théâtre! D'un saut nous y sommes. Le curé est là qui, entouré de paysans, de scies, de cognées, ici fait abattre, là fait équarrir, tandis que, de sa personne, il orne le fond de la scène de jeunes sapins, et la devanture de rideaux amarante. Le tout est d'un aspect beaucoup plus attrayant qu'étrange, quand déjà le lieu même où se font ces préparatifs, la magnificence de la journée, le neuf, l'imprévu de ce spectacle nous disposent à le contempler avec une sorte d'enchantement. Que l'on se figure, en effet, au bas d'une prairie inclinée d'où le regard plane sur le fond de la vallée, où bien va s'arrêter contre les belles montagnes de l'autre revers, un vaste tréteau élevé sur des troncs d'arbres équarris, ceint de feuillage, orné de draperies et surmonté de flottantes bannières; en avant, des bancs frustes disposés en amphithéâtre sur un terrain montant; derrière, et comme pour servir de loges, une chaîne de rochers moussus, ici percés de niches, là saillants en gradins, et dont le sommet couronné de grands arbres se perd dans la nuit des rameaux... C'est là que devant tout un peuple de montagnards va se jouer le Schauspiel. Mais n'anticipons pas sur les choses d'après-demain, et en annaliste scrupuleux, plaçons à son heure chaque aventure, à sa minute chaque événement.

Au delà de Stalden, la vallée se resserre en abrupt défilé, et le sentier qui coupe obliquement les rampes de la rive gauche du torrent, tantôt longe le précipice, tantôt se fraye un étroit et pittoresque passage entre les arêtes rocheuses qui descendent des sommités. Alors ardu et taillé en degrés inégaux, ou bien il est bordé de fraîches excavations tapissées d'herbages et de fleurs dont les tendres couleurs brillent d'un charmant éclat au sein de caverneuses noirceurs, ou bien de frêles bouleaux, dont le feuillage frémit au moindre souffle, inclinent au-dessus de lui leurs indolents rameaux et y entretiennent un transparent ombrage. Pour le paysage de détail, à la fois délicat et sauvage, c'est de quoi s'arrêter à chaque instant; c'est encore, pour qui aurait la vue saine, et non pas une paire d'yeux maladifs que la lumière offusque et que le travail tue, de quoi former les plus doux projets de retour dans ces lieux, de commerce avec ces herbages, avec ces bouleaux, de longues et silencieuses journées consacrées tout entières à la récréative étude de tant de naturelles beautés éparses parmi ces rochers, ou prodiguées le long de ce sentier perdu.

Les bouleaux sont nombreux dans cette première partie de la vallée de Zermatt. Pour le paysagiste, c'est quelque chose déjà, car cet arbre est rare dans nos contrées autant qu'il est svelte, fin, rempli de grâce mélancolique. Mais en outre, et c'est ce qui peut excuser ce ton d'élégie que nous venons de prendre à propos d'un pauvre sentier, il est de fait qu'un chemin montant, oblique, ardu, forme une sorte de site rapproché tout particulièrement riche en profils variés d'accidents, divers de caractère, et surtout merveilleusement saisissable aux procédés du croqueur. Escarpements, degrés, dalles irrégulières, cailloux épars, touffes buissonneuses, contours ici roides, là onduleux, tout s'y rencontre de ce qui tente, de ce qui séduit, de ce qui pousse invinciblement l'amateur pas bien habile, mais du moins épris, à ouvrir son livret et à tailler son crayon. Pendant qu'il est à l'œuvre, un manant passe dont il anime sa scène ; puis, au moyen de quelques linéaments qui expriment les rampes éloignées, la fuite des forêts, une cime vaporeuse, le voilà qui tient son affaire. Cependant les moments ont coulé tout rapides d'attrait et d'amusement, et l'extrême simplicité d'un plaisir si vif, cette simplicité même qui aux yeux de plusieurs peut le faire sembler puéril, bien loin d'en diminuer pour lui le charme, le rehausse au contraire à ses yeux. Car combien y a-t-il de plaisirs qui se passent du paraître, qui se goûtent sans apprêt, qui se cueillent à tout bout de chemin, et n'est-il pas en tout temps de l'homme sensé d'accueillir, de priser la jouissance en raison même de ce qu'elle est à la fois innocente et pleine ?

A une heure de Stalden nous croisons une longue file de pèlerins. Comme la chaussée est étroite, ces gens s'arrêtent pour nous laisser passer, puis

quelques questions s'échangent, et M. Töpffer finit par offrir à chacun, à chacune aussi, une prise de tabac. Jusqu'aux fillettes, pour ne pas bouder l'aubaine, acceptent leur ration et éternuent à l'envi, tandis que les vieillards, accoutumés à une poudre d'autresorte, savourent l'arome, font durer la prise, et d'un nez économe en aspirent les derniers grains soigneusement rassemblés sur la paume de leur poignet. Partis des hauteurs avant l'aube, ils se rendent à Stalden pour y assister au Schauspiel, et la chose, toute simple pourtant, nous paraît néanmoins d'une nouveauté charmante. Pour ceux d'entre nous qui ont lu Don Quichotte, il s'y rencontre je ne sais quoi de Gamache, et ils se flattent d'avoir attrapé dans la réalité elle-même quelqu'une de ces situations de fortuite aventure, de fête imprévue, qui font naître tant de poétiques désirs, tant de regrets de ce que le monde n'en offre plus de semblables, lorsqu'on lit le poëme de Cervantès. Une heure après avoir quitté ces gens, nous arrivons à Saint-Nicolas. C'est un petit hameau qui jouit d'un clocher grêle surmonté d'une lourde coupole : on dirait, dans le jardin des Hespérides, un fétu de pommier nain qui roidit sa tige crainte que sa pomme d'or ne l'écrase. A Saint-Nicolas, Mouton se régale d'un picotin, nous d'un verre de blauk, et après que nous y avons commandé pour le lendemain une soupe et des grabats, nous continuons notre route.

Au delà de Saint-Nicolas, la vallée, toujours solitaire, s'élargit et se

couvre de beaux pâturages, où, çà et là, une vache attachée à un pieu tond du pré la longueur de sa corde. De chaque côté se dressent des parois de rochers couronnées de bois, et, par delà, au travers de chaque interstice que laissent entre elles les dernières sommités, l'on voit briller sur l'azur du firmament une chaîne continue de glaces éclatantes. A Randah, ces glaces descendent jusque dans le voisinage des pelouses, et du sein de la gorge où elles s'étalent majestueusement, arrive aux oreilles cette voix sonore des eaux, toujours continue, mais tantôt rapprochée et grossissante, tantôt lointaine ou affaiblie, selon que le vent dans ses caprices l'emporte vers les hauteurs ou la chasse sur le vallon. Du reste, pas une âme dans les villages; tout est aux forêts ou au Schauspiel.

Après Randah, l'on entre dans les bois pour y marcher de taillis en clairière, jusqu'à ce que l'on gravisse un dernier escarpement qui barre l'entrée du plateau où sont assises les cabanes de Zermatt. Comme nous montons en conversant avec un bon vieux « tout chargé de ramée, » une dame parée de ses habits de fête ne fait qu'apparaître au sommet du chemin, pour rebrousser aussitôt. C'est l'hôtesse de Zermatt qui renonce, en nous voyant venir, à se rendre aux fêtes du Schauspiel, et qui court en toute hâte disposer sa maison, emprunter des gîtes et assembler des vivres. Lorsque nous avons atteint la place qu'elle vient de quitter, un magnifique spectacle se déroule à nos regards.

Chamonix est beau, et nous ne prétendons point contester à la vallée qui porte ce nom sa supériorité d'auguste magnificence et de colossale sublimité. Mais si ceci est moins somptueux, ceci est autre en même temps, et rien, à Chamonix même, pour ceux du moins qui se bornent à visiter le prieuré, ne frappe autant que cette effroyable pyramide du Cervin, qui ici s'élance, reine et isolée, de dessus les dômes argentés de la grande chaîne, pour aller défier la tempête jusqu'au plus haut des airs. Que si, détournant son regard de ce géant qui prend à lui toute l'impression première, on le porte ensuite sur le reste de la contrée, on y découvre une harmonie d'éclat, une symétrie balancée de formes, des atours de verdure et de fraîcheur qui bien rarement se rencontrent ailleurs au même degré. De la pelouse du vallon, les yeux remontent le long de chauves contre-forts jusqu'aux dômes glacés qui forment en face le col aplani de Sainte-Théodule; et tandis qu'à droite le Cervin penche de toute sa hauteur sur l'abîme, à gauche le Breithorn et le mont Rose, hérissés de pics et tachetés d'arêtes, étalent aux rayons du couchant là leurs cônes arrondis, plus loin leurs rampes cintrées ou leurs prismes angulaires. Et

LE GLACIER DE ZERMATT ET LE MONT CERVIN.

comme pour ajouter à cette scène l'attrait d'une gracieuse magnificence, le glacier de Zermatt, plus flexible qu'un collier, après s'être précipité des hauteurs par une roide vallée, s'arrête, fléchit, se recourbe avec une molle souplesse, et s'en vient porter jusqu'aux premiers herbages le flot nacré de ses onduleux replis. Ce spectacle, plus simple que celui de Chamonix, mais d'un caractère plus fort peut-être, se grave d'emblée et pour toujours dans le souvenir.

A Zermatt, il n'en va pas comme à Évolena, et si les hommes du village, groupés ci et là le long de leurs clôtures ou sous le porche des cabanes, nous regardent silencieusement défiler, une troupe de garçons et de marmots prend la volée à notre approche et s'enfuit au plus haut des escaliers, des galeries, des fenils, pour de là nous contempler curieusement. Pourtant ces fuyards s'apprivoisent ensuite, et, groupés devant l'auberge, ils en encombrent le seuil pendant que nous en occupons la salle. La maison est bonne, les chambres, les meubles sont propres, et un livre qui est mis aussitôt à notre disposition pour que nous y inscrivions nos noms contient ceux des voyageurs qui nous ont précédés. M. Calame, à la date de 1840, ouvre la liste. Viennent ensuite des touristes beautiful, quelques artistes encore, des instituteurs avec leur monde, et les signatures plus connues de M. Agassiz et de ses compagnons. Outre son nom, l'un des instituteurs a inscrit en termes hautement corrects la sage nomenclature de ses impressions, et il loue le guide Tamatta, dans lequel il a trouvé, dit-il, une profonde connaissance des petits sentiers. Ce guide Tamatta nous est présenté. Il a l'air profond, en effet, mais il n'entend nous guider demain dimanche qu'après messe, et bien que nous insistions pour voir jusqu'où cet homme porte l'obstination d'un refus dont le motif est si louable, nous ne parvenons pas à le rendre incertain un seul instant. « La messe d'abord, dit-il dans son guttural idiome, guider après. » Comme on voit, outre qu'il est profond dans la connaissance des petits sentiers, le guide Tamatta est ferme dans la pratique de ses premiers devoirs.

La chère est abondante à Zermatt. Ce sont des pâtes d'abord, et puis des pâtes ensuite, après quoi viennent des pâtes encore, en sorte que si l'on y mange mal, on s'y empâte à merveille. D'ailleurs c'est de dormir qu'il s'agit. Trois paires coucheront à l'hôtel même ; les autres, conduites aux flambeaux par des guides qui ont une connaissance profonde des chemins embraminés du village, sont réparties dans différents gîtes, et tout à l'heure chacun sommeille, et les vents, et l'armée, et le Cervin.

QUINZIÈME JOURNÉE.

Lorsque de Zermatt l'on regarde du côté des grandes Alpes, à droite l'on a le Raefeln, qui touche aux bases du mont Rose, et de la cime duquel on y arrive de plain-pied; à gauche, l'on a le Heibalmen, qui est moins élevé, mais dont la sommité forme comme un belvédère dressé au pied du Cervin, tout exprès pour que des fourmis de touristicules aillent de là mesurer du regard l'écrasante hauteur du colosse. C'est le Raefeln qui est ordinairement visité des touristes, et nous avions bien compté en faire l'ascension; mais, obligés à la fois de partir tard et d'être redescendus de bonne heure, il nous convient d'opter pour le Heibalmen. Ainsi donc, l'expédition, composée des grands seulement et de madame T....., part vers sept heures, laissant tout le fretin aux soins de David le majordome. Tandis que Tamatta marche en tête chargé du sac aux vivres, Rayat guide en queue, portant le panier aux vins.

Ah mais!.... voici tout à l'heure d'atroces Chenalettes! Tamatta est profond, sans aucun doute, dans la connaissance des petits sentiers; mais ici il n'y a de sentiers ni gros ni petits, et à la place une pente roide, formée de gazons que l'on peut paître sur sa gauche sans prendre la peine de se baisser. Aussi M. Töpffer vacille, vertige, s'envoie promener si c'était facile, et sans les rires qu'il fait pour s'empêcher de pleurer, il passerait des moments de furieuse angoisse. Parvenu enfin sur un tout petit replat, il s'emporte contre Tamatta et lui crie des apostrophes; mais l'autre va son train comme si de rien n'était, et l'on ne voit plus de sa personne que le dessous de sa semelle et le raccourci de ses chausses. Pour Rayat, il boite le mieux du monde le long de ces rampes, tant il est vrai qu'en de pareils chemins c'est la tête qui fait le pied, ou encore qu'à ce jeu-là, comme à l'autre, ce qui met à bas les quilles, c'est la boule.

De cette hauteur déjà, la vue du côté du mont Rose est splendide. Mais le moyen de contempler, de jouir, quand, mal équilibré sur son vilain petit replat, on se sent tout juste l'aisance d'une statue fixée à son piédestal! Tout ce qu'on peut faire alors, c'est de regarder en haut, mais uniquement par la peur de regarder en bas; or cette sorte de contemplation est de toutes la plus manquée qui se puisse. Aussi nous n'avons rien vu, nous ne pouvons rien décrire, et sans quelques honnêtes gens nos élèves qui nous ont aidé à sortir de là, nous y serions encore. Au diable les

Chenalettes, et vive, deux fois vive ce beau ruban de trois lieues de long qui va de Martigny à Riddes!

Mais tout à l'heure cette rampe se recourbe en sommité arrondie, et soudainement se montre, voisine, proche à la toucher du bout de sa canne, la cime tronquée du Cervin. Ce spectacle est d'autant plus neuf que l'immense pyramide, coupée obliquement par la ligne noire de la

montagne que nous achevons d'escalader, est encore isolée dans l'espace, et y forme dans le vide des cieux la plus fantastique apparition. A mesure que l'on avance, l'apparition grandit, domine, menace, écrase, jusqu'au moment où, parvenu au haut du Heibalmen, tout à coup l'on mesure d'un regard la large vallée de glace qui vous en sépare encore. En même temps l'on retrouve à gauche la continuité de la chaîne, mais, sur la droite, rien que le ciel ne se fait voir entre l'arête du Cervin et quelques pentes rocheuses qui se dressent à l'opposite, pâlissantes et comme diaphanes des reflets que leur jette l'éclatante pyramide.

D'où vient donc l'intérêt, le charme puissant avec lequel ceci se contemple? Ce n'est là pourtant ni le pittoresque, ni la demeure possible de l'homme, ni même une merveille de gigantesque pour l'œil qui a vu les astres, ou pour l'esprit qui conçoit l'univers! La nouveauté sans doute, pour des citadins surtout, l'aspect si rapproché de la mort, de la solitude, de l'éternel silence; notre existence si frêle, si passagère, mais vivante et douée de pensée, de volonté et d'affection, mise en quelque sorte en contact avec la brute existence et la muette grandeur de ces êtres sans vie, voilà, ce semble, les vagues pensers qui attachent et qui secouent l'âme à la vue de cette scène et d'autres pareilles. Plus bas, en effet, la reproduction, le changement, le renouvellement nous entourent; le sol actif et fécond se recouvre éternellement de parure ou de fruits, et Dieu semble approcher de nous sa main pour que nous y puisions le vivre de l'été et les provisions de l'hiver; mais ici où cette main semble s'être retirée, c'est au plus profond du cœur que l'on ressent de neuves impressions d'abandon et de terreur, que l'on entrevoit comme à nu l'incomparable faiblesse de l'homme, sa prochaine et éternelle destruction, si, pour un instant seulement, la divine bonté cessait de l'entourer de soins tendres et de secours infinis. Poésie sourde mais puissante, et qui, par cela même qu'elle dirige la pensée vers les grands mystères de la création, captive l'âme et l'élève. Aussi, tandis que l'habituel spectacle des bienfaits de la Divinité tend à nous distraire d'elle, le spectacle passager des stérilités immenses, des mornes déserts, des régions sans vie, sans secours, sans bienfaits, nous ramène à elle par un vif sentiment de gratitude, en telle sorte que plus d'un homme qui oubliait Dieu dans la plaine s'est ressouvenu de lui aux montagnes.

Mais à cette poésie de pensées que suscitent ces spectacles vient s'ajouter bientôt l'attrait de la magnificence, et, par une autre voie encore, par celle des sens charmés, émerveillés, l'esprit s'humilie avec je ne sais quel enivrement devant les éclatantes beautés que le Très-Haut a prodiguées jusqu'au sein de ces inaccessibles domaines de la glace et de la foudre. A ne considérer que cette seule pyramide du Cervin, quelle hardiesse inconnue dans l'effort ramassé de ce torse immense, et que les saphirs, que les diamants des hommes sont pauvres de facettes, de couleurs et d'éclat en comparaison des puretés, des scintillements, des diaphanes fraîcheurs, des métalliques reflets dont ce pic est tout entier paré dans sa hauteur et dans son pourtour! Noyée dans la lumière, sa cime sans ombre reluit doucement au plus lointain des profondeurs éthérées; ses épaules tourmentées, ses flancs sillonnés, se dessinent en muscles nerveux; puis, semblable à une blanche robe, qui, simple de plis et somptueuse de broderies, tombe noblement de la ceinture pour flotter avec grâce sur les carreaux des parvis, à mi-hauteur du géant la glace voile, recouvre, tombe en ondes majestueuses, qui refoulent leurs derniers replis sur les carreaux d'une morne allée de rochers chauves et brisés. Sous l'impression de ces magnifiques choses, des accents s'élèvent de l'âme que le langage ne sait pas dire, et certaines expressions des prophètes dont la superbe ampleur et l'étrange sublimité nous surprennent plus encore qu'elles ne nous émeuvent lorsque nous lisons les Écritures dans le recueillement de la retraite, se présentent alors à l'esprit et errent seules sur les lèvres.

Assis sur l'herbe sauvage de cette sommité, aux charmes si vrais de la contemplation nous mêlons les agréments pas du tout mensongers de la bonne chère, et c'est sans perdre un coup de dent que nous éprouvons ces poétiques ravissements. Par malheur, l'eau manque partout à la ronde,

et le plaisir que nous goûtons à engloutir des quartiers de jambon s'en trouve diminué d'autant. C'est pourquoi, dans la prévision qu'il faudra tout à l'heure redescendre jusqu'aux sources que nous avons dépassées en montant, nous nous hâtons de dresser au plus tôt la lunette, pour faire chacun à notre tour et sans bouger de place un facile pèlerinage sur les glaces qui sont en vue. Cette lunette est forte, précise, limpide, en sorte que, braquée sur les crevasses béantes, elle en met à notre portée et comme devant nos pas les caverneuses profondeurs.

C'est là un spectacle bien curieux; et, faute d'avoir fait cette épreuve du rapprochement, l'on quitterait ces hauteurs sans se douter seulement de l'infinité d'objets, de formes, d'accidents que présentent ces mêmes surfaces glacées qui, de loin et à l'œil nu, paraissent unies comme la neige des prés. Ici, ce sont des rampes striées où se croisent en élégants réseaux des rainures sans nombre; là, ce sont de hauts gradins qui s'échelonnent en cintre ou qui se surmontent en promontoires; plus loin, ce sont, au bas des couloirs, des quartiers éboulés qui laissent entre eux des places, des rues, un labyrinthe de passages trompeurs et de fausses issues; ailleurs, le soleil, après avoir aminci la glace en transparentes lames, la perce de jours, la courbe en glaives, ou la borde de dentelures. Au bout de quelques instants, l'on se sent transporté dans un monde sans vie à la vérité, mais qui a son mouvement, ses renouvellements, ses travaux du jour et de la nuit, de l'été et de l'hiver, et sa tâche éternellement imposée d'attirer, d'entasser, d'approvisionner les frimas, de fondre, de filtrer et de porter jusque dans leurs canaux les eaux qui vont abreuver le monde. Après que nous avons contemplé ces intéressants phénomènes, nous dirigeons la lunette sur tous les points où il y a chance que nous puissions apercevoir des chamois; mais c'est en vain, et après cette inutile épreuve tentée dans un endroit si favorable, il faut nous estimer heureux d'avoir, l'autre jour, surpris un de ces animaux à peu de distance de nous sur les rampes du Bonhomme. Tout ce plateau que nous occupons est émaillé de gentianes.

Vers onze heures et demie nous quittons notre observatoire pour redescendre à Zermatt, s'il y a lieu pourtant; car M. Töpffer a déclaré qu'à aucun prix il ne veut repasser par le même chemin. Tamatta lui en trouve donc un autre, mais qui est pire de beaucoup: la pente est roide tout autant; seulement, au lieu de gazons, ce sont tantôt des cailloux qui roulent sous les pieds, tantôt des roches polies sur lesquelles la plante ne trouve ni arrêt ni assiette, et à trois pas le vide, l'abîme, la géhenne d'un casse-cou tout prêt et tout prochain. En vérité, c'est à s'y jeter la tête la première pour en finir, pour n'avoir plus la fatigue de lutter, l'angoisse

de craindre, la catastrophe de s'y croire déjà! Sur ces entrefaites, voilà
Rayat qui chancelle en se contournant pour tâcher de tomber bien; voilà

M. Töpffer qui, voyant Rayat chanceler, chancelle aussi, se contourne
aussi, à la façon des joueurs qui se penchent, qui se tortillent, qui se
jettent par terre, comme pour redresser la direction de la boule qu'ils
viennent de lancer. Rayat brise les bouteilles, écrase le panier, se remet
sur sa quille et éclate de rire; mais M. Töpffer n'en est pas encore là :
équilibré sur des cailloux, cramponné à des fissures, piqué par des ronces
et gonflé d'apostrophes rentrées, on lui envoie Tamatta, qu'il renvoie à
d'autres, qui en font part à leurs voisins, qui l'adressent de nouveau à
M. Töpffer, et cet homme va, vient, se promène, sans comprendre
quoi que ce soit, ni à ce qu'il fait, ni à ce qu'on lui veut. Ce serait comique
au degré suprême, si seulement l'anxiété n'était pas à son comble. A la
fin, l'on se tire d'affaire, et tout vient à point. Voici les gazons, voici les
pâturages, voici Zermatt, et Shall qui manque à l'appel! Depuis une
heure on le cherche dans le torrent, durant qu'il est allé sommeiller sous
un arbre.

Cependant Tamatta, à bout de sa besogne, réclame un certificat que
M. Töpffer lui octroie avec toute l'effusion d'un particulier qui, retiré de

l'eau au moment où il allait s'y noyer, voit des libérateurs dans tous les passants, et soussigne, à qui la lui demande, l'assurance de sa parfaite satisfaction. Le fait est que ce brave homme connait à merveille ses montagnes, mais qu'il réduit son office à grimper devant vous par la plus courte rampe, vous laissant le soin de l'y suivre de loin, d'en bas, à votre idée, et sous votre responsabilité. Quelle différence avec Fayod, si rempli de sollicitude et de prévenance! Mais Tamatta se formera, et d'autres encore, si, cette vallée continuant d'être fréquentée des touristes, ces bonnes gens viennent à s'apercevoir un beau jour que, pendant qu'ils auront atteint sans encombre au plus haut de leur Heibalmen, toute la société aura dégringolé au plus bas de leur vallon. Car c'est ainsi que se perfectionnent les choses humaines, et partout où vous voyez une barrière au bord de l'eau, c'est l'indice de gens qui se sont noyés dans cet endroit, autant que c'est le salut des ivrognes qui ne s'y noieront plus.

Avant de repartir, nous nous empâtons d'œufs cuits dur : c'est pour varier; puis l'hôtesse apporte sa note, et, tout en payant, M. Töpffer fait la remarque que lorsque, à Genève, l'idée viendrait à quelqu'un de faire une débauche de pâtes, il s'en tirerait à bien meilleur compte. Après quoi il donne le signal du départ, et tout à l'heure nous revoici dans l'escarpement, dans les clairières, dans les pacages d'hier au soir. L'aspect d'une vallée, quand on la redescend, est non-seulement autre, mais aussi moins beau et moins varié que quand on la monte. Au lieu de ce continuel changement d'aspects qui provient, en montant, de ce qu'on a dépassé un contre-fort, de ce qu'on a tourné un rideau de forêts, de ce qu'à chaque instant un objet nouveau s'est démasqué ou est apparu; en redescendant, l'on voit dès le départ, en raison même de l'élévation de la contrée, l'aspect général, l'ensemble de configuration que l'on verra pendant tout le jour, et les premiers plans seulement continuent d'offrir de la variété; du reste, nul rapport avec tout ce qu'on a vu la veille; et si l'uniformité est plus grande, en même temps le spectacle est tout dissemblable. Aussi, pour qui n'aspire qu'à avoir vu une vallée en la traversant, il vaut mieux la remonter, aller de Meyringen au Grimsel, par exemple, plutôt que du Grimsel à Meyringen, par exemple aussi.

La chaleur a enflé les torrents, en sorte qu'il s'agit aujourd'hui de passer avec circonspection des ponts sur lesquels hier nous gambadions étourdiment. Ces ponts sont faits communément d'un tronc ébranché que les bouillons agacent, qui, au milieu, plie, vibre comme un fil d'archal. M. Töpffer les redoute fort pour son monde, plus que les rampes, plus que les Chenalettes, parce qu'ici le danger, tout aussi réel, **n'excite** aucune défiance : l'histoire de se mouiller les chevilles, voilà tout. Et cependant, deux pieds, trois pieds de cette eau fougueuse, et il est aussi **impossible** de n'être pas emporté, jeté sur des rocs, saisi par des tournants, **qu'il est**

impossible de se diriger ou de se maintenir en se mettant à la nage. Que l'on trempe seulement le bout de sa pique, ou, mieux encore, que l'on lance dans cette sorte de ruisseaux-là une souche, un tronçon d'arbre plus pesant qu'un homme, et l'on sera à même alors d'apprécier la violence avec laquelle ils poussent, ils entraînent, ils brisent... En un clin d'œil le tronçon est loin, bien loin, ballotté, refoulé, lancé, disparu, et l'on frémit en songeant à ce qu'il pourrait advenir d'un enfant qui, dans son inexpérience ou son étourderie, aurait cru pouvoir dédaigner de compter avec cette onde en apparence folle et pétulante, en réalité brutale et impitoyable. En pareille occasion, dès que la tête tourne, ou dès que le pont fait mine de vouloir vibrer trop pittoresquement sous les pas, il n'y a pas à hésiter : avancer est dangereux, rebrousser est impossible... On se met donc à cheval, et, en quatre temps, six mouvements, l'on touche à la rive. Une fois nous avons dû notre salut à l'emploi de ce procédé, fort simple à la vérité, mais dont l'idée ne nous vint pourtant qu'au moment où nous étions en chemin déjà de tomber dans la Dioza. C'est ce torrent qui, à deux pas de Servoz, se jette dans l'Arve, droit au-dessus de l'endroit où cette rivière forme une bruyante cataracte.

Après Randah nous recueillons les premières nouvelles de la tragédie

CHAUSSÉE ENTRE ZERMATT ET RANDAH.

de la bouche d'un mendiant barbu qui remonte lui et sa besace. Il y avait, nous apprend-il, foule de peuple, le Schauspiel a duré cinq heures, et

l'on s'apprête à recommencer demain. Ceci nous met en veine de causer tragédie, comédie, littérature : les lieues semblent des quarts d'heure. Cependant voici un curé qui remonte aussi, en lisant son bréviaire : mais tout à coup, en voyant notre grand nombre, et dans l'intention sans doute

de nous faire les honneurs du chemin, le voilà qui saute par-dessus la clôture et se trouve dans le pré; après quoi, lorsqu'il nous a salués au passage, il saute de nouveau et se retrouve dans le chemin. Il n'est pas rare de rencontrer des curés qui sont très-polis, mais il l'est beaucoup plus de voir ainsi des soutanes faire la voltige, et la chose nous semble tout à fait amusante.

Au crépuscule nous entrons à l'auberge de Saint-Nicolas, où, d'emblée et faute d'assiettes, l'on nous propose de manger à la gamelle. Plutôt que d'en passer par là, nous mettons en réquisition pots, vases, écuelles, cocos, tout ce qui se présente, et que bien, que mal, nous trouvons moyen de fort mal souper. Après quoi la couchée commence, laborieuse, inouïe, fantastique, mêlée de fenêtres sans vitres, de cierges qui s'éteignent, de plafonds qui viennent en bas, de paillasses qui portent en haut, et de moutards inclus ou superposés qui ont une coqueluche d'enfer.

UNE RUE DE STALDEN.

SEIZIÈME JOURNÉE.

Au point du jour, deux des nôtres ont pris les devants, afin d'aller faire préparer notre déjeuner à Stalden chez le vicaire, et vers cinq heures déjà nous voilà cheminant sur leurs traces. C'est qu'il s'agit à la fois de ne pas prendre une minute sur le repas pour assister au Schauspiel, et de n'en pas prendre une sur le Schauspiel pour la donner au repas. Tout réussit à souhait. Nos camarades ont trouvé le vicaire occupé déjà à couper du sucre, et la fille à faire rôtir des tranches de pain par boisseaux. Quel plaisir de nous retrouver dans cette cure hospitalière où notre retour est considéré comme une fête, et l'appétit, le contentement que nous faisons paraître, comme un honneur auquel on se montre cordialement sensible!

Cependant le village est rempli de monde, et, le long de la rue montante, des étalages de forains attirent garçons et fillettes. Ici c'est une pipe que l'on marchande, là ce sont des rubans, des points, des attifements que l'on s'essaye ou que l'on choisit. Le cor des Alpes retentit soudainement : c'est le signal donné aux acteurs du Schauspiel pour qu'ils aient à se tenir prêts.

Vers dix heures, deux diableteaux noirs, cornus, agiles, descendent d'une hauteur, parcourent avec légèreté la rue, et d'une baguette qu'ils

tiennent ils touchent, menacent, désignent... Tout aussitôt enfants de fuir, gens de dégager la voie, forains d'enlever précipitamment leurs étalages; puis, du même côté d'où sont descendus les diableteaux, une musique se fait entendre : les clarinettes, les hautbois, les cornemuses qui crient, les bassons qui nasillent, le chapeau chinois qui carillonne et la grosse caisse qui règle et qui domine à la fois le charmant tumulte de ces éclatantes fanfares : c'est le cortége des acteurs. Les diableteaux retournés à leur poste ouvrent la marche, conduits par Lucifer. Viennent ensuite le père, l'aïeul, les seigneurs, Rose et Künrich, les deux principaux personnages du Schauspiel, puis le curé qui marche en tête des quatre anciens de la commune, tous en costume de magistrat, et dont l'un, lecteur du prologue et souffleur de la pièce, porte sous son bras un in-folio relié en maroquin rouge, enfin les hommes d'armes, les prisonniers, le chœur des bûcherons et toute la file des figurants. Pendant que cette procession approche lentement, les diableteaux quittent sans cesse leur rang pour avancer, pour rebrousser, pour faire le vide en avant, en arrière, sur les ailes, partout où ils dirigent le bout de leurs baguettes et la diabolique horreur de leurs postures et de leurs grimaces. Mais à chaque fois que, passant devant le curé, ils redoublent de convulsions frénétiques et font mine de vouloir le saisir pour l'emporter dans les flammes, celui-ci se signe, d'un geste majestueux il lève sa canne, et les diableteaux confondus fuient à leur tour en se voilant la face. La foule, à cet aspect, marque sa joie, et un filial sentiment de gratitude en faveur de leur sainte mère Église fait tressaillir ces cœurs respectueux et simples.

Pour nous, moins simples pourtant, et qui avions pensé trouver autant à rire qu'à observer dans le spectacle auquel nous assistons, la naïveté de cette foule, la gravité de ces acteurs, tous pénétrés déjà et uniquement du caractère de leur rôle, l'ensemble à la fois étrange, rustique et solennel de cette intéressante scène nous impose, et nous passons sans transition sous l'empire d'une décente sympathie envers les sentiments dont nous sommes témoins et envers les témoignages qui se trahissent autour de nous. D'ailleurs, quelque humbles, quelque informes que soient ces essais de représentation scénique tentés dans un pauvre village des Alpes, ou plutôt, précisément par cela même qu'une foule d'éléments ailleurs trop complexes, trop altérés ou trop divisés, se trouvent ici réunis en quelque sorte dans un seul et charmant tableau, le but de tout ceci nous préoccupe d'autant plus que les moyens employés, plus simples, plus primitifs, plus épurés de tout raffinement étranger à l'objet, nous en distraient moins. Car enfin, voici, en petit, tout un peuple; voici une représentation qui va agir, dans un sens ou dans un autre, mais inévitablement, sur ces âmes assemblées; voici l'art, interprète vrai ou faux, sincère ou menteur, de la religion et de la morale; voici l'oreille, les sens, les cœurs de ces montagnards soumis pour la première fois à une curieuse et importante épreuve; et la pratique, et l'expérience, appelées à prononcer sous nos yeux, ce semble, dans ce débat qui a divisé les philosophes et les moralistes, les législateurs et les Pères de l'Église, les mondains et les penseurs, à partir de Platon jusqu'à Rousseau, le dernier et immortel champion qui soit descendu, qui ait, sinon triomphé, du moins vaincu dans cette arène.

Comme on le voit, nous sommes en cette grande question l'obscur adepte de notre illustre concitoyen ; mais surtout, enfant comme lui d'une république qui n'a vécu et qui ne vivra que par sa foi et par ses mœurs, nous avons trop bien vu s'accomplir de notre temps, sous la délétère influence d'un théâtre étranger aujourd'hui entièrement acclimaté dans nos murs, tous les funestes résultats qu'avait prédits ce fier et vigilant républicain, pour que, appliquée à notre pays, cette question ne soit pas à nos yeux pleinement, péremptoirement résolue. Oui, malheur aux petits peuples qui n'ayant pas, ne pouvant pas avoir une scène nationale, empruntent à de puissants voisins leurs histrions et leur théâtre, et importent au milieu d'eux, avec les mœurs de troupe et de coulisse, l'habituel spectacle d'affections, de préjugés, de sympathies, de préventions qui ne leur appartiennent pas en propre, et qui devaient leur demeurer à jamais étrangers! Malheur aux républicains qui n'ayant pas, ne pouvant pas avoir une tragédie saine, nationale et religieuse comme le fut la tragédie grecque, appellent dans leur cité, pour y être versés et offerts à leurs familles, les poisons de ce poëme, tantôt impur, tantôt dévergondé, presque toujours moqueur de l'honnête et flatteur du vice, qu'on appelle comédie, drame, vaudeville! De leur républicanisme, ils n'ont plus que le nom; de leur dignité de peuple, plus que le souvenir; de leurs mœurs, plus rien; et, au lieu d'avoir été les libres adeptes du citoyen auquel ils élèvent des statues, ils n'auront été que les complaisants de Voltaire et les dupes de d'Alembert.

A coup sûr, nul plus que nous n'apprécie, n'honore les chefs-d'œuvre de la scène, et si c'est d'art, si c'est de littérature qu'il s'agit ici, rien, non, rien dans les ouvrages des hommes ne nous cause un plaisir plus vif, une admiration plus sentie et plus reconnaissante que les immortelles compositions d'un Molière et d'un Shakspeare : ce sont là les palmes du génie et les couronnes de l'esprit humain! Mais que s'agit-il d'art, de grands hommes, ou même de cette élite des chefs-d'œuvre dramatiques dont l'on peut dire, nous en convenons, que, malgré de blâmables maximes ou d'équivoques exemples qui s'y rencontrent, ils seraient propres encore à assainir les esprits et à former la raison publique? Il s'agit d'action religieuse et morale exercée sur les sociétés; de tréteaux permanents, où tout poëte, même le plus dénué de respect pour ses semblables ou pour lui-même, sous prétexte de présenter aux hommes une image de la vie, jouit en fait du privilége de diriger leur raison, d'agir sur leur cœur, de décider de leurs affections et de leurs antipathies, de leurs opinions et de leurs règles de conduite; il s'agit d'une école où le peuple s'en va chaque jour recevoir ou bien le bienfait d'une instruction conçue en vue de sa moralité et de son bonheur, ou bien la pâture funeste de spectacles qui imaginés uniquement en vue de l'attirer par l'amusement, font usage à cet effet bien plutôt et bien plus souvent de ce qui est propre à l'énerver et à le corrompre, que de ce qui est propre à l'élever dans sa dignité et à le perfectionner dans sa condition..... Quoi donc? Dans nos sociétés, n'est-ce pas la mère qui ouvre et qui prépare, le prêtre qui sanctionne et qui affermit, l'école qui étend et qui explique? puis, après tant de soins pour édifier, le théâtre qui sape, qui ébranle, qui démolit? Et s'il est une institution qui ait presque inévitablement pour office de détourner l'art et la poésie de leur mission, à ce point d'en faire en tout temps et partout les dissolvants de la morale et de la piété publiques, cette institution-là n'est-elle pas à condamner par tous ceux qui au respect de l'art et de la poésie unissent l'amour sincère de l'humanité?

Et toutefois, si nous avions à traiter cette question, au lieu que nous n'avons voulu que donner occasionnellement essor à une conviction personnelle, nous ferions ici, entre la tragédie et la comédie, une distinction profondément tranchée, et nous professerions que, autant l'une est inévitablement pernicieuse, autant l'autre nous semble essentiellement salutaire, ou tout au moins impuissante à corrompre. La tragédie, par cela seul qu'elle est sérieuse dans son principe, dans ses moyens, dans ses effets; par cela seul qu'elle ne vise qu'à ébranler l'âme et à toucher le cœur, sans qu'il lui soit d'aucun avantage de corrompre l'esprit et de fasciner la raison, est digne en tous lieux d'occuper la scène, et d'y présenter aux hommes assemblés les spectacles et les exemples de grands forfaits, de sublimes vertus, d'illustres infortunes. A cette école-là, l'âme s'épure et s'élève : car ce qui la contriste est vrai, ce qui la réjouit est pur, et le poëte voulût-il lui donner le change sur le juste et l'injuste, sur le bien et le mal; voulût-il se passer des dieux et de leur justice, et saper par leur base les croyances intimes dont le germe a été implanté en elle, il n'aurait abouti qu'à lui déplaire sans l'entraîner, qu'à l'étonner sans la séduire. L'art du poëte tragique, en effet, ne s'accommode ni des sophismes de l'esprit, ni des négations du matérialisme, ni des douteuses lueurs de la philosophie sceptique, tout comme il rejette, non pas sans doute l'amère ironie de la rage ou du désespoir, mais les mesquins caquetages de la malice frivole et de la raillerie moqueuse. Ce n'est pas en gambadant agréablement en dehors du cercle de la croyance et de la morale universelles qu'Eschyle, que Sophocle, que Shakspeare, que Corneille, que Goethe lui-même ont à la fois contristé, bouleversé, charmé et épuré le cœur des hommes, c'est en s'y renfermant avec tout le consciencieux scrupule du génie, c'est en s'asservissant à n'être que les échos des saintes notions données à tous par le Créateur, et non pas en se hasardant à les fausser ou à les corrompre. Euripide, à la vérité, en agit ainsi, mais Euripide, en même temps, au lieu d'être le pair de ces grands hommes qu'il égalait par ses talents, n'est que le plus brillant de ces tragiques dégénérés dont l'école a refleuri de nos jours.

L'art du poëte comique, au contraire, s'accommode de tout ce que l'esprit accepte, de tout ce que la malice goûte, de tout ce que la frivolité préfère; bien plus, il s'enrichit de tout ce que les mauvaises mœurs tolèrent, autorisent ou commandent, et l'élégant adage, *Castigat ridendo mores,* n'est au fond qu'un élégant mensonge, si l'on prétend dire par là que la comédie qui va bien, nous en convenons, jusqu'à porter les hommes à cacher ou à déguiser leurs vices par la crainte du ridicule, aille jusqu'à les préserver ou à les corriger du moindre d'entre eux. Les mœurs! même mauvaises, même détestables, bien loin qu'elle les châtie, la comédie les accueille et les caresse; bien loin qu'elle leur rompe en visière, tantôt elle se jette sur leurs traces, tantôt elle leur fraie le chemin, plus ordinairement elle les excuse, elle les pallie, elle leur donne le vernis du bon ton, le sceau de la mode, le baptême de la popularité, et si je sais cent pièces charmantes où l'adultère est rendu excusable ou séduisant, je n'en saurais dire une, parmi les passables, où la fidélité conjugale soit prise au sérieux; j'en connais peu où elle ne soit pas directement moquée. Pourquoi non? Ce n'est plus ici d'ébranler l'âme, de troubler le cœur qu'il s'agit; ce n'est plus d'y faire vibrer avec puissance le saint amour du juste, du grand, du beau; la haine salutaire de l'injuste, du mal, de l'ignominieux; c'est uniquement d'exciter le rire, c'est d'extraire le comique non-seulement du vice s'il y a lieu, des faiblesses, des inconséquences, des travers, mais tout aussi bien, et plus avantageusement encore, de l'honnêteté malhabile, de l'ingénuité dupée, de la vertu elle-même mise aux prises ou en contraste avec la perversité aimable ou avec la rouerie spirituelle. Et tandis qu'ici le poëte, en vertu même du but qu'il se propose et du succès auquel il tend, au lieu de trouver dans le respect strict de la morale un utile secours, n'y trouve réellement qu'une sotte entrave, rien d'ailleurs ne trace des limites à la pernicieuse légèreté de ses maximes, que le goût d'un public qu'il a formé lui-même; comme rien n'oppose d'obstacle à la licence de ses tableaux que la honteuse intervention de la police, cet ignoble et pourtant nécessaire gardien de la morale publique, dans les pays où la morale publique n'est plus que le droit abandonné à l'autorité de veiller à la poursuite des crimes et à la répression des scandales.

Au surplus, la pièce que nous avons vu représenter à Stalden n'est ni une comédie ni une tragédie, c'est un *mystère*, moderne à la vérité, puisqu'il a été composé d'après un conte du chanoine Schmidt par le curé même de l'endroit, mais présentant d'ailleurs, du premier jusqu'au dernier, et dans le fond aussi bien que dans la forme, tous les caractères des anciennes pièces qui ont porté ce nom. Ainsi, pour ce qui est des analogies d'appareil et d'extérieur : tréteaux et échafaudages de même sorte, spectacle donné en plein jour et en plein air, durée pareillement longue de la représentation, personnages infernaux, prologue et épilogue; pour ce qui est du fond, les croyances catholiques mises en scène, puis, sous cet appareil accommodé aux esprits, une donnée morale simple et pratique; enfin, pour ce qui est de la forme, le défaut d'art, l'imitation cherchée de la réalité imparfaitement mais naïvement comprise; le dialogue, les tirades barrant la route à une action qui demeure à peu près immobile, et l'intérêt poursuivi bien plutôt dans l'exactitude matérielle des incidents et dans l'expression fortement, longuement accusée, de sentiments et de passions d'une grande simplicité, que dans les coups imprévus, dans les surprises, dans les artifices ingénieux d'une intrigue nouée avec quelque art et déliée avec quelque bonheur. Pourtant, hâtons-nous de le dire, si à tous ces égards l'analogie est frappante entre la pièce jouée à Stalden en septembre 1842 et les mystères du moyen âge, à l'égard de la donnée morale, elle est comparativement épurée, et, autant que nous avons pu la suivre et la comprendre au moyen des yeux bien plus qu'au moyen d'une intelligence malheureusement très-bornée de la langue allemande, il nous a paru qu'exempte de controverse hostile, elle se bornait à l'objet convenable de renforcer chez les montagnards, en vue desquels elle a été composée, la moralité par la croyance et la croyance par la moralité.

Chose singulière! on parle des mystères comme d'une chose qui a vécu, et, tout à côté de nous, dans nos montagnes, on les pratique; bien plus, on les a pratiqués sans interruption à partir de l'époque où en France ils étaient encore le seul théâtre en usage. M. de Sainte-Beuve, dans son excellent écrit sur les écrivains du seizième siècle, consacre d'intéressantes pages à ces représentations des *mystères*, sans paraître se douter qu'au delà de la frontière du pays qu'il habite ces représentations subsistent à cette heure encore ; et nous-même, bien plus impardonnablement sans doute, il a fallu que nous tombassions fortuitement sur l'une de ces représentations pour nous douter qu'elles fussent encore de ce monde. Ce que c'est pourtant que de procéder des livres et toujours des livres, comme on y est si fort porté dans notre docte siècle, plutôt que de procéder parfois des choses, des faits, de la vie ! Ce que c'est aussi, alors même qu'on procède des livres, que d'aller en oublier quelques-uns, et des instructifs, et des principaux, sur l'objet ! L'autre jour M. le pasteur Bridel, le vénérable et savant auteur du *Conservateur suisse*, instruit par hasard de l'intention où nous étions de décrire la représentation de Stalden, nous fit passer, avec un petit volume devenu fort rare [1], et qui contient une pièce jouée à Züg en 1672, une note toute remplie d'indications précieuses. Empêché que nous sommes de faire actuellement les recherches intéressantes, mais trop laborieuses pour des yeux fatigués, dont cette note nous ouvre l'accès, nous pensons bien faire que de la transcrire ici au profit de ceux qui seraient tentés de s'occuper de ce sujet, et aussi parce qu'elle donnera déjà à ceux qui l'auront parcourue une succincte idée du théâtre suisse tel qu'il a existé et tel qu'il subsiste encore dans quelques vallées catholiques des Alpes.

---

[1] Ce petit volume, qui s'ouvre par un frontispice où l'on voit les treize cantons disposés en couronne autour de cette devise : *Concordia victoriam, Discordia exitium parit*, et au-dessous Guillaume Tell ajustant la pomme, porte pour titre imprimé en langue et en caractères allemands :

L'HELVETIE renaissante ou

Court précis de la manière dont une très-honorable fédération de la liberté, de la puissance et de la magnificence, a pris naissance, et par ses propres forces et l'assistance de Dieu s'est élevée jusqu'au rang d'État souverain et de République libre.

Représentée sur le théâtre public d'une honorable bourgeoisie (Bürgerschaft) de la ville de Züg le 14 et 15 septembre 1672.

Livrée à l'impression publique pour les amis de la chèrement acquise liberté, et en leur demande en l'an 1702.

Se trouve à Züg, chez Charles-François Haberer, bourgeois de cette ville.

Imprimé à Lucerne, chez Godefroi Hautten feu Wittib.

THÉATRE SUISSE.

Consulter le *Conservateur suisse*, volumes et pages ci-après :

	Volume.	Page.
Spectacle national d'Arth, canton de Schwitz, en 1784.	I,	276.
La Demoiselle Helvétia.	II,	260.
Théâtre à Mellingue.	II,	292.
Drame joué à Lucerne, en 1645.	IV,	420.
Le Carnaval de l'Entlibuch.	VIII,	68.
Frère Fatschin.	IX,	164.
Personnages à Fribourg.	IX,	318.
Ancien théâtre.	X,	60.
Susanne, jouée en quatre langues à Lausanne.	XI,	93.

PIÈCES JOUÉES DANS LE BAS VALAIS.

	Volume.	Page.
La Querelle de Mars et d'Apollon.		
Les Noces de Cana.	XI,	102.
Martyre de saint Maurice.		
Comédie jouée à Monthey.	XI,	104.
Comédie jouée à Vanvri.	XI,	105.
Comédie jouée à Saint-Maurice.	XI,	105.
Le Mauvais Riche, joué à Monthey.	XI,	107.
Pièces jouées à Saint-Maurice.	XI,	108.
Pièces jouées à Martigny.	XI,	192.
Pièce de *Basson*, jouée à Lausanne.	XI,	287.
Théâtre.	XIII,	80.
Le Sacrifice d'Abraham, par Théodore de Bèze.	XIII	358.
L'Ombre de Stauffacher, jouée à Genève en 1584.	V,	476.

« Le vieux théâtre suisse, qui se composait des *passions*, des *martyres*, des *mystères*, est maintenant tombé dans les villes, mais existe encore dans quelques contrées catholiques de nos Alpes. Il n'y a pas soixante-dix ans qu'une histoire de la Passion a été jouée dans la Gruyère. Les manuscrits de ces pièces sont conservés dans les archives, mais il n'est pas aisé d'en obtenir communication. Celles qui ont été imprimées sont assez rares hors des bibliothèques cantonales.....

» Une mémoire usée, ajoute M. Bridel, une main qui peut à peine tracer quelques mots lisibles, ne permettent pas de plus amples détails à un vieillard de quatre-vingt-six ans....

» Montreux, IX mai 1843. »

Puisse-t-il, ce digne vieillard, nous être conservé longtemps encore, et, doyen qu'il est des pasteurs de notre belle vallée, doyen des modernes historiens de la Suisse, doyen des écrivains nationaux, patriotes, laborieux, pleins de droiture, de sens et de lumières, recueillir longtemps encore l'hommage de considération affectueuse et de respect profond que lui attirent le renom de ses travaux et le parfum de sa bonne vie !

A la suite de cette note, et pendant que nous en sommes à transcrire des documents, voici la traduction littérale du programme qui nous fut distribué avant-hier. L'on y lira avec intérêt, outre le sujet de la pièce, le nom des hommes du hameau de Stalden qui en ont rempli tous les rôles, y compris ceux de femmes. De ces hommes illettrés et novices comme sont des montagnards, plusieurs ne savent pas même lire, mais à force de patientes répétitions, qui, à partir du mois de mars, ont occupé les veillées du printemps et les loisirs des grands jours, ils sont parvenus, sous la direction du curé et du vicaire, à savoir, à dire, à déclamer leur rôle avec une sorte d'emphase plutôt encore énergique et solennelle que recherchée ou désagréable. Voici ce programme, qui est écrit dans un allemand un peu vieilli.

Rosa de Tannenbourg
représentation en 4 actes, jouée sur un théâtre rustique
dans la commune de Stalden
le 4 et le 5 septembre 1842
le matin à 9 heures.

Rosa était fille d'un chevalier souabe du nom d'Edelbert de Tannenbourg. Depuis la mort prématurée de sa mère Mathilde, elle vivait sage et paisible, dans la terre de Tannenbourg, auprès de son père, lequel avait été blessé dans une guerre sanglante. Kühnrich, un fier et terrible chevalier de la même contrée, l'avait connu dans sa jeunesse à la cour du duc; plus tard, il s'était rencontré à la guerre avec Edelbert, et il pensait avoir été offensé par lui en quelque occasion de peu d'importance. Ayant appris par les perfides complices de ses vengeances que le chevalier Edelbert vivait seul dans son château de Tannenbourg, il y pénétra tout armé, enchaîna l'infortuné Edelbert et ses deux plus fidèles serviteurs, et il les emmena dans son château de Fichtenbourg pour les y laisser languir jusqu'à la mort. Rosa, arrachée à sa demeure paternelle, s'enfuit, abandonnée à la protection de Dieu. Après avoir parcouru, seule et orpheline, sa sombre vallée de Tannen, elle trouva enfin un vieux charbonnier nommé Burkhard qui lui offrit avec charité un misérable asile. C'est là que Rosa passa quelque temps, songeant en elle-même au moyen d'adoucir la douloureuse captivité de son père.

Enfin il s'offrit une occasion pour Rosa d'entrer au service du geôlier de Fichtenbourg. La noble fille, cachée sous les vêtements qu'elle avait portés chez le charbonnier, supporta les mauvais traitements et l'humeur grossière de la femme du geôlier, et elle parvint enfin jusque dans la prison de son père, dont les souffrances furent allégées en quelque degré par les tendres soins de Rosa. Celle-ci, obéissante aux conseils du vieillard, fit du bien même à leur cruel ennemi, et elle sauva au péril de sa vie le jeune Eberhard, fils de Kühnrich, qui s'était laissé choir dans un puits.

Sur ces entrefaites, le terrible chevalier s'étant engagé avec plusieurs de ses compagnons d'armes dans une guerre contre un prince voisin, les amis d'Edelbert voulurent profiter de cette circonstance pour le délivrer. Mais leur entreprise ne réussit point. Kühnrich, de retour de la guerre, et encore plus irrité qu'auparavant contre Edelbert, à cause de la tentative de ses amis, résolut de se débarrasser de lui, et le jour de son exécution fut fixé.

Cependant ce fier chevalier, dans un mouvement de son orgueil qu'il ne savait jamais maîtriser, avait promis à la fille supposée du charbonnier de la récompenser magnifiquement et de lui accorder telle grâce qu'elle désirerait obtenir. Rosa alors déclara sa naissance, et demanda que son père prisonnier et condamné à mort fût rendu à sa tendresse filiale, ce qui lui fut enfin accordé, ainsi que la délivrance des deux fidèles serviteurs.

Puisse cette représentation atteindre son but et inspirer à la fois aux parents le soin de leurs enfants, aux enfants le respect et l'obéissance envers leurs parents, et répandre chez tous des sentiments de support, de concorde et de fraternelle charité!

PERSONNAGES.

Le chevalier Edelbert de Tannenbourg dans sa jeunesse...	Abgottspon Franz.
Le même dans son âge avancé.	Johann Peter Nothi.
Rosa, sa fille.	Franz Eggs.
Gundolf, châtelain d'Edelbert.	Abraham Lomatter.
Jost, son écuyer.	Johann Zumstein.
Le chevalier Kühnrich de Fichtenbourg.	Peter Jos. Benetz.
Hildegard, son épouse.	Joseph Willisch.
Eberhard, son fils.	Beatus Ritz.
Drachmann, son confident et son général.	Peter Jos. Briggiller.
Hugo, châtelain de Kühnrich.	Peter Jos. Willisch.
Thekla, gouvernante des enfants à Fichtenbourg.	Jos. Ignaz Bomsattel.
Amoror, cuisinier du château.	Johann Nigg.
Le geôlier de Fichtenbourg.	Franz Christ. Clemenz.
Hedwig, sa femme.	Franz Willisch.
Othmar, leur jeune fils.	Franz Eggs.
Norbert, abbé des environs.	P. J. Benetz fils.
Tankred, son homme d'armes.	Franz Bomsattel.
Zinna, guerrier.	Johann Gattlen.
Le chevalier Friedhold, ami d'Edelbert.	Alexander Gattlen.
Haran, son compagnon d'armes.	J. J. Berchtold.
Ekbert,	Joseph Clémenz.
Kuno, chevaliers.	J. J. Summermatter.
Théobald,	Franz Aderer.
Siegbert,	Franz Pierig.
Mirtil, bergers.	Aloïs Andenmatten.
Menalkar,	Peter Nothi.
Burkhard, charbonnier.	Franz Nothi.
Gertrud, sa femme.	Jos. J. Benetz.
Ignès, leur fille.	Jos. Willisch.
Brigitta, ancienne servante du geôlier de Fichtenbourg	Jos. Abgottspon.
Lucifer, prince de l'enfer.	Vol. Furrer.
Dæmon, esprit de l'enfer.	Joh. Pet. Abgottspon.
Pluto, esprit de l'enfer.	Pet. Jos. Furrer.
Introduction.	Pet. Jos. Lomatter.
Conclusion.	Joh. Jos. Furrer.

Cependant la procession que nous avons laissée descendant le village a cheminé jusque vers le théâtre, où les acteurs viennent de disparaître derrière des tentures disposées en coulisses et la musique s'est rangée au bas de l'avant-scène, où elle continue de faire entendre ses fanfares. Une foule de montagnards endimanchés, d'enfants, de femmes parées de leurs beaux habits, des pauvres, des passants, une société de messieurs et de dames venus de Brigg est assise sur les bancs, éparse sur les tertres, échelonnée sur les rebords, dans les niches, et jusque sur l'extrême sommité du rocher. Et tandis qu'immobiles des deux côtés du tréteau des hommes revêtus d'antiques armures représentent la vieille Suisse et figurent des satellites de bon ordre et de décente gravité, Lucifer et ses diableteaux font des sorties : le premier, fier, dominateur, écumant d'ironie méchante et d'orgueil rebelle; les seconds, agiles, pervers, insatiables de mal, diaboliques de joie infernale et de contorsions insensées. A leur approche, et pas du tout, comme on pourrait croire, par une sorte d'entente, mais bien à cause d'une crainte irraisonnée, hommes et femmes s'enfuient, reculent, se soustraient à l'attouchement de ces démons; et lorsque ceux-ci se sont fait donner à boire aux petits vendages établis ci et là sous les arbres, le verre qu'ils lancent ensuite sur le gazon après l'avoir vidé

n'est relevé que pour être mis à part. Mais ce qu'il convient de dire aussi, c'est que, en ce qui concerne ces trois personnages, rien de ce qu'on voit sur les théâtres des capitales ne donne une idée de l'effrayante vérité d'attitudes et de mouvements, de l'étrange énergie d'expression mimique avec laquelle ils remplissent toutes les conditions de leur rôle, et l'on reconnaît bien ici que la foi toute fruste est encore autrement habile que l'art le plus raffiné pour vivifier l'imitation et pour l'empreindre d'un puissant caractère.

Comme nous venons d'arriver nous-mêmes dans la prairie, une députation d'anciens s'approche et nous convie à passer aux places d'honneur. C'est le premier banc. Nous nous y rendons tous, et Rayat aussi, qui se rengorge, et de ce qu'il joue l'étranger de marque, et de ce qu'il se trouve être le drogman chargé de nous interpréter les littératures de la chose. Là où finit notre file commence celle de la société de Brigg. Ce sont des messieurs barbus, à sous-pieds, en paletots, et conformes de tout point à ces messieurs qu'on voit gravés, coloriés et collés contre la paroi des boutiques de tailleurs; tandis que les dames, jeunes et vieilles, portent le costume valaisan dans toute sa rigueur de formes et de coupe, mais aussi dans toute sa richesse fashionable d'étoffes, de couleurs et de broderies. Au parasol de madame T.... les leurs font suite, roses, verts, violets, et autour, et derrière, tout reluit, tout éclate sous les feux d'un soleil splendide. La toile se lève enfin, et Peter Joseph Lomatter, en costume de magistrat, déclame avec une lenteur composée un long prologue en vers.

Nous ne suivrons pas la représentation dans ses détails, mais quelques traits, les uns de mœurs, les autres qui tiennent au spectacle et à la mise en scène, nous restent à noter. Parmi les premiers, oublierons-nous de raconter que, dès après le prologue et ensuite entre les actes, les anciens arrivent, porteurs de plateaux chargés les uns de verres de vin, les autres de pain bis et de mouton cru; puis, se divisant la besogne, ils passent entre les bancs et défilent devant chacun en l'invitant à se servir sur le pouce une ration à son gré? Pour nous, nous avons trouvé à cette rustique offrande quelque chose de singulièrement aimable et de bien généreusement hospitalier; et c'est moins sans doute de la délicieuse saveur des mets que du charme qui est toujours attaché aux procédés de cette sorte que nous nous sommes régalés en mangeant notre quartier de mouton cru. Mais, derrière nous, il en allait différemment, et ces familles parties de bonne heure, venues de loin, mangeaient avec un légitime appétit ce que nous ne faisions que goûter avec reconnaissance. Plus tard, les mêmes anciens circulent pareillement en présentant une seule fois, et sans prière ni instance, une assiette d'étain sur laquelle chacun dépose ou ne dépose pas un ou quelques batz destinés à défrayer la commune d'une partie de

REPRÉSENTATION DRAMATIQUE A STALDEN (LOGES ET PARTERRE).

ses frais. Puis la toile se lève de nouveau : c'est Lucifer et ses démons qui, dans une sorte d'intermède, hurlent avec fureur les tourments qu'ils endurent et les méchancetés dont Kühnrich va se faire le barbare instrument envers l'infortuné Edelbert, père de la pieuse et douce Rosa.

Parmi les seconds, nous relèverons quelques-uns de ceux qui tiennent aux acteurs, aux costumes, à quelques scènes particulièrement caractéristiques ou frappantes. Tous ces hommes, montagnards hâlés et vigoureux, conservent sous le déguisement de leur rôle une physionomie étonnamment forte, et l'on dirait que l'éclat du costume ne fait que rehausser la rudesse de leurs traits dans la proportion justement qui convient à la perspective de la scène. Leur élocution est raboteuse, lente, monotone; leur geste monotone aussi, composé, bizarrement expressif, mais empreint au plus haut degré de dignité solennelle et imposante. Ceci ne nous étonne point; car non-seulement ces acteurs-là sont remplis de candeur et bien plus propres évidemment à ressentir des émotions réelles qu'aptes à en feindre l'expression dramatique; mais c'est partout le propre de la scène à ses premiers commencements que d'être digne, idéale, et comme emphatique d'émotion comprimée et d'enthousiasme contenu. L'art, en se développant, réduit à un jeu exquis ce qui était primitivement sérieux avec gaucherie; et si l'expression habile des passions véhémentes et des sentiments compliqués est le triomphe des scènes perfectionnées, l'expression fruste des passions tempérées et des sentiments simples n'y conserve plus ce pouvoir salutaire de captiver les esprits sans les blaser, et de toucher le cœur sans y porter le trouble.

Quant aux costumes, ils nous ont surpris autant, les uns, ceux des

seigneurs et des chevaliers, par leur richesse et par leur vérité, que les autres par leur naïve bizarrerie ou par leur lugubre apparence. Ainsi Rosa, l'héroïne, porte cette robe à taille courte qui était encore de mode dans les premières années de l'empire, et que l'on retrouve dans d'anciennes gravures sur la personne même de l'impératrice Joséphine : de plus, un petit sac à ouvrage en satin vert est suspendu à son bras, et ce petit sac ne la quitte ni dans les cours, ni dans les forêts, ni dans l'adversité, ni dans la prospérité. D'autre part, les personnages qui appartiennent au civil sont vêtus comme des conseillers aux requêtes, ou encore comme des procureurs en fonction. Mais où se remarque un singulier caractère de tristesse vraiment tragique, c'est dans le costume du prisonnier Edelbert

et de ses deux compagnons de captivité. Outre que leurs cachots, disposés sur les deux côtés de la scène, se composent de deux cages grillées dans le fond desquelles, et durant qu'à l'extérieur la pièce chemine, on croit entrevoir ces malheureux chargés de chaînes et affaissés sous le poids de la douleur et de la faim; au moment de leur délivrance, et alors qu'ils paraissent enfin à la lumière du jour, l'on découvre des fantômes hideux d'abandon, de dénûment, d'incomparable misère. Cet effet, sinon dramatique, du moins très-théâtral, est dû non pas seulement à la plaintive lenteur de leurs accents débiles et à la torpeur de leur attitude, mais surtout à l'étrangeté de leur costume bordé de mousses desséchées et de ces filasses d'un vert pâle qui pendent aux rameaux des sapins. Employés à cet usage, ces ingrédients expriment à la fois la décoloration, la moisissure, le haillon, tous les signes accumulés de l'obscurité et de la pourriture des cachots. Aussi ces figures sont belles, et au moment où elles passent des cages sur la scène, un mouvement d'horreur et de pitié se marque dans l'assemblée.

Cette scène des prisonniers, celle où se démènent les diables, nous ont paru les plus frappantes sinon les meilleures du drame; mais il en est deux autres qui méritent d'être notées. L'une, c'est celle où la femme du geôlier chez lequel Rosa est entrée comme servante, gourmande, raille, malmène cette pauvre enfant. Ici, le bon curé qui a composé la pièce s'est donné la licence d'être familier, comique, et il fait dire à cette mégère une foule de propos à la fois altiers et communs, moqueurs et criards, qui portent à son comble l'hilarité de l'assemblée, et qui lui font presque perdre de vue les infortunes de l'héroïne. Mais cette note comique ne se prolonge pas, et nous avons reconnu à ceci, comme à bien d'autres choses, comme à la teneur du programme lui-même, la trace d'une direction intelligente et d'un esprit qui est supérieur à l'œuvre qu'il produit, si on n'envisage cette œuvre qu'au point de vue de l'art. L'autre scène, c'est celle où Rosa, errante dans la forêt, y aperçoit des bûcherons. Dans ce moment-là ces bûcherons sont à l'œuvre : ils coupent, ils taillent, puis ils s'arrêtent comme pour se reposer, et tout à l'heure ils se mettent à chanter en chœur. Il y a dans cette scène une fraîcheur charmante, une naïveté qui depuis longtemps a disparu des théâtres, et rarement nous avons écouté avec un charme aussi vif une musique aussi réduite à n'être qu'une mélodie pure, simple, presque enfantine. Un compositeur, pensions-nous, qui se trouverait assister à ces chants sans art, y puiserait l'idée de quelque effet musical expressif, neuf, destiné à enchanter même des dilettanti d'opéra.

Que si nous résumons maintenant l'effet que doit produire sur les hommes auxquels elle est destinée une représentation comme celle qui a eu lieu à Stalden, nous n'hésitons pas à croire, qu'à la condition qu'une pareille représentation ne se répète qu'à de très-longs intervalles, elle ne peut que produire l'effet moral le plus salutaire et le plus durable. Ceci frappe, touche, élève également les âmes de ces montagnards. Au sortir d'une fête pareille, ils s'en retournent sur leurs rochers approvisionnés d'impressions saines, fortes, pieuses; de tableaux et d'exemples dont longtemps la tradition va remplir avec avantage leurs entretiens et amuser utilement leurs veillées. Ils n'ont entrevu du beau que son côté sérieux, de l'art que ses applications respectables, de la scène que son éloquente moralité. Femmes, garçons, enfants, vieillards, tous ont à en recueillir de bonnes leçons, et, chose intéressante, leur respect pour la religion a pu s'accroître de ce qui au milieu d'autres conditions ne tendrait justement qu'à l'affaiblir ; à savoir, de ce que c'est leur prêtre lui-même qui a composé la pièce, dirigé la représentation, sanctionné la fête, et veillé d'un bout à l'autre de cette œuvre longue, compliquée et laborieuse, à ce qu'elle pût les rassembler, les attacher, les réjouir, sans qu'elle pût leur nuire.

Mais si tel a dû être, selon nous, le résultat salutaire de la représentation de Stalden, il ne nous a pas échappé d'ailleurs de reconnaître que, à côté de l'intention morale qui a présidé à la composition et à la représentation du drame, se trouvait l'intention politique, à notre gré légitimement conçue et très-habilement accomplie. Indépendamment de ce que nous savions sur l'état actuel du Valais, où deux partis se disputent la direction des destinées ultérieures de ce pays, et où quelques aliborons se sont chargés, là comme ailleurs, de rendre le radicalisme suisse ridicule de présomption, drôle d'ânerie et odieux de brutalité, quelques mots échappés au vicaire, lorsque nous le pressions de nous expliquer les motifs et l'occasion de cette représentation, nous avaient déjà mis sur la voie d'imaginer qu'elle n'était pas uniquement conçue en vue de moraliser les montagnards de la vallée. « C'est, nous avait-il répondu, pour développer chez nos gens le goût de l'instruction, à présent que le pays est libre. » Quand l'Église parle ainsi, c'est évidemment lorsque les choses de l'Église sont menacées de fort près, et que, sortant de la nonchalance où l'entretenait un régime de sécurité prospère pour ressaisir le gouvernail qu'on s'apprête à lui arracher, en face de ceux qui veulent lui ravir le privilége de l'instruction elle se met à instruire mieux qu'eux, et en face de ceux qui ne savent que criailler la liberté elle se met à émanciper avec d'habiles réserves et d'industrieuses précautions. Certes, l'Église a raison de s'y prendre ainsi, mais c'est alors un spectacle en vérité aussi plaisant qu'agréable que de voir un bon curé et son vicaire garder fort bien, à eux tout seuls, toutes leurs brebis jusqu'à la dernière contre les loups de la plaine, que de les voir, sans agression, sans tapage, sans vanterie, déjouer le mieux du monde et les manœuvres sourdes et les violences ouvertes de ces messieurs de la jeune Suisse ; puis, comme pour mieux narguer encore les gazettes de leur propagande, apprendre à lire à leurs paysans.

Vers trois heures de l'après-midi, et sans attendre la fin du Schauspiel, parce qu'il nous faut encore aller ce soir coucher à Brigg, nous prenons congé du vicaire, des anciens, de cette charmante prairie où nous venons de passer cinq heures si bien remplies par le plaisir, le spectacle et l'observation. Pendant que nous cheminons sur Viége, Kühnrich, revenu de la guerre, se livre à d'horribles fureurs et il jure la mort d'Edelbert; mais au moment où nous y arrivons, c'est l'heure probablement où l'infortuné Edelbert doit sa délivrance inespérée aux longues douleurs, aux pieux efforts, au persévérant courage de sa chère enfant. Oui, Rosa de Tannenbourg, vous êtes aimée désormais dans ces montagnes; votre nom y est devenu le symbole du filial amour; et comme auprès de ces hommes simples et dans ces pays sans livres l'on ne voit pas l'émotion de la veille incessamment effacée par l'émotion du lendemain, c'est pour de longues années et pour plus d'une génération qu'aura lui sur le rocher de Stalden le doux éclat de votre vertu!

A Viége, nous ne retrouvons plus le pensionnaire, mais à la place M. Clément, le maitre de l'auberge, qui nous délivre nos havre-sacs. Voici venue pour Rayat l'heure de se séparer de nous..... Afin d'adoucir la visible peine de ce pauvre homme, M. Töpffer le comble d'admirables certificats soigneusement parafés, et d'une pile d'écus de cinq francs qu'il a gagnés, lui et Mouton, sans trop savoir pourquoi ni comment. Rayat attendri prend les certificats, empoche les écus, s'essuie les yeux et déclare, à la grande justification de *Joude,* que si cet animal a lancé madame T*** contre un tertre pelé, c'était affaire de gaieté uniquement, et pour témoigner sa joie de marcher en plaine après deux journées de montagne. « J'y ai réfléchi tout du long, ajoute Rayat, et vous pouvez être certains. » On ne contredit pas, mais également on engage Rayat à échanger à la prochaine foire cet Iscariot trop gai contre un mulet infiniment plus mélancolique. Il en fait la promesse, et l'on se quitte avec un regret réciproque, lui pour retourner à Sion, nous pour gagner Brigg, où nous arrivons à la nuit tombante.

VALLÉE DE CONCHES.

DIX-SEPTIÈME JOURNÉE.

Ce matin, il s'agissait de partir de bonne heure, mais beaucoup de souliers mis en réparation la veille ne sont pas encore arrivés. Plusieurs donc profitent de la circonstance pour se faire servir occasionnellement de simples grosses tasses de café au lait dans lesquelles ils trempent par hasard de simples énormes brioches. Ce n'est point là un déjeuner, car on ne déjeunera qu'à Lax; mais ce sont de ces riens qui aident à attendre qu'une empeigne soit rapiécée ou qu'une semelle ait été corroborée au moyen d'un épais doublage marqueté de têtes de clous. En général, les savetiers de village s'acquittent de cette opération bien, diligemment et avec plaisir, parce que c'est pour eux une agréable aubaine; en sorte que, de village en village et de savetier en savetier, l'on peut faire aller une paire de mauvais souliers jusqu'au bout du monde. L'économie sans doute conseille d'en user ainsi, mais bien plus encore l'expérience. Voici à ce sujet des aphorismes.

— Pour le voyageur à pied la chaussure est tout, le chapeau, la blouse, la gloire, la vertu ne viennent qu'après.

— Un rebord qui agace, une empeigne qui presse, une pointe qui serre, un talon qui frotte, un pli qui lime, c'est la mort de la joie et le commencement des grandes âcretés. Voici un site sans pareil, un festin splendide, un Schauspiel de toute magnificence..... Ah bien oui! j'ai l'orteil en marmelade et le cou-de-pied qui se désosse!

— Plusieurs se commandent un cuir fort, une semelle double, une armure de clous. Ce sont des conscrits. Avant deux jours la lame pâtira de l'excellence du fourreau.

— Cuir souple, semelle moyenne, et des clous juste de quoi mordre sur les gazons glissants et sur les glaces en pente, c'est ce que l'expérience conseille.

— Si vous êtes habitué aux sabots, emportez vos sabots. Si vous n'êtes fait qu'aux escarpins, emportez vos escarpins. Changer nuit, innover cuit.

— Que votre cordonnier de la ville ait fait votre chaussure, car il connaît votre pied, il entend votre orteil et il sait vos ognons. Après quoi faites recoudre, faites retenir, faites doubler, faites doubler, retenir, recoudre tout à la fois, mais ne commandez ni n'achetez. Vieux souliers, bons souliers; et de là la théorie de tout à l'heure, celle d'aller de savetier en savetier jusqu'au bout du monde, et par delà.

— Au surplus, ce n'est encore ici que l'essentiel, mais en même temps le vulgaire de la chose; et bien bornés seraient ceux qui croiraient y voir la philosophie tout entière des souliers. Derrière ces grossiers axiomes s'ouvre tout un monde de procédés ingénieux, de soins intelligents et de voluptés délicates. Que quelques mots au moins en fassent foi.

— Semelle large dont les bords soient affranchis en biseau; vrai secret de préserver la plante, de protéger l'arête, de garantir le côté. Ce biseau écarte les cailloux traîtres, brave les rocailles à scie et les rocailles à tranchant, écrase les scélérates de pointes, de ronces, de racines à fleur de terre qui, embusquées sous l'herbe des taillis, attendent une empeigne à percer, un ognon à froisser, un cor à qui faire voir les étoiles en plein midi.

— Retourner ses bas, chose excellente; car le soulier, si honnête qu'il soit, ne laisse pas que de vous macadamiser dans la plante chaque aspérité des mailles. C'est ce qu'on évite si on lui laisse le côté rêche pour se donner à soi le côté moelleux. Toutefois il y a un principe qui domine, qui remplace tout ceci; et ce principe, c'est le bas de laine. Inutile alors de retourner, à droite comme à l'envers le bas de laine a toutes les vertus.

— A bas les bottes, vivent les guêtres, et encore mieux les souliers qui s'en passent : ce sont des sortes de bottines sans attaches ni oreilles qui recouvrent le pied de partout. Pour le mettre, on passe l'index dans un tirant fixé au talon et l'on tire. La porte est étroite, mais l'appartement est spacieux, et point de fâcheux n'y vient importuner monseigneur.

— Souliers lustrés, petit mérite; souliers graissés, bon usage. Ni pluie ni rosée ne s'y fixent pour les détremper.

— Souliers mouillés, souliers pesants; mais souliers brûlés, savates racornies. Prendre patience donc plutôt que faire sécher au feu.

— Quand la route est poudreuse, aviser une flaque, une ornière humide, une eau qui traverse en fuyant vers la haie, et y tremper sa semelle; deux minutes après voici les fraîcheurs qui pénètrent, et c'est, comme au Bédouin dans ses sables, un souffle désiré du nord.

— Quand la route est dure, rocailleuse, raboteuse, savoir imposer silence à de sots dédains et marcher droit sur les points embraminés. La semelle s'y oint convenablement, et, outre le velouté de la sensation, on emporte de quoi parer aux aspérités jusqu'à l'oasis suivante.....

En voilà bien assez, car ici déjà nous touchons aux arcanes, et les arcanes ne subsistent que par la discrétion. Mais combien c'est cruel, n'est-ce pas, que de se sentir ainsi des trésors accumulés d'expérience pour n'en savoir bientôt que faire! que d'avoir employé vingt-cinq années à apprendre comment il faut marcher, pour n'être bon tout à l'heure qu'à aller en voiture! Et ainsi de tout, cher monsieur. C'est quand il se fait vieux que l'homme commence à comprendre comment il aurait dû régler sa jeunesse; c'est quand il n'a plus qu'à mourir qu'il sait enfin comment il fallait pratiquer la vie!

Quoi qu'il en soit, les brioches ont disparu, les souliers arrivent, un char est là qui a pris nos havre-sacs, et nous pouvons enfin partir. En

VALLÉE DE CONCHES.

face de Brigg on passe le Rhône, puis, en tournant à droite, l'on traverse le joli village de Naters caché sous de grands arbres, et tout à l'heure on commence à s'élever de plateaux en plateaux dans la jolie vallée de Conches. Grandes routes, grelots, fracas, sont maintenant bien loin derrière, et l'on suit jusqu'au soir un de ces petits chemins assez bons pour que les chariots du pays puissent y serpenter lentement, assez mauvais pour que pas une calèche n'ose s'y aventurer. Aussi plus de poussière, et du calme sans solitude. Toutefois, la chaleur, ce matin, est étouffante ; en sorte que, faute d'ombrages qui soient à notre portée, nous hantons les chapelles. Ce genre de halte a bien son prix. L'on trouve là, en effet, une fraîcheur délicieuse, des bancs où s'asseoir, des saints à qui parler, et sur la muraille des Alisi Penay par centaines tracés tant à la sanguine

qu'au charbon, ou à la craie encore, si c'est sur le fond noirâtre d'une fresque effacée. Quelques Alisi de notre société s'inscrivent à la suite de tous ces Penay.

A Lax, l'hôtesse est toute ronde, le déjeuner tout court, l'endroit charmant pour qui sait se plaire à ce qui entre, regarder à ce qui sort, s'intéresser à ce qui survient. Ce qui survient ici, ce sont deux grands troupeaux de taureaux qui envahissent la rue, qui encombrent le seuil, qui assiégent la fontaine. Farouches et haletants, ces animaux mugissent, se heurtent, se poussent ou s'entraînent, et l'histoire de voir tout cela de pas trop près n'ôte certainement rien à l'agrément du spectacle. Ce qui entre, c'est un jeune jésuite, trop fier pour nous questionner, trop réservé pour nous répondre, en sorte qu'il se fait servir un œuf cuit à la coque, et

l'entretien en reste là. Ce qui sort enfin, c'est une troupe de pâtres qui viennent de prendre leur repas dans une chambre voisine. Ces hommes, habitués aux bêtes, et qui d'ailleurs veulent continuer leur route, se font jour au travers des taureaux, et tout à l'heure on les voit au loin qui,

après avoir allumé leur pipe et rejeté leur veste sur l'épaule, descendent la côte de ce pas à la fois souple et rassis qui est propre aux montagnards. Comment ne se divertir pas au milieu de ces choses, toutes caractéristiques de la contrée; et que l'on est donc malheureux si, faute d'un peu de cette curiosité instinctive qui se trouve partout des spectacles, un jésuite, des pâtres, une armée tout entière de taureaux peuvent bien surgir, passer, s'arrêter devant vous sans que vous y preniez plaisir!

Il y a deux manières de s'amuser partout, de profiter partout, de s'enrichir partout de notions ou curieuses, ou récréatives, ou utiles. La première, la paresseuse, la charmante, c'est de flâner; soit qu'assis sur une chaise ou sur un soliveau l'on regarde quiconque ou encore quoi que ce soit; soit que, debout sur le seuil ou errant dans la cour, le long du fossé, du bois, du mur, l'on regarde quiconque aussi et quoi que ce soit encore. Nous l'avons dit ailleurs, c'est dans ces moments-là que se présentent réellement à l'esprit le plus d'idées, et cette nonchalance même du corps qui fait songer aux actifs que vous êtes là à perdre votre temps est au fond le meilleur signe qu'à cette heure, au contraire, c'est votre pensée qui se promène à son tour, qui, à son tour, prend ses ébats et court la campagne. Déplacée par le fait même du voyage d'auprès des objets auxquels elle est accoutumée, la voilà qui, au spectacle des plus simples choses, compare, recherche, lie; la voilà aussi qui poursuit, qui s'égare, qui rebrousse, qui, sans hâte d'arriver, marche néanmoins, vole, et dans l'espace d'une minute va, vient dix fois de la terre au ciel et du ciel à la terre. Sans doute, ce n'est pas ainsi que l'on travaille, que l'on médite ou que seulement on contemple; mais c'est bien ainsi que l'on pense et qu'arrivent à l'esprit les trois quarts au moins des idées justes qui s'y trouvent. Et, en effet, si savoir c'est réellement connaître autant que possible, et par l'observation personnelle plus heureusement encore que par toute autre méthode, les vrais rapports des choses, par quelle voie arriverait-on avec autant de rapidité à connaître mieux un plus grand nombre de ces rapports que par cette observation rêveuse, à la vérité, mais librement attentive, incomplète, mais riche, étendue, déliée, qui, sous le nom de flanerie, charme ou remplit, même à notre insu, les plus paresseux, et en apparence les plus stagnants de nos loisirs? Étudier, apprendre, c'est bien, c'est indispensable. Les sciences, les livres, c'est la gloire des savants et la couronne de l'esprit humain. Mais prenez-les tous ensemble, vos livres, et douez-moi une statue de toutes les notions qui y sont écrites, sans en excepter une seule, et vous aurez bien vite reconnu qu'à ce nouvel animal il manque encore tout ce qui, sous le nom de sens commun, fait la possibilité de se comporter au milieu des êtres ou des choses sans y succomber à l'instant même sous l'ignorance des notions dont est riche l'illettré, le paysan, le simple lui-même; or le flaneur, le vrai flaneur, est bien plus que le simple, bien plus que le paysan, bien plus que l'illettré et que le lettré aussi; car, rien que pour avoir pratiqué excellemment le facile et paresseux loisir d'observer sans but et de penser sans hâte, il ne manque guère de devenir avec le temps philosophe aux deux tiers et poëte pour le reste.

La seconde manière de s'amuser, de profiter partout, c'est moins d'aborder les gentlemen ou de questionner les cicerone, qu'au contraire de les planter là pour s'entretenir sans sotte familiarité comme sans sot orgueil avec les bonnes gens. Les bonnes gens, c'est ici un manant qui tire de l'eau d'un puits; là, un garçon d'étable qui bouchonne une rosse; plus loin, un faucheur, un bouvier, un savetier, une vieille qui file, un fermier qui attelle, ou encore un aubergiste, s'il n'est pas trop important, trop fashionable, trop bête, ou, ce qui revient au même, trop spirituel pour vous. De ces bonnes gens-là, nous pouvons assurer qu'on en trouve partout, et c'est auprès d'eux, dans leur commerce, que l'on rencontre mieux qu'ailleurs, exclusivement, allions-nous dire, et ce sens droit qu'exerce le travail, l'activité, l'expérience, la pratique des choses, et cette raison ingénue, saine, ferme, ce naturel, si l'on veut, que n'ont encore altéré ni les belles manières, ni la fausse instruction, ni les sottes suggestions de la vanité. Ah! alors, c'est plaisir que de converser, car c'est d'homme à homme, et non plus de masque à masque, qu'on s'entretient; les idées, les opinions, les sentiments s'expriment dans leur vérité, sous leur forme native, avec leur accent propre, et insensiblement, toutes barrières ôtées, l'on se sent comme si, échappé de cette prison de comédiens que dans les villes on appelle le monde, l'on avait enfin rencontré son semblable réel, en chair et en os, en âme et en cœur. Cependant les propos se succèdent, qui vont du puits au seau, du seau au manant, du manant à sa famille, à l'endroit, aux gens, au curé, au notable qui vient à passer, et l'esprit se repaît, la curiosité se contente, l'heure vole. Ce n'est pourtant là encore que l'amusement, mais l'instruction vient à la suite, sur les faits et sur leurs causes, sur les gens et sur leur destinée, sur le curé et sur ses ouailles, sur soi enfin; car est-il bien possible de s'enquérir de ses semblables sans faire retour sur soi-même? et n'est-ce pas après tout à notre personnalité que, par un mystérieux mais puissant instinct de l'âme, nous rattachons, nous ramenons en définitive tout ce que nous conquérons de notions et de lumières sur les choses, les hommes, la vie? Au fond, ce n'est ici qu'une autre forme de la flânerie, pas plus attrayante, mais plus animée que la première, et qui a cet avantage de vous rendre équitable, doux, humain, disposé à la bienveillance et à la fraternité envers les petits, par la conviction que vous acquérez bientôt qu'il y a là beaucoup de patience, de courage, d'affection, de dévouement, d'abnégation de soi, dans une condition dont ceux qui ne la voient jamais que de loin sont portés à se faire, d'après ses dehors frustes et son écorce grossière, une idée fausse et bien souvent injuste.

Ceci soit dit cependant sans qu'on en puisse inférer que nous partageons des principes qui ne sont point les nôtres, et que, parce que nous professons estime et sympathie pour ce qu'on appelle le peuple, nous sommes de ceux qui désirent ou qui provoqueraient au besoin son avènement à la direction des affaires, ou encore au partage politiquement organisé des richesses que, pour sa grosse part, il concourt à créer, sans que pour cela elles demeurent proportionnellement entre ses mains. A nos yeux, non-seulement l'inégalité des conditions humaines vient de Dieu, en sorte que toute lutte établie contre ce fait providentiel n'aboutit qu'à d'impuissants efforts suivis d'affreuses calamités, mais nous pensons fermement que tout vrai progrès pour les sociétés, que toute amélioration réelle en faveur du peuple, que surtout les principes mêmes de moralité, les liens de responsabilité, de devoir, d'humanité, de charité, qui, en attachant les hommes les uns aux autres, font la seule garantie efficace de protection pour le faible, d'aide pour le petit, de soulagement pour le pauvre, reposent sur la consécration et la reconnaissance du fait de l'inégalité des conditions, avec les droits et les devoirs que cette inégalité même engendre ; droits et devoirs qui seraient puissants et féconds dès longtemps pour faire pénétrer, sinon l'égalité de richesse et de lumières, du moins l'égalité de bonheur et de contentement dans tous les rangs de la société, si tout justement les belles doctrines de nos modernes émancipateurs n'avaient pour effet de briser les uns, d'affranchir les autres, et de substituer en toutes choses à ce qui lie et rapproche ce qui divise et irrite ; si ceux qui se disent les amis du peuple, au lieu de le pousser sans cesse au mécontentement de sa condition et au menteur espoir d'en sortir tout à l'heure, soit par une révolution, soit par la force des choses et la puissance du progrès, employaient le même effort, la même ardeur à lui rendre cette condition meilleure par l'aisance, plus sûre par la protection, plus digne par la moralité, l'égale de toutes par la religion.

Au delà de Lax, nous laissons sur la gauche la gorge qui conduit au glacier d'Aletsch ; puis nous atteignons enfin des bois que M. Töpffer a

PRÈS DE MUNSTER (VALLÉE DE CONCHES).

annoncés et promis dès le matin. Par malheur, l'ombre y est douteuse, le sol y est sec, point de zéphyr n'y pénètre, en sorte que le soleil lui-même, mais au grand air, nous parait, au sortir de ces bois, rafraîchissant. Haletants et trempés de sueur, au prochain village nous nous laissons tomber sous le porche d'une chaumière, et, sur un signe qu'on lui fait, une bonne femme s'en vient verser à boire à chacun de nous à l'endroit où il est demeuré gisant et aplati. C'est délicieux. Pendant la cérémonie, un homme tape en cadence sur le tranchant émoussé de sa faux, et voici là-bas un cerisier jusqu'alors tranquille qui vit, qui bouge, qui frétille, et finalement se met à pousser deux cornes!... « Qu'est-ce que cela signifie? s'écrie en sursaut M. Töpffer. — Monsieur, répond d'Estraing, pendant que nous étions à vous attendre, un homme nous a permis de nous établir dans le cerisier, et à présent qu'il n'y reste plus rien, nous allons descendre. » Après une réponse si péremptoire, il ne reste à M. Töpffer qu'à se calmer et à se taire, durant que les deux sires quittent leur Éden et rejoignent frais, repus et tout mirobolés de l'aventure.

Cette vallée de Conches s'élève indéfiniment sans cesser d'être ouverte et cultivée, en sorte que, sans avoir encore quitté l'agreste pour le sauvage, on y éprouve néanmoins, à mesure qu'on avance, et aussi bien que dans les hautes montagnes, cette impression d'un air qui s'allége, qui s'épure, qui s'embaume de la senteur éthérée des bois, des rochers et des prairies. Comme nous l'avons constaté cent fois, la chaleur cesse d'être énervante, la fatigue s'envole, une souple vigueur reparait dans les membres, et se mouvoir, marcher, devient une jouissance qui se manifeste au dehors, non pas tant par un changement d'allure que par un mouvement d'entrain dans les esprits et de belle humeur dans les propos. Cet effet est si certain que non-seulement nous, vieux routier, nous en portons en nous-même l'encourageante prévision au début de matinées souvent cruelles de lassitude et de chaleur, mais que nous pourrions toujours dire d'avance, les localités nous étant connues, à quel endroit, à quelle heure commencera à circuler parmi notre troupe cet interne renouvellement de force et de gaieté. En même temps aussi que nous nous élevons, la végétation, celle des arbres, diminue pour cesser bientôt presque entièrement, et n'étaient les montagnes, l'on pourrait se croire perdu dans les herbes d'une steppe.

A Munster, l'avant-garde s'est arrêtée parce qu'il est tard, parce qu'il avait été question d'y coucher, parce que surtout c'est là qu'on trouve la meilleure auberge de toute cette vallée. Aussi, quand M. Töpffer arrive sur la place du village, il y trouve l'hôte du lieu qui argumente, les séductions qui ont commencé, l'amour de la gloire, l'austérité, le courage et toutes les vertus antiques qui ont fait défaut devant la molle envie de goûter aux douceurs promises de ce petit Chanaan. Sans s'asseoir, sans

s'approcher trop, sans seulement paraître voir l'hôte, qui est pourtant son réel adversaire, M. Töpffer discute peu, mais il s'étonne beaucoup; puis il poursuit sa route, l'armée le suit, et l'hôte est enfoncé. C'est toujours une grande faute, en effet, en pareille occurrence, que de laisser incliner son monde vers le mou, le paresseux, vers les douceurs de bouche ou de lit. Outre que le moral en reçoit une atteinte, le plaisir lui-même y perd ; car, même sous ce dernier rapport, mieux vaut dix fois arriver dans deux heures à Obergesteln échinés, affamés, pour y dévorer un médiocre souper et y dormir délicieusement dans de mauvais lits, que de chercher ces mêmes avantages à Munster dans les assaisonnements d'une cuisine meilleure et dans l'agrément tout négatif d'une fatigue qu'on s'épargne. Nous cheminons donc sur Obergesteln, et tout à l'heure la nuit est si obscure que nous tâtons le sentier de la plante, bien plutôt que nous ne le voyons des yeux ; et que, comme le petit Poucet et ses frères, sans une lumière qui brille à l'horizon, noirceur pour noirceur, nous ne saurions en vérité vers laquelle tendre.... Cette lumière, c'est justement l'auberge. Dès que nous en avons franchi le seuil, adieu fatigues, noirceurs, regrets, mécomptes : tout y est radieux, même la douteuse lueur de deux minces

chandelles; tout y est sofa, banquet, couche molle, même les bancs, les choux, le petit salé, la clarette, et aussi les lits quelconques où nous allons bientôt nous étendre. Encore une fois, il n'y a de Chanaan, il n'y a de terre promise qu'au bout du courage, qu'après la lutte et qu'au prix de la victoire.

Ce souper nous est servi par l'hôte en personne et par ses deux filles, dont l'une, dit-il, est mariée, mais l'autre ne trouve pas. Il en va donc à Obergesteln comme il en va à Berg-op-Zoom, et à Genève aussi : des demoiselles de l'endroit, l'une trouve, l'autre ne trouve pas; en sorte que l'une est pourvue, l'autre continue d'attendre; l'une est mère, l'autre est tante; l'une connaît les joies de l'hyménée, et parfois les trouve amères, l'autre connaît les amertumes de la viduité, et parfois les trouve préférables encore à la chance qu'elle n'a pas courue d'être mal mariée. A le bien prendre, il devrait y avoir dans ce sentiment-là de quoi consoler toute vieille fille de n'avoir pas vu sa noce.

Quant à l'hôte, ce qu'il a de remarquable, c'est qu'il est triglotte; triglotte en ce sens qu'il sait mal trois langues, au lieu d'en savoir une passablement. C'est le cas de plusieurs dans cette contrée, où, en rapport continuel avec le bas Valais comme compatriotes, avec Berne par le Grimsel, avec le Tessin par la Furca et le Saint-Gothard, ils parlent d'italien bâtard, d'allemand fautif et de français manqué, juste ce qu'il leur en faut pour traiter avec les forains, vendre leurs vaches ou écouler leurs fromages. Et s'il leur tombe sous la main des touristes comme nous autres, dont l'un glotte germain, l'autre toscan ou picard, pour mieux s'y prendre alors, ils polyglottent à chacun un mélange de leurs trois idiomes, et c'est à n'y plus rien comprendre ni en gros ni en détail. Au fond, ce n'est là que la caricature de ce qu'est la Suisse sous le rapport de la langue : une agglomération de dialectes d'emprunt qui s'y altèrent indéfiniment sans pouvoir aller jusqu'à se détacher de leurs souches respectives pour former un idiome national. Puis, à côté de ces dialectes bâtards, ci et là des patois indigènes et le romunsch cantonné dans les Grisons, où, resserré entre l'italien et l'allemand, il vit là de sa vie propre, comme fait en Valais, resserré entre les noyers et les mélèzes, ce pin d'Italie qui croît non loin de Sierre sur une chaîne isolée de morraines ocreuses.

EXPÉDITION A LA VOUTE DU GLACIER.

DIX-HUITIÈME JOURNÉE.

Outre ses deux filles, notre hôte a un fils dont il nous parla hier. « Étudiant, comme vous autres, disait-il, et qui va avoir fini son rudiment l'an qui vient. » Et ce matin, comme il s'agit de faire porter le sac de Shall : « Laissez, dit-il, mon fils s'en va au glacier du Rhône pour y chercher de la viande; moyennant une bagatelle, il vous portera ce sac. » En effet, nous voyons apparaître un grand montagnard hâlé, bruni, bien membré, qui fourre le petit sac dans sa large hotte, et part avec nous. Chemin faisant, nous apprenons de lui que c'est chez les jésuites de Brigg qu'il fait ses classes, mais que durant les vacances il s'en vient à Obergesteln revoir la famille, prendre l'air des montagnes et aider aux ouvrages de la saison. « Étudiant comme vous autres, » disait le papa..... Alors c'est nous qui ne sommes pas étudiants comme lui !

Il y a bien quelque chose de risible, nous en convenons, à voir un particulier de cette taille qui en est encore à apprendre son rudiment ;

cela fait l'effet d'un grand garçon qui serait encore en nourrice. Mais il y a quelque chose de risible aussi à voir dans nos villes des adultes, des enfants, en être déjà à étudier toutes les sciences à la fois, après avoir été préalablement bourrés de rudiment, de syntaxe, de philologie et d'antiquité : cela fait l'effet d'un moutard qui, trop tôt sevré, s'empâte de bouillie, ou encore, faute d'y pouvoir mordre, suçote un gros quartier de jambon. Entre ces deux extrêmes, il y aurait sans doute un milieu à tenir, mais, à notre avis, des deux le pire, s'il s'agit de former un homme, et non pas de faire courir bride abattue sur une profession, c'est sans contredit le second.

Autrefois l'instruction classique faite avec lenteur occupait à elle seule les années de l'adolescence et de la jeunesse, en telle sorte que si, d'une part, cette instruction mieux établie et mieux digérée portait ses fruits en développement de l'intelligence et en ornement de l'esprit, d'autre part, elle n'empiétait point sur ces longs loisirs, sur ces journées, sur ces mois de récréation, de mouvement, de liberté, qui sont indispensables au développement simultané et naturel des forces physiques, de la droite raison et du caractère. Aussi, autrefois, et quelque vicieuses que pussent être d'ailleurs les institutions, il y avait des hommes, des caractères, ou encore des esprits vraiment élégants, ornés ou puissants ; tout le monde en convient. — Aujourd'hui l'instruction classique, faite précipitamment durant les années de la première adolescence, et basée de plus en plus sur des méthodes abréviatives, comme s'il s'agissait non pas de faire croître des fruits, mais d'en distribuer hâtivement de tout cueillis, non-seulement n'offre plus pour le développement de l'intelligence comme pour l'ornement de l'esprit que de bien médiocres résultats ; mais de plus, combinée avec une kyrielle d'autres études qui occupent et remplissent les années entières de l'adolescence et de la jeunesse, elle ne laisse au développement naturel des forces du corps, de l'âme ou de l'esprit ni temps, ni espace, ni aliment. Aussi, et quelque admirables que puissent être les institutions modernes, une chose est devenue rare, presque introuvable aujourd'hui ; ce sont des hommes, des caractères, ou encore des esprits vraiment élégants, ornés ou puissants ; et si tout le monde n'est pas placé pour en convenir, tout le monde du moins le remarque et s'en afflige.

Aussi, bien loin de plaindre, en ce qui nous concerne, les pays où il est encore possible aux parents de ne pas condamner leurs enfants aux travaux forcés d'une instruction bien souvent stérile comme méthode, et superficielle comme instruction, nous serions tenté de leur porter envie, et nous n'hésitons pas à leur souhaiter qu'ils puissent demeurer longtemps encore reculés ou retardataires en fait d'études et de latinité, puisque à voir où nous mènent en ceci la civilisation et le progrès il y a de quoi regretter bien plutôt qu'il n'y a lieu d'être satisfait. Car, voyez donc, c'est à qui, parmi tous ces zélés enseigneurs, entassera le plus d'ingrats labeurs et de tristes servitudes sur les courtes années de la joie et de la liberté ; c'est à qui, parmi toutes ces doctes écoles, s'emparera le plus complètement non pas des cœurs, non pas des âmes de nos enfants pour les former et pour les embellir, mais de leur mémoire, de leur tête, de leur mécanique intellectuelle, pour la faire jouer du matin au soir sur tous les airs et dans toutes les ritournelles ; puis, dépossédés par tous ces larrons de la présence chérie et du distrayant commerce de nos fils, c'est à peine s'il nous reste le moment de féconder leurs affections, de déterminer leurs penchants, d'assurer leurs principes ! Ah ! le sot, l'absurde, le barbare système ! auquel échappent néanmoins et les pauvres et les riches, mais dont nous autres, citadins simplement aisés, de qui les enfants ne sont destinés ni à pratiquer un métier ni à vivre d'une rente, sous peine de ne leur assurer pas une carrière et un avenir, nous sommes bien forcés d'user tout en le détestant. Heureux donc l'aubergiste d'Obergesteln ! son fils n'en est qu'au rudiment, mais sans que pour cela son avenir de prêtre ou de légiste ait à en souffrir le moins du monde. En attendant, il est grand, fort, bien membré; il appartient aux siens par le cœur, par les habitudes, par l'esprit filial et domestique; et s'il n'est pas très-savant, en bon sens du moins et en expérience il en remontrerait à nos doctes imberbes, et à lui tout seul se tirerait d'affaire là où vingt d'entre eux, livrés à eux-mêmes, ne sauraient pas seulement se sauver les uns par les autres.

Au delà d'Obergesteln, la vallée se resserre, et c'est par un sauvage défilé dont l'étroite entrée est obstruée de rocs et assombrie de sapins que l'on pénètre dans le bassin supérieur et dernier où resplendit, encaissé entre les pentes de la Furca et celles du Mayenwand, le magnifique glacier du Rhône. Quel sanctuaire auguste, et comme rempli de religieuse horreur, que cette pierreuse vallée où, de dessous une voûte transparente, du fond d'une grotte glacée, retentissante, profonde, s'échappe déjà, roi et fier, l'un des grands fleuves de la terre; et les sources du Nil, celles du Niger, dont la seule recherche a provoqué tant d'efforts et fait tant de victimes, ont-elles bien autant d'imposante majesté, d'éclatante magnificence? Non sans doute; mais elles ont ce qui est plus puissant que tout cela pour éveiller l'imagination des hommes et pour passionner leur curiosité..... le mystère, dont chaque jour la science déchire quelque voile, jusqu'à ce que tout enfin ayant été reconnu, touché, auné sur notre pauvre terre, faute d'éveil, l'imagination dormira éternellement, et, faute de curiosité, chacun croupira sur un ingrat monceau de données exactes et de notions toutes faites. Qu'y faire? C'est ici une des lois auxquelles est inévitablement assujetti l'esprit humain, que d'être attiré vers le mystère précisément par le désir de le percer, que de ne l'adorer que pour le détruire !

Au lieu d'un temple, on trouve au glacier du Rhône d'abord trois étables à pourceaux, puis une petite auberge adossée à un rocher; nous nous empressons d'y entrer. Tout est plein, jusque par delà le seuil, de gens qui déjeunent, ou qui ont déjeuné, ou qui déjeuneront. Parmi ces derniers, une jeune et jolie miss, toute préoccupée de botanique, n'éprouve guère l'impatience que son tour arrive, car, assise au centre de touffes

MONTÉE AU GLACIER DU RHÔNE.

à qui mieux mieux un négus de première qualité. Les bons pères reconnaissent leur élève, et après l'avoir régalé, tous ensemble redescendent bientôt, eux, leur bréviaire sous le bras, lui, chargé de chair fraîche.

C'est au glacier du Rhône que sont les abattoirs de la contrée, et libre à chacun de voir dans les victimes qui s'y immolent des sacrifices en l'honneur du dieu qui mugit à cent pas de là dans la grotte azurée.

Cependant notre tour vient de déjeuner, et, sans attendre quelques démoralisés qui en sont encore à gravir les pentes du défilé, nous nous mettons à table. Bientôt ils arrivent. Quelles figures, bon Dieu! Simond Marc est mat de sueur, hâve de faim, diaphane de rongement; la vue même de la table et des mets ne saurait lui arracher ni un cri de joie ni seulement un sourire. Il faut qu'auparavant il ait comblé ces creux formidables, fait taire ces aboiements féroces. Et il est sûr qu'à quinze, qu'à dix-sept ans la chose la plus sérieuse d'un voyage, ce ne sont pas dix-sept, quinze lieues de marche, ce sont trois heures de grimpée matinale faite à jeun sous les ardeurs d'un beau ciel. A quarante ans, ceci n'est plus qu'un jeu, ou plutôt qu'un agrément, car ces trois heures, qui portent la faim d'un adolescent jusqu'à être une souffrance, sont tout juste ce qu'il faut à un homme d'âge pour que le rassasiement de la veille, et ce dégoût de nourriture qu'il éprouve au lever, se soient changés en un brillant appétit. Au sortir de table, nous faisons une excursion au glacier. Pour le moment, la voûte, ordinairement si belle, quelquefois immense, de dessous laquelle s'élance le fleuve, n'est pas formée, et c'est de la base même du glacier que sortent les flots bouillonnants.

L'an passé, quand nous nous trouvions dans ces mêmes lieux, combien nos impressions étaient différentes! Nous étions alors au début du voyage, nous nous dirigions sur Venise; aussi, malgré l'âpreté d'un ciel pluvieux, il semblait que déjà les sérénités de l'Italie projetassent leurs reflets dorés sur nos impressions du moment, aussi bien que sur nos espérances de plaisir et sur nos rêves de palais et de lagunes. Aujourd'hui le ciel est radieux, les cimes resplendissent; une fraîcheur qui arrive du glacier tempère les ardeurs du plus riant soleil; mais nous approchons du terme du voyage, mais c'est vers le couchant du plaisir et des vacances que nous allons tourner nos regards et nos pas, et s'il ne s'ensuit pas de la tristesse, du moins les impressions diminuent d'agrément et de vivacité, en raison de ce que les espérances sont à court terme, et les rêves, hélas! tout de livres et de pupitres! Ainsi, comme que l'on s'y prenne, un voyage est toujours une image de la vie; ou la vie avec ses beaux jours, son déclin et son terme, n'est que l'image d'une tournée en Suisse ou ailleurs; et c'est apparemment en vertu même de ce que ce rapprochement est d'une justesse toujours la même et toujours frappante, que, tout lieu commun qu'il est, il se laisse redire et se fait accepter.

Mais quelle rampe à monter que ce Mayenwand, que l'an passé nous descendîmes si gaillardement! Même lesté, on s'y démoralise, témoin Shall, qui tout là-bas gravit haletant, pour bientôt s'arrêter indigné. On l'attend au sommet. De cet endroit, la montagne même qui nous porte dérobe la vue du glacier du Rhône; mais l'on voit à l'opposite, au-dessous de soi, le sommet du Grimsel, où se reflètent dans les eaux noires du lac

de la Mort les belles aiguilles de la chaîne bernoise. Shall arrive, et tout à l'heure nous côtoyons le lac, pour n'avoir plus qu'à descendre les pentes de granit qui forment de ce côté le pourtour du bassin où est situé l'hospice. M. Agassiz a fait une théorie sur ces granits, tout au moins sur les formes arrondies qu'ils affectent, et qu'il attribue au puissant frottement de glaciers aujourd'hui disparus. Ce que nous pouvons affirmer à l'appui de cette théorie, c'est que le pied glisse le mieux du monde sur ces dômes polis, et qu'à moins d'y faire grande attention, l'on ne tarde guère à continuer de sa personne le frottement des glaciers disparus. En pratique, c'est fort désagréable.

Dès le seuil de l'hospice, voici le papa Zippach qui nous accueille, qui nous serre dans ses bras, le tout en haut allemand. Ce brave homme est le même que l'an passé, le même qu'il y a dix ans, et ses mollets, arrondis aussi, n'ont rien perdu de leur colossale ampleur. Il nous apprend que M. Agassiz justement et tous ses compagnons ont quitté ces jours-ci le glacier de l'Aar, où nous avions compté les aller visiter, et cette nouvelle met à néant l'un de nos plus jolis projets. Avant de quitter leur *hôtel*, quelques-uns de ces messieurs ont été planter un drapeau sur la pointe du Finsteraarhorn, mais, même avec le secours de notre lunette, nous ne parvenons pas à l'apercevoir, tandis qu'à l'œil nu, cette fois, nous voyons un chamois privé qui s'en va tout vulgairement paître avec un troupeau de chèvres. La vue de cet animal ainsi détourné de ses instincts et comme fait à l'esclavage provoque un sentiment de compassion et de mécompte tout à la fois. Mais patience, comme tous ceux de ses pareils qu'on a ainsi ravis à leurs solitudes et séparés de leurs frères, ou bien il refusera de vivre dans la prison qu'on lui aura donnée, ou bien, quelque beau matin, il prendra la venelle et disparaîtra parmi les rochers.

37

L'hospice est déjà plein, et néanmoins, du nord comme du midi, continuent d'affluer des voyageurs, les uns isolés, les autres en caravanes.

Au moyen de notre lunette nous pouvons les signaler d'avance, et d'avance aussi rire de l'encombrement qui va s'ensuivre. Arrivent deux jeunes mariés d'Alsace : le mari est hagard, décolleté, flamboyant de sang à la tête; la jeune dame est pâle, blonde, sérieuse, et, bien qu'elle ait

fait la route à pied, légère, alerte, prête à recommencer. — Arrive un bourgeois parfaitement écloppé, mais de bonne humeur quand même; pour dessert de journée, il a à patauger dans les boues équivoques où se vautrent les pourceaux de l'hospice, et c'est tout s'il peut éviter de s'y

asseoir à côté d'eux. — Arrivent un Anglais et sa sœur, de l'espèce à la fois beautiful et nono, c'est-à-dire qui admirent puissamment, mais chacun

à part, la belle nature, et sans se permettre aucun échange de remarques ni d'impressions. — Arrivent enfin deux incompris; du moins ne comprenons-nous quoi que ce soit, pour le moment, à l'amicale relation qui paraît exister entre un petit bonhomme d'une quarantaine d'années, vif, hâbleur, coloré, frisé, pincé, en même temps seigneur et aliboron, nain et matador, et une grande perche sentimentale qui marche avec dignité, qui contemple avec recueillement, qui fume avec mélancolie. On dirait le passereau et le héron s'accommodant l'un de l'autre pour voyager de compagnie et vivre inséparables.

Tout ce monde soupe à tour, se loge dans les coins, recoins et soupentes, ou dort dans la salle à manger. Aussi, fort tard encore, il y a vacarme en haut, en bas, à droite, à gauche, et au beau milieu notre sentimental qui, inspiré par le clair de lune, prend sa guitare, croise ses jambes et pince des motifs.

VALLÉE DE LA HÆNDECK.

DIX-NEUVIÈME JOURNÉE.

Le temps est incertain ce matin, et si, à la vérité, nous regrettons moins de n'avoir pas à visiter le glacier de l'Aar, d'autre part nous commençons à trembler pour le sort d'un autre projet qui est dans notre programme, celui d'ascender le Faulhorn, et de couronner dignement par cette expédition une tournée exclusivement alpestre. Tout en tremblant pourtant nous déjeunons dans une aile de bâtiment en construction, tout à côté d'un bonhomme qui graisse des chaussures et d'un autre qui nettoie des chandeliers. Au départ le papa Zippach se trouve là qui voudrait nous serrer tous dans ses bras, mais nous sommes trop nombreux, et en outre, gros et rebondi qu'il est, le papa Zippach ne peut guère embrasser du pourtour de ses bras plus que l'orbite de sa panse.

Même remarque ici qu'à propos de la vallée de Zermatt : pour les aspects, descendre ne vaut pas monter; et néanmoins, même alors que l'on descend, combien dans cette contrée tout est richement pittoresque, surtout à mesure qu'on approche du plateau boisé de la Hændeck! A côté des masses imposantes et des ensembles majestueux, ce sont toutes les richesses du paysage de détail expressives, nuancées, renouvelées sans cesse par les accidents infinis de la contrée, et par le rapide changement du climat, qui là ne laisse vivre que des rhododendrons, quelques plantes fortes, des gazons robustes; qui, une heure plus loin, permet aux grands arbres d'envahir les rampes, de border le torrent, de cacher l'abîme derrière un rideau de branchages, jusqu'à ce que, plus bas encore, se déploie de toutes parts le luxe magnifique d'une végétation variée, libre et vigoureuse. Car cette vallée de la Hændeck a ceci de particulièrement heureux, qu'arrosée et fertile partout où s'y rencontre du terreau, nulle part, à Guttanen excepté, elle n'offre des espaces cultivables, ou seulement des terrains assez peu accidentés pour que des forêts continues puissent s'y établir sans partage et recouvrir la contrée d'un uniforme manteau d'arbres de même sorte.

A la Hændeck nous faisons une halte pour nous rafraîchir et pour visiter la cascade. Il y a là un Zippach encore qui tient l'hôtel, sculpte, vend et gagne de toutes mains. Pendant que nous sommes occupés à faire auprès de lui nos petites emplettes, entrent divers touristes : un Sand manqué, un pékoe jeûneur, deux Français aussi qui demandent des côtelettes, de la moutarde et presque une julienne ou un vol-au-vent, tant c'est le propre des Français, des Français de Paris surtout, de transporter avec eux les habitudes de boulevard et le style de restaurant. Paraissent ensuite le héron et le passereau qui viennent s'abattre sur le seuil, pour s'envoler tout à l'heure vers la cascade, où nous les suivons. Par malheur la pluie commence à tomber dans cet instant, et il n'est rien comme la pluie pour vous dégoûter des cascades. Dans l'espoir que nous pouvons encore devancer un effroyable escadron de nuées qui accourt des gorges du Grimsel, vite nous allons reprendre nos sacs au chalet et nous fuyons à tire d'aile vers Guttanen.

Mais quand on a pris un parti il faut y être conséquent. Ceux d'entre nous qui, sans s'embarrasser de quelques averses partielles, continuent de fuir, arrivent en effet à Meyringen avant le déluge et secs de leurs personnes. Pour les autres, en voulant parer aux averses partielles, ils donneront aux escadrons de nuées le temps de les atteindre et de les noyer. Tel est, en effet, le sort que se ménage l'arrière-garde en s'arrêtant ici sous la saillie des rochers, là sous l'auvent d'un chalet, plus loin sous le porche d'une école sans écoliers. « Hélas! nous dit la bonne femme qui est sur le seuil, c'est mon mari qui est le régent, mais voici un an qu'il

est pris de la fièvre jaune (la jaunisse). — Et l'école alors? — Que voulez-vous? l'école, elle a congé pour c't'année. » Voilà qui est primitif! Néanmoins on frémit en songeant que c'est tout au plus si ces petits pâtres d'alentour font des vœux bien sincères pour le déjaunissement si désirable de leur vertueux instituteur.

Plus loin nous croisons des caravanes qui s'efforcent d'atteindre avant l'ouverture du quatrième seau les chalets de la Hœndeck, et parmi eux nous avons la surprise de découvrir la variété de touriste la plus rare, la plus extraordinaire, la plus inconcevable, c'est le Français nono! oui, aussi nono, aussi muet que peut l'être le plus muet, le plus poisson de ces grands cétacés qu'envoie Albion dans nos montagnes. Du reste il y en a là une famille tout entière; et si nous ne sommes pas sautés sur cette trouvaille pour en prendre possession et la faire empailler, c'est uniquement par un reste de respect pour les convenances sociales, qui n'autorisent guère ces sortes de captures. Nous nous bornons donc à regarder de tous nos yeux ce phénomène inouï d'une dizaine de Français, non pas barbus, touffus, hagards, olympiens (toutes ces espèces-là, même parisiennes, sont muettes), mais Français véritables, comme il faut, chez lesquels rien ne trahit ni prétention, ni hauteur, ni défaut de bienveillance ouverte et d'affabilité courtoise, et qui néanmoins, salués au coin d'un bois

par une troupe joyeuse d'écoliers en tournée, passent outre sans saluer, sans accueillir, sans sourire!... L'hypothèse de M. Töpffer, c'est qu'ils ont les yeux derrière la tête, ou encore que ce sont des Français qui ont été changés en nourrice.

Au delà de Guttanen nous sommes rattrapés par les mariés d'Alsace qui fuient une kyrielle allemande de fumeurs de l'université qu'on aperçoit à l'arrière. Le monsieur, plus rouge du tout, est bien mieux qu'hier; la descente lui va, et la pluie aussi. En revanche, sa jeune épouse, qui ne s'est tirée des étudiants à pipe que pour venir tomber parmi d'autres étudiants sans pipe, est bien moins pâle qu'hier, et à chaque anneau de notre longue chaîne qui se tire de côté pour qu'elle puisse plus vite devancer, les roses de l'émotion colorent son visage. Tout à l'heure les fumeurs nous atteignent à leur tour, et c'est alors un entortillement laborieux, des bouffées *ad hominem* et silence des deux parts, jusqu'à ce que les deux kyrielles enfin détortillées l'une de l'autre aient repris chacune son indé-

pendance d'entretien et sa liberté d'allure. Voici devant nous le roc perché, derrière la tempête et la nuit, et sur nos têtes le quatrième seau qui s'ouvre.

En pareil cas on s'impermée si l'on peut, on s'arrête si l'on veut, ou encore, et c'est le meilleur parti à prendre, on renonce à toute espèce de lutte et l'on se laisse rincer. En deux minutes tout, hors l'intérieur du havre-sac, est criblé, percé, jusqu'à votre mouchoir de poche, jusqu'au passe-port et aux billets de banque, si vous n'avez pris soin de les imperméer avec soin dans les profondeurs d'un portefeuille de confiance. Mais aussi, une fois dans cet état, l'agrément, c'est que, n'ayant plus rien à perdre, vous défiez les cataractes du ciel, vous bravez les fouettées de la pluie, et, semblable à ces rocs qui, solidement établis dans le lit d'un torrent, laissent l'onde mugir et les bouillons faire leur vacarme, vous marchez libre et insoucieux au milieu des folles criailleries de la tempête et de l'assaut impuissant des éléments conjurés. Bien plus, n'ayant ni à regarder, ni à vous arrêter, le moment est bon pour songer, pour récapituler, pour projeter, et vous en profitez. Et que deviendrait-on après tout dans la vie, s'il ne s'y rencontrait de ces moments où, n'ayant rien de mieux à faire, l'on arrange son avenir et l'on met à jour son arriéré?

Au beau milieu de ce déluge, et à moins d'une heure de Meyringen, nous croisons une bande de Hasliens gais, endimanchés, chancelants la plupart. L'un de ces avinés nous agace de propos joyeux, M. Töpffer y répond, et voilà l'entretien commencé. « D'où venez-vous? — D'enterrer notre cousin. » A cette réponse, nous tombons des nues. C'est que nous autres citadins, accoutumés que nous sommes à ces cérémonies de deuil où s'épandent au milieu d'un grand appareil les douloureuses plaintes d'une sensibilité raffinée et d'un désespoir qui, sans cesser d'être sincère, est pourtant causé en grande partie par la rupture de toute sorte de liens factices, nous nous doutons peu de la tranquillité avec laquelle, dans des conditions plus simples, et dans les campagnes en particulier, l'on voit naître et mourir ses semblables. Après que la cérémonie funèbre y a été accomplie avec décence plus encore qu'avec tristesse, si l'usage veut qu'une collation soit servie, que des bouteilles circulent, hélas! la gaieté est là bien vite, et ceux qui s'oublient à une noce s'oublient aux mêmes conditions à un enterrement. Voici qu'en se levant de table Pierre chancelle, Jacques festonne, et c'est en devisant gaillardement que l'on regagne le hameau pour y reprendre demain la bêche, ce qui paraît toujours au laboureur bien plus triste encore que de boire un coup. Passez donc, braves gens, et que je n'aille pas me scandaliser de cette philosophique tranquillité avec laquelle vous enterrez vos morts, puisqu'elle est un des allégements bien légitimes de votre condition plus dure que la nôtre. Seulement, à la prochaine, buvez moins, Jacques, et vous, Pierre, si vous ne pleurez pas votre parent, du moins évitez de l'outrager en vous enivrant sur sa tombe.

Des torrents de pluie nous accompagnent jusqu'à Meyringen, où, à peine descendus à l'hôtel du Sauvage, chacun change de vêtements des pieds à la tête, un grand feu s'allume, une sécherie s'organise, et il ne reste plus, outre l'attente d'un bon souper, qu'à jouir d'un bien-être délicieux. Ah! là où le gîte est bon, et, oui, là encore où le gîte est mauvais, à la condition seulement qu'il s'y trouve un grand foyer clair, vivent les averses de temps en temps, vivent les rincées bien complètes, sans espoir! vivent le quatrième, le cinquième seau! Après avoir été éparpillés par la tempête, on se retrouve autour du foyer, on jase, on se réchauffe, on se repose tout à la fois; et certainement plus d'animation qu'à l'ordinaire, plus de commune et expansive joie circule parmi la troupe. Aussi quand, remontant la pente des années, nous cherchons dans un moment de tristesse à y cueillir un joli souvenir, il se trouve bien souvent que c'est à une horrible rincée que nous nous arrêtons.

Après souper, quelques-uns, selon leur habitude, demeurent dans la salle à manger. Entre d'abord un grand nono qui crie avec colère au sommelier : « Gaaçon, du beurre, du suker, des ufs, tute! » Après quoi il se tait pour vingt-quatre heures. Entre ensuite cette famille anglaise que nous avons déjà rencontrée à l'hospice du grand Saint-Bernard. Dames et monsieur nous saluent avec affabilité, puis, se mettant à table, le jeune officier se fait déboucher une bouteille de vin de la Côte, porte à ses lèvres la liqueur, et tout aussitôt :

— Il y avè du sel dans cette vine.

— Du sel! s'écrie le sommelier.

— Nĩ, il y avè du sel beaucoup.

— Impossible, monsieur.

— Je disé à vos qu'il y avè du sel, entendez-vos!..... Et appootez iune auter, tute suite! tute!

Et un moment après : « Gaaçon! quel temps il faisé démain? »

Le sommelier comprend apparemment que cette fois il est placé de manière à prendre sa revanche : « Si le soleil donne, il fera beau, » répond-il; et l'entretien en reste là.

APRÈS GUTTANEN.

VINGTIÈME JOURNEE.

Ce matin, grande musique dans une chambre voisine : des chants, des vaudevilles, des opéras tout entiers..... C'est le petit bonhomme qui, du fond de son lit, dégoise tout son répertoire. L'hôte se hasarde à le faire prier de vouloir bien chanter plus doucement, ou même ne pas chanter du tout, à cause de ceux qui seraient bien aises de dormir. «Qu'ils dorment tant qu'ils voudront, répond-il, et fermez ma porte. — Mais, monsieur!... — Fermez ma porte, un peu vite. » Là-dessus, le petit bonhomme entonne de nouveau, et de fioriture en fioriture il poursuit le cours de ses triomphes. Ce petit bonhomme, du reste, nous venons de l'apprendre, se trouve être un vicomte.

Il pleut toujours. Parmi ce déluge, voici coulé notre projet du Faulhorn, et, en attendant des temps meilleurs, nous allons déjeuner. Comme nous sommes à l'œuvre, entre un grand pekoe, accompagné de sa colossale épouse et de ses deux fortes jumelles. Celui-ci, pur sang, porte sous un bras la boîte à thé, sous l'autre la théière, et après qu'ils se sont placés, l'infusion commence au milieu d'un silence du plus haut John Bull. C'est à cette minute précisément que le petit bonhomme se montre sur le seuil. Il s'en vient en négligé du matin faire son tour de salle, puis, tout en fredonnant entre l'ut et le mi, il crache par terre..... Un pourpre sublime monte alors au visage des Anglais, et durant que le grand pekoe pur sang, déjà apoplectique de fureur intime, fait mine de vouloir « boxer tute suite cette pétite malproper, » bien vite la colossale épouse a jeté une serviette sur l'immonde salive. Et c'est vrai que pour se permettre avec une sorte d'aimable aisance la dégoûtante incongruité de cracher par terre dans une salle à manger, il faut être ou commis voyageur ou peut-être, comme notre héros, vicomte.

Malgré la pluie, vers dix heures la plupart des touristes qui se trouvent à Meyringen s'apprêtent à partir, et nous-mêmes, chargeant nos havre-sacs sur nos épaules, nous voici tout à l'heure sur la route de Brienz. *Audaces fortuna juvat.* A peine sommes-nous en route que le beau temps s'avance à notre rencontre, et aussi un fou qui, hagard, indigné, furieux, passe outre, sans d'ailleurs jeter sur nous un regard. Plus loin,

c'est un cheval mouillé, autour duquel discourent sans fin des manants attroupés. Le cas en vaut la peine. Ce cheval, en effet, vient de passer sur un pont qui s'est brisé sous lui, et il s'agit d'expliquer comment il a pu tomber dans la rivière sans se faire aucun mal. Enfin le vicomte encore, qui nous dépasse blotti dans le fond d'une calèche amarante, pendant que son héron, placé en face, fixe d'un œil mélancoliquement poissonneux les flots tout voisins de l'Aar. Ces messieurs s'arrêtent à Brienz pour y attendre, ainsi que nous, le bateau à vapeur, et tout en échangeant avec eux quelques propos, nous venons à découvrir que la géographie du petit bonhomme est de nature à lui valoir chaque jour les agréments de la surprise et le charme de l'inattendu. En gros, il tient pour certain qu'il fait sa tournée de Suisse. « Chien de pays, dit-il, les puces y abondent, et pas un cigare passable ! » Mais ceci posé, il place d'ailleurs Genève plus haut que Lausanne, le Saint-Bernard au milieu et Berne tout à côté; puis, si quelqu'un y trouve à redire, net il l'envoie promener : c'est sa manière. Ah! le drôle de particulier, ignorant avec aplomb, fat sans vanité, aisé et naturel jusqu'à l'impertinence, content quand même, et vicomte en sus!

LAC DE BRIENZ.

SARGENT.

Tip. Plon frères.

L'Écho arrive enfin. C'est le bateau à vapeur du lac de Brienz : quatre

bûches, deux hommes d'équipage et deux lieues en trois heures. Assis à la proue, où il fume avec gravité un énorme brûlot, le vicomte poursuit

l'entretien. « Vous êtes un collége, déjà hier je l'ai deviné. Le collége, j'y ai passé huit ans : on n'y apprend rien, mais c'est bon pour occuper les enfants. Votre supérieur? Oui, je le connais. Il a écrit des livres, n'est-ce pas? Moi, les livres m'assomment.... et les puces me mangent, » ajoute-t-il en se relevant brusquement pour visiter son coude. Pendant ce temps, le héron erre, et du Giesbach nous arrive un petit moutard en sous-pieds, suivi d'une cargaison de ladys pâles, lasses, saturées de beautiful. Pour faire de la place sur le pont, le capitaine ordonne qu'on abaisse la trappe de l'escalier unique qui conduit au salon et ailleurs, et c'est justement à ce moment-là que se présente pour aller ailleurs qu'au salon un particulier blafard, ému, instant, urgent.... Vite on l'empoigne, on lui fait franchir le bordage, et, sans contester le moins du monde, lui-même s'aide de son mieux à pénétrer par un sabord dans les appartements intérieurs. Personne n'ose éclater de rire, et les ladys ont passé du pâle à l'écarlate.

Débarqués d'assez bonne heure, nous allons descendre au grand hôtel d'Interlaken. C'est l'heure brillante de l'avenue. De toutes les pensions sortent pour s'y promener des groupes de dandys et de ladys en parure de salon, en coiffure de keepsake, et l'on dirait un raout splendide. A cette vue, le vicomte et son ami, qui apparemment s'étaient attendus à ne rencontrer dans cet endroit que quelques huttes de pêcheurs éparses sur une grève solitaire, à peine sortis de l'hôtel, y rentrent incontinent, pour reparaître tout à l'heure éclatants de toilette. Le vicomte est fleuri, bouffant, avec une énorme épingle sur le thorax. Le héron est poissonneux, flasque, avec une belle chaîne sur le sternum. Il faut que l'art de Grandville repose sur des analogies bien réelles, puisque, même sous ces dehors fashionables, cet Anglais-là paraît certainement moins à sa place au milieu de cette avenue remplie d'Anglais qu'il ne le paraîtrait, marchant à pas comptés, le long de cette grève solitaire qu'il avait rêvée. Après quelques tours d'avenue, tous les deux s'en reviennent souper, puis, se levant de table, ils allument leurs cigares, et c'est ce moment que M. Töpffer choisit pour les faire passer dans son livret.

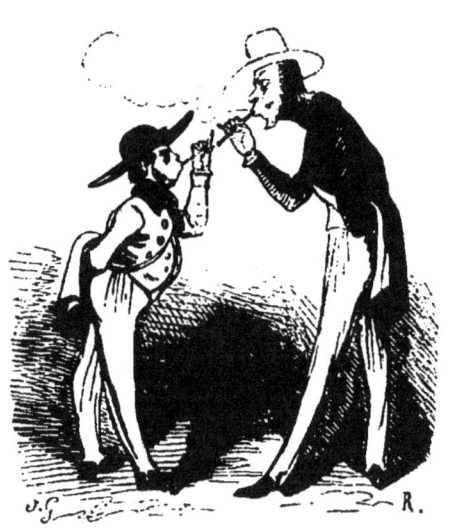

LE GARÇON D'ÉTABLE.

VINGT ET UNIÈME JOURNÉE.

Interlaken, le matin, ressemble à un palais dont les maîtres reposent encore. Plus de dandys, plus de miss, plus de parures, et seulement des laquais, des filles de chambre, ou encore des paysannes qui s'en vont porter le lait dans les pensions. Cependant les oiseaux chantent de toutes parts, les prairies éclatent de fraîcheur, et, de dessous la nuit des rameaux qui recouvrent l'avenue, l'on voit au loin les cimes de la Jungfrau qui scintillent derrière une gaze de vapeurs argentines. Ce spectacle est ravissant, et malgré les pensions, l'horlogerie, la bijouterie, malgré le dandysme, le casinisme, le dilettantisme et les perruquiers qui déparent ces lieux, c'est encore ici l'une des plus charmantes retraites de la terre, attrayante d'éclat, de grâce, de sourire, et qui fait trouver délicieux d'être au monde. Cependant, devant l'hôtel, un garçon d'étable bouchonne une bête rétive, et ce spectacle ne laisse pas que de nous détourner de l'autre.

L'heure venue, nous courons sur Neuhans pour y trouver le bateau à vapeur qui doit nous porter à Thoune. Autant en fait à nos côtés un bon monsieur, lorsqu'il lui arrive un abominable malheur..... C'est un des ais de sa malle qui s'est détaché, et déjà chemises, cravates, brosses et peignes jonchent le chemin, que le manant qui la porte court encore, court toujours, sans se douter de rien. En toute hâte alors le bon monsieur relève, empoche, reperd, rattrape, sème, retient, et il fait là une de ces promenades qui, après avoir été en réalité un fléau, deviennent dans le souvenir un cauchemar. Que bien, que mal, toutefois, ce bon monsieur arrive à temps; puis au milieu de l'affluence des passagers, au son d'une musique champêtre, sous l'haleine d'un vent pluvieux, il rajuste son ais et remballe ses nippes. Déjà voici l'Aar, voici Thoune, Bellevue, et la pluie; vite nous louons un omnibus qui nous emporte à Berne.

XXIIe, XXIIIe ET XXIVe JOURNÉES.

De nos trois dernières journées nous n'en ferons qu'une pour arriver plus vite. D'ailleurs nous voici dans des pays connus que nous parcourons pour la vingtième fois. De Berne à Fribourg le pays est charmant, et l'on a devant soi, pour dessert d'une promenade facile, la jouissance d'entendre les fameuses orgues. Cette perspective suffit pour nous faire hâter le pas.

A Fribourg, comme dans quelques autres cantons, l'usage subsiste encore d'employer les malfaiteurs aux travaux publics, et l'on y rencontre dans les rues, sur les places, ces malheureux qui, sous la garde d'un carabinier, tantôt charrient des déblais, tantôt creusent des égouts. Cette vue est pénible, sinistre, et par cela même d'un salutaire effet. Mais, à ne considérer que ces malfaiteurs eux-mêmes, nous sommes portés à croire

PRÈS FRIBOURG.

qu'en vertu même de ce qu'ils demeurent en contact avec le monde extérieur, et de ce qu'ils continuent à voir chaque jour tout près d'eux des hommes honnêtes, pour qui ils sont un objet d'effroi et plus souvent encore de compassion et d'aumône, ils sont plus préservés des atteintes d'une irrémédiable scélératesse et d'une haine vindicative contre la société, que ceux que nous nous efforçons de convertir et de régénérer en les isolant à cet effet du reste entier de leurs semblables, et en leur imposant avec une inhumaine philanthropie l'insupportable supplice d'un perpétuel silence. Des bons eux-mêmes soumis à ce régime risqueraient de s'y dépraver, que peut-il bien opérer sur des malheureux dépravés déjà? et est-ce donc parce que la religion seule a droit de pénétrer dans leur cellule pour leur parler d'office, qu'on s'imaginerait qu'elle va les subjuguer d'office aussi? Les faits commencent à prouver qu'il en va autrement tout comme le bon sens indique qu'une fois devenue visiteuse privilégiée et officielle la religion perd en force persuasive ce qu'elle gagne en factice autorité, et que ce n'est pas mieux sur des séquestrés de cellule que sur des citoyens de bagne qu'elle saurait agir avec efficace, loin de tout exemple vivant d'honnêteté, de bonne conduite; loin de tout spectacle des hommes, des familles, des autorités; loin de cette société enfin au nom de qui la loi frappe, et que représentent bien mesquinement un geôlier, un gendarme et un aumônier. Après tout, rien n'est plus imposant pour le criminel que de se revoir en face de cette société qu'il a outragée; rien plus amer que de reconnaître qu'elle le protégeait et qu'elle le protégerait encore comme le dernier des passants s'il n'avait honteusement attenté à ses droits sacrés; rien plus propre à retenir en lui quelques sentiments de justice et à y faire germer quelques sentiments bienfaisants, que de s'y voir un objet de pitié plus encore que de mépris, de tristesse plutôt que d'insulte, d'aumône plus que de dureté, si d'ailleurs la religion, demeurée sa fidèle amie, s'attache avec une compatissante charité à faire tourner ces libres impressions, ces regrets spontanés, ces sentiments naturels, à l'amélioration de son cœur et à la sanctification de son âme.

Le lendemain nous quittons Fribourg pour arriver fort tard à Lausanne, d'où le bateau nous transporte le jour suivant à Genève. C'est là, hormis l'appétit d'usage, toute notre histoire de ces deux dernières journées. Mais cette fois, en déposant son bâton de voyageur, celui qui écrit ces lignes se doute tristement qu'il ne sera pas appelé à le reprendre de sitôt, et c'est dans la prévision de cette éventualité qu'il s'est plu à rassembler dans cette relation diverses choses de souvenir ou d'expérience à l'adresse de ceux qui seraient tentés de s'engager sur ses traces dans la carrière des excursions alpestres. Pour voyager avec plaisir, il faut pouvoir tout au moins regarder autour de soi sans précautions gênantes, et affronter sans souffrance le joyeux éclat du soleil. Tel n'est pas son partage pour l'heure. Que si, par un bienfait de Dieu, cette infirmité de vue n'est que passagère, alors belles montagnes, fraîches vallées, bois ombreux, alors, rempli d'enchantement et de gratitude jusqu'aux confins de l'arrière-vieillesse, il ira vous redemander cet annuel tribut de vive et sûre jouissance que depuis tantôt vingt ans vous n'avez pas cessé une seule fois de lui payer!

FIN DU VOYAGE DE 1842.

VOYAGE A GÊNES.

PREMIÈRE JOURNÉE.

C'est durant l'hiver que se forment d'ordinaire les projets pour la belle saison. De la privation, en effet, naît le désir. C'est la neige qui fait songer aux prairies, l'emprisonnement à la liberté, l'inaction des membres aux marches hardies; et, placé que l'on est ainsi entre le souvenir et l'espérance, la situation est merveilleuse pour tracer les plus beaux plans de voyage. Aussi est-ce durant l'hiver surtout qu'un chef prudent doit peser toutes ses paroles et imposer à sa langue la plus stricte circonspection, car, de sa part, un mot hasardé devient une promesse suprême, et le voilà qui, faute d'un peu de prudence, se trouve entraîné à conduire sa bande jusqu'au bout du monde. Quand, un beau soir, M. Töpffer eut lâché le mot de Gênes, il voulut bien le rattraper, mais il n'y parvint pas. C'est sur Gênes, lecteur, que nous allons nous acheminer.

Mais pas encore, si vous voulez bien. Il n'y a pas rien que les pensions qui voyagent; la fièvre aussi, la fièvre typhoïde fait ses tournées, et, au moment où nous allons franchir le seuil, la voilà qui entre dans la maison et qui y étend sur leur lit la moitié de nos compagnons. Les uns ne sont atteints que faiblement, les autres sont saisis avec violence, et leur havre-sac n'a pas encore été défait, que déjà l'on craint pour leur vie. Tristes jours, écoulés maintenant, mais point oubliés, où la joie, faisant place à de soudaines alarmes, semblait avoir fui pour jamais! Grâce à Dieu, les alarmes ont fui à leur tour, la joie est revenue, et sans Gail qui garde encore l'hôpital nous serions déjà en route. Convalescent stationnaire, il fait des efforts d'esprit extraordinaires pour se bien porter; mais, hélas, il n'y parvient point. « Comment êtes-vous, Gail? — Voilà. — Bien? — Voilà. — Mal? — Voilà. » On le lève, on le couche, on le promène en voiture, on essaye potions, consommés, et toutes les herbes de la Saint-Jean. « Comment êtes-vous, Gail? — Voilà. » On attend trois jours, quatre jours. « Eh bien? — Voilà. » Alors le médecin décide que Gail doit partir convalescent et que sa santé s'ensuivra. L'on essaye donc.

Le 19 septembre, les voyageurs prennent leur vol au nombre de vingt. Entre eux vingt, ils ont, au lieu d'un seul passe-port commun, cinq passe-ports divers, nombre effrayant si l'on multiplie par cinq tous les ennuis dont chacune de ces paperasses peut devenir l'occasion dans les contrées que nous allons parcourir. Le temps d'ailleurs est magnifique, et la chaleur si étouffante, que, dès les portes de Genève, plusieurs s'imaginent que le soleil de Gênes est venu à leur rencontre. Heureusement des voitures sont là, dans lesquelles nous montons pour y trouver, sinon de l'air, du moins de l'ombre.

Ces voitures sont au nombre de trois. L'une, voiture de secours, qui doit faire avec nous tout le voyage. Cette voiture est ce que nous appelons à Genève une *brelingue,* c'est-à-dire voiture qui a de l'âge, du service, des antécédents de fatigue et d'épuisement : on dirait une veuve en deuil de l'époux qui la battait. Des deux autres, la première est un cabriolet borgne, où le voyageur Gail secoue sa convalescence; la seconde est un petit char où M. de Saint-G***, voyageur agrégé, de très-haute taille, se ploie en quatre quand il veut y entrer. Ces trois voitures sont mises en mouvement par des chevaux divers de taille, de couleur, de queue ou d'oreilles, mais non pas de flegme, de tempérament posé et lymphatique. Enfin, ces chevaux obéissent à leurs cochers, qui obéissent eux-mêmes à l'habitude qu'ils ont contractée dès leur bas âge d'être assis sur un siége, deux lanières dans la gauche et un fouet dans la droite.

Notre voiture de secours porte les sacs et relève les voyageurs par tiers, selon un système de rotation régulière qui a pour effet de neutraliser pour chacun deux heures de fatigue par une heure de repos. Mais dans des excursions comme les nôtres, et quelque système que l'on adopte d'ailleurs, une voiture de secours est une entrave bien plus encore qu'elle n'est un commode procédé de soulagement. En mainte rencontre elle oblige à

suivre le grand chemin, quand le sentier serait plus agréable, et au lieu de permettre qu'on mange à ses heures, elle exige que l'on procède par picotins réguliers et par dînées uniformes, à la façon des chevaux, et dans le lieu qu'a d'avance déterminé le cocher. Aussi est-ce la dernière fois qu'il nous arrivera de nous atteler à quatre roues.

Sans qu'il soit nécessaire de décrire ici tous les voyageurs, il est bon pourtant de les énumérer succinctement, en consacrant quelques lignes d'honneur aux individualités les plus remarquables, à celles en particulier qui débutent cette année dans la carrière des voyages. Nous commencerons par quelques mirmidons, dont le plus grand n'a que cinquante-six pouces de hauteur et douze ans d'âge.

Le plus bouillon, le plus fabuleux de ces mirmidons, c'est sans contredit le voyageur Oudi. Très-peu versé dans les langues, toutes néanmoins il les bredouille, les emmêle, et leur fait signifier mille choses absolument incomprises, au moyen de quoi il questionne les naturels, harangue les populations, se campe sur les places publiques et y déblatère à fil ses sujets de surprise, de plaisir ou de mécontentement. Avec soixante ans de plus et une blanche barbe, il rappellerait ces sages de la Grèce, qui, la besace sur le dos et un bâton à la main, s'en allaient de ville en ville, débitant des adages, quêtant des maximes et raillant le siècle. Son frère Walter est au contraire grave et sourcilleux, sage pareillement en ceci que, pour ne risquer pas de parler trop, il répond à peine.

Étienne est un voyageur toujours chatouillé, en ce sens qu'il est constamment rieur, risolet, désopilé. Il ramasse des cailloux, recherche les coquilles, et, même éreinté, il ne laisse pas que de se tenir en joie. David, son frère, regarde faire, laisse dire, et suit son régime, qui est de saler la soupe et de tremper son eau. D'ailleurs, distrait et un peu musard, il s'oublie à regarder les tableaux, il essaye les marbres avec l'ongle, ou bien il écoute après coup et répond plus tard, à cause d'une tulipe qu'il était à considérer. Ces quatre voyageurs ont pour caractère commun d'être très-peu fendus encore, en sorte que pour un pas de grandeur naturelle ils en font trois, ce qui triple leurs étapes. Mis bout à bout, ils ont quatorze pieds de long; additionnés, ils ont quarante ans d'âge; évalués, ils possèdent trente francs, y compris liards et centimes. Du reste, ils mangent réellement comme quatre et dorment comme sept.

Considérés comme compagnons de lit, ils sont sans prix : on se les arrache. De plus, dans certains cas d'urgence on les fourre tous les quatre dans un lit, en travers, et les voilà, grâce à leur taille, au large et au long tout à la fois. Considérés un à un sur les routes royales, lorsque, sans père, ni mère, ni tuteur, ils longent la chaussée, ils échappent à toute conjecture et défient la sagacité des plus habiles. Enfin, envisagés dans les villes comme touristes fashionables, ou encore comme étrangers de marque qui visitent les galeries et monuments, ils sont à mourir de rire.

Après ces mirmidons, et bien moins remarquables, viennent d'abord Humann, Blondeau, Bodler, Marsan, qui ont déjà figuré dans le voyage précédent. Puis Gail le convalescent; Ludwig, qui porte une casquette-armet et une blouse bouffante; Scheller, mécanicien de tempérament, faisant de son foulard habit, chapeau, collet, parasol, éventail, turban, voiture, ceinture, cravate, et occasionnellement mouchoir; Nottheim, Merz, jarrets trempés; Pillet, Corbaz, haut fendus. Du reste, Pillet a une perruque en poche, un nez dans son gousset, en sorte qu'il se fait abbé,

ganache, vieillard, tout ce qu'on veut. Mais à Gênes il se fait définitivement marin, et adopte le chapeau goudronné.

Viennent ensuite MM. de Saint-G***, R*** et D***, hommes d'âge et voyageurs agrégés; enfin M. et madame Töpffer, voyageurs annuels, anciens des anciens, roi et reine, impératrice et czar, tout au monde, excepté adolescents, ce qui, à le bien prendre, est encore de toutes les dignités la plus réelle et la plus désirable. Dès Saint-Julien on exhibe, une heure plus loin la douane, et encore mangeons-nous notre pain blanc le premier. Car, en fait de douane, en fait de passe-port, et à la seule condition que vous soyez en règle, allez en Savoie, allez en Piémont, en Lombardie, mais n'allez pas en France, il y a tout à perdre et rien à gagner.

Au Chable, avant de quitter la vallée du Léman, l'on gravit le petit mont qui l'enserre de ce côté. Du sommet de ce mont, l'on voit au loin les tranquilles plages du lac, les rivages enchantés de Vaud, le profil de la côte escarpée de Savoie, et tout près de soi, au pied du mont Salève, la solitaire abbaye de Pommiers à demi enfouie sous les rameaux de quelques hêtres séculaires... Quel beau pays! Quelle radieuse contrée! En verrons-nous quelqu'une qui la surpasse en fraîcheur, en éclat, en pittoresque variété? Non, nous n'en verrons point qui présente au même degré ces avantages; mais c'est le propre de l'Italie que de séduire par la sérénité de son ciel, par les douceurs de ses lignes, par le coloris brûlé de ses roches stériles, en un mot par la mélancolie et par la grâce, deux choses que ne suppléent ni la verdure, ni la fraîcheur, ni l'éclat. Pareillement, l'homme des cantons est beau de stature, de santé, de force; mais là-bas, le dernier des mendiants, la plus pâle et la plus dénuée des jeunes mères sont attrayants d'accoutrement, de geste, de port, d'expression vive, d'imagination naturelle, de dignité native, et c'est à ces causes sans doute qu'ils plaisent, qu'ils charment plus que l'homme, plus que la fille des cantons.

Au delà du Chable, le pays est montueux et boisé; mais, bien qu'agréable, il a perdu cette splendeur de tout à l'heure. En passant à la Caille, nous demandons des nouvelles de Redard. Redard, c'est le marchand d'huile de la pension; mais c'est surtout un bonhomme plus original que ne sont d'ordinaire ses pareils : facétieux de nature, ami de la jeunesse et obscur mais chaud adorateur des Muses. Quand il vient à la pension, tout reluisant de son état, il s'extasie devant les gravures, il porte respect aux livres; et si quelque mirmidon est au salon à étudier ses gammes, le voilà qui monte, qui entre, qui approche, et gare la salade! Une fois là, Redard y oublierait et le monde, et ses huiles, et sa femme, si, l'heure venue, on ne les lui remettait en mémoire.

LA MONTÉE DU CHABLE.

Cependant le cocher du char, qui marche à pied aux fins de soulager sa bête, étant venu à se baisser pour relever son fouet..... crac! la futaine crie et se rompt. A partir de ce moment, le pauvre homme cesse de soulager sa bête, et, remonté sur son siége, il y demeure vissé jusqu'à l'heure

où la nuit couvre de ses voiles les monts, les forêts, les champs, et aussi les culottes percées.

Quel joli endroit qu'Annecy, ce petit pays retiré, verdoyant, avec son lac à lui, et tout autour des vergers frais, des vallons montants, des cimes à portée! Qu'avec peu de chose la ville serait moins délabrée, les habitants plus riches et plus propres! Néanmoins, Annecy prospère dans ce moment, et la route d'Italie qui va, dit-on, y passer, améliorera ses destinées. Avant donc qu'Annecy se décrasse et se renouvelle, peintres, hâtez-vous d'y aller, et que vos portefeuilles s'emplissent des masures moussues, des arceaux vermoulus, des constructions gothiques qui, encore à cette heure, s'y réfléchissent dans des flaques dormantes! Nous allons descendre à l'auberge de M. Wepfert, qui nous attend, dit-il, depuis douze jours! et qui nous régale de carpes et brochets dans une salle à manger tapissée de batailles navales.

Les papiers à sujets ne sont plus de mode aujourd'hui dans les hôtels un peu fashionables. Mais en Savoie, et partout en général dans les hôtelleries de bourgades ou de bicoques, on les retrouve encore qui donnent à la salle à manger son lustre et sa physionomie. Batailles navales, pagodes, éléphants, mameluks, bergeries, l'Inde et l'Amérique, sont là représentés au naturel, et, fidèle aux mœurs, l'artiste a soin qu'en toute occurrence le Turc fume, le mameluk sabre, la bergère soit tendre, proprette et bien chaussée. Cependant les paysans admirent, les forains commentent, les commis voyageurs jugent ou expliquent, et chacun se plaît, moi aussi, au milieu de ces scènes qui, ridiculement exécutées d'ailleurs, peuplent néanmoins, tiennent compagnie, ou tout au moins récréent plus encore que ne peuvent faire des bariolages symétriques, des arabesques prétentieuses. Après tout, dans une auberge où l'on ne s'arrête que pour quelques heures, tout est bon de ce qui diminue l'impression d'isolement, et même des Turcs qui fument sous un kiosque rose, dans une prairie verte, à côté d'un Euphrate bleu, y sont de plus agréable société qu'une paroi mouchetée de losanges ou morne de raies majestueuses.

Mais dans notre siècle, la vie, la joie se retire de tout, même des papiers peints et des décors d'appartement, et si en toutes choses on y fait plus que jamais la part de l'orgueil et de la vanité, dont la mode, hélas, à défaut d'autre chose, est devenue le ministre aussi dépensier que capricieux et absolu; moins que jamais on y fait celle du plaisir ou seulement de la récréation des yeux. Notre confort même, bien différent du bien-être, n'est guère qu'un étalage de commodités équivoques propres à marquer le rang, la condition, plutôt qu'à rendre le vivre facile, aimable ou riant. Que si vous êtes porté à trouver cette observation plus chagrine que juste, allez donc visiter, là où il s'en trouve encore, des villas, des demeures, des salons d'autrefois. Vous y trouverez avec bien moins d'osten-

VUE PRISE A ANNECY.

tation que chez les opulents de nos jours, bien plus de vraie commodité, et jusqu'aux choses de luxe conçues en vue de plaire, d'égayer, de distraire, tout autant qu'en vue de briller par une stérile et plate somptuosité. Le salon en particulier, destiné aux réunions et aux fêtes, y scintille de dorures et de cristaux; des consoles ornées de sculptures et de bas-reliefs y supportent des glaces encadrées dans d'élégantes moulures, et, au lieu de nos tristes meubles carrés, anguleux, prétentieusement simples et scrupuleusement symétriques, de bons sofas moelleux et arrondis, des chaises engageantes, des fauteuils bonhommes, hospitaliers en quelque sorte, et de qui la seule affaire c'est d'emboîter bien votre personne sans gêner vos membres. Quant aux papiers peints, pas question; mais à la place, des tableaux de fruits, de fleurs, de chasse, de pêche, encadrés dans la boiserie au-dessus des portes et contre la paroi divisée en larges panneaux, ou bien une tenture de soie toute riante de couleurs vives et de broderies variées, ou bien, et plus souvent, des toiles peintes représentant des scènes bocagères, des ports de mer, des hommes enfin, des arbres, de la vie, ai-je dit, et cette sorte de vie justement dont le spectacle, au milieu d'une fête aux lumières, plaît par le contraste et séduit, occupe, contente l'imagination.

Sur ce, lecteur, deux aphorismes, après quoi nous irons nous coucher.

L'imagination est une bonne fille, mais qu'il faut amuser, entretenir, récréer, ou bien elle abuse de son oisiveté, et tantôt se dérègle, tantôt se déprave. C'est pour cela qu'il faut aux peuples des monuments, des peintures, des décors, des représentations décentes et des spectacles honnêtes. C'est pour cela qu'il faut à la vie domestique des embellissements d'art et de poésie, et, aux salons, plutôt encore des toiles représentant médiocrement des scènes d'hommes, d'animaux, de paysage, que des papiers peints représentant avec perfection des palmes disposées en quinconce.

La peinture et la sculpture sont des arts admirables, et vivent les chefs-d'œuvre! Mais elles sont des arts gratuitement aristocratiques lorsqu'elles se bornent à produire pour l'usage des opulents des ouvrages rares, magnifiques et coûteux. Elles sont, au contraire, des arts bienfaisants et populaires quand à côté d'elles, et par elles, vivent la peinture et la sculpture de décor, c'est-à-dire non plus des arts mais des métiers, qui, médiocrement sans doute, mais à peu de frais, ornent les logis, égayent et peuplent les demeures, embellissent les lieux publics, et font jouir la multitude, qui n'est d'ailleurs ni difficile ni connaisseuse, de l'image au moins des belles choses et de l'apparence des chefs-d'œuvre ; à peu près comme ces orgues à manivelle qui, alors même qu'elles écorchent les oreilles d'un dilettante, n'en servent pas moins à faire jouir le petit peuple du charme des beaux airs et de l'écho des chefs-d'œuvre.

RIVE DU LAC D'ANNECY.

DEUXIÈME JOURNÉE.

Au delà d'Annecy, nous côtoyons la rive gauche du lac : cette contrée est fraîche, solitaire, enchanteresse. Que d'endroits sur cette côte où l'on voudrait pouvoir, sinon vivre, du moins séjourner durant les beaux jours, pour s'y imprégner de calme, pour s'y nourrir de contemplative méditation et de douce mélancolie! Artiste, il y a de quoi s'éprendre de cette nature et lui donner son cœur et ses journées; poëte, écrivain, romancier, il y a de quoi faire vœu de venir y achever son travail au milieu de ces bois qui apaisent, auprès de ce lac qui épure, en vue de Menton, de Taloir, de ce rivage prochain que dominent, tantôt sourcilleuses, tantôt empourprées, les cimes de la Tournette.

Ah! quand on est jeune encore, et que l'on porte en soi quelques germes de poésie ou de talent, combien le spectacle, si tranquille pourtant, de ces lieux agite, soulève l'âme, et y fait éclore de sentiments et de pensers dont il semble, tant que dure le charme, qu'il n'y ait plus qu'à en restreindre l'abondance et qu'à en trouver l'expression pour avoir enfin rencontré son sujet et produit son chef-d'œuvre! Et puis le charme, hélas! comme tous les charmes de ce monde, dès qu'il s'agit de le fixer, s'envole, et c'est tout à recommencer. Néanmoins le souvenir de ces moments demeure, et même au fond de cette amertume qui accompagne l'impuissance de dire ou de peindre ce qu'on croit avoir vu ou senti, il y a de la saveur, du parfum; il reste du désir et de l'espoir.

Jeune encore, disais-je. C'est que, jeune, je ne sais quelle sève d'amour, de tendresse, de pureté et de désir tout à la fois, déborde de l'âme et semble devoir inonder nos premiers essais de récit ou de poésie. Que manque-t-il, en effet, à ces bois, à ce lac, à ces rochers, à cette nature d'ailleurs si belle, mais muette encore, autre chose que des accents qui en soient comme la touchante voix, que des êtres qui la peuplent, qu'une jeune fille éprise et adorée de qui la beauté décore ces montagnes, de qui la grâce se répande sur ces vergers, de qui la passion réchauffe ces grottes, reluise sur ces flots, éclaire, embrase ces promontoires? Il n'y manque rien autre chose, en vérité. Mais si, jeune, l'on voit, l'on ressent; si, jeune, l'on frémit et l'on bouillonne, jeune aussi l'on est gauche à dire, inhabile à peindre, et il en va du poëte comme de l'arbre, qui ne donne ses fruits qu'en automne, et non pas au moment où, soulevée par les zephyrs printaniers, la sève se lance avec une puissante impétuosité jusques à l'extrémité des derniers rameaux.

Je ne suis qu'un Scythe, dit Anacharsis avec une noble modestie, et l'harmonie des vers d'Homère me ravit et m'enchante! Je ne suis, moi, qu'un Génevois, et l'harmonie, la noblesse, la propriété ornée, la riche simplicité des grands maîtres de la langue, pour autant que je sais l'apprécier, me transporte de respect, d'admiration et de plaisir. De bonne heure j'ai voulu écrire, et j'ai écrit; mais, sans me faire illusion sur ma médiocrité et mon impuissance, uniquement pour ce charme de composer, d'exprimer, de chercher aux sentiments, aux pensers, aux rêves de choses ou de personnes, une façon de les dire à mon gré, de leur trouver une figure selon mon cœur, s'il s'agissait de vertu ou de bonté; laide aussi selon mon cœur, et que je pusse haïr à l'aise, s'il s'agissait de méchanceté ou de vice. Quel aliment dans la vie, quelle occupation des journées, quelle préoccupation des loisirs qu'une recherche semblable! Qu'elle est attrayante, instructive! Qu'elle conduit bien, en déblayant pour vous les abords de ce bel art d'écrire, à vous en montrer de loin les abrupts sentiers, les inaccessibles sommités, à faire que, satisfait pleinement de pouvoir rendre un culte aux quelques grands hommes que vous y voyez reluire de l'éclat de leur gloire, c'est désormais sans mécontentement comme sans murmure que vous acceptez votre obscurité de simple fidèle, votre lot de croyant obscur! Et cependant, penser, sentir, ne vous est pas défendu; accueillir le trouble, goûter l'émotion, entrevoir le poëme ne vous est pas interdit; et c'est alors que, côtoyant le rivage d'un lac, et tout entouré que vous êtes d'objets agrestes, de beautés sauvages, de souriantes clartés, vous sentez votre cœur se soulever et votre âme s'emplir de ce charme qui s'envolera quand vous l'aurez voulu fixer.

C'est du reste lorsqu'on a achevé de parcourir les deux tiers de cette côte qu'on en rencontre le site le plus délicieux. Resserré entre deux rives abruptes et boisées, le lac est barré en partie par la presqu'île de Duing, qui s'avance toute fleurie au milieu des eaux : des arbres la ceignent, des terrasses s'y surmontent les unes les autres, et un vieux château la couronne. Mais c'est la chaussée par laquelle on pénètre qu'il faut voir ! Faite de dalles frustes dont le flot baigne le côté extérieur, elle conduit à un antique portail enfoui sous les noyers, et tandis que ces arbres, empêchés de s'étendre du côté du portail, s'y cintrent en une voûte épaisse de feuillage, du côté du lac ils abaissent leurs longs rameaux jusqu'à la surface de l'onde, et c'est au demi-jour de cette transparente feuillée qu'on s'achemine vers la porte en ogive. Nous faisons une halte dans cet endroit, mais, affamés que nous sommes, ni ces beautés ni l'eau claire, qui abonde ici, ne sauraient nous retenir longtemps ; tout à l'heure nous recommençons à marcher.

La faim est un éperon, mais la faim est un frein aussi. M. R***, ne pouvant décidément plus avancer, avise un naturel barbu qui est à s'administrer une prise, et s'adressant à lui : « Brave homme, lui dit-il, avez-vous du pain ? — Des lits ? que oui qu'on en a ! — Pas des lits, du pain ?

— On n'est pas malpropres ! — Non, sans doute, mais c'est manger que nous voulons. — On est aussi propres que vous !.... » Et l'on ne peut tirer rien autre de ce naturel susceptible, susceptible sur la propreté des lits, dans le bout de pays le plus perdu de l'humble Savoie ! Où va pourtant se nicher la vanité de n'être pas crasseux et l'orgueil de vous valoir bien ! Avec le lac finissent les ombrages, et nous nous trouvons dans un vallon grillé, à deux lieues encore de Faverge, petit bourg situé tout au bout du ruban qui s'ouvre devant nous. Plusieurs, entièrement démoralisés à cette vue, refusent le service, et s'en vont soutenir leurs havre-sacs et appuyer leurs reins contre une clôture..... Mais, crac! la clôture crie et se rompt, et voilà toute l'honorable société les jambes en l'air, le dos sur le pré. Heureusement c'est un marécage, sans quoi elle y serait encore.

Engagés dans le ruban, nous y voyons de loin un homme appuyé sur sa pelle, qui de sa main fait lorgnon pour nous considérer. Puis, comme nous approchons : « Bonjour, s'écrie-t-il, brave jeunesse! — Bonjour, bonjour; mais pourquoi donc nous lorgnez-vous? — Pour vous mieux voir, par rapport que le soleil me blesse, ayant les yeux en piètre état et comme inquiétés par du vinaigre. — Et pourquoi choisissez-vous alors ce moment pour travailler? — Que voulez-vous? je ne le choisis pas. Mais si l'inspecteur vient à passer et qu'il ne me trouve pas à l'ouvrage, adieu ma place! et je vis de ça, moi. » M. Töpffer lui posant sur le nez ses lunettes noires : « Essayez un peu si cela vous va? — Hé! sainte Vierge!.... Hé dites voir? plus de soleil : c'est l'heure du soir! » Puis ôtant, remettant les lunettes : « Se les mettre, reprend-il, c'est comme si vous me laviez d'eau fraîche! » Sur quoi il est fait sur place à cet homme un bon pour une paire de lunettes noires qui lui seront délivrées à Genève. Alors le pauvre cantonnier se remet à piocher tout réjoui et de bon courage. A l'heure qu'il est, il a ses lunettes.

Enfin, enfin, nous arrivons à Faverge. Gail lui-même, qui a été tenu jusqu'ici au régime, y boude son bouillon, et s'en vient donner sur nos vivres. En moins de rien, table nette, et plusieurs qui se sentent encore creux s'en vont chez le confiseur du lieu pour y compléter leur dessert. C'est un homme qui tient boutique en effet, mais, hors deux pipes en sautoir et trois pains d'anis en bocal qui lui servent pour la montre, il n'est assorti qu'en paquets de ficelles et en quartiers de savon. C'est égal : « Allons, voyons, messieurs, dit-il aux chalands, choisissez, faites-vous servir. »

D'autre part, M. Töpffer et son détachement sortent tout satisfaits de chez la marchande de tabac. C'est une bonne vieille qui cause avec sens et avec esprit. Pendant l'entretien survient un enfant bossu. « Qui est cet enfant, madame? — C'est le mien, j'entends celui que j'aime, car il appartient à ma fille. Le voyant bossu et maladif, je le lui ai demandé, et comme elle en a cinq autres, elle me l'a cédé..... Un brave enfant, messieurs! Jusqu'à sept ans, il n'a pu se servir de ses jambes; mais, à force de le frotter, je l'ai dénoué de façon qu'il marche comme un autre. Alors je l'éduquais de mon petit savoir; maintenant, grâce à Dieu, il va à l'école et y est des premiers.... » En disant ces mots, la bonne femme s'attendrit, et l'enfant la regarde dire d'un air de respect et d'affection. Ah!

mes bons amis, courez les bourgades, entrez dans les boutiques, mêlez-vous aux obscurs, aux petits, et très-souvent vous trouverez par là du mauvais tabac et des vertus de première qualité !

En quittant Faverge, l'on s'engage dans le beau vallon d'Uzine. Partout d'éclatants herbages; puis, autour des fermes, de gras potagers, un désordre d'arbres fruitiers, de ceps qui, d'un rameau à des solives, ou s'étendent en treille, ou serpentent en festons. Au-dessus, des coteaux paisibles, des tabernacles de verdure où l'on s'étonnerait de ne pas voir sous chacun quelque sage, quelque philosophe achevant sa carrière loin du monde et du bruit, s'il n'était reconnu que, moins qu'un autre encore, un philosophe se passe de monde et de bruit.

Et puis, attendez, le voici, notre philosophe; mais ce n'est pas M. Cousin, c'est un bonhomme qui, assis sous l'ombrage à deux pas de sa

hutte, y recoud sa culotte. Comme nous regardons curieusement cette cabane misérable.... « Je me la suis bâtie, nous dit-il, et on vit là tout de même. — Mais l'hiver? — L'hiver? je couche dans cette autre qui est en pierre, j'y fais aussi ma cuisine, et puis, quoi? je recouds ma culotte. — Vous avez l'air heureux. — Oh! la, que voulez-vous, c'est pas de plaindre qui enrichit. — Mais quel est votre métier? — Mon métier? J'attends du charbon qu'ils font par là haut, et puis, quand il vient, je le mesure. Voilà tout. — Eh bien, conservez-vous gai et content, et voici, brave homme, pour boire un coup à notre santé. — On n'y manquera pas, mes bons messieurs, et, en attendant, que le bon Dieu vous protége ! »

A vrai dire, les philosophes de profession sont dans les villes. Ils y font des livres, ils y donnent des cours, ils y prouvent la morale et ils y enseignent le souverain bien. Mais les philosophes pratiques sont dans les vallées, dans les montagnes : ils y taillent des ceps, ils y relient des gerbes, ils y mesurent du charbon et y retapent leurs culottes.

Sur ces entrefaites, quelques traînards ayant voulu, comme au temps de l'âge d'or, détacher d'un cep bienfaisant des raisins plus doux que le miel, afin d'en rafraichir leur gorge altérée....... tout à coup sort de terre le garde champêtre, qui ne leur laisse que le choix de payer dix

sous par tête ou de subir le rafraîchissement d'un procès-verbal. Ces messieurs préfèrent payer, et ils s'exécutent sur l'heure. Le garde champêtre alors les accompagne poliment, et l'on remarque qu'il ne prend congé d'eux qu'à l'endroit où finissent les vignes.

Près de l'Hôpital, nous rencontrons des soldats que l'on mène par régiment se laver les pieds à la rivière. Ceci rappelle Figaro, qui rasait, qui purgeait par régiment aussi, et rien ne semble aussi drôlement niais que de voir ces grandes files d'hommes, et non pas de moutons, qui ont abdiqué en faveur d'un caporal leur droit imprescriptible de ne pas se laver les pieds ou de ne se les laver qu'à leur gré et à leurs heures. Arrivés au bon endroit : Halte ! par flanc droit ! pas accéléré ! et les voilà qui dégringolent le long du talus, s'asseyent sur la rive, ôtent guêtres et souliers, puis la lessive commence, et autant en emporte à l'Hôpital le courant de l'onde.

TROISIÈME JOURNÉE.

Grande vendange, ce matin. Ce sont corbeilles sur corbeilles qui nous arrivent de la part de nos amis et camarades Henri et Hippolyte, propriétaires dans ce canton. Gail s'en mêle, et si bien et si fort, qu'on commence à trouver qu'il va presque trop mieux. En effet, sous prétexte de se refaire, il décime, il ravage, il absorbe; c'est un fléau dévastateur, une plaie d'Égypte, qui présage de grandes famines aux survivants.

De l'Hôpital, nous nous acheminons, par la rive gauche de l'Isère, sur Aiguebelle, où nous aurons rejoint la grande route du mont Cenis. On a établi là un chemin fort large, fort beau : il n'y manque plus que les ponts. Par malheur, en Savoie les ponts se font attendre longtemps, ceux qui ont brûlé comme ceux qui sont à construire; et d'ordinaire deux, trois bacs ont le temps de pourrir de vétusté avant qu'on ait commencé d'y construire les culées d'un pont qui ne s'achèvera jamais. C'est pour cela justement que la Savoie est un beau pays, primitif, pittoresque, tranquille et bon enfant.

Pourtant, près d'Aiguebelle, nous repassons l'Isère sur un pont qui est presque achevé, il faut le dire; puis, à demi-lieue de là, un homme se présente qui réclame le pontonnage. Ohé! c'est par trop rétrospectif. Du reste, et bien certainement, cet homme mourra jeune; car, comme l'Isère se divise là en une multitude de bras, les uns pontés, les autres guéables, et dans une contrée toute parsemée de broussailles tutélaires, il erre sans cesse sur ces longs rivages, toujours craintif que, pendant qu'un le paye de ci, douze ne lui échappent de là. Une âme en peine absolument; un Caron sans barque, qui, de toute sa journée, n'attrape qu'une, que deux méchantes oboles, pendant que là-bas les ombres par milliers lui traversent son Styx sans débourser.

Elle est belle, la route du mont Cenis; mais, durant trois mois de sécheresse, il s'y est accumulé une quantité énorme de poussière broyée à extinction, fluide, ou à peu près. Dans cette poussière cheminent en dandinant un crétin et sa vache. Ces deux animaux jasent ensemble, ils

s'arrêtent, ils jouent, ils se caressent, et l'un d'eux abat pour l'autre pommes, poires, tout ce qui se rencontre. « Bonne bête, balbutie-t-il à M. Töpffer, elle a plus d'esprit que moi ! — C'est vrai ; mais vous la nourrissez de fruits qui ne vous appartiennent pas ? » Alors l'autre cueillant un épi de maïs : « Voyez donc comme elle répond. Hé ! Jeanne !... Vous voyez bien. Hé ! Jeanne !... » Et un autre épi sur le premier. « Hé ! Jeanne !... » Et un troisième. « Elle doit vous coûter peu, votre vache, si vous la nourrissez comme cela ! — Tenez, du plus loin, je la fais venir. Hé ! Jeanne !... » Pour le coup, M. Töpffer s'éloigne, afin de ne pas devenir complice, par sa présence au moins, des déprédations de cet amateur.

A Aiguebelle, nous déjeunons dans une auberge qui a ceci de remarquable que l'hôtesse, toute petite femme, porte un bonnet immense,

solennel, rayonnant : on dirait Vichnou dans sa pagode. Cette pagode nous sert plat sur plat ; mais Gail les avale tous, et notre situation au milieu de cet affamé-là devient de plus en plus critique. Aussi, comme à Faverge, plusieurs s'en vont à la recherche du confiseur ; mais celui-ci, en fait de brioches, n'a que du jus de réglisse en bâtons. C'est égal, Oudi s'en achète un fagot, et à partir de ce jour il voyagera enréglissé de la tête aux pieds, tantôt noir, tantôt mulâtre, tantôt pie, et toujours orateur aussi polyglotte qu'incompris.

Au delà d'Aiguebelle, et comme M. Töpffer est à marcher solitaire dans la campagne déserte, deux hommes armés et de détestable mine sortent tout à coup d'un fourré et s'avancent droit sur lui..... Ce sont, à la vérité, deux chasseurs qui passent tranquillement leur chemin ; mais, outre que tous les chasseurs n'ont pas cette mine-là, il est de fait que quand l'on porte cent napoléons sur soi l'on est cent fois plus ombrageux que de coutume. Allez, dit-il en lui-même, allez, braves gens, c'est tout de même une fameuse caille que vous manquez là !

Cependant la chaleur est horrible, suffocante; M. R*** en est à craindre l'évaporation totale de sa personne. Aussi, ayant avisé des chênes qui sont à quelque distance de la route au pied de la montagne, il s'y achemine, s'étend dessous, et, une fois là, prétend qu'on l'y laisse. « Allez, partez pour la Syrie ou ailleurs, dit-il à ses compagnons; pour moi, j'ai mon affaire et je m'y tiens ! » Et comme on insiste pour le tirer de là sur ce qu'il est tard et que le gîte est encore éloigné, M. R*** en prend occasion d'exposer sa théorie sur les haltes.

« Au fait, dit M. R***, que recherche-t-on en voyage ? Le plaisir. Or, dix minutes de halte en route, et sous un frais ombrage, représentent réellement une somme de plaisir dix fois plus forte qu'une heure de séjour de plus à l'auberge; vingt minutes, que deux heures; trente minutes, que trois heures; quarante minutes, que quatre heures, et ainsi de suite, indéfiniment. Il est donc absurde de ne pas faire des haltes sous chaque bel arbre, et de ne pas les prolonger indéfiniment.

Sans doute, continue M. R***, il faut avoir marché pour sentir tout le charme d'une halte. Et toutefois, notez-le bien, plus on marche, plus aussi l'on prend sur le temps qui serait plus agréablement employé à s'étendre sous un frais ombrage. D'où il suit que la vraie formule du souverain bien, c'est une fraction dont le dénominateur exprime que la journée de marche est composée de tant de parties, et dont le numérateur exprime qu'on emploie en haltes un nombre indéfini de ces parties.... »

Puis, pressentant l'objection : « Vous me direz, reprend M. R*** en se levant mélancoliquement pour continuer son chemin, vous me direz que ce n'est pas étendu sous un frais ombrage que l'on arrive à *la Chambre,* notre gîte de ce soir? Hélas! je ne le sais que trop! Halte et marche, marche et halte, sont comme bien et mal, comme beau et laid, une de ces dualités fatales et irréductibles qui sont ici-bas la triste loi des choses et le désespoir du philosophe! Pour tout concilier il faudrait, chers camarades, il faudrait que, par quelque miracle du ciel ou de l'industrie, la

halte elle-même pût devenir cheminante. Alors, beau chêne que je quitte avec tant de regret, alors havre-sac détesté que je reprends avec tant d'amertume, mus par quelque ressort ou traînés par quelque bon ange, tous ensemble nous irions à Gênes, tous ensemble nous affronterions les tropiques, nous ferions le tour du monde au frais toujours, en paix toujours, toujours avançant et toujours en repos! »

Pendant que M. R*** tient ces éloquents discours, le reste de la caravane s'est divisé en plusieurs détachements qui sont échelonnés sur une lieue de pays. Un chasseur encore, mais un chasseur brigandeau celui-ci, aborde l'un après l'autre ces détachements, et, le fusil au poing, il leur tient toute une gamme de propos appropriés à la force respective de chacun d'eux. Avec les brimborions, il lui faut un franc, et vite; avec les détachements moyens, il insinue poliment qu'il serait plus sûr de lui donner un franc, sans quoi... Avec les détachements vigoureux, c'est une femme, sept enfants, un incendie; il est appréhendé, ruiné, perdu, si les charitables messieurs n'ont pas pitié de sa misère. Par un procédé si simple, ce brave homme se fait trois francs environ d'argent blanc; après quoi il lève le pied, et, crainte de noise, prend par les bois.

Au crépuscule, on arrive à la Chambre, et le peuple s'attroupe pour nous regarder faire; c'est notre histoire de tous les soirs. Parmi la société se trouve un crétin sourd-muet qui contrefait, en façon d'explication sommaire, tout ce qu'il nous arrive de faire. Il arrive, il décharge les sacs, il détèle les chevaux; puis, à la vue d'un lièvre que l'on prépare pour notre souper, il court, aboie, ajuste, tire, meurt, écorche, cuit... et puis s'arrête là : nous nous chargerons du reste. Rien d'heureux en général comme ces demi-crétins, d'une part déchargés de travail à cause de leur gaucherie, d'autre part flâneurs, musards, et qui se délectent à tout bruit, à tout mouvement, à tout spectacle. Calmes d'habitude, joyeux pour un rien, farceurs à tous venants, ils descendent la vie sans comprendre l'affliction, et arrivent à la mort sans l'avoir pressentie. Beau lot, ma foi, et qui, à coup sûr, n'est pas le vôtre, mon frère.

Notre hôtesse, ici, est une bonne vieille dame qui se fait un scrupule de nous bien régaler, un scrupule surtout de bien ménager nos finances. « De père en fils et de mère en fille, dit-elle, nous tenons cette auberge; jugez si on irait vous surfaire! seulement, donnez-nous le temps, et vous serez bien servis. Prendrez-vous du poulet? — Oui, oui! — Voulez-vous du dessert? — Oui, oui!..... — Oui, » répète encore Gail pour plus de sûreté.

Nous donnons le temps, et cette excellente femme tient toutes ses promesses. Poisson, lièvre, poulets arrivent à la file, et nous voilà si activement occupés que des chiens se battent sous notre table, s'entre-mordent parmi nos mollets, sans que nous y donnions la moindre attention. Ces chiens, au nombre de quatre, sont les commensaux d'un particulier de l'endroit, qui, assis à une table voisine, se délivre de leurs obsessions en leur lançant ses os de notre côté.

QUATRIÈME JOURNÉE.

Ce matin tout le monde se lève tard, sans qu'on sache bien ni comment ni pourquoi, si ce n'est qu'on nous a réveillés au petit jour, et que nous ne nous en sommes pas aperçus. Mais l'hôtesse a mis à profit ces lenteurs pour préparer un déjeuner d'autant plus splendide; après quoi, faisant venir nos cochers, elle leur rembourse les droits de poste, et leur verse à boire, à cause, dit-elle, du froid matinal qui souvent enrhume les cochers. « Ah! disent à leur tour ces camarades, voyager comme cela, ce serait plaisir! » Et sur ce, tous ensemble nous prenons congé à notre grand regret de cette hôtesse incomparable.

L'air est frais, en effet, le ciel sans nuages, et la route charmante. A propos de Gail, qui germanise son français, M. de Saint-G*** se met à chercher la formule au moyen de laquelle, un homme étant donné, on pourra toujours s'assurer s'il est Allemand ou s'il ne l'est pas. Puis, s'adressant à Gail : « Comment diriez-vous ceci, Gail : *J'ai le projet de manger un brochet?* — Comme vous, répond Gail : *J'ai le brochet de manger un projet.* » Et la formule est trouvée.

Plus loin, c'est un crétin encore, placide, somnolent, dandinant. Lorsqu'il a vu qu'il nous voit, on fait briller à ses yeux un gros sou..... Joie

complète, grognement d'allégresse, affaissement de bonheur. On retire le sou, point de désespoir, il poursuit sa dandinerie. On le lui donne enfin..... ni plus ni moins de félicité que tout à l'heure. Certes, si quelqu'un ressemble à un sage, c'est un drôle comme celui-là, qui accueille la fortune quand elle lui sourit, qui passe outre quand elle lui tourne le dos!

Plus loin, ce sont des Nausicaa en quantité qui lavent leurs haillons

dans le ruisseau. « O la belle jeunesse! s'écrie l'une d'elles. Je vois bien que vous êtes tous des noblesses, élevées dans les grades et dans les dignités!... Voyez donc ça! Combien d'instruction!... Princes, marquis, pas vrai? » Nous confirmons cette femme dans son idée, et, heureuse d'avoir si bien deviné, elle poursuit le cours de ses éclatantes apostrophes.

Plus loin, voici une troupe de petits bonshommes, vêtus de bure et portant la besace, qui s'en vont chercher fortune et ramoner par le monde.

Halte là! leur crie-t-on; et une collecte est faite en leur faveur Les petits bonshommes trouvent l'aubaine merveilleuse; pour nous, nous nous attendons à quelque tragique alerte. C'est que, dans les contes de Berquin que nous avons lus, il arrive toujours qu'en pareille occasion le gentilhomme qui a donné le matin trois sous à un ramoneur est attaqué dans l'après-midi par des brigands, pour être délivré le soir par des ramoneurs. Après quoi, la vertu se trouvant récompensée, le conte finit là, et M. Berquin s'endort content.

Plus loin enfin, c'est Saint-Jean de Maurienne, gros bourg, capitale de la province et résidence de l'évêque, « de qui on se serait bien passé, nous dit un naturel. — Et pourquoi? — Parce qu'il a fallu que les communes s'imposassent à son sujet; et je vous réponds que ça coûte! — Quoi! voudriez-vous donc vous passer d'évêque? — Pas absolument, mais avant, on vivait bien sur celui de Moutiers! L'on n'avait que cette montagne à passer pour avoir ses dispenses, et pas tant de carillons! »

Telles sont les aventures de cette matinée, au bout de laquelle nous faisons halte et buvette à Saint-Michel, en même temps qu'une huitaine de messieurs qui, à la chère qu'ils font, nous ont tout l'air d'être de fins gourmets. Obsédés que nous sommes du fumet de leurs sauces et du parfum de leurs grives, très-certainement notre modeste picotin de fromage et de fruits nous semble moins qu'à l'ordinaire exquis et somptueux. Au fait, il en va toujours ainsi, et sans le voisinage d'un plus riche, qui donc se douterait qu'il est pauvre?

Mais à peine avons-nous quitté Saint-Michel, que voici bien une autre affaire! Le char de M. de Saint-G***, ayant pris les devants, est cerné, arrêté, envahi par deux bons curés qui, très-sérieusement, prétendent

l'occuper, et, aux prises avec ces amateurs, le cocher a grand'peine à leur tenir tête, lorsque nous arrivons sur les lieux. Les deux curés alors se désistent sans mot dire de leurs prétentions, et, rouvrant leur bréviaire, ils passent outre, ruisselants de sueur et blanchis de poussière.

Comme hier, en effet, la chaleur est étouffante, et, de plus, la route et ses abords ne sont qu'une lande pelée. Aussi, pressentant son écloppement prochain, et jaloux au moins de le goûter pur, entier, parfait, M. R*** abandonne à qui les veut ses tours de voiture; autant en fait M. Töpffer, et voilà nos deux particuliers, livrés à leurs propres forces, qui s'acheminent comiquement vers une démoralisation volontaire. A mesure que la

démoralisation augmente, l'hilarité se déclare, et les voilà descendus enfin à cet heureux état où le doux ébranlement d'un rire faible est la seule sensation qui survive à toutes les autres. Véritable ivresse, sorte d'affaissement intellectuel, durant lequel les hommes les plus graves ordinairement sont devenus puérilement facétieux, et se traînent chancelants et désopilés d'une halte à une autre. Mais, on le conçoit, comme toutes les ivresses, celle-ci, un peu honteuse d'elle-même, ne saurait s'étaler dans les villes et bourgades, en sorte que rien ne lui convient mieux pour théâtre que cette Maurienne déserte et pelée. Ce n'est guère qu'après le coucher du soleil que ces messieurs, ayant peu à peu recouvré leur dignité d'hommes graves, s'aperçoivent qu'ils sont encore à deux lieues de Modane, notre gîte de ce soir. Alors, doublant le pas, ils font une marche héroïque, et d'un saut ils viennent tomber auprès d'une table servie où l'on n'attend plus qu'eux. Souper brillant, tumultueux, primordial, et des rires à se rouler par terre. C'est que le crétinisé qui nous sert voulant rendre compte à M. Töpffer d'une mission relative à un achat de tabac, ce brave homme va bien jusqu'à *tab*... mais ici un indomptable bégayement l'empêche, quelque effort qu'il fasse, d'arriver jusqu'à *bac*. On l'aide, on le secoue, on s'y prend de toutes les manières, impossible! Des grimaces, des contorsions, des mal d'enfant, et pas le plus petit brin de *bac*. Encore un homme qui mourra jeune et d'un bac rentré.

CINQUIÈME JOURNÉE.

Il y a des journées calmes, molles, torpides; il y en a de bruyantes, de laborieuses, d'accidentées; sans cela le proverbe aurait tort qui dit : Les jours se suivent et ne se ressemblent pas. Pendant que, debout et habillés depuis longtemps, nous n'attendons plus que nos chaussures, l'on vient à découvrir que notre crétinisé d'hier, satisfait de cirer, cire toujours le même soulier. On s'agite alors, on s'impatiente; finalement l'armée quitte les casernes, et accourant au pillage de ses propres bottines, il s'ensuit des quiproquo sans nombre et des courses sans fin. D'autre part, l'eau vient à manquer dans les chambres, le linge aussi : autres cris, nouveau tumulte; et le crétinisé qui casse la cruche, et l'hôtesse qui court aux souliers, et le déjeuner qui va au feu, et l'hôte qui tâche de l'y rattraper, et le chien qui aboie.... Pendant ce temps M. Töpffer, qui vient d'entreprendre de se faire la barbe à l'eau froide, à chaque coup de faux

cabriole, tempête et pousse des cris affreux qui viennent se perdre incompris dans le grand océan du vacarme universel. Vers huit heures pourtant le calme renait, et nous nous hâtons de déjeuner. Bien différent d'un dîner *réchauffé,* qui, selon le poëte, *ne valut jamais rien,* un déjeuner *rattrapé* vaut un franc, sans moins, et il est saupoudré de cendres, odorant de fumée.

Au delà de Modane, on passe devant le fort de Bramant. Comme tous les forts, celui-ci est sinistre de meurtrières, d'embrasures, de murailles sans fin, de sentinelles qui grillent tristement sur l'angle d'un bastion; mais le site au milieu duquel il se déploie en constructions échelonnées est d'une grande beauté, d'un majestueux caractère. Ce sont des rochers tourmentés, déchirés, isolés les uns des autres, ici, par des fossés creusés de main d'homme; là, par des abîmes naturels, et lorsque accidentellement le ciel s'harmonise en sévérité avec ces aspects de destruction et de stérile nudité, l'on croirait avoir sous les yeux le modèle de quelqu'une de ces compositions où Martins cherche à traduire les plus sombres tableaux de l'Apocalypse. D'ailleurs, et nous l'avons déjà indiqué, la Maurienne est une vallée peu pittoresque, pauvre de végétation comme de culture, et dont les montagnes, sans avoir encore aucun caractère italien ou méridional, ont déjà perdu celui qui est propre aux Alpes de Suisse ou de Savoie. Voir Termignon, où nous arrivons tout à l'heure :

c'est le plus pelé, le plus chétif, le plus rachitique de tous les endroits qui prétendent à avoir l'air d'un paysage.

Vers onze heures, nous atteignons Lans-le-Bourg · c'est le dernier village qu'on rencontre de ce côté-ci du mont Cenis. Comme tous les villages pareillement situés, c'est un ramassis d'auberges, de remises, d'écuries; une population de cochers, de rouliers et de mendiants. Ceux-ci

sont hideux, rongés d'ulcères, brûlés d'eau-de-vie, fondant tous à la fois, comme des oiseaux de proie, sur chaque voyageur qui se montre, et ne le lâchant qu'au départ. Parmi eux, on nous fait remarquer une femme, jeune d'âge, décrépite d'ivrognerie, qui offre bien le plus triste spectacle que l'on puisse voir.

Avant d'*ascender* une montagne, il faut toujours prendre des forces, c'est une des théories de M. R***; aussi nous faisons-nous un devoir de commander ici un bon repas. Par malheur, toutes les mouches de la création se sont donné rendez-vous dans notre salle à manger, et il est impossible d'ouvrir la bouche sans en avaler un essaim tout entier. Nous nous levons alors, nous ouvrons les croisées, et du mouchoir, de la serviette, nous donnons la chasse à ces myriades. Va bien, mais retournés à nos places, c'est pour y trouver la table couverte de morts et de blessés; le lait, le vin, le bouillon, noirs de mouches qui naviguent..... A cette vue, l'appétit s'en va, et nous quittons Lans-le-Bourg repus, sans avoir mangé. Au départ, l'hôte, l'hôtesse, le garçon, le palefrenier, nous recommandent tous d'aller coucher à l'auberge de la Grande-Croix : « Vous y serez bien, disent-ils, et chez une pauvre veuve qui a dix enfants et des matelas pour vous tous. »

Les voitures chargées de mirmidons et d'écloppés suivent le zigzag de la grande route. Le gros de la troupe se dirige droit sur le col par la *Ramasse*. La *Ramasse*, c'est un sentier qui serpente le long d'une rampe très-rapide ; en été les piétons peuvent seuls le suivre ; mais en hiver, ou du moins quand la rampe est encore chargée de neige, l'on peut d'en haut s'y lancer en traîneau, et au bout de quelques instants l'on arrive à Lans-le-Bourg le nez gelé, et des frimas dans les poches.

Ceux qui suivent la *Ramasse* atteignent le sommet longtemps avant les voitures, et continuant de spéculer, tout à coup ils découvrent devant eux, au sortir de l'ombre, le lac, l'Hospice, tout le col qui étincelle des feux empourprés du couchant. Point de neige, plus de poussière, un air vif et léger ; la marche est devenue une jouissance, et M. R*** lui-même convient qu'il est des cas où, renversant les termes de sa formule du souverain bien, il exprimerait par le dénominateur que la journée se divise en lieues de marche, et par le numérateur qu'on marche toutes ces lieues avec le plus grand plaisir.

A cette frontière du Piémont, nous trouvons les carabiniers royaux, qui nous prient d'exhiber. Ces messieurs se montrent très-polis, et, comme à l'ordinaire, nous n'avons qu'à nous louer de leurs procédés. Toutefois, le moment où l'on se sépare d'eux est toujours agréable, soit à cause des scrupules qui peuvent toujours leur survenir, soit à cause de cette belle carabine qui est au service de tous leurs scrupules. Au surplus, s'ils se montrent polis avec M. Töpffer, ce n'est, après tout, de leur part, qu'un rendu, puisque, du plus loin qu'il les voit, M. Töpffer ne manque jamais de leur faire des avances de physionomie et des avant-propos de civilité.

C'est que si M. R*** a sur les haltes des théories personnelles, M. Töpffer a sur les autorités constituées des principes, personnels aussi, auxquels il s'efforce d'assortir sa conduite et ses manières. Dans les pays où la loi et l'autorité sont deux choses distinctes, M. Töpffer se contente d'être en règle, puis, mettant son chapeau un peu de côté, en façon de dignité de l'homme, si une autorité vient à passer, il salue ou ne salue pas, selon qu'elle a l'air rogue ou bon enfant. Mais dans les pays où la loi et l'autorité sont si peu distinctes, que la loi n'y est au fait que l'autorité en personne, M. Töpffer s'y prend tout autrement. Droits de l'homme, dignité de l'homme, il laisse tout cela à la frontière; puis, renversant un peu son chapeau sur l'arrière de l'occiput, à la façon des ingénus, si un carabinier royal vient à se montrer, il salue doux, il approche empressé et se livre reconnaissant. Que si au contraire c'est un curé qui le toise, il s'empreint de dévote vénération, et fait bien voir à son air qu'il est plein de bon vouloir pour l'Église. Que si c'est un conscrit qui le fixe, il fait le tour de cet Achille comme pour admirer la propreté du fourniment et la belle taille de ce cagneux. En un mot, purgeant son esprit par la terreur, selon le précepte d'Aristote, il courtise ces malotrus, et là où il aimerait le plus, toutes choses égales d'ailleurs, à rosser son homme ou à l'envoyer à tous les diables, là surtout, toutes choses n'étant pas du tout égales d'ailleurs, il lui témoigne soumission respectueuse, et il lui marque de toutes les façons la bonne envie qu'il a de lui être parfaitement agréable.

Et c'est bien pourquoi, lorsqu'au retour d'une tournée en Italie M. Töpffer franchit de nouveau les Alpes, ce n'est jamais sans éprouver un vif sentiment d'aise et de bonheur qu'en touchant à la terre de Suisse il dépose le lourd fardeau d'hypocrisie, et recouvre, avec la liberté d'allure, la liberté plus précieuse encore d'être droit, franc, ouvert avec des autorités qui ne sont plus dès lors que les agents désintéressés d'une loi souveraine..... Bon gendarme de Gondo, sorte de pâtre en uniforme qui suffis, à toi tout seul, pour garder la frontière du Simplon, rien que ton accoutrement bonhomme, rien que ta figure honnête, au sortir des repaires d'où je sors, tout sinistres de défiance, tout souillés de police, tout formidables d'arbitraire, m'est douce, rassurante à voir, et c'est avec un fier amour de ma belle patrie que je salue en toi, si humble, mais si loyal, si

peu formidable, mais si heureusement dispensé de l'être, le digne représentant de la neutre liberté des Cantons!..... Arrière, mercenaires serviles, suppôts équivoques, commissaires ombrageux! Arrière, repaires ténébreux, antres étouffés! Ici tout est air et lumière; ici tout homme qui n'est pas un malfaiteur, exempt de crainte et débarrassé d'entraves, marche affranchi et le front haut au travers de vingt-deux nations!

Au soleil couché le froid nous fait presser le pas, et nous arrivons vers huit heures à l'auberge de la Grande-Croix. Des dix enfants annoncés, pas un seul; pas même l'hôtesse, mais à la place deux servantes qui en nous voyant perdent la tête et courent se cacher!..... Qu'à cela ne tienne! On entre, on fait un inventaire des ressources, on décide qu'il y a lieu à poursuivre, et madame T*** prend la direction des affaires. Dès lors l'activité est grande, le brouhaha universel, et pendant que chacun court, revient, s'entr'aide, Pillet monte la garde sur le seuil, armé d'un fort manche à balai!

Nous sommes transis de froid. Aussi la première opération, c'est d'allumer un grand feu. Mais voici qu'à la lueur du foyer l'on découvre qui?..... les deux servantes, blotties tout à côté de l'âtre, derrière un grand bahut à farine. Effarées d'abord, la présence d'une dame au milieu des brigands les rassure, sans trop de peine elles reprennent courage, puis, se mettant à notre service, elles s'en vont de ce pas au poulailler chercher querelle à un vieux coq qui, couché depuis une heure, comme font les gens rangés, est bien loin de s'attendre à cette lugubre apparition. Le pauvre animal passe des bras du sommeil dans les bras de la mort, et les deux filles s'occupent de le plumer. Sur ces entrefaites, le voyageur David prend mal, chancelle, et tombe à la renverse. « Qu'est-ce, qu'est-ce, mon cher David?... — Cela va, répond-il, déjà beaucoup mieux, mais je voudrais avoir une cuvette à ma disposition. — Une cuvette! une cuvette! » crie-t-on; et des saladiers arrivent à la file, au milieu desquels David se fait le plus joli petit établissement du monde.

La seconde opération, bien moins aisée, c'est de mettre la table. Des détachements sont envoyés à cet effet dans toutes les directions, et au moyen d'une chaîne, comme dans les incendies, assiettes de tout âge et de tout sexe, couteaux de toute forme, verres, gobelets, carafons, parviennent des extrémités au centre où madame T*** arrange, pendant que M. de Saint-G*** rince, sous la protection de l'arque-balaisier Pillet. Il manque des chandelles : on trouve deux bouts de cierge parmi de la camomille sauvage. Il manque des fourchettes : Oudi les découvre dans la boîte à seringue. En attendant, tout un chaînon dégringole dans un escalier de bois. David éternue dans sa cuvette, et le coq, le malheureux coq, se brûle une épaule, parce qu'en l'absence du grand saucier, Scheller, que les éclats de rire ont attiré sur le théâtre des événements, sa broche a cessé de tourner.....

La table est donc mise, et tout paraît en bon chemin, lorsque accourent les deux filles qui viennent annoncer en grand émoi que la clef de la cave est égarée! Qu'on la cherche! s'écrie M. Töpffer; et tout aussitôt état-major, mirmidons, David évanoui, filles et garçons se dispersent, se croi-

sent, se heurtent : ce n'est plus qu'un tourbillon universel, qu'un trotte-menu général, et au milieu une pendule sinistre qui, sur un timbre lugubre, sonne l'heure et la resonne tranquillement, comme si de rien n'était. A la fin la clef est retrouvée, le vin est tiré, le coq arrive, et le repas commence.

Il y a coq et coq ; celui-ci, ankylosé de tous ses membres, défie tous les efforts qui sont tentés pour le désarticuler, en sorte que, ne pouvant en venir à bout, M. R***, tout trempé de sueur, le livre à la circulation, en prétendant ironiquement que c'est à chacun d'en tirer pied ou aile. Malheureusement c'est justement là qu'est la difficulté, aussi l'horizon commence-t-il à s'assombrir, lorsque entrent une soupe qui a cuit chez le voisin, un gigot retrouvé dans le buffet, et quatre saladiers de pommes de terre !... A cette vue..... à la vue des saladiers..... le soupçon plane, la défiance s'éveille, puis le fou rire vient, et l'appétit a le dessus.

La dernière opération c'est de faire nos lits. L'on commence par couper les cierges par le milieu afin d'en doubler le nombre ; puis on se répand dans les chambres pour y disposer en grabats tout ce qui s'y rencontre. L'usage de la maison, c'est de tenir les fenêtres dans les armoires, pour ne pas exposer les vitres. On va donc querir les fenêtres, puis les chevilles pour les ajuster sur leurs gonds, et l'assemblage se fait pendant que les amateurs admirent les ouvrages d'art qui sont appendus aux murailles, notamment le portrait de la Reine de Hongrie et la vue du jardin du gouverneur de Pondichéry, qui fait plaisir à cause de l'à-propos. Bientôt tout se résume en un sommeil général.

SIXIÈME JOURNÉE.

De bonne heure le déjeuner est servi. Parmi d'étranges décoctions, et encadré de pains au safran, l'on y voit figurer, sauf encore de nos morsures et vainqueur de notre faim, le coq d'hier au soir. Alors David, revenu de son évanouissement et vorace comme sont les convalescents, réclame l'honneur d'engager avec lui un combat à mort, et soit que la nuit ait attendri les chairs, soit que les désarticulations commencées aient continué de s'accomplir, David vient enfin à bout de ce coriace, et, mirmidon qu'il est, il l'avale tout entier. Pendant ce temps, les servantes, aidées de toute la commune, font d'extraordinaires efforts d'arithmétique, aux fins de pouvoir nous présenter une note à payer qu'elles apportent en tremblant..... C'est vingt-quatre francs. On leur en compte trente, dont six entre elles deux, et à la vue d'une aussi effrayante bonne-main, elles sont sur le point de s'enfuir de nouveau.

Au dehors, le brouillard est si épais qu'on pourrait s'en couper des quartiers avec un couteau. Sans se voir, l'on s'entend marcher, rire, jaser : on dirait des paroles qui dégèlent. Bientôt paraît en silhouette un fantôme noir : c'est un capucin qui monte nu-pieds, nu-tête..... A peine on l'a entrevu, que déjà il s'est évaporé.

Au bout d'une heure, le brouillard s'évapore aussi, et tout en croisant des gens qui reviennent de la foire de Suze, nous cherchons à reconnaître parmi eux quelque mère à dix enfants qui soit notre hôtesse de la Grande Croix. Mais point de mère, point d'enfants, et à la place toute une cavalcade de curés, gros et petits, qui montent transis, le nez ponceau et les

mains chaudement cachées sous leurs soutanes. Alors M. Töpffer salue bas, et par trois fois, en sorte que notre sainte mère l'Église est bien forcée de mettre les mains à l'air pour lui rendre la politesse. Au delà, quittant la grande route, nous nous lançons dans un ravin, et, vers onze heures, par le plus beau soleil du monde, nous faisons notre entrée à Suze.

A Suze, la foire, c'est-à-dire des étalages sans nombre, une foule animée, des charlatans qui pérorent, des moutons qui bêlent, des camarades qui festonnent, et notre troupe qui gagne l'auberge. Pendant la buvette, entrent deux muses : violon et guitare, et la chose commence, au grand contentement de M. Töpffer, qui répond aux difficiles de la troupe : « J'aime encore mieux cela que rien. » Eux de rire. « Mais lequel donc, reprend très-sérieusement M. Töpffer, aime le mieux la musique, de celui qui ne peut tolérer que la bonne, ou de celui qui, plutôt que de s'en passer tout à fait, se régale de la médiocre elle-même? D'ailleurs, ajoute-t-il, ce violon est crincrin et cette guitare est fêlée, mais ces dames sont Italiennes, et, à cette cause, leur exécution a de l'abandon, du trait, une saveur un peu commune mais agréable pour qui est à jeun; je la compare, moi, à cette friture piémontaise, commune aussi, et poivrée encore plus, mais dont le petit haut goût d'ail vous plaît, messieurs les affamés, plutôt encore qu'il ne vous détourne d'y revenir par trois et par quatre fois. »

Après le repas, nous retournons à la foire. Éventails, chaînes de sûreté, tabatières, cadeaux de prix, sont échangés entre les voyageurs sans qu'aucun ait lieu de s'y ruiner. Pendant ce temps, M. Töpffer va chercher les lettres à la poste. Il y trouve un administrateur en chef aussi respectable que prévenant. « Que vous faut-il, monsieur? — Des lettres.

— Parlez. — Des lettres de Genève. — Parlez. — Des lettres adressées à M. Töpffer. — Parlez..... » Et le dialogue durerait encore, sans un tiers qui intervient pour avertir que M. l'administrateur en chef est sourd comme une borne. C'est singulier alors qu'il veuille toujours qu'on lui parle.

De Suze nous partons pour Saint-Antonin. Encore des curés! Voici une kyrielle de cabriolets qui en portent chacun deux. C'est parbleu le cas de se montrer, aussi M. Töpffer salue à droite, salue à gauche, de côté, en travers, profitant de l'occasion pour se faire auprès de la cour de Rome

une bonne note indestructible et héréditaire. Du reste, aux curés près, tout diffère dès ici de ce que nous avons vu de l'autre côté des Alpes : pays, habitants, culture, sans compter des figues partout et des raisins pour rien ; aussi la vendange est permanente. A Saint-Antonin, comme la nuit n'est pas encore là, on décide de pousser de saint en saint jusqu'à Saint-Ambroise; et notre cocher, cette fois, est obligé de se régler sur nos étapes. Le pauvre homme est tout contrit de ce que, dans ce monstre de pays, dit-il, à tout bout de champ on lui réclame des droits de poste... « Que rapporterai-je à mon maître, s'ils me volent tout du long! Au premier qui se présente, flac! du fouet dans la figure, et puis grand galop!... » Le bon cocher oublie tout à fait que ses chevaux, qui n'ont pas galopé depuis vingt ans, ne savent plus du tout comment l'on s'y prend.

Autre kyrielle; ce sont des poules que l'on voiture à dos d'âne. Rien de plus drôle que l'air qu'ont ces dames accroupies en rond sur un linge blanc et s'écoutant caqueter toutes à la fois. L'on dirait un chargement de douairières que mène aux eaux un bonhomme de voiturin.

Il est nuit noire quand nous arrivons à Saint-Ambroise, où l'hôte est horriblement brusque et bilieux. « C'est, nous dit sa femme, qu'il a payé aujourd'hui ses impôts. Quinze jours avant, quinze jours après, il est toujours de cette humeur-là. » A la bonne heure.

TURIN.

SEPTIÈME JOURNÉE.

Dans la contrée où nous sommes entrés hier, l'on commence à ignorer absolument ce que peut bien être un déjeuner au café; et il y a de quoi frémir, en vérité, à voir l'impéritie qui préside aux préparatifs de celui que nous avons commandé : on dirait des garçons de pharmacie, qui, d'après une ordonnance incomprise, composent un breuvage inconnu. Les ustensiles sont étranges, les procédés fabuleux, le sucre tout enfariné et le café tout en eau claire, sans compter l'hôte, qui, d'humeur, et à cause des impôts, brise des tasses et distribue des taloches. Nous partons pour Turin bien mal lestés.

On n'entre pas dans une capitale comme on entre dans une bicoque; aussi M. Töpffer divise ce matin sa troupe en trois corps, qui reçoivent chacun des instructions différentes.

C'est d'abord un char diplomatique qui prendra les devants sous la direction de M. de Saint-G***. A la façon des députés en diète, M. de

Saint-G*** est chargé d'une masse de pleins pouvoirs dont chacun est restreint par trois *instruendum* ou détruit par six *referendum*. C'est égal; arrivé à l'hôtel *Féder,* M. de Saint-G*** y descendra sans dételer, ensuite il entamera des négociations, et, le cas échéant, après en avoir conféré avec madame T***, il signera un traité. Le traité conclu, M. de Saint-G*** fera dételer, prendra possession, et expédiera une estafette.

C'est ensuite la voiture : le cocher devra tenir ses chevaux constamment fouettés, afin de soutenir l'allure, et lui-même aussi, afin de se tenir assez éveillé pour voir venir l'estafette. Puis, quand il aura reçu les ordres des députés, il se dirigera en conséquence.

Enfin c'est le gros des piétons. A ceux-ci il n'est enjoint rien d'autre que de marcher droit devant eux jusqu'à Rivoli, d'où ils feront de même jusqu'à Turin. Pleins d'ardeur, ils se mettent à l'œuvre aussitôt. Mais la chaleur est torride, et tout à l'heure ils auraient besoin de quelqu'un qui les tînt constamment fouettés pour soutenir l'allure et combattre la démoralisation.

M. R*** se cherche partout un bel arbre, mais n'en trouvant point, il propose à M. Töpffer d'entrer dans une guinguette, dont l'enseigne engageante promet toute sorte de limonades et rafraîchissements. Entrés, ils n'y trouvent à boire qu'un petit vin clairet. M. R*** s'en verse une rasade;

et il n'a que le temps d'arrêter du signe M. Töpffer, qui en va faire autant. « Ma, questo, dit-il en s'adressant au garçon, questo, mon ami, c'est de l'aceto, acetissimo! — È buono vino. — Aceto, que je vous dico! — Vino! — Aceto! — Vino! — Aceto! et allez vous promener, farcissimo que vous êtes! »

Plus loin, ces messieurs accostent un passant : « Camarade, où est le plateau de Rivoli? — C'est ici, mes bons messieurs. Voici ousque s'est livrée la bataille, ousque les Autrichiens furent enfoncés, ousque Masséna... » et tous les ousques possibles. Nous apprenons plus tard que ce

brave homme nous montrait à gauche le plateau qui se trouve être à droite. Mais c'est ainsi, dit-on, qu'on écrit l'histoire.

Enfin nous apercevons les dômes de la capitale. Avant d'entrer nous mettons nos gants, nous dépoudrons nos chaussures, puis, après avoir exhibé à la porte, nous passons outre. Un estafier conduit la longue bande le long des longs trottoirs d'une rue interminable; et gens de se retourner, et courtauds d'accourir sur le seuil de leurs comptoirs, et chacun de conjecturer ce que peuvent bien être ces peuples nouveaux qui descendent des Alpes coiffés de paille et vêtus de toile. Un moment après, frais, parés, lustrés, méconnaissables, nous repasserons le long de ces mêmes trottoirs, et l'histoire alors, pour tous ces oisifs de rue ou de boutique, ce sera de savoir si nous sommes bien ceux qu'on a vus passer tout à l'heure; en sorte que nous assisterons sans y prendre part à une discussion très-animée sur l'identité de nos personnes.

Avant tout, pourtant, nous descendons la belle rue du Pô, qui est le miracle symétrique de cette capitale au cordeau. Vive le cordeau! et vive la symétrie! Sans eux Turin serait, comme Milan, comme Venise, un assemblage de constructions variées, dont chacune a son air, sa physionomie; dont l'ensemble sans régularité est rempli cependant de pittoresque harmonie, de savant et gracieux accord, en telle sorte qu'à mesure qu'on y pénètre, l'on a le récréatif spectacle de profils nouveaux, de corniches, de moulures, de styles autres, de colonnes et de façades diverses d'âge et de caractère, et qu'au lieu d'embrasser d'un coup d'œil une rue à perte de vue qui est l'exact fac-simile de toutes les autres, l'on ne voit à la fois qu'un espace restreint, qu'un bout de place ou qu'un devant d'édifice, qui ne vous apprend quoi que ce soit de la figure qu'auront les autres. Cependant la rue tourne, fléchit, se rompt ou se divise, et comme partout l'architecte a décoré les contours, balancé les lignes, assorti les ornements, ménagé les transitions, partout aussi, à la place des mornes produits de la symétrie et du cordeau, l'on a les produits vivants et animés du goût, de la fantaisie et de l'invention.

Néanmoins, vivent la symétrie et le cordeau! Ils constituent, en architecture civile, une sorte de beau facile à saisir, plus facile encore à raconter et que préfèrent à ce titre une infinité de commis voyageurs, presque tous les porteurs d'eau, un grand nombre d'étrangers de marque, et en général les administrations et municipalités, en tant qu'elles sont sous l'immédiate influence de quelque principe essentiellement un et niveleur, comme serait le principe purement monarchique, par exemple, ou le principe purement démocratique, par exemple aussi. Le pays où de nos jours on bâtit le plus au cordeau, c'est l'Amérique du Nord, et cela doit être, en vérité ; car là où les institutions sont toutes au cordeau, l'architecture doit l'être aussi ; là où tout est matérialisé, l'art doit être matérialisé aussi ; et la symétrie, le cordeau, deux procédés partout ailleurs accessoires en architecture et subordonnés aux conceptions artistiques de la pensée, doivent y primer par-dessus la pensée et la conception artistique, ou plutôt en tenir lieu.

Mais, hâtons-nous de le dire, Turin, malgré une régularité de plan et une uniformité de construction qui lui ôtent l'agrément de la diversité et le charme de la vie, est une ville riche en beaux bâtiments et en édifices d'un goût admirable. D'ailleurs, posé sur la rive d'un fleuve, au sein d'une riche campagne où ondulent des coteaux, et d'où l'on voit l'auguste amphithéâtre des Alpes; bien mieux qu'aucune autre grande cité, il se passe des ornements intérieurs d'une architecture pittoresquement variée. C'est un magnifique séjour, un digne vestibule de Gênes; et s'il n'est pas aussi somptueux que cette dernière ville, c'est qu'il n'appartient pas aux monarques eux-mêmes d'accomplir à eux seuls ce qu'ont pu accomplir tous ensemble des centaines d'armateurs et de marchands riches eux-mêmes comme des monarques, fastueux comme des princes, émules comme des primats, et libres comme des républicains.

Quoi qu'il en soit, arrivés à l'extrémité de la place du Pô, nous passons le fleuve pour aller visiter le bel édifice qui s'élève majestueusement sur l'autre rive et qui complète la belle ordonnance de ce superbe forum. Un portefaix qui a épié nos mouvements se met aussitôt à notre service : pour tout costume, ce brave homme porte un bout de culotte et chemise, plus une veste sur l'épaule; mais, naturellement orateur, il se drape, il prend des poses, il pérore à fil, et il proclame à la face du monde entier qu'il est, qu'il sera, qu'il veut être le guide fidèle des très-nobles seigneurs!... Subjugués par tant d'éloquence, nous nous laissons faire, et

toujours drapé, toujours oratoire, le portefaix nous fait descendre, remonter, redescendre encore le gigantesque escalier de l'édifice. Tout ce que nous pouvons comprendre du motif de ces évolutions, c'est que, comme à la Grande-Croix, la clef des caveaux s'est égarée..... Mais ici, sous les rayons d'un soleil ardent, sur des dalles brûlantes, le moulinet n'a plus le même charme. A la fin, la clef est retrouvée, nous visitons caveaux, chœur, galeries, après quoi l'orateur reçoit vingt sous pour sa peine sans nous rien payer pour la nôtre.

Les cicerone, mais surtout les cicerone en titre, sont le fléau du voyageur, la vermine des édifices et musées toujours prête à sauter sur sa proie et à gâter de piqûre ou de démangeaison les plus précieux moments. On ne les évite pas plus que l'on ne peut éviter son ombre en plein soleil. On ne s'en débarrasse pas plus aisément qu'on n'écarte les mouches d'un pot à miel ou d'une tartine au sucre.

La patrie du cicerone, c'est l'Italie. Le peuple y naît cicerone, le gueux y est antiquaire, la grande place y fourmille d'archéologues borgnes, boiteux ou manchots. Que si, l'air touriste, voyageur, ou seulement transalpin, vous paraissez au coin de cette grande place, c'est fait de vous! tous ces archéologues vous ont vu, tous vous ont flairé, tous veulent avoir l'honneur..... Prenez-en vite un, ou bien vous en aurez douze.

Que si, au contraire, pour échapper à ces obsessions vous évitez la grande place et prenez par le boulevard extérieur, peine perdue! Le premier chétif, le dernier va-nu-pieds qui vous a vu vacant encore, se constitue votre homme, et avant que vous ayez eu le temps d'y regarder, il vous a déjà fait voir l'histoire romaine sur une borne et Raphaël dans une enseigne. Laissez-le faire, et qu'au moins cet officieux, presque toujours drôle à observer, non pas comme cicerone, mais comme figure populaire, vous tienne lieu d'un cicerone en titre, qui n'est drôle ni d'une façon ni d'une autre.

Nous dînons à l'hôtel Féder en compagnie d'une centaine de convives de toute sorte : des discrets et des bavards, des quant à eux et des tout à tous, des gourmés et des bonhommes, sans nous compter nous-mêmes, qui apportons à cette grande table notre tribut de mouvement et de diversité. Du reste, le cordeau de la table ne nous offusque guère, et la somptueuse symétrie des mets nous va à merveille, à la condition d'y porter le ravage et la destruction. Pour dessert, nous nous rendons en corps au théâtre, où l'on joue *Zampa* très-médiocrement. Vient ensuite le ballet, qui est cette fois sans Grecs ni Turcs. Il s'agit tout simplement d'une charmante petite dame indignement abandonnée dans une charmante petite grotte où elle élève un charmant enfant sur une jolie feuille de palmier. Cependant la forêt est remplie de brigands sauvages et de bêtes féroces, en sorte que ces êtres intéressants courraient deux affreux dangers par minute sans l'intelligente et paternelle vigilance du singe le plus moral, le plus dévoué, le plus magnanime qui fut jamais. Ce singe tue les serpents, écarte les crocodiles, déjoue les brigands, et finalement remet aux mains d'un mari, jadis coupable, aujourd'hui pénitent, son épouse plus pure que jamais, et à qui l'air de la forêt a donné une carnation et un embonpoint ravissants. Au milieu de tant de joie, l'on danse, quoi de plus naturel? et les pas de deux, les entrechats, les pirouettes expriment énergiquement que la joie est revenue dans le ménage. Autour de nous aussi l'on est très-content, car les amateurs italiens suivent toujours avec un intérêt sérieux les péripéties d'un ballet. Ni l'invraisemblance de la donnée, ni la pauvreté de l'intrigue, ni l'absence de paroles, ne peuvent prévaloir sur eux au point de les soustraire à cet empire qu'exercent sur leurs imaginations l'emphase mimique, le jeu cadencé et l'expression musicale mis au service d'un libretto d'ailleurs pitoyable. Cela vient sans doute de ce qu'ils sont plus naturellement, plus bonnement artistes que nous. Là où nous raisonnons, ils sentent; là où nous résistons, ils se livrent.

HUITIÈME JOURNÉE.

Les cicerone sont le fléau de l'Italie, les vetturini aussi, dès que l'on est dans le cas de recourir à eux. Groupés pareillement sur la grande place ou sur le seuil des hôtels, dès qu'on fait mine de vouloir en aborder un, aussitôt tous ces molosses se jettent sur vous d'accord pour vous écorcher, d'accord pour vous dévorer. Toutefois, parmi ces molosses, M. Töpffer en avise un qui a l'air plus carlin que les autres, et il traite avec lui pour une grande voiture à douze places et à trois chevaux qui viendra demain nous prendre à l'hôtel Féder. Après quoi M. Töpffer peut procéder aux divertissements de la journée sans plus avoir devant lui l'horrible fantôme de cette meute à aborder, de ces doguins à combattre.

Nous visitons d'abord le palais de la Reine, où l'on a transporté récemment la superbe collection des tableaux de la couronne. Que de chefs-d'œuvre! et, au nombre, quel Van Dyck! En Angleterre seulement, l'on peut, dit-on, en voir d'équivalents. Un valet de chambre est là en grande livrée qui nous explique la lanterne magique, tout en flairant qui, parmi cette troupe, tient la bourse et distribue les gratifications. Comme notre état-major se compose de quatre grandes personnes, la chose n'est vraiment pas aisée à découvrir, aussi le basset dépisté ne sait pas mieux faire que de branler la queue tantôt pour l'une, tantôt pour l'autre, avec une risible sollicitude. Pendant que nous parcourons les salles, arrive un Turinois qui, ayant appris notre venue par le bruit public, s'en vient nous accueillir et nous faire avec son frère les honneurs de la ville. C'est M. V*** G***, ancien tout petit élève de M. Töpffer, aujourd'hui grand et beau jeune homme, gai, expansif, hospitalier, comme le sont en général tous les Italiens, Piémontais ou autres, à qui nous avons eu affaire. Nous passons donc sous l'amical patronage de ces messieurs.

Au sortir du palais, nous allons visiter le magnifique pont qui a été récemment construit sur la Doire : cet ouvrage est merveilleux de hardiesse et de perfection. Mais le plus amusant de la chose, à notre gré du moins, c'est d'aller se poster sous l'arche elle-même contre la culée du pont, pour y faire jaser un écho qui prend la peine de répéter quarante fois chaque parole qu'on lui dit. Comme on peut bien croire, chacun de nous, arrivé à l'endroit, s'empresse de faire l'épreuve, et rien ne saurait donner l'idée de l'active, de la dévorante volubilité que déploie cet écho pour répondre quarante fois de suite à tous et à chacun, successivement et à la fois. L'idée nous vient de donner à nos amis une représentation du moulinet de la Grande-Croix, et tout en trottant, frappant, heurtant : La clef, la clef! s'écrie-t-on,... vite, vite! Ici, ici, ici!... Bon, bon, bon!... Ces quelques mots jetés précipitamment et relevés, multipliés, emmêlés, repris, renvoyés en toute hâte, reproduisent la scène d'une manière si frappante, si accrue en vacarme et en comique, que nous partons d'un éclat de rire général qui nous est renvoyé sur le temps en quarante éclats de rire généraux..... Plusieurs alors, qui ne s'attendaient pas à celle-là, suffoquent, tombent, se roulent par terre; l'hilarité du pont ne fait qu'en redoubler, la nôtre que s'accroître, et c'est d'épuisement que plus tard on redevient sérieux. Ah! la bonne aubaine, et qu'une dose comme celle-là de désopilement colossal fait de bien aux côtes, au cœur, à l'âme!

Du pont nous passons au marché aux bœufs et à d'autres édifices publics d'une construction aussi belle que bien entendue, puis aux musées d'histoire naturelle, d'anatomie, d'antiquités, mais surtout au musée égyptien, le plus célèbre à juste titre entre tous les musées du même genre. Nous y trouvons un jeune docte tout occupé de déchiffrer les hiéroglyphes d'un papyrus, et qui met la plus aimable complaisance à nous expliquer la nature, le but et les procédés de ses travaux. Dans tous ces musées les concierges sont parfaitement empressés, quoiqu'il leur soit enjoint de ne recevoir aucune gratification. Au sortir des papyrus, nous courons de nouveau sur la place du Pô pour y voir passer le roi : c'est pour nous un objet plus rare et plus curieux que ce qu'on voit dans les musées. Chose singulière, le roi a tout autant de poussière sur sa royauté que nous jadis sur notre roture. Ça fait plaisir. Et comme il salue sans cesse, nous attrapons un de ses saluts que nous gardons pour nous.

Cependant Oudi entre chez un marchand et s'y fait montrer des cannes. Une surtout le tente qui est plus haute que lui de trois pouces, et il se dispose à l'acheter, lorsqu'il s'aperçoit qu'il n'a plus le sou. C'est qu'Oudi place volontiers son numéraire dans des poches trouées, d'où, par la porte, il descend, se disperse, se sème ou se loge. Aussi, le soir quand il se déshabille, Oudi a des surprises; il trouve des fonds dans sa chemise, dans ses bas, dans ses souliers, et c'est au fond ce qui le rend acheteur hardi, spéculateur entreprenant, parce qu'il n'est jamais sûr de n'avoir pas beaucoup d'argent sur sa personne.

Après le dîner, MM. G*** reviennent nous prendre pour nous conduire à la terrasse du couvent des Capucins, où nous arrivons au soleil couché. De là on voit tout le Piémont, la Lombardie et l'immense chaîne des Alpes, dont les dentelures hardies contrastent merveilleusement avec les douces lignes de la plaine. Mais nous ne jouissons qu'à demi de ce beau spectacle, car notre séjour à Turin touche à son terme, et c'est en soins domestiques et en préparatifs de départ qu'il nous faut employer le reste de cette radieuse soirée.

NEUVIÈME JOURNÉE.

Nous profitons de ce que nous sommes en voiture pour cheminer plus rapidement. Aussi bien cette façon d'aller est-elle monotone et pauvre en incidents, en comparaison de la marche libre et indépendante. M. de Saint-G*** nous quitte à Turin; c'est un gros vide qui se fait dans la troupe. D'autre part, M. V*** G*** monte à cheval et nous escorte jusqu'à Montcaglieri. C'est un palais royal où vivent et grandissent les bambins royaux, sous la direction d'un gouverneur.

Notre voiture de renfort est traînée par trois haridelles efflanquées, qui, en comparaison de nos deux bonnes grosses juments de Genève, semblent de vieilles évaporées sans jupe ni sou. Mais celle de devant a un défaut inquiétant: dès qu'elle n'est pas tenue fouettée, elle tourne court et repart net pour Turin. « C'est, dit le cocher, manque d'habitude d'aller devant soi; d'ailleurs la bête est bonne. » Ce cocher est un homme énorme, à face apoplectique, nez africain, cheveux laineux, très-farceur du reste, et qui mène son monde comme il mène ses chevaux. Valet lorsqu'on fait ce qu'il veut, brutal lorsqu'on gêne ses plans, il se comporte ainsi jusqu'au troisième jour, où, pour s'assurer une ample bonne-main, il fait alors tout ce qu'on désire et tout ce qu'on ne désire pas avec la plus embarrassante complaisance.

Les environs de Turin sont charmants, frais, boisés, mais ce joli pays ne tarde pas à aboutir à d'immenses plaines rases sans habitations et sans ombrages. Pays de culture, comme on dit, pays riche, mais pays ingrat à voir. Terre à briques, arbustes rabougris, et rien qui varie l'aspect monotone d'un plan horizon, si ce n'est les tourbillons de poussière que soulèvent nos voitures.

Dans l'une des voitures, M. R*** fait des prodiges de sorcellerie avec un simple jeu de cartes; ceux qui ne jouent pas lisent Babbage, c'est un Anglais qui a écrit sur les machines; Schöeller compare scrupuleusement le pays avec ce qu'en dit son itinéraire : les trois jours y sont décrits en trois lignes. Dans l'autre voiture, Oudi raconte son passage du nouveau monde à l'ancien, il dit les prouesses des baleines, les singularités des requins, et combien lui, qui n'avait que deux ans alors, fut émerveillé des choses incomparables qu'il lui arriva de voir. Ensuite il dépeint la grande guerre des sauvages, l'anthropographie des habitants, la plume du chef, et le tout à New-York, quelquefois au milieu de l'eau, le plus souvent dans

une contrée incertaine qui n'est d'aucun côté. Interrogé où est le nord, le voyageur Oudi prétend qu'il est en haut, droit au-dessus de l'impériale, et le midi à côté. Pour l'est, il n'y est pas dans ce moment.

A Poyrino on réveille M. Töpffer pour qu'il ait à commander le déjeuner. M. Töpffer des bras du sommeil tombe dans les bras d'un hôte futé qui lui intente des propositions ruineuses auxquelles il oppose une résistance très-molle. Finalement il conclut le traité de *Poyrino*, l'un des plus désastreux qui se soient vus. Mais qui pourrait s'en étonner? D'une part la cupidité bien éveillée, et tenant en main un grand couteau de cuisine... de l'autre, la candeur somnolente, l'ingénuité rêveuse. Néanmoins le déjeuner est copieux, excellent, et cela rachète bien des fautes.

Pour le dessert, l'on s'en va sur la grande place de Poyrino, où se vendent d'admirables marrons; alors Oudi et David, se constituant émissaires et entremetteurs, vont, viennent, des platanes à l'ombre desquels nous sommes assis jusqu'à la vendeuse établie tout là-bas, le dos au soleil et la face à la braise. Mais ils ne s'y prennent pas tant bien; David part bien la casquette pleine, mais il arrive la casquette vide. De jeunes Poyriniens ont profité de la chose. Pour Oudi, il a mis la denrée au fond d'un long bonnet de soie qui traîne à terre, se perce, s'allége : de jeunes Poyriniens encore ne laissent rien se perdre, et c'est ainsi que nous semons sur nos pas l'abondance et la paix. Cependant le cocher nous avise qu'il faut partir; et tout à l'heure nous revoici dans la plaine rase jusqu'à Asti, où nous arrivons de nuit.

A Asti, l'hôte est sourd; le garçon entend, mais il ne parle pas; et le vin est aceto que je vous dico; il en va ainsi dans toute cette région. Pendant le souper, grande musique dans la salle, tempête dans la cuisine, patatras dans le haut, et, au milieu de ce vacarme, une famille anglaise qui soupe taciturnement du bout des lèvres.

LES PLAINES DE MARENGO.

DIXIÈME JOURNÉE.

Il est à croire que notre Africain de cocher ne s'est pas couché, car à peine sommes-nous endormis qu'il vient nous prévenir qu'on donne l'avoine..... Affreuse nouvelle! Au bout d'un quart d'heure nous roulons de nouveau dans la plaine rase. Il est nuit encore, mais au lever du soleil le ciel s'enflamme, cet océan s'empourpre, et il faut convenir qu'à ce moment de la journée cette sorte de pays est pendant quelques instants imposante d'immensité, auguste de splendeur.

Cependant M. Töpffer met à profit ses loisirs pour interroger la carte; car s'il sait à deux milles près comment on va à Gênes, d'autre part, dans la crainte d'être par là détourné de s'y rendre, il n'a pas encore voulu savoir comment on en revient. La carte lui répond que c'est long, très-long, non moins dispendieux, et voilà que M. Töpffer en devient tout triste.

Néanmoins, comme le raisin abonde, avec les autres il vendange de son mieux.....

Fit-il pas mieux que de se plaindre?

Vers le milieu du jour, et par une canicule d'enfer, nous arrivons à Alexandrie, ville de remparts, de sentinelles, de demi-lunes, de contrescarpes et de pont-levis. Comment se fait-il qu'il se trouve au monde des habitants de quoi peupler un pareil séjour : une place de guerre au milieu d'une plaine rase!... Et néanmoins les bourgeois, les bourgeoises y ont l'air aussi pères de famille qu'ailleurs. La bonne suit, un bambin précède, jouant au cerceau ou se mouchant de travers. Des élégants, des oisifs flanent le long des trottoirs ou lorgnent de dessous les platanes de la promenade. Et c'est vrai qu'après tout, dans une pareille contrée, la ville est plus champêtre encore que les champs. Il y a de l'herbe sur les demi-lunes, et ces platanes font grand plaisir.

Après le repas, et pour savoir que faire, quelques-uns d'entre nous vont prendre le moka dans un café borgne, le seul qui soit à portée. La

dame alors s'empare d'eux, et les met au fait de l'origine et des révolutions, du lustre et de l'éclipse, des amis et des ennemis de son établissement, qui se compose de deux tables, de quatre chaises et d'une cafetière. Plus les intérêts sont petits, plus ils paraissent gros à qui n'en a pas d'autres; et c'est ainsi que tant de bonnes femmes, cuisinières ou portières, lavandières ou tricoteuses, trouvent que la vie est courte parce qu'on n'a jamais tout dit.

C'est dans cette journée que nous traversons les fameuses plaines de Marengo. Un homme nous montre du bout du doigt l'espace qu'occupaient les armées. Le ciel veuille que ce soit bien là! C'est d'ailleurs un admirable champ de bataille, et l'on ne saurait concevoir une place plus nette et plus commode pour s'entre-tuer avec avantage. Bientôt les mêmes feux du soleil dorent cette plaine funèbre, et nous poussons vers Novi par un crépuscule délicieux de calme et de fraîcheur. Nous y sommes hébergés dans un hôtel à virevoûtes et escaliers tournants, archifabolo et aceto que je vous dico.

Cette nuit, le voyageur Gail rêve qu'il frappe, qu'il fait le moulinet, qu'il brise et piétine... et le voyageur David, son compagnon de lit, aimerait qu'il changeât de rêve

ONZIÈME JOURNÉE.

Aujourd'hui nous sommes bien étonnés lorsque le soleil en se levant découvre à nos yeux un charmant pays boisé, montueux, presque frais. C'est que nous avons atteint la chaîne des Apennins, montagnes douces, riantes, auprès des hautes Alpes, et qui ont pour caractères une végétation élégante mais clair-semée, des cimes surbaissées, d'étroits vallons, et point de torrents, si ce n'est après l'orage.

Nous traversons un petit hameau où se tient la foire : têtes, costumes, langage, tout a pris un caractère nouveau et plus italien d'au moins dix degrés. Non loin de ce hameau nous apercevons l'auberge : c'est une maison neuve et point achevée encore. Mauvais symptôme! L'expérience, en effet, nous a appris qu'un hôte qui bâtit est arrivé au moment le plus rapace de toute sa carrière.

Ici ce n'est pas un hôte, c'est une hôtesse. Mauvais symptôme! Les hôtesses, en effet, ont le cœur plus dur que les hôtes, la griffe plus acérée, l'œil plus vautour, et l'idée de proie à dévorer leur écarquille mieux la narine.

Cette hôtesse est grosse, grande, grenadière, accorte, leste, propre, active, parleuse, un beau bonnet bouffant et deux énormes frisons sur les tempes... Affreux symptôme! En effet, plus une hôtesse est douée de ces qualités-là, plus, par exemple, elle met les poings sur les côtés, et plus elle fait frissonner un honnête homme, timide pigeon en face de cette grande épervière!

M. Töpffer cherche à traiter; il voudrait obtenir, composer; il voudrait des garanties, des accommodements; mais l'épervière le joue, le berne, le pelote. Il voudrait mettre les points sur les i, elle les ôte; il voudrait rester libre, elle le lie; il voudrait se débattre, elle l'étreint dans ses serres; finalement il se rend à discrétion. Le déjeuner est servi; il est excellent, délicieux, mémorable.

Au moment de partir, M. Töpffer pousse un soupir et s'en va régler le compte. « Eh bien, madame, à combien mettrons-nous ce déjeuner? — C'est un déjeuner de quarante sous que je laisse à trente et que vous voudriez à vingt-cinq. (Les épervières lisent dans les cœurs.) — A trente, madame, je partirai peu content; à vingt-cinq, je partirai enchanté du déjeuner, du prix, mais surtout de l'hôtesse. — Monsieur, vous payerez vingt-cinq sous; voici votre note, elle était faite avant que vous l'eussiez demandée. »

Est-ce à dire pour cela que l'expérience ne signifie rien du tout? Point, mais voici. Cette hôtesse est forte, surabondamment forte, or tout le monde sait que les animaux forts sont susceptibles de générosité envers les proies de peu d'importance. Un lion terrasse un buffle et le mange; qu'un agnelet passe, il le laisse aller. Bien plus, les voleurs eux-mêmes, lorsque la force est de leur côté et que leur volé se montre humble et satisfait, ne manquent ni d'humanité ni de courtoisie : témoin ce qui s'est passé l'an dernier sur la route du grand Saint-Bernard; nous certifions que l'histoire est véritable.

C'est un Belge qui montait tranquillement, ses ducats dans sa poche. A certain endroit où le chemin passe entre deux roches, ce Belge voit

deux fusils que deux figures masquées braquent sur sa personne... Ohé! se dit-il, et croyant comprendre, il livre ses ducats jusqu'au dernier. Cette opération accomplie : « A présent, dit-il, que vais-je faire, messieurs, car vous avez tout? — C'est juste, » répondent les honnêtes voleurs, et ils lui rendent quatre ducats pour faire sa route. Après quoi : « Bon voyage! » et ils disparaissent. En vérité, les procédés sont bien quelque chose; et si j'étais volé de la sorte, toujours à ma légitime rancune se mêlerait, très malgré moi, mais très-certainement aussi, un tout petit grain de gratitude envers des larrons remplis, comme ceux-ci, de politesse et de savoir-vivre.

C'est le jour de la bonne-main, aussi notre cocher africain est plein de bonne grâce, rieur, farceur, un peu trop. Il converse, décrit, il fait des reparties, un peu trop; il annonce la vue prochaine de la mer, il dit les noms des lieux, les faits concernant la route, et s'aide pour tout cela d'expressions énergiques, un peu trop. Néanmoins si l'on gêne sa manœuvre, si l'on se plaint de quelque chose, il redevient menaçant, Bédouin, un peu trop aussi. Mais d'autre part il s'en repent, et à la foudre succèdent subitement la sérénité du plus riant sourire et l'allégresse des plus éclatants jurons, un peu trop encore. Cependant son premier cheval ne cesse de retourner à Turin pendant que les deux autres nous mènent à Gênes.

L'autre cocher, cocher suisse, cocher de Genève, cocher de maître Lacombe, va son train toujours égal, garde son caractère posé, et la

bonne-main n'y saurait rien changer. Très-grande distance morale entre ces deux hommes. Ce dernier a bien autre chose à penser, vraiment, que bonnes-mains et aubaines! Il ne songe qu'à ménager les deniers qui seront le bénéfice de son maître, et ces droits de poste sur lesquels il n'avait pas compté lui ôtent tout repos, tout plaisir. « Si cela va de ce train, que lui rapporterai-je, à mon maître? » Nous l'avons vu, de nos yeux vu, épargner sur son propre bien-être pour rapporter davantage, car épargner sur celui de ses chevaux, il aimerait bien mieux encore ne manger ni boire.

C'est que ce brave homme est de l'école de feu M. Lacombe, qui n'a jamais cru qu'on dût tirer service des bêtes sans être tenu de les bien soigner, qui gardait ses vieux chevaux par affection tant qu'ils pouvaient aller ; qui, une fois trop vieux pour le carrosse, les envoyait vieillir et mourir sur ses terres. Honneur donc à sa mémoire! Et cela ne l'a pas empêché de devenir riche, car, et bien heureusement, ce n'est pas l'humanité qui ruine.

Notre cocher n'a jamais mené que cette paire de chevaux depuis qu'ils lui ont été confiés une première fois : c'était encore là un principe de feu M. Lacombe. Il se formait ainsi amitié entre l'homme et ses bêtes, rivalité entre les cochers à qui tiendrait sa paire en meilleur état ; et, en vérité, l'on est étonné des services que peuvent rendre longtemps et bien des chevaux, même vieux, ainsi soignés, ainsi ménagés par un maître ami. Les nôtres en sont un exemple, ils auront accompli un voyage de trente jours, par des routes souvent difficiles, passant et repassant les Alpes, marchant depuis le lever du soleil jusque bien avant dans la soirée, sans souffrance, sans une seule indisposition, sans qu'on ait dû prendre pour faire tant de montées rapides un seul cheval de renfort. Le cocher s'en fait gloire, et il a bien raison. Que la gloire n'est-elle toujours aussi bien placée !

Ces deux chevaux (suisses aussi) touchent pourtant à leur vingtième année. Quand notre cocher est trop triste, à cause de ces maudits droits de poste, on le ragaillardit rien qu'en lui parlant de ses bêtes. « Cocher, lui dit M. Töpffer, votre cheval de gauche ne tire pas! — Si je le laissais faire, monsieur, l'autre tirerait tout. Jamais on n'a vu des reins comme cette bête! Dommage qu'il est sérieux. L'autre tirerait assez, mais voyez donc ses oreilles! Il pense à ceci, à cela ; il hennit quand je cause, quand je ne dis rien : jamais on n'a vu une bête qui eût autant d'idée! — Et l'autre n'en a pas? — Il en aurait assez, il en a tout autant ; mais, vous m'entendez bien, il montre moins : non pas, l'autre ne peut pas se souffrir sans causer et sans qu'on lui réponde. Les bêtes sont comme les gens..... Voyez la malicieuse! pas un grain de sueur, et l'autre coule à fil! — Elle n'a donc pas de cœur au travail, comme ça? — Elle en aurait assez, de cœur, peut-être plus que l'autre, mais c'est plus fort qu'elle, voyez-vous. Elle travaille plus de tête et moins des membres. Avec ça, sage comme un mouton..... Ta, ta, ta..... Un peu folle que tu es, un peu folle, pas vrai? Tenez, la voilà qui me hennit! Et toujours comme ça!..... » Et M. Töpffer en écoute bien d'autres, sans ennui certes, avec intérêt pour

LA RIVIÈRE DE GÊNES.

le sentiment qui dicte ces paroles, avec estime pour le brave homme qui les profère. L'on voit qu'il soigne ses deux bêtes également, et que tout en estimant l'une davantage, il a pour l'autre un faible irrésistible. Sur ces entrefaites on arrive à la barrière : « Les droits de poste, cocher? — La voiture est au monsieur. — Alors passez. » Le monsieur qui ne s'attendait pas à cet abus de son nom, en est vraiment honteux. Mais quoi! faute d'un casuiste pour décider ce qu'il faut faire, il se tait et le cocher triomphe.

Pendant longtemps nous roulons sur le revers méridional des Apennins sans apercevoir encore la mer, mais nos yeux se promènent sur le riant et beau vallon qu'on appelle la Rivière de Gênes. A droite, à gauche, des villas bariolées d'architecture et de peinture forment le plus charmant effet au milieu de bosquets d'une verdure sombre et majestueuse. Ici c'est le pin d'Italie qui s'étend en parasol, là c'est le cyprès, mais fier, gigantesque, qui décore la campagne. Tout à coup : « La mer, la mer! » s'écrie-t-on, et la rase ligne nous apparaît dans le lointain, au travers des arches d'un pont. A mesure que nous approchons, cette ligne se dégage, s'étend, embrasse tout l'horizon où elle coupe par le milieu des mondes de nuages tout scintillants de feu, tout diaphanes de lumière. Pour plusieurs de nous ce spectacle est nouveau, pour tous il est frappant, en telle sorte que déjà parvenus dans les faubourgs de Gênes, au milieu d'une foule bruyante et animée, nous n'en avons pas encore détaché nos yeux.

Le phare, le port, les vaisseaux, le bruit, la gaieté, la poussière, tout cela forme un mouvant tourbillon au sein duquel, tranquilles et silencieux, nous nous laissons bercer par l'amusement, la surprise, la rapide succession de mille charmants tableaux. La voiture s'arrête. Ce sont MM. D***, L***, R*** et M. H*** qui viennent enlever un de nos camarades et nous prier tous à dîner pour le surlendemain. La voiture s'arrête encore. Cette fois, c'est l'officier du poste qui réclame nos passe-ports, qui questionne, qui interroge, qui reçoit toutes nos réponses... Malheureusement, comme l'administrateur de Suze, il est parfaitement sourd; malheureusement encore il attend une bande d'Autrichiens, et il ne lui entre pas dans l'idée que nous ne soyons pas cette bande-là. Tout le poste s'enroue à lui ôter cette fâcheuse conviction. « Ce ne sont pas les Autrichiens, lui crie-t-on. — Je sais bien, répond-il, les Autrichiens! Justement, je les attends! » Enfin, enfin, il nous laisse passer, se réservant d'examiner la chose à loisir.

Nous suivons des rues bordées de magnifiques palais, cherchant des yeux l'hôtel des Étrangers, où nous sommes attendus en vertu d'un contrat passé à l'avance. « Hôtel d'York, n'est-ce pas? dit le cocher africain. — Non, non, gardez-vous-en bien! Hôtel des Étrangers. — Bon, bon, j'entends. » Néanmoins le rusé nous fait arrêter sur la place de l'Annonciade, droit devant son hôtel d'York. Un hôte se présente gracieux, empressé : « Nous vous attendions, messieurs, vos logements sont prêts... Permettez que je vous soulage de ce paquet..... Si madame entrait toujours! »

Dans ce moment un second hôte, le véritable, perce la foule, et s'adressant fièrement au premier : « Ces étrangers, monsieur, ne sont pas à vous; ils sont à moi! — Oh! prenez-les, monsieur, l'on n'a aucune envie de vous les ôter! — Mais, dit M. Töpffer, ne sommes-nous pas à l'hôtel des Étrangers, chez M. Paris? — Non, monsieur, on vous a conduit à l'hôtel d'York! — Eh bien, cocher?... — Yu! yu! » dit l'Africain, et, pour toute réponse, il nous fait arriver devant notre hôtel véritable.

Grande toilette, dîner exquis, cuisine française perfectionnée à la génoise. Après dîner, deux détachements, dont l'un va au théâtre, l'autre va voir le phare. Puis l'on se couche dans l'agréable attente d'un beau lendemain.

GÊNES.

DOUZIÈME JOURNÉE.

Cette fois nous voici tout portés dans la ville fameuse, objet de nos désirs. Il ne reste plus qu'à promener, qu'à voir, sans compter les douceurs d'un excellent hôtel. Le cocher lui-même est tout joyeux, non pas

du tout de ce qu'il va voir du nouveau, mais de ce que ses bêtes reposent. « Le foin, dit-il, n'est pas mauvais, et je vas les faire boire sur le son. Et puis on est là! » Aussi passe-t-il fidèlement ses trois jours sur le seuil de son écurie, jouissant uniquement du bien que se font ses chevaux et des droits de poste qu'il ne paye pas.

A déjeuner, M. Töpffer donne le programme de la journée et il engage un domestique de place. Cet homme, dès la veille, a rôdé autour de nous, s'est rendu utile sans bruit, nécessaire sans embarras ; en sorte qu'au moment de choisir un cicerone, il se trouve là, sous nos doigts, tout comme s'y trouve la carte qu'un habile escamoteur veut que vous preniez lorsqu'il fait ses tours.

Ce brave homme a pourtant dans l'œil quelque chose de renard qui ne nous frappe pas tout d'abord, tant il est modeste, franc, entendu, jaloux surtout de nos moindres intérêts. De l'air le plus ingénu, il conseille à M. Töpffer de le laisser faire pour les bonnes-mains, « car, dit-il, dans ces palais que vous allez voir, ils sont horriblement avides ; et tandis qu'un gentilhomme s'y ruine, faute de connaître l'usage et la mesure, nous autres, nous lui faisons des économies en ne donnant que ce qui est strictement convenable. M. Töpffer trouve le raisonnement parfaitement juste, et il s'empresse de faire une avance de fonds à cet homme délicieux.

Messire Renard nous conduit donc de palais en palais, toujours en tête de la colonne, grave, plein d'honnêteté et de savoir-vivre. Pour plus de délicatesse, il compte sous nos yeux ce qu'il va donner à chaque concierge, mais nous, par scrupule, nous détournons le regard, afin de ne pas faire outrage à la probité d'un galant homme... jusqu'à ce que vingt francs ayant disparu en moins de deux palais, le galant homme réclame un nouveau dépôt de fonds... « Bien obligé, » dit alors M. Töpffer. Nous avons calculé depuis que de ces vingt francs seize au moins ont dû prendre le chemin de la poche de cet homme scrupuleux, sans compter nos gants laissés sur une console, ou nos cannes demeurées dans un angle. Le drôle s'est chargé de réclamer tout cela, et il l'a réclamé en effet, mais nous n'en avons plus entendu parler.

Les palais d'ailleurs sont magnifiques, magnifiques comme palais, mais parfaitement inconfortables comme habitations. Les siéges à hauteur d'appui, les consoles à hauteur du front, les glaces par là-haut. Partout luxe, beauté, majesté, mais plus rien d'accord avec les mœurs ; des salles de conseil, des salles de réception, des salles d'audience, pour une ville,

Le programme, pour l'heure suivante, porte repos et dispersion. Ainsi, pendant que les uns s'en retournent à l'hôtel, d'autres, plus curieux, s'en vont parcourir les rues. Dans une ville comme Gênes, c'est une récréation plus intéressante encore que de courir les palais, tant les constructions sont bizarres, les rues singulières, la population animée, bruyante, fourmillante, et l'aspect de toutes choses original. M. Töpffer, accompagné d'une douzaine de voyageurs, se mène perdre et eux avec lui, d'après son système, qu'on ne commence à connaître une ville qu'après qu'on s'y est plusieurs fois perdu volontairement et retrouvé tout seul. Toutefois, dans cette première excursion, il réussit plus vite à se perdre qu'à se retrouver. Après bien des marches et contre-marches, il aboutit aux longues et étroites rues qui enserrent le port. Ces rues sont remplies d'une population demi-vêtue, demi-sauvage, dont les visages de feu et les regards avides font ressentir certaines émotions qui ne sont pas sans charme, en tant que la police est là et le poste à deux pas.

Le dîner réunit tout le monde. La chère est excellente à l'hôtel des Étrangers. Notre hôte, M. Paris, est un homme qui comprend à la fois la dignité et la poésie de son art. Élégant fashionable lorsqu'il reçoit l'étranger, il porte d'ailleurs le costume marmiton lorsqu'il travaille à ses fourneaux, et toutes ses manières sont appropriées avec goût aux devoirs de sa profession. Le contrat fait avec lui porte que chaque tête lui payera par jour quatre francs pour nourriture et logement; mais l'exécution laissée à sa générosité se trouve être plus favorable encore à nos intérêts que le contrat ne pouvait le faire prévoir. M. Paris nous festoie, et il attache autant de prix à nous régaler que si nous lui payions une guinée par jour. Oui, M. Paris est artiste; son affaire n'est pas de gagner le plus possible sur nos quatre francs, mais bien, au contraire, d'honorer son art en nous régalant parfaitement, même pour quatre francs. Aussi, fort appliqué à ses sauces, il combine l'ordre des mets avec leur variété, leur contraste avec leur harmonie, et, saupoudrant le tout de bonne grâce et de civilité, il vient s'enquérir avec modestie et convenance si nous ne manquons de rien ou si nous désirons quelque chose. S'il est triste d'avoir affaire à des hôtes rapaces et sans délicatesse, c'est un agrément qui double le prix des bonnes choses que de se trouver entre les mains d'un homme aussi probe que poli. M. Paris est Français.

Après le dîner, il est question de naviguer encore, et nos bateliers de ce matin, qui ne nous perdront pas de vue jusqu'à notre départ de Gênes, sont là tout prêts à faciliter la chose. L'on se rend donc au port, où l'on s'embarque de nouveau pour parcourir les canaux laissés entre les rangées de vaisseaux, et pour jouir du spectacle vivant de cette multitude de travaux divers dont la construction des navires, le chargement des vaisseaux, le nettoyage du port sont constamment l'occasion.

Après cela nous nous rendons au théâtre. MM. D***, L***, R*** et H*** ont eu la politesse de nous envoyer les clefs de leurs loges : ces clefs portent des numéros d'étage, de porte et de série; mais M. Töpffer, pas encore bien remis de son aventure de l'an passé, ne s'en fie cette fois qu'aux ouvreuses les plus expérimentées pour l'introduire, lui et sa bande, dans les loges mises à sa disposition, et pas dans d'autres. Cette aventure, la voici; elle vaut la peine d'être contée.

C'était à la Scala, à Milan. On nous avait remis pareillement une clef de loge. Cette clef en main, M. Töpffer va de porte en porte, cherchant la serrure qui y correspond. A la fin une porte s'ouvre, il entre. La loge est tout soie et velours, avec de grandes glaces où se répète l'image de monseigneur. Les bancs sont d'un moelleux ineffable, et un beau tapis recouvre le plancher. « Fort beau, vraiment! » dit M. Töpffer; et se plaçant au cordon, il jouit de la satisfaction de voir dix, vingt, cent binocles se braquer sur sa personne. Prestige complet, moments pleins de charmes, justice seulement trop généreuse rendue à un étranger de marque.

Cependant l'opéra va son train. « De cette loge, dit M. Töpffer, on ne perd rien. On voit tout le jeu des physionomies, tout le postiche des barbes... » Pendant que M. Töpffer fait ces remarques, il y a déjà longtemps qu'un monsieur fort bien mis le salue profondément et lui parle en italien sans qu'il s'en doute le moins du monde. A la fin, s'étant retourné : « Qu'est-ce, monsieur, qu'il vous faut? » et il a l'air d'ajouter : « Remettez-vous, parlez sans crainte, ce n'est point à un ogre que vous avez affaire. »

Alors le monsieur, toujours plus civil : « Oserai-je... — Osez, osez, dit M. Töpffer. — Oserai-je demander à monsieur et à madame..... s'ils sont des personnes de la cour? — Ah! pour ça non! De la cour? dites-vous; ma foi non! — C'est que je me permettrai, monsieur, de vous faire observer que vous occupez une des loges du vice-roi, réservées aux seules personnes de la cour. — Ohé!... du vice-roi? est-il possible! — Rien que cela, monsieur, que je voulais vous faire observer. — Erreur d'étrangers, monsieur. Voici la clef qui nous a été remise, veuillez vérifier..... — Uniquement cela, monsieur, que je voulais vous faire observer. ...» Et il salue, salue en se retirant à reculons. De vice-roi, M. Töpffer redevient Gros-Jean, et un garçon de théâtre le met dans le bon chemin de sa loge bourgeoise.

TREIZIÈME JOURNÉE.

Au jour déjà, M. Paris est à ses fourneaux qui opère, costumé de basin et coiffé de coton blanc. Sept ou huit marmitons, basinés de même, travaillent sous ses ordres. D'autre part, des parfums d'une finesse et d'une originalité inouïes s'échappent de l'officine et s'en viennent prendre au nez chacun de nous. Qu'y a-t-il?... Qu'est-ce?... Alors M. Paris tire à part M. Töpffer, et s'approchant de son oreille : « Vous ne savez pas, lui dit-il, que j'ai passé la nuit à travailler pour vous? — Bon! — Par malheur, il fait du vent aujourd'hui, sans quoi je serais tenté de faire partir mon dîner par mer. — Partir? — Oh, mais vous le retrouverez là-bas, chez M. H***. — Si j'étais vous, monsieur Paris, je ne confierais rien à la mer les vents sont perfides!... Et si le dîner allait partir pour Alger? — Oui, mais, d'un autre côté, je redoute pour mes gelées les cahots de la voiture, car à qui se fier? Ces cochers sont des brutaux qui n'ont aucune idée de l'art!..... Très-probablement, reprend M. Paris, je me déciderai à accompagner moi-même mon dîner. » Et il retourne à ses fourneaux. Encore une fois, M. Paris est artiste, grand artiste; car est-ce un esprit de métier, de profession, qui se manifesterait par de si nobles sollicitudes? Non certes, la cuisine ainsi comprise est un art, un des beaux arts, un des très-beaux.

Pendant que ces choses se passent, quelques-uns dorment encore. M. Töpffer, avec tout ce qui est debout, part pour une navigation matinale. Il s'agit, cette fois, de sortir du port pour aller jouir à une distance convenable de la vue de Gênes la superbe, en sorte que l'amiral dirige droit sur l'Afrique. Mais à peine les esquifs ont-ils franchi l'ouverture qui sépare les deux môles, qu'ils trouvent là une sorte de vague fort brutale et des balancements bien propres à leur ôter jusqu'à l'envie de goûter aux gelées de M. Paris. On laisse alors l'Afrique là où elle est, et, en toute hâte, la flotte regagne le rivage. Mais les dormeurs viennent d'y arriver, qui réclament aussi leur navigation matinale. M. R*** consent à prendre en leur faveur les fonctions d'amiral, mais à la condition, dit-il, que sa manœuvre, quelque poltronne qu'elle puisse paraître, ne recevra que des éloges. « Je ne vous montrerai l'Afrique que de très-loin, ajoute-t-il; et parce que mon nom ressemble beaucoup trop à celui de Ruyter, je prie que l'on n'en abuse point pour m'engager dans d'audacieux errements. »

Pendant cette navigation, M. Töpffer s'occupe de louer des fiacres, et le voilà aux prises avec vingt drôles qui lui font des prix fabuleux. Ce que voyant, messire Renard laisse faire, laisse dire, puis apparaissant tout à coup en libérateur : « Ces cochers, dit-il tout haut à M. Töpffer, sont des voleurs, et, si je ne vous sauve, signor, vous allez être dévalisé. » Puis s'adressant aux hommes : « Arrière, canailles! et que pas un de vous n'inquiète ce gentilhomme! C'est moi qui traiterai. Vous aurez chacun vingt-cinq sous par heure, dont cinq pour moi..... Si le signor veut bien le permettre, » ajoute-t-il en s'inclinant profondément. Le moyen de refuser cette prime à l'effronterie spirituelle, à l'escroquerie tout à la fois franche, originale et respectueuse! M. Töpffer sanctionne donc le traité, et il se félicite d'avoir eu pour cicerone à Gênes, au lieu d'un assommant archéologue, un gredin fini, chez qui chaque geste empressé, chaque regard de saint homme, chaque civilité profondément respectueuse, recouvre de la façon la plus amusante et parfois la plus comique l'intention parfaitement déterminée de filouter en toutes rencontres et de voler des quatre mains.

Quand les navigateurs sont de retour, nous montons dans les fiacres, qui nous emportent vers la villa de M. H***. En chemin l'on visite la *grotte :* c'est une caverne artificielle qui faisait autrefois la merveille d'un beau palais, mais où aujourd'hui l'on débite vins et liqueurs. *Sic transit gloria mundi.* De la grotte nous passons au palais *Doria,* dont les jardins sont admirables à voir. Pins, orangers, chênes verts y marient leurs branchages et recouvrent d'ombre la croupe d'un coteau d'où le regard plane sur la vaste mer. Seulement à chaque instant on y change de concierge, et ce sont à chacun de nouveaux déboursés. Ah! messire Renard, quelles bonnes affaires vous auriez faites ici! Le drôle le sait bien, mais au lieu de marquer du regret ou de l'humeur, il redouble d'amabilité et de complaisance, se bornant à donner de sages avis et d'économiques conseils.

La villa de M. H***, anciennement le palais Durazzo, est à quelque distance du palais Doria, et pareillement située. Il s'y trouve une magnifique collection des chefs-d'œuvre de la gravure, qui sont disposés dans de vastes galeries sur lesquelles s'ouvrent des salles remplies elles-mêmes de statuettes, de médailles, de curiosités de toute espèce. Bientôt arrivent les familles de L*** R***, et une table splendidement servie réunit toute la société. Les gelées n'ont pas souffert! Les salmis sont intacts! Tout est frais, paré, odorant, exquis; chaque bouchée révèle le génie d'un grand homme. Seulement on sert tels mets entièrement nouveaux pour nous, soit par la qualité, soit par l'apprêt, et qui exigeraient pour être mangés selon le rite, quelques notions préalables. Mais, que bien, que mal, ces notions s'acquièrent en regardant faire...

> . . . . . . faute de *savoir cela*,
> Rarement un festin demeure.

Cependant l'ombre s'étend, la soirée commence, et du portique où nous sommes à table l'on voit au travers d'immenses croisées la mer lointaine embrasée de feux, sillonnée de navires. Quelles impressions pour qui ne les a pas ressenties encore, et que l'on comprend bien vite pourquoi l'Italien dédaigne nos climats nuageux, pourquoi à tant d'autres biens que nous avons il peut préférer encore celui de fainéanter sous son beau ciel ! Messire Renard sort de l'office tout ventru de bonne chère, et nous-mêmes nous trouvons que les fiacres qui nous rapportent à Gênes sont devenus furieusement étroits.

QUATORZIÈME JOURNÉE.

Dès le point du jour, tambours, fifres, musique, escadrons, artillerie, tintamarre : c'est la fête du roi. Il n'y a qu'une rue à Gênes où les troupes et canons puissent défiler. Les autres sont larges seulement de six ou sept pieds, quelquefois de moins encore, et pourtant ornées de riches magasins et animées par une fourmilière de passants qui s'y coudoient sans cesse. Sur ces rues étroites de temps en temps un vaste palais étale une façade superbe dont on ne peut voir l'ensemble d'aucun endroit. Puis viennent de petites places carrées de la grandeur d'un salon, garnies de boutiques tellement rapprochées les unes des autres, qu'on croirait n'en voir qu'une seule. Toutes ces rues, perpendiculaires au rivage de la mer, sont montantes, et aboutissent à la grande rue dont j'ai parlé, qui est d'un bout à l'autre bordée par des palais. Là circulent des voitures ; dans tout le reste de la ville les mulets font tous les transports, et ces longues files d'animaux ajoutent encore à l'effet bizarre et pittoresque de cette ville intéressante.

De nobles, nous n'avons pas l'occasion d'en voir à Gênes. Restent les marchands, qui y ont très-bonne mine, puis immédiatement au-dessous, et sans degrés intermédiaires, le tout bas peuple qui pullule dans les rues voisines du port. Autour de la ville, des forts partout. « C'est, dit messire Renard, pour nous guérir quand nous avons mal au ventre. »

Après dîner, une permission nous arrive de visiter l'arsenal de marine, et là nous voyons le plus gros vaisseau de la marine sarde, *le Charles-Félix,* qui croupit tout neuf dans un petit recoin de canal. Du reste, on prodigue à ce magnifique vaisseau tous les soins imaginables, et sa seigneurie n'éprouve pas la moindre incongruité dans sa toilette, qu'aussitôt vingt laquais ne soient là pour tout nettoyer, pour tout rajuster. Ce que voyant, l'on ne peut s'empêcher de songer à ces princes dont la jeunesse pareillement s'écoule oisive et prisonnière entre les étroites murailles de l'étiquette, et de qui le caractère et les talents croupissent dans la futile inaction des palais... Sage donc autant qu'habile le monarque qui règne aujourd'hui sur la France, d'avoir assuré à ses fils le bienfait de l'instruction commune et populaire, le trésor d'une jeunesse sérieusement active et utilement occupée! Par là, non moins que par son génie personnel, il a pourvu au présent, désarmé l'avenir, et assuré à sa neuve dynastie la seule distinction qui, dans ce siècle, soit reconnue de tous. Au sortir de l'arsenal, nous allons encore flâner sur le port. Dans ce moment l'on y décharge des vaisseaux qui apportent des grains. Combien d'opérations diverses, que d'engins de toute sorte, dont tel, en mangeant son pain, ne se doute guère!

Et puis l'heure s'avance, et déjà il faut songer aux préparatifs de départ, car c'est demain que nous quittons Gênes, M. Paris et toute cette féerie de navires et de palais; ainsi l'a décidé M. Töpffer. A cette nouvelle, les esprits passent soudainement du rose au gris, au noir, au chiné, à toutes ces ingrates nuances qui se montrent au déclin d'une fête ou au terme d'un plaisir, et l'on rentre tristement à l'hôtel, pour y vaquer aux plus triviales opérations. M. Töpffer, tout entier à des calculs d'addition, de réduction ou de change, entasse avec soupirs des piles d'écus dont l'heure est venue de se séparer; et, au bruit de ce numéraire, garçons d'accourir, garçons de rivaliser de zèle, pendant que messire Renard, l'œil enflammé par la réverbération des piles, attend à son tour immobile, en arrêt, la narine ouverte, la patte levée. D'autre part, madame T*** négocie avec une blanchisseuse glapissante, et chacun s'en vient réclamer une blouse, des bas, trois chemises, tandis que d'autres qui se sont trompés rapportent, confrontent, font haro. Au beau milieu de ce moulinet, des visiteurs qui viennent prendre congé; des voyageurs qui gagnent leur chambre à coucher; le cordonnier, le tailleur, qui présentent leur note, et un particulier qui a égaré son parapluie, pendant que deux autres cherchent un établissement pour y faire une partie d'échecs. Vers minuit tout se tranquillise. Il ne reste plus dans la salle que M. Töpffer, qui en est encore à se chercher un chemin de retour. Jusqu'à Nice, va bien; mais au delà, trois routes se présentent, dont chacune a ses inconvénients, en sorte qu'à les exclure toutes trois, il n'en reste aucune...

« On ne dort point, dit-il, quand on *cherche un chemin.* »
Cette réflexion embarrassant notre homme,
Dans son lit aussitôt il va prendre son somme.

QUINZIÈME JOURNÉE.

Avant le jour nous prenons douloureusement congé de M. Paris, puis nous sortons de Gênes par ces mêmes rues que nous traversâmes l'autre soir tout ravis d'admiration, tout émus de plaisir. Que tout y est solitaire, pâle, brumeux et point beau du tout! Étienne, pour se récréer, compte une file de quarante-deux mulets. Le cocher, brumeux aussi, s'attend à

LA CORNICHE.

de prochains droits de poste, et Oudi harangue un naturel majuscule qui ne comprend quoi que ce soit à cette cigale sitôt éveillée. Après que nous avons franchi la villa H***, nous nous trouvons dans un pays tout nouveau, et débarrassés dès lors de l'importunité des souvenirs, nous commençons à retrouver de la curiosité pour ce qui nous entoure.

Ce pays, c'est le rivage de la Méditerranée, que nous allons suivre de Gênes jusqu'à Nice durant quatre journées. Dans toute cette étendue de pays, la chaîne des Apennins borde la côte, et c'est contre les flancs escarpés de ces monts qu'on a pratiqué une route qui est appelée *la Corniche,* parce qu'en effet elle n'est le plus souvent qu'une étroite chaussée taillée dans le roc, ou construite en terrasse au-dessus d'escarpements abrupts dont la base va se perdre sous les flots. De cette route on domine constamment la vaste mer, où tantôt un brick croise à l'horizon, tantôt une barque de pêcheur rase la rive; et ce n'est pas sans éprouver quelque chose du plaisir dont parle Lucrèce,

Suave mari magno, turbantibus æquora ventis,
Magnum alterius e terra spectare laborem,

que l'on voit, sinon les navires ballottés sur les flots, du moins ces flots eux-mêmes venir se briser follement contre la base des rochers au-dessus desquels on chemine plein d'aise et de sécurité. Néanmoins, et malgré le vœu que nous en formions constamment, point d'ouragan, point de tempête n'est venue, pendant nos quatre jours de marche, obscurcir ce beau ciel et troubler la sérénité du golfe. C'est grand dommage, car nulle part mieux que sur la Corniche on ne serait mieux placé pour jouir du spectacle sublime de la mer soulevée.

Cette côte peu peuplée offre d'ailleurs quelque chose d'original et de symétrique à la fois. Tandis que les contre-forts des Apennins, stériles et inhabités, s'avancent les uns après les autres dans la mer, de l'un à l'autre, et dans le creux fleuri qu'ils laissent entre eux, s'espace un vallon cultivé qui aboutit à la grève. Un torrent desséché occupe le fond de ce vallon, et une ville d'une seule rue le ferme du côté de la mer. La route donc, en tournant les contre-forts, se replie, s'élève, traverse d'abord les bois d'oliviers, puis des solitudes rocheuses; mais bientôt après avoir contourné l'escarpement sauvage, elle fléchit pour redescendre, et alors apparaissent les arbres, les prairies, le bourg scintillant et les barques sur le rivage. Ainsi un contraste sans cesse renaissant rend la marche agréable et trompe la fatigue. Les naturels appellent *pays* tous ces petits vallons où s'élève une ville. D'un pays à un autre il n'y a guère plus d'une heure de marche.

Les Apennins ne conservant point de neige pendant l'été dans cette partie de leur chaîne, la contrée manque entièrement de ruisseaux et de sources. Aussi presque partout les habitants sont réduits à se creuser des citernes, et ce qu'il y a de curieux, c'est que ces citernes, creusées à quelques pas de la mer dans le sable du rivage, leur fournissent néanmoins de l'eau douce. Mais s'il n'y a pas de sources vives ni de ruisseaux permanents, en revanche, les moindres pluies qui viennent à tomber sur ces monts peu élevés s'écoulent en quelques minutes dans le vallon et y forment des torrents d'une violence extrême. Aussi chaque *pays* a-t-il son lit de torrent, espace aride, route royale, que le monarque se réserve en tout temps pour venir visiter ses peuples. Il résulte de cet état de choses que c'est dans le pays de la terre où il y a le moins de rivières que l'on rencontre le plus de ponts. Chacun de ces lits, en effet, est traversé obliquement par un pont solide mais étroit, et où les voitures ne peuvent passer, et dans la saison pluvieuse elles sont fréquemment obligées

UN SITE DE LA CORNICHE.

d'attendre que le monarque en ait fini avant de pouvoir elles-mêmes poursuivre leur chemin.

On appelle aussi cette côte la *rivière du Ponent* (c'est-à-dire du couchant) par opposition à la côte qui se prolonge de Gênes à Livourne, et qui s'appelle *rivière du Levant*. Quant aux divers aspects qu'elle présente, on peut la diviser en trois régions. La première, à partir de Gênes, riante, fleurie, mais moins caractérisée que les suivantes, où la route est rarement en corniche, et où la végétation, moins différente de la nôtre, se compose en grande partie de diverses espèces de pins; la seconde, où se trouvent les promontoires les plus sauvages, où la côte est hérissée de rocs et d'îlots, où l'olivier domine seul; enfin la troisième, dont la principauté de Monaco est comme le bouquet. Là se réunissent, pour charmer la vue, la beauté des escarpements, la riche dentelure des côtes, l'azur des golfes, et après l'aspect intéressant d'un bois de palmiers, tout l'éclat et tous les parfums d'une forêt de citronniers et d'orangers. Mais j'oublie que nous n'y sommes pas encore.

Après cinq lieues de marche, nous arrivons affamés à Renzano, un de ces pays. Toute la ville pêche, hormis notre hôte, qui nous sert un déjeuner à l'huile forte. Ce serait à n'y pas toucher, s'il y avait lieu de toucher à autre chose; et il en sera ainsi le plus souvent dans cette région d'oliviers. Dans une chambre qui s'ouvre sur la salle où nous déjeunons il y a un capitaine malade, et, droit sur le seuil de ce malheureux, une cage où deux gros vilains oiseaux font un vacarme à rendre malades dix capitaines qui se porteraient bien. Ainsi varient les mœurs et les usages : chez nous, à peine un caporal tolérerait-il ce voisinage; là-bas un capitaine s'en régale, mais un capitaine piémontais, à la vérité, c'est-à-dire pour qui le bruit, pour qui le croassement, à cause de l'habitude qu'il a d'écouter glapir ses vivandières et criailler ses soldats, sont probablement devenus un besoin.

Au delà de Renzano nous passons auprès d'une maison qui s'appelle *Cazaretto*. Elle est toute neuve; néanmoins, à en croire l'inscription

peinte sur la muraille, c'est dans cette maison que serait né Christophe Colomb. Nous ne contestons point, et, à vrai dire, il doit être né là, tant le site convient bien à la supposition. Du reste, dans toute cette partie de la route, la caravane marche divisée en deux corps : les uns qui suivent la Corniche et marchent dans les hauteurs, les autres, non moins cornichons pour cela, qui suivent le bord de la mer pour y ramasser des coquillages : c'est la grande pensée du jour. Et comme les coquillages n'abondent pas toujours, ces messieurs, dans l'intervalle des fouilles, s'amusent à jouer avec Amphitrite... Quand la vague se retire, ils avancent, ils provoquent, ils insultent.. ... Quand elle se retourne et s'élance furieuse, ils fuient à toutes jambes, et plus d'une fois leurs souliers boivent l'onde amère.

Près de Savone, des jésuites dirigent un pensionnat qui est situé dans le plus bel endroit du monde. Au moment où nous passons, jésuites et élèves sont à jouer sur leur coteau. Parmi ces derniers, M. Töpffer reconnaît, rien qu'à sa figure heureuse et ouverte, le frère cadet de nos amis de Turin, à qui nous apportons lettres et paquets. Lettres et paquets venant du foyer paternel, sûr et charmant moyen d'introduction. Malheureusement le jour qui baisse ne nous permet pas d'entreprendre la visite du pensionnat.

Il fait nuit quand nous entrons à Savone, jolie et pittoresque ville, avec un port. Nous allons descendre dans un hôtel tenu par une société de valets brigandeaux, de messires Renard, qui, en l'absence des maîtres, nous exploitent pour leur compte et à l'huile forte.

ROCHERS DE FINALE.

SEIZIÈME JOURNÉE.

Pour ne pas partir tout à fait à jeun, nous allons dans un café voisin prendre une tasse de café à l'eau. Il est nuit encore, et nous arrivons, nous buvons, nous payons à la file. Chose singulière, dans ce café-là les prix sont divers, non pas selon la grandeur différente des tasses, mais selon la taille inégale des consommateurs : à Oudi douze sous, à Sheller huit, à M. Töpffer quatre... Et puis l'aurore en éclairant ce repaire nous fait découvrir que ce sont encore les valets brigandeaux de l'auberge qui nous exploitent ici sous une autre forme. Nous secouons contre eux la poussière de nos souliers et nous prenons le large. Par malheur, M. R***, qui l'a déjà pris, s'est trompé de route, et au lieu de cornjcher le long de la mer, il s'est enfoncé dans le continent. Au bout d'une heure, il est question d'envoyer à sa recherche, lorsqu'il sort soudainement d'un

Apennin, tout ruisselant de sueur, d'infortune, de peine perdue, et pas un bel arbre pour y faire une halte indéfinie!

Durant toute cette matinée, pas une seule embarcation n'est en vue; en même temps le pays devient solitaire, rocailleux et sauvage. Nous déjeunons à *Finale;* c'est un gros bourg adossé à un promontoire nu et escarpé. Le repas nous est servi par un grand bavard qui cherche à exploiter notre sensibilité en nous contant avec emphase son grand naufrage en Afrique, d'où il s'est sauvé lui tout seul et un petit chien qu'il va nous chercher. C'est au surplus un de ces empressés comme on en rencontre partout, qui, sans bouger beaucoup, se donnent l'air de tout faire, qui arrivent tout essoufflés de l'antichambre où ils étaient à jaser, qui, s'ils apportent un pain, s'essuient le front, deux pains, s'en vont changer de linge. « Sans mon naufrage, dit-il, qui m'a laissé nu comme la main, pas deux heures je ne resterais dans une condition si laborieuse, où pour refaire ma fortune, élever mon frère, soutenir ma mère, je n'ai que les bonnes-mains de messieurs les étrangers! » A côté de notre renard de Gênes, celui-ci nous paraît sot et peu amusant. Un effronté peut faire rire, un pleutre inspire toujours du dégoût. Cependant le particulier Oudi est sur la place publique, où il admoneste les Finaliens, et leur prouve

en forme que l'huile de noix la plus grossière est supérieure mille fois à ce pur quinquet dont ils oignent leur poisson et parfument leurs fritures.

En général, sous ce beau climat, les gens vivent, jasent, travaillent dans la rue, et c'est ce qui fait paraître si vivantes ces bourgades d'ailleurs pauvrement peuplées. L'on y voit, dans la soirée surtout, des groupes animés qui occupent le milieu de la rue, des vendeuses, des fileuses entourées d'enfants et d'oisifs qui sont assises sur le seuil des maisons ou devant leurs échoppes; tous ont des figures hâlées, expressives, et, pour parler, ils crient, gesticulent, se démènent. Bien que passablement actifs et industrieux, plusieurs sont vêtus de dégoûtants haillons, quelques-uns portent les livrées du vice ou de l'inconduite, et au milieu de ces dehors si propres à faire ressortir les agréments d'une mise fraîche et engageante, quelques jeunes femmes, belles de figure et parées de propreté, brillent d'un charmant éclat. La mer les pourvoit abondamment de menu poisson, et sur les échoppes dont j'ai parlé l'on voit étalés les plus beaux fruits du monde. A cause de la nouveauté, nous donnons sur les *grenades;* c'est pourtant un fruit médiocre. Les raisins, d'une grosseur gigantesque, sont exquis et pour rien. En revanche, il en coûte pour affranchir les lettres, et d'une douzaine que nous avons portées à la poste, qui se trouve être administrée par un épicier absent, nous n'en livrons que le tiers, tant est énorme la somme qu'on réclame pour chacune.

Nous quittons Finale chargés de grappes énormes : on dirait quelque parti d'amateurs rejoignant le papa Silène assoupi là-haut dans ces grottes. Au sortir du bourg, la route s'élève par de nombreux zigzags sur le promontoire dont j'ai parlé, et pendant que nous cheminons rafraîchis et distraits par la vendange, nos pauvres chevaux gravissent au soleil de midi ces roides pentes, sans autre renfort que celui de deux mendiants qui, s'attelant volontairement à la roue, font plus de bruit que de besogne. Après quoi, comme la mouche, ils s'essuient le front et demandent leur salaire.

Il est beau, ce promontoire de Finale! et là-haut plus d'arbres, plus de culture. En revanche, cette sauvage nudité, dont le mélancolique caractère se marie si bien avec celui de la mer, nue aussi, immense, sombre, sujet de mille images, de mille rêveries, où se berce avec volupté la pensée. Lac d'Annecy, humbles rivages, côtes prochaines, où êtes-vous! C'est ici que plus vaguement, mais plus puissamment aussi,

PROMONTOIRE DE FINALE.

le cœur se sent soulevé par l'auguste splendeur du spectacle! C'est ici que non plus des velléités de poëme ou d'églogue se présentent à l'esprit, mais que l'âme tout entière, par un facile et délicieux essor, ouvre ses ailes, plane, tournoie suspendue entre les cieux et la terre, et comme envolée pour quelques instants hors de sa demeure corporelle! Et toutefois, lac d'Annecy, humbles rivages, côtes prochaines, si vous êtes moins faits pour provoquer ce puissant essor d'un moment, vous l'êtes mieux pour charmer à la durée et pour combler par l'aimable douceur de votre paisible commerce le vide des heures et la longue oisiveté des journées.

La route, ici, n'a pas dix pieds de large, et voici qu'on aperçoit à l'avant une grosse caisse éreintée qui monte à la rencontre de la nôtre.

Grande alarme, cris et signaux des deux parts. L'on choisit son terrain, l'on unit ses efforts, les deux caisses se caressent d'aussi près que possible, mais enfin tout vient à point; après quoi l'on se regarde. Eh mais!... c'est bien lui, lui-même, le coche que vous savez!

> Femmes, moines, vieillards, tout était descendu;
> L'attelage suait, soufflait, était rendu.

Seulement, ici, le moine, c'est un pénitent blanc, et au lieu de six forts chevaux, ce sont quatre haridelles grises! Qu'importe! la ressemblance n'en est pas moins frappante; car c'est le propre des grands peintres d'avoir su se choisir dans leurs tableaux les trois ou quatre traits par lesquels la scène qu'ils voulaient représenter contient, embrasse, rappelle, à force de vérité, toutes les scènes analogues.

Le pays devient de plus en plus désert, et la nuit s'en mêle, sans compter des bois qu'il faut traverser. Tous les mirmidons alors, Oudi surtout, qui vient d'entendre des sifflets suspects, se hâtent de rejoindre, et l'on chemine en ordre de bataille jusqu'à Albenga, où nos bourses n'ont plus d'autre brigand à redouter que l'hôte qui nous y héberge.

DIX-SEPTIÈME JOURNÉE

Il est dimanche aujourd'hui. Toutes les populations sont levées, peignées, rasées, mouchées, et c'est fort plaisant à voir. Le ciel lui-même est si éclatant, la nature si parée d'aimables couleurs et d'argentine lumière, qu'ils semblent aussi, l'un et l'autre, s'être endimanchés. Non-seulement nous avons atteint la région des oliviers, qui, de toutes parts échelonnés sur les rochers, ici se groupent en bouquets, là penchent solitaires au-dessus de la baie; mais, sur les murailles, dans les anfractuosités de rocs, nous retrouvons éparses et magnifiquement prospères une foule de ces plantes grasses qui chez nous ne se voient que dans les serres des riches campagnards. Au milieu de toutes ces beautés, voici venir sur la côte déserte une sirène qui nous offre des limons à acheter. Vite on s'en empare; on les ouvre, on les presse : c'est douze sous la pièce ! On se récrie alors, on en appelle au ciel et aux hommes... et tout justement trois grands gaillards parfaitement bien membrés sortent de dessous les broussailles pour trouver à l'unanimité que douze sous c'est peu, c'est rien, et qu'il faut payer bien vite...... C'est en effet la seule chose qu'il y ait à faire.

A Oneglia, charmante petite ville, nous faisons un déjeuner remarquable chez un hôte qui, dit-il, protège tous les gens de Genève, pour avoir été lui-même protégé par des Genevois. Mais, chose bien plus heureuse encore, les frères de cet hôte, échelonnés sur la route que nous allons parcourir, y tiennent auberge comme lui, et il a la plus grande envie que de ses mains nous passions dans les leurs. M. Töpffer comprenant tout le parti qu'on peut tirer de la situation, ne se hâte pas de prendre des engagements : « Oui, répond-il à l'hôte, vous voudriez nous envoyer chez vos frères, mais y serons-nous bien ? — Les meilleurs hôtels du pays, je vous le jure ! — Oui, mais y serons-nous à bon marché ? — Vous ferez les prix vous-même ! — Oui, mais il faudra marchander, disputer ? — Vous vous présenterez de ma part ! — Oui, mais on ne s'en fiera pas à notre dire. — Eh bien, tenez ! » Là-dessus notre homme prend la plume, et s'adressant à M. Töpffer : « Dictez les plats, monsieur, dictez les prix, et vous n'aurez plus alors qu'à empocher un bon à vue signé, endossé, garanti par moi ! — Voilà qui est parler ! » s'écrie M. Töpffer, et il dicte aussitôt un des jolis thèmes qu'il ait dictés durant sa carrière d'instituteur. Ainsi va le monde : l'on y perd des parties, mais on y gagne des revanches ; après tant d'hôtes qui nous ont saignés à blanc, en voici trois que nous écorchons à notre tour d'un trait de plume.

Pendant le déjeuner entrent des virtuoses : un Paganini qui fait sur son violon toutes les facéties musicales imaginables, et une Grisi hâlée qui tantôt lui badine sur sa guitare un accompagnement improvisé, tantôt entonne des airs d'opéra ; le tout va, le tout chante, le tout surtout a de l'accent et de la vie, et, en vérité, bien des choses que l'on paye dix ou vingt sous ne valent pas ce grain de vie et ce grain d'accent. Si l'Italie est la patrie des cicerone, elle l'est surtout des virtuoses ambulants. Ils rôdent partout, hantant les cafés, fêtant les balcons, citharisant les tables d'hôte. Vous iriez, vous transalpin, pour vous noyer dans le grand canal, qu'une mandoline, que trois guitares, n'en doutez pas, seraient là pour vous y accompagner d'un fragment d'ariette, d'un bout de cavatine.

M. R*** propose à M. Töpffer, qui commence à être barbu comme un jeune France, d'essayer ensemble du barbier de l'endroit. M. Töpffer consent, mais à la condition que M. R*** fera l'épreuve. Ils s'acheminent donc vers un petit antre qui porte pour enseigne le plat à barbe, et là un nain parfumé d'ail leur passe un linge autour du cou, après quoi il procède à râper d'abord la face de M. R***. M. R*** devient bleu de douleur; néanmoins ses lèvres n'expriment que sourire, ses paroles que satisfaction. Leurré par ces dehors, M. Töpffer se met à son tour sur la sellette, et, râpé en contre-épreuve, au bout de quatre coups il hurle, au bout de huit il insulte son râpeur et lui défend de poursuivre... Le pauvre nain comprend d'autant moins le motif de cette incartade, que M. R*** n'a cessé de le complimenter sur la légèreté de sa main et sur le parfum de sa savonnette. Pendant que cette scène se passe dans la boutique du barbier, à l'extérieur, grande foule, trompette, tambourin, et un orateur qui exalte les inénarrables vertus de ses chapelets, de ses talismans, de ses Vierge Marie imprimées en couleurs fines! « Questo, dit-il, souverain contre le mal de dents! Questo chasse la vermine, tue la diarrhée, redresse les os, détruit les punaises, etc., etc... Et voulez-vous savoir? Je les ai tous fait bénir par le concile de Constance en personne! Demandez, signora, faites-vous servir tutti quanti! » Par malheur, cet homme ne vend rien qui calme l'âcreté des épidermes râpés à l'ail, sans quoi nous ferions avec lui quelque affaire.

Toujours drôles les charlatans de place publique, toujours pittoresque cette foule qu'ils attirent, surtout lorsque, composée d'hommes, de femmes, de jeunes filles aussi crédules qu'ils sont ignorants, l'on voit, à l'appel du charlatan, le désir naître, l'espoir surgir, la souffrance se bercer de consolantes illusions, et toutes les physionomies naïvement attentives refléter comme une onde transparente les brillantes images, les serments terribles, les saintes garanties, les promesses fleuries que leur prodigue un orateur non moins ignorant, presque aussi crédule qu'ils le sont eux-mêmes. Son affaire, à cet orateur-là, ce n'est pas tant de tromper comme c'est de vendre, et, mu par ce naturel et pressant motif, il se trouve que son éloquence est toujours aisée, vraie, vivante, appropriée au pays, à l'endroit, au quartier, aux gens, non moins amusante à observer qu'elle est merveilleuse pour convaincre ceux à qui elle s'adresse.

Il s'agit de nous remettre en route, mais, objets nous-mêmes de la curiosité populaire, la foule grossit devant nous, les gamins accourent, et c'est à ne plus pouvoir passer. Dans cette extrémité, M. Töpffer fait un par flanc gauche soudain, pousse vers la plage et y ensable toute sa colonne. Cette manœuvre réussit. Pendant que les Onégliens en sont encore à conjecturer sur la chose, nous voilà filant le long du rivage sur San Remo, où nous arrivons de nuit.

A San Remo, l'hôtesse est couchée, ou du moins se couchant, car elle se présente à nous en peignoir et les cheveux épars. C'est une grande et

gracieuse personne parfaitement étrangère aux choses de son auberge. « Je voudrais, madame, lui dit M. Töpffer, traiter des conditions. — Faites-les vous-même, monsieur, » répond la belle indolente; puis, s'adressant à ses gens : « Vous autres, soignez bien ces étrangers. » Elle bâille en achevant ces mots, et s'en retourne dormir.

Cet hôtel du reste est remarquable. Au bas de l'escalier, un grand Goliath de carabinier royal peint sur la muraille déconcerte les arrivants et fait peur aux vues basses. Mais sur le derrière de la maison, en face de l'issue qui est de ce côté, un grand factionnaire royal, et pas peint celui-là, vous couche en joue dès que vous paraissez sur le seuil. C'est d'autant plus gênant qu'il y a lieu, qu'il y a nécessité, urgence même de passer par là... A chaque fois donc : Ami! faut-il crier bien vite, et voilà toute la ville dans le secret de nos démarches les plus intimes.

LE LEVER DU SOLEIL.

DIX-HUITIÈME JOURNÉE.

Dès deux heures du matin : Qui vive? — Ami! et un moment après : Qui vive? — Ami! Impossible de dormir; nous profitons de la circonstance pour partir avant le jour.

Pendant plus d'une heure encore nous marchons environnés d'ombres et transis par les fraîches haleines qui précèdent le retour de l'aube. Insensiblement des lueurs crépusculaires vacillent sur la crête des flots, l'aurore rougit les cieux, et, derrière la ligne noire de l'Océan, un embrasement sublime a commencé que le soleil ne paraît point encore. Tout à coup un point du disque surgit au-dessus des eaux : tout se colore, tout s'empourpre, tout resplendit, et les oiseaux commencent leurs concerts.

LES PALMIERS.

MONACO.

Pour nous, déjà remués par l'auguste magnificence de cette scène, nous nous voyons avec une charmante surprise entourés de palmiers qui balancent leur tête au-dessus des escarpements du rivage, et il nous semble que nous soyons transportés dans un autre hémisphère. Cet arbre ne croît qu'en ce seul endroit de la côte, et les habitants s'aident de leur mieux à l'y faire prospérer, parce qu'ils en vendent les feuilles aux juifs, qui en usent dans la célébration de la fête des tabernacles.

Nous traversons Vintimiglia, jolie petite ville, où l'on construit un fort considérable. Cette rencontre d'une citadelle, ou née, ou naissante, est toujours triste, et, au milieu d'un pays riant comme l'est celui-ci, elle forme un bien ingrat contraste. Odieuses meurtrières, lugubres embrasures, longues murailles, autant d'objets sinistres contre lesquels viennent se heurter et s'aplatir les plus charmantes impressions. Oui, la guerre, le massacre, de quelque part qu'ils viennent, sont toujours infâmes, tout ce qui en est le signe ou l'instrument est digne de haine, et le plaisir d'avoir des frontières, un nom sur la carte, un prince sur le trône, n'a jamais valu le sang qu'il a coûté. Avec cela, l'on conçoit que partout où a passé un torrent dévastateur, le torrent écoulé, il vienne à l'esprit des gens d'élever des digues et de barrer les passages. Tout en faisant ces réflexions, nous avons atteint la frontière d'un petit pays qui a bien un nom, mais à peine une place sur la carte. C'est la principauté de Monaco, le bijou de cette belle côte et de bien d'autres plus belles encore. Un joli petit carabinier qui garde la frontière nous prie d'exhiber et de payer, deux choses qui se supposent l'une l'autre, dans les principautés infusoires, tout comme dans les royaumes cétacés. Nous payons, et nous passons outre.

A un quart d'heure de là, nous avons en vue Mentone, la capitale du pays, au moins en étendue et en population. C'est bien la plus jolie, la plus vivante, la plus pittoresque capitale qui se puisse voir, sans compter l'admirable golfe qu'elle domine et le magnifique pays dont elle est entourée. Nous y faisons notre entrée, et tout à l'heure nous voici chez le second frère, qui aussitôt appelle, carillonne et dispose tout pour faire honneur à la signature de son aîné. Le déjeuner surpasse en effet tout ce qu'on a vu jusqu'ici, et, contre notre ordinaire, nous sortons de table n'ayant presque plus faim. Des pêches, des grenades, des raisins, des figues, des brioches, du salam, qui se vendent à vil prix dans toutes les échoppes, achèvent de nous rassasier.

Comme la chaleur est grande et que l'occasion s'en présente, M. Töpffer loue ici une grande barque de voiture qui portera jusqu'à l'autre frontière de la principauté tous ceux qui ne peuvent pas entrer dans notre voiture de secours. Le contrat passé, nous partons sans retard; car sept lieues encore nous séparent de Nice, où nous voulons arriver ce soir.

Ah! quelle route, quelle contrée, quel bon petit territoire accidenté, feuillu, odorant, quel pocket et comfortable royaume! Tout y paraît disposé pour le plus grand plaisir des yeux, et des montagnes hautes et boisées qui semblent ici évaser, là-bas aplanir, plus loin cintrer leurs flancs pour mieux enserrer ce paradis. Cette jolie principauté a du reste des frontières naturelles parfaitement tracées; elle a ses golfes aussi, ses îles, son port, ses routes, ses forêts ombreuses, ses rochers sauvages, ses climats tièdes, frais ou ardents, et des orangers en fleurs, des citronniers au brillant feuillage, décorent tout ce que n'ombragent pas des bouquets de platanes, de caroubiers, de chênes verts. Enfin, au-dessus de ce riche espalier, des rampes verdoyantes, des cimes majestueuses.

Arrivés à l'autre frontière, qui se trouve être sur une sommité, il nous reste à faire trois lieues de descente pour arriver à Nice. M. Töpffer congédie la voiture de Mentone, et comme il a été fort content du postillon, il lui offre cinq francs de bonne-main. Mais celui-ci lui répond qu'il veut rire. M. Töpffer proteste qu'il n'a pas la moindre intention de rire, et qu'au contraire jamais il n'a été plus sérieux. « Allons donc! avec vos cinq francs! — Vous ne les voulez pas? — Non. — Comme il vous plaira. » Alors le postillon, changeant de ton, insulte, menace, parle du commissaire. « Allons-y, dit M. Töpffer, je ne demande pas mieux vraiment. » Et les voilà en recherche du cadi, que l'on trouve juché dans une chambre haute, petit chenil seigneurial avec paperasses et écritoire.

M. Töpffer a de la peine à découvrir le commissaire parmi ces paperasses. C'est en effet un tout petit gros homme oblong, qui dépasse seulement du menton une grande table recouverte d'un tapis. Il est d'ailleurs encadré dans quatre ou cinq grands in-folio de registres qui le masquent presque entièrement. Le postillon expose son affaire mielleusement et chapeau bas. « Monsieur le commissaire sentira, dit-il, que traîner quinze personnes ce n'est pas peu de chose. D'ordinaire six, huit au plus... mais quinze! » Après quoi le petit commissaire se ramasse en pelote pour digérer sa pensée, qu'il ne tarde pas à expectorer en ces termes, avec un timbre rominagrobis :

« Cocher, monsieur me paraît un homme raisonnable (M. Töpffer s'incline), et votre raisonnement me paraît à peu près dénué de raison. Il

CÔTE PRÈS DE MONACO.

n'est point vrai, cocher, que vous ayez traîné quinze personnes; ce sont vos chevaux qui ont fait cette besogne. Or, les trente francs convenus à Mentone sont justement destinés à payer cette besogne de vos chevaux, sans que vous soyez fondé à réclamer, en ce qui vous concerne, une bonne-main extraordinaire. Laissant donc cet argument de côté, il ne vous reste qu'à faire valoir vos services personnels, et il me paraît, cocher, qu'à cinq francs ils ne seront pas mal rétribués. En sorte que si monsieur voulait bien y ajouter un franc, en considération de ce que je puis certifier que vous êtes un brave homme chargé de famille, il me paraît que vous n'auriez rien de mieux à faire que d'accepter avec beaucoup de reconnaissance. J'ai dit. » Après ce petit raisonnement, qui en vaut bien un autre, le petit gros commissaire congédie les parties et se ramasse de nouveau en pelote.

La nuit arrive et Gail s'écloppe. Tout en se traînant à l'arrière-garde, il s'emplit d'humeur contre Nice, et il lui arrive ce qui arrive à tous les Juvénals quand l'humeur s'en mêle : *Facit indignatio versum :*

Nice, maudite ville,
Faut èdre un impécile...

Et puis c'est tout; le reste ne peut pas venir. Grand dommage, car c'est la seule ode que Gail ait jamais composée, et il est à croire qu'il n'en composera plus.

A Nice, nous allons descendre chez le troisième frère, qui porte un bonnet de loutre. C'est le plus fashionable et le moins gracieux des trois. On lui exhibe le bon, qui ne lui fait plaisir qu'à moitié. Toutefois il s'empresse, et nous ne tardons pas à oublier nos fatigues au milieu des douceurs d'un excellent hôtel.

DIX-NEUVIÈME JOURNÉE.

Il faut que l'ode de Gail soit belle d'expression, vraie de sentiment, remarquable d'harmonie, car, dès ce matin, et par dix fois chacun durant le cours de la journée, nous redisons isolément ou en chœur : Nice, mautite ville, etc....

Et d'abord, les cousins ont profité de l'ombre de la nuit pour nous rendre méconnaissables d'ampoules et de rougeurs ; c'est à se prendre les uns pour les autres. Nice, mautite ville, etc.

De plus, Nice est une ville assez jolie, si l'on veut, mais sans caractère, ni française, ni piémontaise : un ramassis d'aubergistes, de teneurs de chambres garnies, d'étiques, d'asthmatiques, de pulmonaires, de tousse-creux ; une sorte d'herbier où sèchent ployées entre deux flanelles des fleurs de climats divers, les unes jolies et qui ont du charme encore, les autres communes et qui n'en ont jamais eu. Nice, mautite ville, etc.

De plus, la première affiche qui frappe nos yeux, c'est celle du théâtre où nous nous sommes promis d'aller. On joue... Relâche. Nice, mautite ville, etc.

De plus, chaleur brûlante, poussière de Sahara, et à M. R*** qui entre dans le plus beau café de l'endroit pour y demander un sorbet l'on offre à la place... du racahout des Arabes! Puis, comme il s'indigne : « C'est, lui repart le bourgeois, c'est à l'usage du racahout que la famille du Grand Seigneur doit de se porter toujours si bien. — Je me moque bien de la famille du Grand Seigneur! » répond M. R***. Nice, mautite ville, etc.

De plus, on vous prend votre passe-port à Nice, et puis, rattrapez-le. De police en consuls, de consuls en police, c'est une récréation, et pas gratuite, qui dure toute la journée. Rien qu'au consul français, nous laissons quinze francs. Nice, mautite ville, etc.

De plus, nous allons nous baigner. Pendant qu'on se rhabille, arrivent vingt-cinq hommes qui jettent à la mer un immense filet. Le filet jeté, de la grève les vingt-cinq hommes tirent, tirent, tirent, et le filet amène une grosse pierre et quatre goujons. Nice, mautite ville, etc.

Après quoi, pour dormir, chacun ferme sa cousinière; mais alors voici la suffocation, et chacun ne peut plus fermer l'œil...

Nice, mautite ville,
Il faut êdre un impécile... etc.

LES PÊCHEURS DE NICE.

VINGTIÈME JOURNÉE.

En quittant Nice, nous laissons derrière nous les Apennins, et plus rien, si ce n'est l'horizon de la mer, ne ressemble aux sites de la Corniche. Pendant que nous cheminons, un coup de fusil se fait entendre dans un taillis, et un malheureux oiseau blessé et haletant traverse la route, poursuivi par deux chiens qui attendent sa chute prochaine. Nous ne voyons pas l'issue du drame, mais, d'emblée, nous ne sommes pas pour le chien.

Bientôt nous atteignons la frontière de France. C'est à Saint-Laurent du Var, au delà d'un pont immense jeté sur des prairies que le Var dans ses jours de fête inonde de ses flots. Quand on a franchi le pont, on trouve devant soi quatre ou cinq baraques remplies d'employés et de gendarmes. Au nom du roi de France ces messieurs vous prient très-poliment d'entrer, de déclarer, d'exhiber; au nom du roi de France et poliment toujours, ils vous présentent une carte à payer. Ohé! c'est cher! et jamais aubergiste piémontais, jamais hôtesse lombarde ne nous écorcha de la sorte.

A Saint-Laurent du Var, nous payons sous trois formes. C'est d'abord quinze nouveaux francs pour notre même passe-port. Cette plaisanterie fiscale, si promptement renouvelée, nous fait l'impression d'une très-brutale récidive; aussi, n'étaient messieurs les gendarmes, nous essayerions en vérité de défendre nos deniers contre messieurs les employés, dont trois ou quatre sont étiques et les autres portent des lunettes.

C'est ensuite seize francs pour quelques petites boîtes de bonbons de Gênes, que quelques-uns de nous ont achetées pour les offrir à leurs parents. A quelques jours d'ici, aux Marches, quand nous voudrons passer ces boîtes *de France en Savoie,* l'on nous dira : Vous avez là, messieurs, des articles qui payent des droits, mais nous voyons assez que vous n'êtes pas des marchands. Ce sont, n'est-ce pas, de petits présents?... C'est bon, passez. Voilà qui est parler! et vive le roi de Sardaigne, qui n'a pas changé, comme son collègue le roi de France, nos confitures en déconfiture. Seize francs! Fi! les boîtes n'en ont pas coûté douze.

C'est ensuite quinze francs pour que la voiture puisse entrer sur le sol français. « Je vous dis, leur crie le cocher, que la voiture est au monsieur. — Eh bien, allez le chercher. » En ce moment arrive le monsieur en personne, à qui le cocher n'épargne pas des clignements significatifs : « Déclarez-vous, monsieur, lui dit le chef, que cette voiture vous appartient? — Oui, répond le cocher. — Non, » répond M. Töpffer. Les quinze francs sont comptés, et c'est bien le cas de dire : Tout est perdu fors l'honneur.

Pendant que ces choses se passent, on toise nos pauvres chevaux, on dresse leur signalement, on leur fait acheter un passe-port privé, et dans la crainte qu'ils n'aillent être vendus ou échangés en France (notre cocher s'échangerait plutôt lui-même), on exige le dépôt de cent et dix francs qui seront rendus au bureau de sortie, si nos chevaux ne viennent pas à périr, si l'on n'est pas forcé d'en remplacer un, si le cocher ne perd pas son reçu, si le signalement est exact et si le bureau de sortie n'a pas la berlue.

Enfin, chose infâme, l'on nous palpe dans une dernière et abjecte baraque. Il y a des gens tellement civilisés, qu'ils trouvent cela assez naturel : « Après tout, disent-ils, c'est une formalité, et, des formalités, qui s'en formaliserait? » Il y en a d'autres qui trouvent cette pratique

MONTÉE D'ANTIBES A GRASSE.

Typ. Plon frères.

humiliante, ignoble, intolérable. Payer passe encore, mais soi, honnête particulier, être livré aux crasseuses mains de la lie des douaniers! être fouillé dans ses poches, palpé dans ses membres, traité comme un ballot de contrebande!... c'est bien plus révoltant encore que ne peut l'être la plus extravagante des extorsions. Encore une fois, jamais, je ne dis pas en Suisse, où de temps immémorial ces pratiques sont aussi inconnues qu'impossibles, mais jamais en Lombardie, jamais dans les États sardes que nous avons traversés vingt fois et dans tous les sens, rien de pareil ne nous est advenu! Aussi, à peine sommes-nous hors de la portée de MM. les gendarmes, que nous entonnons en chœur une philippique à nous faire incarcérer tous pour dix ans, si le lieu était public et la police par là. Pour le cocher, il ne philippise pas; mais jaune d'aigreur et suffocant de rancune : « Que monsieur ne m'eût pas démenti, murmure-t-il, et nous arrachions quinze francs à ces voleurs. Car enfin, si ça va de ce train, que lui rapporterai-je, à mon maître? »

Ainsi allégés, nous nous acheminons sur Antibes, où l'on entre par une espèce de porte de Cornavin. Cette ressemblance inattendue avec quelque chose de Genève nous dispose en faveur de l'endroit. L'hôtel s'y bâtit, mais, sans attendre qu'il soit terminé, nous y déjeunons parmi les échelles et sous une pluie de plâtre frais. Déjà nous pouvons reconnaître que nous avons affaire à une population d'une qualité supérieure à tout ce que nous avons vu depuis notre sortie de Savoie. L'ordre, la propreté, l'esprit de travail et de famille recommencent à se montrer; la probité chez les hôtes n'est plus une exception; les bienfaits d'une liberté et d'une instruction plus grandes se manifestent par des traits intéressants. Du reste, ici comme à Oneglia, nous tombons sur une série récurrente d'aubergistes apparentés; seulement, au lieu de frères, ce sont des sœurs. La sœur d'Antibes nous donne un bon pour la sœur de Grasse, et munis de cette pièce, nous nous remettons en route en tournant le dos à la mer et la face à la Suisse. Rien que cette évolution fait surgir dans nos esprits l'impression du retour.

A partir d'Antibes, le pays va s'élevant de plus en plus. Il est beau, riant, fertile, solitaire. Toutefois, voici des gens qui font la vendange : « Hé! dites donc, voulez-vous nous vendre du raisin? » Un bonhomme qui voit bien que nous n'aspirons qu'à nous régaler, repart aussitôt : « Non, messieurs, ici le raisin se donne et ne se vend pas. » Belle réponse, et qui vaut, ma foi, celle de Cambronne. L'on nous charge de grappes magnifiques et nous continuons de monter.

Cependant la nuit nous surprend que nous sommes encore bien loin de Grasse, et des lumières qui semblaient briller tout près de nous aux maisons de la ville, en trompant sur la distance, nous font paraître la dernière lieue interminée et interminable. Grasse est une jolie petite ville, bâtie en forme de croissant, à mi-hauteur d'une montagne. L'industrie des habitants, c'est de mettre en pommade tout le jasmin de la contrée et toutes les roses d'alentour. Que ne s'oignent-ils donc de leur pommade, ces braves gens! au lieu de cela, tous, du premier au dernier, fleurent, à qui mieux mieux, l'ail de Provence.

La sœur de Grasse nous reçoit fort bien, ainsi que M. Gimbert, son gros époux. Ce sont des hôtes bons, probes, remplis d'attentions; mais ils ont un sommelier outrecuidant et maladroit qui dit toujours: Laissez-moi faire. Ce drôle s'y prend de telle sorte pour nous avoir à meilleur marché un mulet qu'on offrait de nous louer pour dix francs, qu'en peu d'instants ce prix monte à vingt; puis à trente, puis à trente-six francs, et par faveur encore. De tout temps on a vu de ces officieux qui, pour tirer un homme de l'eau, ne manquent pas de l'y avoir noyé préalablement.

Du reste ce mulet indique une modification dans notre façon d'aller. C'est que l'heure est venue pour M. Töpffer où, s'il n'aime mieux rester en place et se fixer à Grasse, il lui faut absolument se choisir un chemin de retour parmi les trois qui s'offrent à lui. Le premier prend par Aix : il est long, poudreux, route royale, pont aux ânes; nous n'en voulons pas. Le second prend par Draguignan, Aubs, et rejoint à Digne la route de Grenoble; il est moins long, mais tout aussi battu: nous en faisons cadeau à notre cocher, qui y fera passer la voiture. Le troisième prend par les montagnes, s'enfonce dans un pays désert et coupe droit sur Digne : c'est celui que suivit Bonaparte échappé de son île d'Elbe; c'est celui qu'échappés de notre voiture, nous voulons suivre aussi pour marcher dételés de cette caisse à quatre roues qui vit de régime et mange à ses heures.

VINGT ET UNIÈME JOURNÉE.

Dès l'aube, toute la famille Gimbert est debout qui s'efforce de nous préparer un déjeuner au café; mais, faute de notions sur l'objet, elle s'y embrouille, s'y entortille, et finalement invoque notre aide. Le déjeuner alors ne tarde pas à éclore; mais si la pommade abonde à Grasse, le beurre y est rare et le lait, par malheur, y est jasminé un peu. Après le repas, M. Gimbert, gros ourson frotté d'ail et rempli d'amicale bon-

homie, nous fait la conduite jusqu'au-dessus des hauteurs; puis, après qu'il nous a introduits dans le désert, il prend congé et s'en retourne à ses affaires.

Nous venons, en effet, d'entrer dans un pays de pierres, dans une Arabie plus pétrée encore que l'autre, sans pâturages, sans végétation,

hormis ci et là un figuier solitaire qui confit abrité sous des roches grillées, quelques bouts d'herbages où paissent des moutons maigres. Néanmoins, libres que nous sommes désormais, et tout réjouis de n'avoir plus à auner nos étapes, ni à restreindre ou à prolonger nos haltes au gré d'un cocher soucieux, nous cheminons avec bien plus de gaieté qu'à l'ordinaire, et, réunis tout à l'heure en assemblée souveraine, nous votons à l'unanimité qu'à l'avenir plus de voiture de secours ne nous accompagnera dans nos excursions.

De Grasse à Saint-Vallier, où Bonaparte déjeuna sous l'ombrage d'un gros tilleul, nous ne rencontrons qu'une caravane de messieurs à cheval et une petite fille qui vend des figues exquises. Mais de quoi donc déjeuna Bonaparte? Pour nous, nous déjeunons de lait de chèvre, de débris de viande, de café limoneux, le tout si rare, si rare, que nous ressemblons bien plutôt à des gens qui jeûnent qu'à des convives qui déjeunent.

Il s'agit ensuite de pousser jusqu'à Castellane, qui est la sous-préfecture du pays; mais le soleil est déjà près de se coucher que nous en sommes encore bien éloignés. Heureusement que dès Saint-Vallier on nous a dit : « Arrêtez-vous chez mademoiselle Marie, là vous aurez tout ce que vous voudrez. » L'avant-garde s'arrête donc chez mademoiselle Marie : c'est une vieille fée qui habite un mauvais donjon livré aux poules et aux pourceaux. Et encore voudrions-nous partager avec eux, que mademoiselle Marie refuse de nous recevoir. « Poussez, nous dit-elle, jusqu'au logis du Pin, vous aurez là tout ce que vous voudrez. »

Mademoiselle Marie habite presque seule cette haute vallée dont l'aspect est, sinon pittoresque, du moins poétique. Au moment où nous passons, l'on n'aperçoit dans toute l'oasis qu'un gardeur de moutons, affublé d'une peau de bête, qui longe un ruisseau en chassant devant lui son troupeau; à gauche, des rocs nus, déjà enveloppés dans l'ombre du soir, ferment la vallée; de l'autre, le soleil dore une petite chapelle sise au pied de deux noyers, et sur les hauteurs on aperçoit les ruines d'une espèce de ville dépeuplée. Tout cet ensemble forme un tableau tranquille et mélancolique qui ne demanderait qu'un poëte pour devenir sujet d'églogue, matière d'idylle.

Dans cette contrée sauvage, très-peu de gens entendent le français, en sorte qu'il faut nous mettre nous-mêmes au provençal, que nous réduisons à un cliquetis de z et d's artistement amalgamés. M. Töpffer fait dans cet idiome nouveau des progrès effrayants. — Donazis miz paniz, dit-il aux gens; et ils ne manquent pas de lui apporter du pain. Alors l'aplomb lui vient avec le succès, et il en est déjà à trouver que ceux qui ne l'entendent pas du premier coup sont des rustres, qui de leur propre langue n'ont encore saisi ni le génie pittoresque ni l'accentuation musicale.

Cependant nous atteignons un canton boisé, et au sortir de la nuit des forêts, voici en vue le logis du Pin. Ohé! c'est un donjon plus solitaire encore, plus abandonné que celui de mademoiselle Marie; une vraie caverne de voleurs, pour peu que ce ne soit pas un nid perdu d'hommes très-vertueux. Entré le premier, M. Töpffer n'y trouve qu'une vieille montagnarde aux joues hâlées, au timbre mâle, qui lui tient un long discours en azis-miz absolument inintelligible, mais très-comiquement entrelardé de ce propos familier : Soyez tranquille, mon ami. Avant d'être tranquille, M. Töpffer parcourt le donjon et inventorie les ressources.

C'est d'abord un fruitier et une salle haute, le tout sans portillons ni fenêtres. « Faraz bien froidaz, madamaz. — Soyez tranquille, mon ami. »

C'est ensuite une salle basse où figurent une table longue portée par des jambes en croix, des bancs chancelants, une sainte collée à la muraille, et, tout à côté, Bernadotte qui semble vouloir, d'un coup de sabre, la fendre en quatre. Des peaux de lapin suspendues au plafond oscillent à l'envi après avoir décoiffé au passage. A chaque casquette qui tombe : Soyez tranquille, mon ami.

Du reste, en fait de vivres, on découvre une soupe qui est en train de cuire, des raisins appendus au plafond du fruitier, quelques tranches de mouton salé, une volaille froide et de la salazdazes. « Va bien, maz, des pomiz dis terras, madamaz? — Soyez tranquille, mon ami... Embrouillaz-miz pas. »

Pendant que nous mettons la table, la vieille fait diligence, et bientôt tout est prêt. La soupe est délicieuse, le mouton immangeable, la salazdazes au pur quinquet, et de pommes de terre, point. Mais vienne la volaille!... Dans ce moment le matou du Pin s'en régale. Soyez tranquille, mon ami, les matous ne s'embrouillaz-miz pas.

Pour dessert, l'on va se coucher. Les lits sont faits de la dépouille des bois, et les couvertures de la dépouille des lapins, c'est-à-dire fort bons, en vérité. Pendant que nous y goûtons les douceurs du sommeil, la vieille travaille à une soupe monumentale, qui doit faire le charme de notre lever et la gloire de notre lendemain.

LA VIEILLE ET LA SOUPE.

VINGT-DEUXIÈME JOURNÉE.

Vers l'aurore, le froid devient si âpre dans nos dortoirs ouverts, que, secouant nos peaux de lapin, nous courons nous réfugier autour de l'âtre où cuit la soupe. Alors la vieille : « Soyez tranquille, mon ami ; » puis, après nous avoir distribué des ustensiles, et sans même déplacer la chaudière, elle se met à servir à chacun sa portion, avec toute la bonne grâce d'une vivandière qui se plaît à bien réconforter des petits tambours transis. De l'énorme bouillie, il n'est laissé goutte, et nous quittons le logis du Pin, sinon repus, du moins convenablement ballonnés.

Le pays redevient pétré. Mais près de Castellane la vallée s'élargit, et quelques semblants de fertilité se font apercevoir ci et là. Castellane est un groupe de masures avec un fumier devant chaque porte : le tout s'appelle une sous-préfecture. Pour la vie, le mouvement et la magnificence, notre Thonon est auprès une Babylone. Avec cela, une population de bonnes gens, industrieux, aisés, et qui ont l'air contents d'être au monde. Pourquoi pas? Ils ont leurs pierres, leur beau soleil, des moutons à revendre, et, relégués dans ce coin de royaume loin des spectacles et des exemples qui excitent l'envie et qui attisent l'ambition, ils y vivent de leur petite vie de canton, tranquilles, occupés et bien chez eux. On serait heureux à moins.

Nous allons descendre chez M. Lyons, qui tient le premier hôtel de l'endroit, avec enseigne à la muraille et fumier devant le seuil. M. Lyons est absent; on va le chercher parmi les pierrailles des environs.

Retrouvé enfin, M. Lyons accourt pour déclarer qu'il n'a pas une côtelette à nous offrir, mais qu'il va faire un tour de pays pour ramasser des vivres. Sur ce, M. Lyons repart, et madame Lyons et les demoiselles Lyons, deux fort jolies personnes, coiffées en cheveux, sveltes, propres et basanées. Pendant leur absence, un ami de l'hôtel nous entretient qui se trouve être l'inspecteur des eaux et forêts! Ohé! embrouillaz-miz! Inspecteur des pierres, passe encore, mais des eaux, mais des forêts, dans le pays le plus chauve et le plus desséché de la création!

Au bout d'une demi-heure environ, la famille Lyons reparait chargée de

lièvres, de pigeons, de gibier de toute sorte, et au même instant un homme vient à passer qui offre à vendre du poisson de mer. « Pour le coup, messieurs, s'écrie le père Lyons, vous aurez une soupe au poisson; un peu de patience, et vous verrez! » Qu'on juge de l'épanouissement d'espoir, d'attente, de félicité avec lequel nous voyons ces victuailles et nous écoutons ces paroles...... Bientôt tout est prêt ; et, servis par les deux jeunes demoiselles, nous absorbons avec un inénarrable plaisir tout ce qui se présente. La soupe au poisson, traitée par le père Lyons, est de toutes les soupes la plus savoureuse et la plus appétissante.

C'est cruel, lecteur, n'est-ce pas, d'insister ainsi devant vous sur le vif agrément de ces banquets sans pareils, où tout s'est rencontré de ce qui rend un régal exquis, brillant, parfait? C'est de goût médiocre aussi, n'est-ce pas, de vous entretenir si souvent et avec un si visible contentement de ces détails de cuisine et de gastronomie?... Mais qu'y puis-je faire? Passer outre sans chanter mon hymne à ces souvenirs si fleuris, et qui comptent, sinon parmi les plus pratiques, du moins parmi les plus joyeux du temps passé, m'est impossible, et j'aime mieux encore faire quelque brèche au bon goût que d'aller manquer de gratitude envers cette bicoque ignorée, envers ces bonnes gens de la famille Lyons, envers cette table proprette et chargée de mets, autour de laquelle, préparés par l'abstinence, secondés par la fortune et comblés par la cordialité, nous fîmes une chère si merveilleuse. Mais il y a plus, je voudrais vous inspirer l'envie de connaître par vous-même la charmante allégresse de ces festins de hasard dont la faim est l'assaisonnement, et que transforment si promptement en une véritable fête, le contraste, la nouveauté, l'imprévu des ressources et aussi la bonne grâce des hôtes. Toutefois n'allez pas, prenant mes tableaux pour des indications, et notre plaisir pour les arrhes du vôtre, chercher à Castellane ce qu'il nous est arrivé d'y rencontrer, car, en ces choses d'accident, on ne peut rien faire renaître ; et qui sait d'ailleurs si, à cette heure, le père Lyons vit encore, ou si, toujours demoiselles et gracieusement accortes, ses deux filles seraient les pourvoyeuses de votre chère et les servantes de votre banquet? Mais lancez-vous dans le genre de vie qui comporte presque inévitablement ces aubaines fortunées ; allez, marchez devant vous au travers des contrées, au-devant des bonnes gens ; et le contraste, et la nouveauté, et l'imprévu, et la faim surtout changeront, pour vous comme pour nous, en incomparable trésor la trouvaille inespérée de quelques modiques provisions. Puis, quand viendra l'âge de garder le logis, visité alors par ces souvenirs, comme nous encore, vous redirez, non pas sans mélancolie, mais avec un reconnaissant essor du cœur : Que de joies pourtant j'ai goûtées ! et en fait de bons gros plaisirs, à la fois vifs et sains, qui donc pourrait m'en signaler que je n'aie pas cueillis et savourés !

D'ailleurs, lecteur, ces plaisirs, quand même ils ont pour occasion des choses de bouche et de régal, ce serait ne les comprendre pas du tout que d'aller les confondre avec les joies purement matérielles de la gourmandise satisfaite, et, pour ce qui est de nous, s'ils étaient d'estomac, plus ou autant que d'esprit ou de cœur, nous serions porté à en médire bien plutôt qu'à en faire l'éloge ou à en retracer le tableau. Il n'y a, en effet, que de brutaux gourmets qui puissent se plaire à des ressouvenirs de truffes ou de coulis; et ces hommes-là, quand l'âge vient à leur interdire leur chère d'autrefois, c'est non pas de mélancolie ni de reconnaissants pensers qu'ils sont visités, mais d'ignobles regrets et d'impuissantes envies. Certes, la faim conquise, l'appétit acheté, sont d'autre sorte déjà que le palais chatouillé, que la gourmandise séduite; mais en outre, l'esprit d'observation, la gaieté, la bienveillance, mis en jeu tous à la fois par l'aspect des incidents, par le bien-être de l'arrivée, par le besoin et le bonheur de se complaire mutuellement, sont les naturels accessoires de ces banquets de taverne. Et c'est bien pourquoi, au rebours de ce que nous disions tout à l'heure, le souvenir en est non pas joyeux seulement, mais poétique aussi, comme l'est tout souvenir de ce qui fut charmant de vivacité, brillant de joie, vivant de belle humeur et d'expansive cordialité.

Au surplus, si les plaisirs de la table, réduits ainsi à n'être vifs que par l'assaisonnement des privations et de la fatigue, et à ne devenir sans pareils qu'à cause de l'allègre disposition des convives, s'ennoblissent réellement et viennent prendre rang parmi les bonnes joies de ce monde, il n'en est pas moins vrai qu'ils ont aussi leur élément gastronomique, leur physiologie, bien humble sans doute, mais riche en règles pratiques et en bienfaisants aphorismes. Cette physiologie, il nous appartiendrait, ce semble, de la faire, à nous qui avons pendant un grand nombre d'années hanté périodiquement les hôtelleries et les tavernes de tant de contrées diverses; mais pour tenter d'écrire un pareil livre, il faut plus de loisir que nous n'en avons, plus surtout de cette fleur d'esprit et de goût sans laquelle un sujet pareil devient bien vite rassasiant comme un mets sans sel, et plat comme un vin sans bouquet. Bornons-nous donc à formuler ici ce simple aphorisme dont nous avons mille fois éprouvé la justesse. C'est que, pour le voyageur affamé qui sait prendre les gens, deviner les ressources, seconder les apprêts et pourvoir à la propreté, il n'y a pas de taverne écartée, pas de trou perdu, qui ne contienne tous les éléments d'un bon repas et quelque friandise en sus, figue ou raisin, fromage ou amandes, miel ou tartines.

Nous quittons à regret Castellane pour rentrer dans les solitudes pétrées. Les rocs çi et là sont appointis en pains de sucre ou dressés en pans de muraille : on dirait parfois les ruines d'une ville écroulée de la veille. Du reste, le seul passant à qui nous ayons affaire, c'est un vendeur de moutons, sensé, poli, henriquinquiste, et qui cause admirablement bien laines et procès.

Sur le soir, on atteint Barême, gros village, où l'hôte est un ladre sans entrailles qui nous affame en règle. Par avarice, et pour n'avoir point de gages à payer, cet homme est maître et valet, hôte et cuisinier, sommelier et femme de chambre; en sorte que ce n'est qu'après qu'il a lavé nos assiettes et soupé de nos débris qu'il peut s'occuper de faire nos lits. Enfin vers minuit tout est prêt, et c'est alors à qui se réveillera pour s'en aller dormir.

LES ROCS EN PAIN DE SUCRE.

VINGT-TROISIÈME JOURNÉE.

Pour la première fois depuis vingt-trois jours, le soleil se retire de nous, et des nuées tout aussi noires que les nôtres ont voilé ce ciel de Provence dont les poëtes vantent à l'envi la sérénité. En même temps, la contrée déjà si nue a pris l'aspect d'un lugubre océan, et du fond d'une gorge où nous allons entrer accourt un vent pluvieux qui intercepte nos paroles, qui ballonne nos blouses et qui décoiffe nos têtes. Cette gorge, c'est l'Averne en personne. Plus de jour, plus d'air, plus de terre ; à la place, deux mornes parois de pierre, un bout d'étroite chaussée, et, tout au fond, le Styx qui rugit et bouillonne.

Au plus noir du passage, nous atteignons un cavalier qui se prélasse sur un joli cheval bai. Salut de part et d'autre, après quoi nous le complimentons sur les beautés de la promenade. « Oui, dit-il, un pays pauvre, mais des populations honnêtes; les affaires petites, mais sûres. » Nous voilà d'autant plus curieux de savoir quel genre d'affaires fait ce monsieur, lorsque devinant notre pensée : « Je suis tailleur, messieurs. Nous habillons ces vallées. A cette heure, je me rends de bourgade en bicoque et de bicoque en chaumière pour faire choisir des étoffes et pour prendre des mesures. Pendant l'hiver on confectionne la marchandise, et au printemps on l'expédie. Depuis quinze ans, toujours la même chose; aussi ces pierres me connaissent, » ajoute-t-il en souriant. Après quelque entretien encore, ce monsieur pique des deux, et bientôt nous l'avons perdu de vue.

Après deux heures de marche, une maisonnette se présente, nous y entrons en criant famine. Philémon et Baucis accourent, un vieux et une vieille

. . . . ne marchant qu'avec peine.

Baucis nous met sur la table tout ce qu'elle a, du lait, du fromage, des raisins, des noix et une tête de mouton que l'on s'apprête à diviser en rations. Mais quoi? la cervelle n'y est pas! « Attendez, attendez, » dit Baucis en s'éloignant, et, bientôt de retour, elle apporte la cervelle soigneusement ployée dans du papier. Nous nous prenons à rire; mais elle demeure sérieuse, car, à ses yeux, c'est d'un acte de probité qu'elle vient de s'acquitter. Cependant Philémon, qui s'est éloigné aussi, reparaît en traînant le sac de noix, et lui-même il en remplit nos poches, même après que nous venons de régler le compte de notre dépense. Il y a des ladres, il y a aussi des généreux.

Au sortir de cette chaumière, un homme qui se trouve là offre de nous faire gagner quatre heures sur le chemin que nous nous sommes proposé de suivre, si seulement, laissant Digne sur la gauche, nous voulons couper droit sur Marigé, deux lieues plus loin. Cette proposition nous séduit; un exprès est envoyé à notre cocher pour qu'il ait à nous courir après, et nous nous engageons dans les pentes d'une montagne. Le sol est ici plus fendillé, plus aride, plus hideux encore que tout ce que nous avons vu. Néanmoins, le paysage est loin de manquer de caractère, et ces vastes nudités ont en réalité plus d'imposante grandeur que la plupart des paysages boisés et fleuris. Nous n'avons vu la Palestine, et en particulier la contrée où est assise Jérusalem, que dans les représentations plus ou moins fidèles de la gravure et des panoramas, mais, en vérité, à plusieurs

LA GORGE APRÈS L'ARRÊME.

reprises, nous avons cru saisir entre ces représentations et les sites que nous avons ici sous les yeux une frappante analogie.

Au delà de la montagne, nous retrouvons tout ensemble et soudainement la grande route, les prairies, les arbres et deux hommes qui paraissent nous attendre. Ce sont en effet deux marchands de parapluies qui, après avoir salué respectueusement toute la société, nous offrent leurs services « Croyez-nous, messieurs, le temps changera, et vous serez

aises d'être abrités. » Mais le soleil brille en ce moment, en sorte que nous laissons dire, et les deux marchands ont du dessous.

Plus loin, une mendiante nous attend aussi pour nous tenir d'interminables discours en azés, et les sous qui pleuvent dans sa main ne font que rendre plus rapide et plus bruyant le flot de son éloquence. A la fin, se taisant tout à coup, elle se retire à quelque distance, et là, dévotement agenouillée, elle implore en notre faveur la protection de sainte Madeleine. Un homme vient à passer: « Qué fay? — Prious (je prie), » dit-elle, et elle continue son oraison. Pendant ce temps, le ciel s'est de nouveau chargé de nuées qui se mettent à crever sur nos têtes, et les deux marchands, qui choisissent ce moment pour nous devancer abrités sous de magnifiques parapluies, ne laissent pas que d'avoir du dessus. Nous arrivons à Marigé transis de froid et mouillés jusqu'aux os.

Dans toute cette région, les auberges offrent quelques caractères communs et distinctifs. L'ail et l'huile d'abord, qui dominent dans tous les assaisonnements; ensuite, pas de couteaux, ils sont fournis par le consommateur. Dans les chambres à coucher, point d'eau, et du linge, pas davantage. Enfin, comment dirai-je... tous les endroits désirables, et pas l'endroit nécessaire. La clef des champs, rien d'autre.

VINGT-QUATRIÈME JOURNÉE.

Ce matin, pluie encore. Du reste, l'eau qui est tombée pendant la nuit a enflé les torrents au point que sans la voiture il nous serait impossible pour l'heure de continuer notre voyage dans ce pays sans ponts. A chaque fois donc, on la charge devant, derrière, sur l'impériale; le reste en-

fourche les chevaux et partage avec eux les grands coups de fouet au moyen desquels on les décide à gagner au travers des bouillons la rive opposée.

A Sisteron, l'hôte, à qui nous avons été annoncés par le commis tailleur, vient au-devant de nous. C'est un vieillard gai, vif, bon enfant et farceur

au non plus : « Accourez, accourez, braves gens, nous crie-t-il de tout loin, c'est ici le déluge qui commence, et vous allez rester huit jours dans mon arche, où il y a une paire de chaque espèce de bon gibier!... » Nous entrons, la table est servie, le déjeuner tout prêt; c'est l'hôte qui nous sert. « Entendez-vous comme elle tombe! Bravo, je vous tiens! Commençons par ce lièvre; tâtez-moi ces perdrix, et vive le déluge! nous allons rire et nocer... » Mais après une puissante averse, le soleil reparaît : « Allons, s'écrie-t-il, je suis enfoncé. C'est égal, prenez mon nom, et recommandez-vous de moi, vous serez bien reçus partout. »

Mais que vois-je là-bas sur la route, et serions-nous en Palestine tout de bon?... Un grand dromadaire et cinq ânons! L'on marche, l'on approche; c'est une ménagerie ambulante. Le dromadaire porte des singes habillés, les ânons sont chargés de bêtes en caisse, et tout cela se rend à Sisteron pour y embellir la foire du lendemain. Nous nous faisons donner au beau milieu du grand chemin une représentation complète. « Vous voyez,

messieurs, le superbe porc-épic de M. Bouffon, géographe célèbre.....
Cet animal terrible triomphe de la force par la ruse... Quand il voit son
ennemi, sous prétexte de le caresser, il le transplante, » etc., etc.

Sans autre aventure, nous arrivons très-tard à la Sauce, où tout le
monde dort dans le village et dans l'hôtel. A force de vacarme pourtant,
nous finissons par trouver à qui parler, et vers minuit, après de laborieux
apprêts, nous pouvons enfin aller dormir à notre tour.

VINGT-CINQUIÈME JOURNÉE.

Mais ce n'est pas pour longtemps. Dès avant l'aube, une basse-taille rauque, caverneuse, funéraire, se met à pousser un quiqueriqui profondément apocalyptique... Ohé! un s'éveille, puis deux, puis trois, puis de chambrée à chambrée on s'appelle, on s'avertit, et à chaque retour harmonique de ce chant phénoménal, ce sont de grands éclats de rire. « Ce coq-là? nous dit l'hôte, il a fait la retraite de Russie, et voilà pourquoi. Son père avait le timbre encore plus bas. » Pour le coup, nous regrettons tous de ne l'avoir pas connu.

Vers six heures, nous déjeunons à Gap. L'endroit est riant, le pays est vert et boisé. Gap a été la paroisse de Réguis, ce digne curé dont les prônes, imprimés depuis sa mort, figurent aujourd'hui parmi les plus beaux modèles d'éloquence religieuse. Moins pompeux que Bossuet, Réguis en a la robuste vigueur et l'ample abondance, et bien peu de prédicateurs, parmi les catholiques surtout, sont à la fois aussi évangéliques quant à la doctrine, aussi pressants et aussi pratiques quant à la morale. C'est pour cela apparemment que, réimprimés à Genève par les soins d'un pasteur de notre Église, ces prônes y sont devenus plus populaires parmi nous autres protestants qu'ils ne le sont parmi les catholiques de France et à Gap même, où il nous arrive d'en entretenir trois ou quatre personnes qui n'en ont jamais ouï parler.

Après Gap, une montée interminable, de trois heures au moins, puis une descente en proportion qui nous conduit dans un canton où l'on vient de tenir la foire. Les uns, encore à table sous la feuillée, jasent, chantent, rient; les autres, avinés et chancelants, se remettent en route précédés ou suivis des bêtes qu'ils ont achetées. Tout à coup les moutons de s'enfuir

de ci, les chevaux de se cabrer de là; c'est un pourceau malcontent d'avoir été vendu qui crie, pousse, culbute, se débat, et finalement rebrousse au grand galop vers le boiton paternel en tirant son acheteur après lui. Tout à l'heure on les perd de vue, et plus de nouvelles.

Au delà de ce canton, la nuit nous atteint; et Cor, où nous voulions arriver ce soir, étant encore bien éloigné, nous allons frapper à la porte d'une belle maison qui s'élève isolée sur la lisière d'un bois. « Point de place, messieurs, nous dit l'hôtesse, je n'occupe que le bas de la maison, et tous mes lits sont retenus. — Eh bien, donnez-nous de la paille. — Je ne saurais où la mettre, mes bons messieurs; ainsi hâtez-vous de poursuivre votre chemin, vous trouverez un gîte à deux lieues d'ici. » Là-dessus, l'hôtesse ferme sa porte, et déjà nous nous disposons à suivre son conseil, lorsqu'un monsieur qui était à prendre le frais à deux pas de la maison s'approchant de M. Töpffer : « Ces jeunes gens, lui dit-il, sont fatigués. Veuillez, monsieur, monter avec moi. » M. Töpffer se laisse alors conduire jusque dans l'appartement supérieur, qui est grand, confortable et meublé avec luxe. « Vos messieurs, reprend l'inconnu, couchent à deux, n'est-ce pas?..... Voici ma chambre. En voici une autre. Je vous ouvrirai mon salon. Veuillez me faire le plaisir de vous contenter de ce logement que je mets à votre disposition. » M. Töpffer se confond en remercîments. » Je vous en prie, monsieur, brisez là-dessus. J'ai voyagé; mon offre est toute naturelle. » Il s'éloigne alors, et nous ne le revoyons plus.

N'est-ce pas la peine, lecteur, de faire cent lieues, d'éprouver bien des fatigues et bien des privations, rien que pour courir la chance de rencontrer l'aubaine d'une hospitalité si noble, si simple, si dégagée à la fois et d'embarrassantes instances, et de vaniteux empressement? Ah oui sans doute, car si, d'une part, c'est à ces rencontres que le cœur goûte un pur et entier contentement, d'autre part, c'est en reconnaissant qu'elles ne sont point rares qu'il apprend à aimer les hommes et à croire aux bonnes qualités de notre espèce, deux sentiments excellents qui sont en tout temps un germe de bienveillance et une source salubre de consolation, de douceur et d'équité. Pour nous, tant que nous nous sommes borné à interroger les philosophes sur ce qu'il en est de notre espèce, nous n'avons su qu'osciller misérablement entre deux doctrines également funestes, celle de Rousseau et, osons le dire, celle de Pascal; celle que l'homme est naturellement tout bon, et celle que l'homme est naturellement tout mauvais; en telle sorte que sur un point qui est pourtant si essentiel, si décisif pour la conduite de la vie, et auquel se rattachent intimement la plupart des principes de morale personnelle, nous ne savions que passer à l'égard de nos semblables d'une niaise estime à un stérile et desséchant mépris. Mais une fois affranchi de ce joug qu'impose le génie aux esprits encore peu formés, et quand les circonstances nous ont eu mis annuellement en contact avec des hommes de toute sorte, de tout pays et de toute condition, l'estime, tout en se tempérant, s'est fortifiée, et le mépris, remplacé le plus souvent par la compassion, a disparu sans retour. Ah! le beau gain pour le bon sens, pour le cœur, pour l'âme tout entière, et combien dès lors nous avons jugé avec plus de rectitude, aimé avec plus de confiance, compris aussi avec plus de clarté que le bon, puisqu'il est accessible aux autres, est accessible à nous-même, et que c'est à le poursuivre dans soi comme à l'honorer dans autrui que doit s'employer la vie!

Et pourtant j'aime, je vénère cette amertume religieuse de Pascal; aujourd'hui que je ne m'en fais plus comme autrefois une triste doctrine, j'y recours constamment pour nourrir mon âme d'humilité, pour connaître, guidé par ce maître, jusqu'où va la faiblesse de ma nature, pour m'abreuver à cette sublime mélancolie dont il soulève et remue le flot avec tant de puissance! A lui le don d'attacher d'abord pour ébranler après, pour secouer, pour déraciner même; et c'est bien pourquoi, aux intelligences trop faibles, ou encore aux âmes à la fois sombres et passionnées, la lecture de Pascal peut devenir dangereuse bien plutôt qu'utile, ou seulement indifférente.

Pour Rousseau, bien rarement aujourd'hui j'y ai recours. Je trouve trop de faux dans sa doctrine et trop d'emphase dans son éloquence; sa façon d'envisager l'homme, plus encore que celle de Pascal, me mécontente et me répugne comme n'ayant que la factice autorité d'une thèse improvisée, que la fragilité d'un sophisme d'opposition ou de circonstance. Mais pourrais-je oublier jamais que c'est ce sincère et vigoureux champion du spiritualisme qui a été pour moi, à l'âge des ébranlements de croyance et des témérités d'esprit, le bouclier sauveur contre lequel frappaient sans me toucher les flèches empoisonnées de Voltaire, de Diderot, de toute cette phalange brillante et valeureuse de matérialistes déterminés! Oh! non sans doute, car c'est là un éclatant bienfait dont l'influence se projette sur la vie entière, et jusqu'à son dernier jour l'on doit être reconnaissant envers l'écrivain qui fut assez fort pour maintenir en vous le principe de toute moralité élevée, de tout noble perfectionnement, de tout consolant espoir; celui-là seul sur lequel, temporairement disparues, les croyances chrétiennes ne tardent pas à revenir s'implanter et refleurir à toujours!

Mais, il y a plus, un autre avantage dont nous avons été redevable à Rousseau, et non pas certes à Pascal, c'est celui d'avoir entrevu de bonne heure que si le mépris de l'espèce humaine, toujours lié au mépris de soi-même, est une doctrine avilissante et corruptrice que corrigent bien imparfaitement, même chez Pascal, la ferveur de son humilité et le rigorisme outré mais respectable de ses croyances; d'autre part, croire à la vertu, y avoir une foi ingénue, généreuse, est un acheminement à y tendre et le plus puissant encouragement à la pratiquer. Aussi, bien avant que le commerce des hommes nous eût enseigné à voir en eux des créatures parfaitement susceptibles d'aimer et de vouloir le bien, parfaitement capables de le chercher et de l'accomplir, déjà ce trait d'Alexandre et du médecin Philippe, si éloquemment commenté par Jean-Jacques, nous avait révélé ce qu'il y a de grand dans la foi au bien, ce qu'il y a de corrupteur et de décourageant dans la défiante suspicion de tous les motifs et dans la négation intime de la vertu. Au surplus, tout en payant ici notre tribut de gratitude à ce philosophe, nous sommes loin de penser que la lecture de ses écrits soit salutaire au grand nombre des esprits jeunes encore et peu formés. Pour ceux qui sont sains et bien préparés, elle les gâterait infailliblement; pour ceux, au contraire, qui prématurément introduits dans le cercle brillant des encyclopédistes, y ont déjà succombé sous la séduction de leurs paroles ou chancelé sous l'atteinte de leurs sophismes, elle les relève, elle les fortifie, et en les passionnant elle les sauve.

Demain seulement, à la Mûre, nous apprendrons que le monsieur qui nous a offert ce soir une généreuse hospitalité se nomme Champoléon; qu'après avoir commencé par se faire ouvrier tanneur à Lyon, il s'éleva par sa conduite et par son travail à une condition meilleure, et que, possesseur aujourd'hui d'une belle fortune, il est revenu se fixer avec sa famille dans le pays de ses pères.

VINGT-SIXIÈME JOURNÉE.

Nous laissons ici un billet de remercîments pour M. Champoléon; puis, partis au petit jour, nous croisons à deux lieues de là le 15ᵉ de ligne, qui se rend en garnison à Embrun. De toutes parts accourent des vendeurs de raisin, et, comme si nous étions du 15ᵉ de ligne, nous nous pourvoyons aux prix courants.

Bientôt la Mûre est devant nous, tout près, à deux pas; aussi nous nous moquons fort d'un naturel qui prétend que nous n'y arriverons pas avant une heure et demie de marche... Ce naturel avait raison. Voici tout à l'heure une fissure profonde, des zigzags de route interminables, et la Mûre tout là-haut qui nous attend sans faire un pas pour venir à notre rencontre. On y arrive enfin, mais le 15ᵉ de ligne n'y a rien laissé, et nous y déjeunons de miettes.

Au delà de la Mûre s'ouvre un long ruban. Le pays est d'ailleurs assez joli, et nous suivons la rive de deux petits lacs qui, au sortir des Arabies d'où nous sortons, nous paraissent charmants. La nuit et la pluie nous atteignent en même temps, une heure avant Vizille, où nous allons descendre à la poste. A peine sommes-nous installés et en train de nous mettre à table, qu'une escouade de gendarmes commandée par un brigadier ivre investit la maison et pénètre dans la chambre à manger : « Que personne ne sorte! Vous n'êtes pas tous là! Du papier, de l'encre! On va dresser le procès-verbal... » Au bout de demi-heure, en effet, le procès-verbal se trouve dressé, le souper tout froid, le sommeil le plus fort. Nous allons dormir.

XXVIIe, XXVIIIe ET XXIXe JOURNEES.

Arrivé à Grenoble, M. Töpffer, encore indigné de la scène d'hier au soir, s'en va faire à la préfecture un petit bout de plainte qui y est fort bien reçu, en sorte que l'escouade de Vizille sera convenablement semoncée.

Dès ici nous rentrons dans notre route de l'an passé, en sorte que, sans nous arrêter nulle part, nous allons de nos trois dernières journées n'en faire qu'une. D'ailleurs, la pluie, qui ne nous quitte plus jusqu'aux portes de Genève, nous force de prendre des voitures : plus de marche; partant, plus de descriptions et plus d'aventures.

Au Touvet, on nous demande si nous faisons maigre. — Non. Et l'on nous sert maigre également. Ce n'était pas la peine de demander.

Aux Marches, le chef de la douane voit entre nos mains *Mes prisons,* de Silvio Pellico. « Cette édition, nous dit-il, est prohibée, à cause d'une note insultante pour notre roi, et je serais en droit de la saisir..... Mais vous n'en savez probablement rien, et ce n'est pas la peine d'être rigoureux. » Après quoi il se met à discourir avec beaucoup de goût sur les divers écrits de cet auteur, et nous le quittons tout raccommodés avec les douanes.

Quatre ou cinq des voyageurs sont répartis entre les trois sièges de nos voitures. Pour que la pluie ne finisse pas par les fondre en eau, on les empaille. C'est d'un effet charmant, et quand, pour se réchauffer, ils font un bout de marche, à voir ces fantômes, il y a de quoi rejeter sur la France et sur la Suisse tous les moineaux de la Savoie.

Voici le Châble, voici Salève, voici le lac et ses beaux rivages, voici le logis où nous rentrons avec deux malades guéris et une riche besace de souvenirs.

TABLE
DES NOUVEAUX VOYAGES EN ZIGZAG.

Notice sur Töpffer, considéré comme paysagiste 1

VOYAGE A LA GRANDE CHARTREUSE.

Première journée. — *Départ.* — *Seyssel.* 1
Deuxième journée. — *Le lac Bourget.* — *Hautecombe.* — *Aix.* 12
Troisième journée. — *Chambéry.* — *Les Charmettes.* 21
Quatrième journée. — *Les Échelles.* — *La grande Chartreuse.* 27
Cinquième journée. — *Saint-Laurent du Pont.* — *Grenoble.* 37
Sixième journée. — *Grenoble.* 42
Septième journée. — *Les Marches.* — *Montmélian.* 45
Huitième journée. — *Saint-Pierre d'Albigny.* — *Le col de Samiers.* — *Retour.* 48

VOYAGE AUTOUR DU MONT BLANC.

Première journée. — *Départ.* — *Villeneuve.* — *Aigle.* 57
Deuxième journée. — *Bex.* — *Martigny.* 75
Troisième journée. — *La Forclaz.* — *Trient.* — *Le col de Balme.* 86
Quatrième journée. — *Jean Payod.* — *Les Cheminées des Fées.* 99
Cinquième journée. — *Saint-Gervais.* — *Nant-Bourant.* 108

Sixième journée. — *Le Bonhomme.* — *Les Mottets.* — *Le col de la Seigne.* — *Cormayeur*... 115
Septième journée. — *L'Allée blanche.* — *Les chalets de Bar.* — *Le col Ferret.* 132
Huitième journée. — *Le col de Fenêtre.* — *Le couvent du grand Saint-Bernard.* — *Les Chenalettes*....................... 144
Neuvième journée. — *Tobie Morel.* — *Liddes.* — *Orsières.* — *Saint Branchier.* — *Martigny-le-Bourg*................. 163
Dixième journée. — *Riddes.* — *Sion.* — *Le château de Valère*........ 172
Onzième journée. — *Les Mayens.* — *Vex.* — *Les pyramides d'Useigne.* — *La gorge d'Evolena*..................... 183
Douzième journée. — *Evolena.* — *Max*.................. 200
Treizième journée. — *Tourtemagne.* — *Viège*.............. 214
Quatorzième journée. — *Stalden.* — *Saint-Nicolas.* — *Zermatt*...... 229
Quinzième journée. — *Le mont Cervin*................... 238
Seizième journée. — *Représentation dramatique à Stalden*....... 249
Dix-septième journée. — *Vallée de Conches.* — *Lax.* — *Münster.* — *Obergesteln*. 268
Dix-huitième journée. — *Le glacier du Rhône*.............. 281
Dix-neuvième journée. — *Vallée de la Handeck.* — *Guttanen.* — *Meyringen*. 293
Vingtième journée. — *Le lac de Brienz*................... 302
Vingt et unième journée. — *Interlaken.* — *Neuhaus.* — *Thoune*..... 308
XXIIe, XXIIIe et XXIVe journées. — *Berne.* — *Fribourg.* — *Lausanne.* — *Retour*.. 310

VOYAGE A GÊNES.

Première journée. — *Départ.* — *Le Chable.* — *Annecy*........ 313
Deuxième journée. — *Le lac d'Annecy.* — *Taverge.* — *L'Hôpital*.. 323
Troisième journée. — *Aiguebelle.* — *La Chambre*............ 332
Quatrième journée. — *Saint-Jean de Maurienne.* — *Saint-Michel.* — *Modane*. 339
Cinquième journée. — *Le fort de Bramant.* — *Lans le Bourg.* — *La Ramasse.* — *L'auberge de la Grande-Croix*.................. 345
Sixième journée. — *Suze.* — *Saint-Antonin.* — *Saint-Ambroise*...... 354

SEPTIÈME JOURNÉE. — *Rivoli.* — *Turin.*	359
HUITIÈME JOURNÉE. — *Turin.*	366
NEUVIÈME JOURNÉE. — *Poyrino.* — *Asti.*	369
DIXIÈME JOURNÉE. — *Alexandrie.* — *Les plaines de Marengo.*	373
ONZIÈME JOURNÉE. — *Gênes.*	376
DOUZIÈME JOURNÉE. — *Messire Renard.* — *Le port de Gênes.*	383
TREIZIÈME JOURNÉE. — *M. Paris.* — *Le palais Doria.* — *Le palais Durazzo.*	389
QUATORZIÈME JOURNÉE. — *Le Charles-Félix.*	393
QUINZIÈME JOURNÉE — *La Corniche.* — *Renzano.* — *Cazaretto.* —*Savone.*	396
SEIZIÈME JOURNÉE. — *Finale.* — *Albenga.* — *San Remo.*	402
DIX-SEPTIÈME JOURNÉE. — *Onéglia.*	407
DIX-HUITIÈME JOURNÉE. — *Les Palmiers.* — *Vintimiglia.* — *Monaco.* — *Mentone.*	412
DIX-NEUVIÈME JOURNÉE. — *Nice.*	417
VINGTIÈME JOURNÉE. — *La douane de Saint-Laurent du Var.* — *Antibes.* — *Grasse.*	419
VINGT ET UNIÈME JOURNÉE. — *Saint-Valier.* — *Le logis du Pin.*	423
VINGT-DEUXIÈME JOURNÉE. — *Castellane.* — *Barème.*	428
VINGT-TROISIÈME JOURNÉE. — *La gorge de Barème.* — *Marigé.*	433
VINGT-QUATRIÈME JOURNÉE. — *Sisteron.* — *La Sauce.*	437
VINGT-CINQUIÈME JOURNÉE. — *Gap.*	440
VINGT-SIXIÈME JOURNÉE. — *La Mure.* — *Vizille.*	445
XXVIIe, XXVIIIe ET XXIXe JOURNÉES. — *Grenoble.* — *Retour.*	447

FIN DE LA TABLE.

TABLE

POUR

LE PLACEMENT DES GRAVURES HORS DU TEXTE.

FRONTISPICE. . . . . en regard du titre.
LES CHARMETTES. . . . . en regard de la page 21
LA GROTTE DES ÉCHELLES. . . . . — — 26
ENTRÉE DE LA GRANDE CHARTREUSE. . . . . — — 29
LA GORGE DE FOURVOIRIE. . . . . — — 30
ENVIRONS D'AIGLE. . . . . — — 73
ENVIRONS DE BEX. . . . . — — 77
LA TOUR DE DUING. . . . . — — 79
VALLÉE DU RHÔNE. . . . . — — 87
POURMENAZ, LE COL D'ANTERNE, LES FIZ. . . . . . . — — 105
MONTÉE DU NANT BOURANT. . . . . — — 113
LE BONHOMME. . . . . — — 118
LE DÉJEUNER AU CHALET FERRET. . . . . — — 142
LE COL DE FENÊTRE. . . . . — — 148
LE GARÇON ET SA FIANCÉE. . . . . — — 168
RUINES DE VALÈRE. . . . . — — 181
LA GORGE D'EVOLENA. . . . . — — 193
LA SÉCHERIE D'EVOLENA. . . . . — — 202
LES PINS DE SIERRE. . . . . — — 216
PRÈS DE MÜNSTER (un pont). . . . . — — 230
LE SENTIER AU-DESSUS DE STALDEN. . . . . — — 233
LE GLACIER DE ZERMATT ET LE MONT CERVIN. . . . . — — 236
CHAUSSÉE ENTRE ZERMATT ET RANDAH. . . . . — — 246

UNE RUE DE STALDEN................	en regard de la page	249
REPRÉSENTATION DRAMATIQUE A STALDEN (le théâtre)......	— —	263
— — — (loges et parterre)..	— —	263
VALLÉE DE CONCHES................	— —	271
PRÈS DE MÜNSTER (vallée de Conches).........	— —	277
MONTÉE AU GLACIER DU RHÔNE............	— —	284
LAC DE BRIENZ..................	— —	305
PRÈS FRIBOURG..................	— —	310
LA MONTÉE DU CHABLE...............	— —	318
VUE PRISE A ANNECY................	— —	320
POYRINO.....................	— —	371
LA RIVIÈRE DE GÊNES................	— —	381
GÊNES.......................	— —	383
LE PORT DE GÊNES.................	— —	385
LA CORNICHE...................	— —	397
UN SITE DE LA CORNICHE..............	— —	399
PROMONTOIRE DE FINALE...............	— —	404
LES PALMIERS...................	— —	413
MONACO.....................	— —	413
CÔTE PRÈS DE MONACO...............	— —	414
LES PÊCHEURS DE NICE...............	— —	418
MONTÉE D'ANTIBES A GRASSE............	— —	421
LE LOGIS DU PIN..................	— —	426
LES ROCS EN PAINS DE SUCRE............	— —	432
LA GORGE APRÈS BARÊME..............	— —	434

FIN DE LA TABLE POUR LE PLACEMENT DES GRAVURES.

EXTRAIT

DU

CATALOGUE DE VICTOR LECOU.

OUVRAGES ILLUSTRÉS.

Les beautés du Christianisme, par M. l'abbé Beuf, aumônier du lycée Napoléon, illustrées de 14 magnifiques sujets tirés de l'Écriture sainte, par Barrias, Boulanger, Duveau, Massard, Gambard, gravés avec le plus grand soin par nos premiers artistes. 1 vol. grand in-8° colombier, papier glacé satiné, imprimé avec luxe par Plon frères. 16 fr.

Saint Vincent de Paul, histoire de sa vie, par l'abbé Orsini. 1 magnifique vol. grand in-8° jésus, illustré de 10 splendides gravures sur acier, tirées sur chiné avant la lettre, d'après Karl Girardet, Leloir, Meissonnier, Staal, etc., etc., gravées par nos meilleurs artistes. 12 fr.

La Vierge, histoire de la mère de Dieu et de son culte, par l'abbé Orsini. Nouvelle édition, illustrée de gravures sur acier et de sujets dans le texte. 2 beaux vol. grand in-8° jésus. 24 fr.; net 20 fr.

Corinne, par madame de Staël, nouvelle édition richement illustrée de 200 bois par MM. Karl Girardet, Barrias, Staal, etc., etc. 1 magnifique vol. grand in-8° jésus, imprimé par Plon frères. 10 fr.

Molière. OEuvres complètes, précédées d'une notice sur la vie et les ouvrages de l'auteur, par M. Sainte-Beuve, illustrées de 800 dessins par Tony Johannot. Nouvelle édition. 1 magnifique vol. grand in-8° jésus, imprimé par Plon frères. 13 fr.

Don Quichotte. Traduction nouvelle, précédée d'une notice sur la vie et les ouvrages de l'auteur, par Louis Viardot. Édition revue et corrigée, richement illustrée de 800 dessins par Tony Johannot. 1 vol. gr. in-8° jésus, imprimé par Plon frères. 12 fr.

La Phrénologie, le Geste et la Physionomie, démontrés par 120 portraits, sujets et compositions gravés sur acier, texte et dessins par H. Bauvères, beau-fils du docteur Spurzheim. 1 magnifique vol. grand in-8° jésus, imprimé par Plon frères (Paris, Aubert). 30 fr.; net 18 fr.

Les Beautés de la France, par A. Girault de Saint-Fargeau. 1 magnifique vol. grand in-8° colombier, illustré de 84 gravures sur acier. 10 fr.

Histoire des Français, par Théophile Lavallée. Édition ornée de 20 magnifiques gravures sur acier, d'après MM. Gros, Paul Delaroche, Eugène Delacroix, Horace Vernet, Stéuben, Scheffer, Winterhalter, etc. 2 vol. grand in-8°. 30 fr.; net 18 fr.

Versailles, palais, musée, jardins. 1 magnifique vol. grand in-8° jésus vélin, illustré de 47 splendides gravures sur acier et de bois dans le texte. 16 fr.

Chateaubriand, œuvres complètes, y compris l'Essai sur la littérature anglaise et la traduction du Paradis perdu. 5 vol. grand in-8°, illustrés de 20 gravures sur acier. 60 fr.; net 40 fr.

Les Animaux peints par eux-mêmes. Vignettes par Grandville. 2 vol. grand in-8°. 30 fr.; net 16 fr.

Le Diable à Paris, par Gavarni. 2 vol. gr. in-8° (Paris, Hetzel). 30 fr.; net 13 fr.

Voyage dans l'Inde, par le prince A. Soltykoff, illustré de magnifiques lithographies à deux teintes par Derudder, etc., d'après les dessins originaux de l'auteur. 2 beaux vol. grand in-8° jésus. 24 fr.

Voyage en Perse, par le même, illustré, d'après les dessins de l'auteur, de magnifiques lithographies par Derudder, etc. 1 vol. grand in-8° jésus. 10 fr.

Voyage autour de mon jardin, par A. Karr. 1 vol. grand in-8° jésus, illustré de 150 gravures sur bois dans le texte, et de 14 sujets tirés à part, dont 8 dessins de fleurs magnifiquement coloriés. 16 fr.

Voyage à ma fenêtre, par A. Houssaye, illustré de 12 magnifiques gravures sur acier d'après Diaz, Tony Johannot, Roqueplan, et de vignettes dans le texte. 1 très-beau vol. grand in-8° jésus, imprimé par Plon frères. 12 fr.

Paul et Virginie, suivi de la Chaumière indienne, par Bernardin de Saint-Pierre; nouvelle édition richement illustrée de 120 bois dans le texte et de 14 gravures sur chine tirées à part. 1 magnifique vol. grand in-8° jésus, imprimé avec luxe. 6 fr.

Contes de Charles Nodier, nouvelle édition, illustrée de 8 magnifiques eaux-fortes de Tony Johannot sur chine avant la lettre. 1 vol. grand in-8° jésus. 6 fr.

Le Vicaire de Wakefield, par Goldsmith, traduit par Charles Nodier. Nouvelle édition illustrée de 10 vignettes sur acier, tirées sur chine, par Tony Johannot. 1 vol. grand in-8° jésus. 6 fr.

Werther, de Goethe, traduit par P. Leroux, accompagné d'un travail littéraire par George Sand. 1 beau vol. grand in-8° jésus, illustré de 10 magnifiques eaux-fortes, épreuves sur chine avant la lettre. 6 fr.

Charles Ier, sa cour, son peuple et son parlement, — 1630 à 1660; — par Philarète Chasles. 1 magnifique vol. in-8°, illustré de gravures sur acier et sur bois d'après les dessins de Van Dyck, Rubens et Cattermole. 15 fr. ; net 6 fr.

Merveilles du génie de l'Homme, découvertes, inventions, par Amédée de Bast; ouvrage illustré par A. Beaucé, J. David, C. Nanteuil. 1 vol. grand in-8° jésus. 12 fr. ; net 6 fr.

Œuvres illustrées de R. Töpffer

PUBLIÉES DANS LE MÊME FORMAT ET AVEC LES MÊMES CARACTÈRES

QUE LES

NOUVEAUX VOYAGES EN ZIGZAG.

PREMIERS VOYAGES EN ZIGZAG,

Ou Excursions d'un pensionnat en vacances dans les cantons suisses et sur le revers italien des Alpes, par R. Töpffer, illustrés d'après les dessins de l'auteur, et ornés de 15 grands dessins par M. Calame, nouvelle édition. 1 vol. grand in-8° jésus, publié en 48 livraisons à 25 cent. — *La première livraison est en vente.*

EN PRÉPARATION :

NOUVELLES GÉNEVOISES,

Par Töpffer, illustrées d'après les dessins de l'auteur, gravures par Best, Leloir, etc., nouvelle édition. 1 vol. grand in-8° jésus, publié en livraisons à 25 cent.

www.ingramcontent.com/pod-product-compliance
Lightning Source LLC
Chambersburg PA
CBHW071616230426
43669CB00012B/1959